本书由暨南大学新闻与传播学院资助出版

冯列山新闻文集

邓绍根 编

世界知识出版社

图书在版编目（CIP）数据

冯列山新闻文集／邓邵根编．—北京：世界知识出版社，2014.9

ISBN 978-7-5012-4713-4

Ⅰ.①冯…Ⅱ.①邓…Ⅲ.①新闻学—文集Ⅳ.①G210-53

中国版本图书馆CIP数据核字（2014）第175819号

责任编辑　刘豫徽
责任出版　赵　玥
责任校对　马莉娜
封面设计　感觉空间·李辉

书　　名　冯列山新闻文集
　　　　　Fenglieshan Xinwen Wenji
编　　者　邓绍根

出版发行　世界知识出版社
地址邮编　北京市东城区干面胡同51号（100010）
经　　销　新华书店
网　　址　www.wap1934.com
电　　话　010-65265923（发行）
　　　　　010-85119023（邮购）
投稿信箱　lyhbbi@hotmail.com
印　　刷　北京京华虎彩印刷有限公司
开本印张　720×1020毫米　1/16　33½印张
字　　数　505千字
版次印次　2014年12月第一版　2014年12月第一次印刷
标准书号　ISBN 978-7-5012-4713-4
定　　价　58.00元

编辑说明

暨南大学新闻教育开始于1928年。是年9月，暨南大学聘请《申报》编辑马崇淦先生出任新闻学讲师，负责讲授报学概论课程，开展了为期一年的新闻教育。令人遗憾的是，1929年7月，暨南大学停止了刚刚起步的新闻教育探索活动，但为后来新闻教育的开展埋下了火种。1946年，暨南大学新闻学系在上海成立，正式开展系统新闻教育。1949年，因暨大停办而并入复旦大学新闻系。1958年，暨南大学在广州重建，中文系在1960年开办新闻学专业。1970年，暨大因文化大革命被迫停办，新闻学专业也随中文系并入华南师范大学。1978年，复校后的暨南大学重建新闻学系。从此，暨南大学新闻传播教育走上不断发展的道路。1986年，成为我国第三批新闻学硕士学位授予点之一，2001年，获准建立传播学硕士学位授予点，并升格为新闻与传播学院。2003年，暨南大学新闻学专业成为广东省高校名牌专业，新闻学学科成为国务院侨务办公室重点学科。2005年，暨南大学新闻与传播学院获批新闻学博士点，2011年，获新闻传播学一级学科博士学位授予权，形成建成本—硕—博—博士后的人才培养体系。暨南大学新闻教育水平位于全国前列，在华南地区一直处于领先地位。追思历史，缅怀先贤，在暨南大学新闻传播教育发展历程中，我们最先要纪念的是暨南大学新闻学系的创立者、第一任系主任冯列山先生。为纪念暨南大学新闻学系创办70周年以及纪念冯列山先生对新闻学贡献，编者整理编辑冯列山先生在不同时期的新闻通讯、新闻报道、新闻学论文、新闻学著作以及回忆纪念性文章，将它们汇编成书《冯列山新闻文集》。

冯列山（Feng Li Sen，1907－1998），福建福安人，近代中国著名华侨报人、新闻教育工作者和新闻学者。他出生于新加坡冯氏富商之家，幼时在家乡福安读书。1924 年，上海复旦大学毕业后，他出任《申报》编辑。1929 年，复旦大学新闻学系师生新闻学会，他被聘为该会顾问和该系兼职教授。1932 年，赴德国慕尼黑大学留学，并以《申报》驻欧特派记者的身份在欧洲各地采访，1935 年获得新闻学博士学位，成为中国获得新闻学博士学位第一人。同时，受中国报学史专家戈公振的鼓励，他先后为《东方杂志》撰写四篇探究西方各国新闻业发展状况的论文。1937 年，抗日战争爆发，冯列山取道伦敦回到上海，重返《申报》，偶尔撰写社论。1938 年 3 月 1 日，他随《申报》迁往香港，担任该报主笔。同年 8 月 1 日，胡文虎在香港出版星系第六份报纸《星岛日报》，冯列山被邀参加筹备工作并出任该报主笔，主持笔政。同时负责主编《星岛周报》。1939 年，星系报业收购新加坡《总汇新报》，他被胡文虎派往新加坡担任该报总编辑。在他主持下，原本业绩不好的《总汇新报》很快获得较大发展。1941 年 12 月太平洋战争爆发，冯列山从新加坡取道滇缅公路回到重庆，担任复旦大学新闻系教授。1943 年，他迁居成都，出任燕京大学新闻学系教授，并受四川大学聘请讲授新闻学。

抗日战争结束以后，内迁的各大高校纷纷复员，迁避福建建阳的暨南大学在上海复校，冯列山被聘主持创办暨南大学新闻学系。1946 年，暨南大学在文法学院学生组织的“新闻学研究会”的基础上设立新闻系，冯列山成为该系第一任系主任。1947 年，当暨南大学新闻学系步入正轨后，冯列山辞职重返报界，开办海太平新闻公司。1949 年，他南下新加坡，担任《南洋商报》社论委员 ，后来还负责主编大型学术性综合杂志《南洋月报》。1951 年，他将自己在燕京大学新闻学系授课讲稿整理出版《新闻讲话》，由新加坡南洋报社有限公司出版。1952 年，他和刘益之等南洋报人开办新闻班，负责讲授“新闻学概论与新闻写作”。除了讲课之外，他还帮学员修改新闻写法。他的《新闻讲话》在学员中“很受欢迎”。该班六十余人，后来大多成为星马华文报界的骨干力量，如陈名宗、宋兆良、梁明广和已故的潘书和、韩吉元与刘天凤等。1963 年至 1964 年，《南洋商报》主办新闻工作者训练班，冯列山兼任训练班讲师。1971 年 5 月 2 日，新加坡政府援引内部安全法令逮捕当时任《南洋商报》总经理的李茂成，总编辑仝道章、主笔李星可和公共关系经理郭隆生。冯列山临危受命出任代总编辑兼编辑委员会主席及主笔。1972 年 5 月 1 日，冯列山退休，至此前后新闻界工作近六十年。1998 年 8 月 12 日下午，冯列山在新加坡逝世，享年 91 岁。著有《新闻学讲话》，编辑出版有《被奴役的灵魂》，译有德文小说《小侦探爱孙儿》和《小丑奥斯伦比哥》等书籍，与南洋商报总编辑连士升、中华美术研究会黄葆芳，合称新加坡文化界“福安三杰”。

为了编辑《冯列山新闻文集》，编者从 2012 年底开始搜集和整理冯列山先生的著作和文章。在钩沉探幽中，经历过大海捞针，一无所获的失望，品尝过“千呼万唤始出来”的艰辛，不过，更多的是苦尽甘来的收获。编者在图书馆查阅大量《申报》，将冯列山先生发表在该报大量新闻通讯查找并录入下来；同时在各大民国杂志中查阅并抄录下他撰写的大量新闻学论文或新闻作品。编者也利用在香港、台湾访学机会，查找和搜集冯列山资料。

目前编辑的《冯列山新闻文集》主要内容分为四大篇章：第一部分是“旅欧通讯篇”，主要是冯列山先生作为《申报》驻欧洲特派记者寄回《申报》发表的 44 篇旅欧通讯和 13 篇发表在《东方杂志》《申报周刊》《申报月刊》《时事类编》《勤奋体育月报》等文章。第二部分是“归国通讯篇”，主要是他归国后发表在《申报》撰写的 43 篇新闻通讯，包括《列山随笔》《旅行通讯》以及在《抗战》半月刊上发表的《欧洲危机与英德的冲突》。第三部分是“新闻学论文篇”，主要是他发表在《东方杂志》《流声机》《南洋总汇报》《时代生活》《民主论坛》《报学杂志》《大公报》《新闻学研究》等报刊上的 10 篇新闻学研究论文。第四部分是“新闻著作篇”，主要是 1951 年他在新加坡南洋报社有限公司出版南洋商报丛书第十七种《新闻讲话》。最后是附录，收录了《总汇新报与冯列山》《老报人冯列山抹不去的阴影》《老报人冯列山逝世》和《冯列山新闻作品一览表》等关于回忆纪念冯列山先生的文章和他逝世时的讣告。

当然，由于我们水平有限，时间和精力不逮，搜集资料难免有所疏漏。由于时间和篇幅的限制，现将这一阶段性成果奉献给读者，希望能达到抛砖引玉之效！

注：因当年报纸有些地方已破损，文字有遗漏，编者不能揣测作者当时意图，为尊重作者起见，遗漏字以□替代，标点及语言习惯也尊重作者当时的特点，特此说明。

编　者

2014年3月于暨南园

我所知道的冯列山先生

卓南生*

也许是自幼即对报人、报学甚感兴趣的缘故，1961年底高中毕业前夕，当班主任、也是我们高中三年来的华文老师丘絮絮先生（1909—1967，新马地区著名小说家、诗人）要我们每位同学填写毕业后的志愿时，我毫不犹豫地写着“升学——新闻学”。

丘老师看后微笑地表示：此地的大学没有新闻系，看来你非到外国留学不可了。

当时新加坡的两所大学——南洋大学和马来亚大学都未设新闻系，其实我事前已经查询清楚。因此，在投考南大——东南亚华校生梦寐以求、并引以为豪的华文民办大学时，我选择了自认为是与新闻学最接近的政治经济学系（二年级时，政经系分家，经济系移入商学院，我选择的政治系则继续留在文学院。）

正因为我对新闻学情有独钟，我很早就知道《南洋商报》有一位老主笔冯列山先生（1907—1998）是新（新加坡）马（马来亚或马来西亚）唯一的新闻学博士，但当时并不知道他同时是中国的第一位新闻学博士，更不知道他与暨大新闻系有着那么深的渊源。

对于我们那个年代（上世纪五六十年代）的新马华校生来说，华文报（特别是发行量最大的《南洋商报》和《星洲日报》两家大报）的存在与影响是十分巨大的。它是我们最主要的精神粮食。

---

* 卓南生，新加坡旅华学者，曾任新加坡《星洲日报》社论委员兼执行编辑、《联合早报》社论委员兼东京特派员。现为北京大学新闻与传播学院客座教授、厦门大学新闻研究所所长、日本龙谷大学名誉教授。

当时的东南亚，东西冷战对峙的局面十分严峻，中国的53家出版社（其中包括两家香港的出版社）的书籍全被英殖民当局禁止进口。为此，我们这些受华文教育的青少年除了仰赖港台的部分出版物之外，我们的许多知识、信息与文学、文化的滋养，都得从本地的各华文报中摄取和获得补充。也正因为如此，各华文报从国际新闻、本地新闻、南洋新闻、体育新闻、娱乐新闻到形形色色的副刊都有其固定的广大读者群。从这个角度来看，当时各华文报竞相以"（东南亚）华人社会的喉舌"为标榜和号召，是有其一定的道理和时代的烙印的。

正因为华文报在华人社会当中扮演着如此重大的角色，当时受华文教育的知识青年无不对两大报纸的主笔和名家十分关注和景仰。撰写《海滨寄简》（1—8）的南洋商报主笔连士升（1907—1973）、对晚辈写作者热心提携的《南洋商报》文艺副刊编辑杏影（1912—1967，原名杨守默）和《星洲日报》副刊编辑的方修（1922—2010，原名吴之光，也是马华文学史权威），毫无疑问，都是当时新马文艺青年崇拜的偶像。

至于关心时事的青年，无不是《星洲日报》主笔李星可（1914—1996）、郭史翼及其国际问题特约专栏作者仝道章（笔名同一，1920—1995）等的忠实读者。此外，《星洲日报》通讯版常刊载的流莺（另一笔名为柳门）时评（寄自巴黎）、发自伦敦的达人通讯以及《南洋商报》"综合版"寄自美国的梁厚甫（1908—1999）之国际观察，也都备受各方关注。

相对而言，冯列山先生为《南洋商报》所写的社评和"星期日论文"，也许是因为写得比较含蓄和平稳，似乎并未引起当年热血沸腾、投身反对英殖民统治、争取独立运动的青年读者的特别关注。

不过，据不少曾经在《南洋商报》上过冯列山新闻培训班的记者后来的追述，此刻的冯先生除了撰写社论之外，他在报馆另一重要任务是主持新闻工作者训练班。这些课程的内容从新闻学的理论、伦理到实践，对于当年有志献身于新闻事业的青年来说，无疑是及时雨。不少前学员对此津津乐道，他们后来都成为《南洋商报》乃至华文报合并后的《南洋·星洲联合早报》（简称《联合早报》）的中坚份子。

我认识冯先生是在我留学日本之后，尽管之前在新加坡，早已熟读其大作《新闻讲话》（南洋商报丛书第十七种，1951 年）。在那个中文书荒的年代里，我虽然经常和同学们逛书店街，但在我书柜里的新闻学书籍，除了冯先生的《新闻讲话》和谢六逸的《实用新闻学》之外，就只有戈公振的《中国报学史》（香港太平书店，1964 年）和冯爱群的《华侨报业史》（台北学生书店，1967 年）。因此，《新闻讲话》可以说是我接触新闻学最早的启蒙书之一。

1966 年，笔者赴日成为早稻田大学政治经济学部新闻学科的二年级插班生。为了学以致用，从第二年开始，我便不断为新加坡的两家中文大报投稿，反映日本的动向。《星洲日报》多刊于“通讯版”，《南洋商报》则刊于“综合版”。尽管我寄给《星洲》的稿件远远多过投递给《南洋》，但后者为了表示重视，还为我冠上“本报驻日本特约记者”的名堂。作为新闻系的学生，当时的内心是十分喜悦的。

有一年回国度假，我这个谁也不认识的“驻日本特约记者”带着稿费单想顺道到《南洋商报》领取稿酬时，却遇到了一个小难题。原来商报有一个规定：“所有稿费，都得在三个月内领取，逾期作废。”为此，我向会计部门解释我身在海外，也没注意到有此规定，但不得要领。这时恰好有一位文质彬彬的老先生经过，问明缘由之后，便带我到一个角落坐下聊天。他——便是鼎鼎大名的《南洋商报》主笔冯列山博士。

在获知我在日本东京攻读新闻学时，冯博士显得特别高兴和有亲近感。他详问我及内人蔡史君的研究方向，并问我手头上是否有早已绝版的 1951 年版的《南洋年鉴》，他有多一本想要送给我们并约我们第二天到他家做客，然后一起游车河。冯先生同时向我表示：“以后稿件你就寄给我好了，稿酬我代你领取和保管。因为目前报馆的制度不完善，外地作者的稿酬正好处在三不管的地带。”

第二天，我们如约到冯府拜会冯先生及其夫人葛青凡（笔名为芝青，是历史小说家，著有《武则天》、《中国行》、《日本行》等作品）。葛老师是颇受学生敬爱的新加坡师资训练学院的讲师，战前曾到日本留学，就读于东京明治大学，因此和我们有不少共同话题。

在冯宅聊了一阵之后，冯先生建议开车到新加坡北部的三巴旺海边散步，然后回程在三巴旺九英里处一家以“酿豆腐”闻名的客家餐馆用餐。葛老师还补充说道："冯先生特别喜欢开快车。"于是乎，我们四人便有说有笑，按照原定计划抵达海边和用餐，度过了充实的半天。冯先生和葛老师都十分健谈。冯先生和我们讲了不少鲜为外人所知的报坛掌故和新闻理念与实践的诸多矛盾及如何应对的难题。葛老师则向我们介绍了教育界的乱象及新马华文教育界的前途和隐忧。从两老的谈话中，不难看到他们对我们新一代的知识青年的关怀，并寄予极大的期待。

如此这般坦率对话与交流的"半日游"，后来几乎成了我们每次回星洲探访两老时的固定行程和公式。印象里，当时年纪已过 60 的冯先生已做好退休的准备。

1971 年 5 月初，从报上获悉冯列山先生被委任为《南洋商报》代总编辑兼编辑委员会主席和主笔。

行将退休的冯先生为何突然受委以重任呢？

原来在 1971 年 5 月 2 日，政府援引内部安全法令（即不需公开审判和法定程序即可下逮捕令的紧急法令）逮捕了时任《南洋商报》总经理李茂成、总编辑仝道章、主笔李星可（1971 年 2 月 1 日被《南洋商报》社长以重金从《星洲日报》挖角到商报）和公共关系经理郭隆义。这是新加坡政府对当地华英文报章涉嫌"黑色活动"（据官方最早发表的文告，指的是"由外国组织，通过内在工作人员，在当地制造破坏和麻烦的事件"）所采取的"黑色行动"（Black Operation）的一部分。《南洋商报》的罪名是："大事渲染亲中共的新闻，并且在华文和华人文化问题上发动种族主义的情绪。这种作为，如果不及时加以制止，势将引起种族主义的爆发。"

针对官方的指责，《南洋商报》社长李有成全面否认。以下是新加坡文化部在 1971 年 5 月 25 日发表的文告，及李有成社长在同年 5 月 26 日发表的声明（两者皆刊于《南洋商报》1971 年 5 月 26 日）。

文化部文告照录

【新加坡廿五日讯】文化部今日发表文告如下：

南洋商报社长李有成先生在五月廿四日的报纸所发表的声明中说：

“南洋商报的政策绝不是炫耀共产制度，我们否认这点。”

但是，该报的总编辑三苏丁全道章受该报社长李有成先生的训令，在一九七一年四月二日所签发的下列指示，却有不同的交代。

该指示全文如下（附上原文影印本）：

通知

奉　社长谕，自即日起所有有关中国新闻，不论长短，事无巨细，除造谣诽谤者外，全文照译，刊载第一面要闻版，如要闻版版位不够时，可移刊其他版位，敬希注意，为荷。

此致要闻组林品先生

总编辑：仝道章启

一九七一年四月二日，副本：呈社长

本报社长声明

本人兹重申南洋商报的政策绝不是炫耀共产制度。事缘四月一日，当第卅一届国际乒乓团体锦标赛正告结束时，报上刊载中国邀英国、加拿大等乒乓队于世界杯赛过后访问北京。

当时一般读者正热心关注此项世界性乒乓外交动态，我们以新闻事业所应具备的处理应时要闻的方式，必须使有关编辑注意，所以特命总编辑发出书面指示，仝道章先生遵命签发此项工作指示文件，乃公开负起其职分上之责任。足以表明其没有个人成见。此中毫无任何阴谋，可想而知。

我们认为在这期间多刊中国新闻乃应读者热心关注此世界性动态之需求，纯属一种临时处理新闻方法，并非炫耀共产制度。

李有成

从两者的“文告”和“声明”中，双方争执的焦点之一是对《南洋商报》处理中国新闻（包括中国的乒乓外交）的手法和态度有着截然不同的诠释。官方文告认为，《南洋商报》刻意渲染中国新闻，旨在“炫耀共产制度”；社长声明则强调“在这期间多刊中国新闻乃应读者热心关注此世界性动态之需求，纯属一种临时处理新闻方法。”

在这非常时刻临危受命出任代总编辑兼编辑委员会主席及主笔的新闻学博士冯列山，又是如何应对这场新马战后以来最大的报业风波呢？

从当时《南洋商报》的版面来看，该报的基本立场是：

一、强调官方所说的“黑色活动”与《南洋商报》无关。

二、要求当局早日释放该报四名高级职员。

三、希望通过协商与对话的途径，化解当局对该报的“误解”，从而早日平息报业风波。

四、阐述该报的新闻观，特别是对有关报纸与政治关系的看法。

这些呼吁与基本态度，除了体现在该报社长的声明之外，也反映在该报如下的一系列的社论（《南洋商报》使用的正式名称是“社评”）之中。

1971年5月16日	《“黑色活动”与本报无关——本报被捕职员应即释放》
1971年5月17日	《新闻从业员的责任感》
1971年5月19日	《本月中当地报业的风波》（文末有如下“附告”：“本报四名高级职员被逮捕扣留，迄今已过了十七天，一点消息都没有。被逮捕者的家属忧心如捣，本报同人的工作情绪也深受影响。为此，我们盼望政府能立即将他们释放，以安众心，而释群疑。”）
1971年5月20日	《设法平息报业风波》（文末列有如上的“附告”）
1971年5月21日	《本报呼吁释放被捕的四职员》（文末列有如上的“附告”）
1971年5月22日	《我国新闻事业的重大考验》（文末列有如上的“附告”）
1971年5月23日	社评栏开天窗
1971年5月24日	《维护报业应有的权利》
1971年5月25日	《政府对本报缺乏深透的认识》
1971年5月26日	《从“黑色活动”说到报业危机》
1971年5月27日	《以真知灼见澄清一切》
1971年5月28日	《报纸与政治》

续表

1971年5月29日	《我国报业前途蠡测》
1971年6月9日	《国际报业协会与新闻自由》

上述的社评，当然并不完全是出自冯博士个人的智慧和主张，其中既有李有成社长的指示，也有来自编辑委员会和主笔们共同讨论的结晶。但从不少畅论新闻的本质、政治与民意、新闻工作者的基本责任乃至言论自由与民主社会诸多关系等行文来看，其中倒有不少是新闻学科班出身者最关心的话题与逻辑。加之冯先生是这“危机管理体制”的一把手，他的新闻论与新闻观肯定也会反映在这特殊时期《南洋商报》的言论上。结合这时期《南洋商报》的言论，再细读冯先生早年的新闻观及其《新闻讲话》，也许可以多少考察到他的“新闻理论与实践”的一些基本思路。顺便一提的是，社论开天窗，在新马报业史上（至少是战后时期），这还是第一遭。

1972年5月1日，冯博士卸任退休，结束了为期一年，被认为是“挥之不去的阴影”的非常时期代总编辑的日子。

1973年夏天，笔者应《星洲日报》总经理黄溢华先生和总编辑黄思先生的邀请加盟《星洲日报》。

抵新后不久，我和内人便造访冯老先生夫妇，按照固有的行程和路线，冯先生开快车载我们到三巴旺海边散步，照旧在客家餐馆用餐。冯先生和葛老师依然是那么的健谈，只是语气显得较为低沉和谨慎。他似乎有许多话要说，但未明说。临别时，老先生对我这个刚从国外回来、三十刚刚出头、满载“新闻梦”的新科评论员，似有所指地给我留下如是的忠告：“我们从事新闻事业的工作者，既不能和政治走得太近，也不能离开得太远。太近了我们难以下笔，太远了又失去了解新闻发展的嗅觉和管道。”

换句话说，“新闻平衡论”是冯博士对新闻理论与实践的一大观察与心得；或者说，这是他最想对我说的“新闻讲话”。

记得那年到报馆报到，一走进位于罗敏申路（有战舰街，即报纸一条街之称）三楼的《星洲日报》编辑室，黄总编辑便带我到他座位后的一张桌子，说道："以后你就在这儿办公。"

打开抽屉，空空如也，只有老主笔李星可先生两三年前离开《星洲日报》、跳槽到《南洋商报》之前与各方笔战的一本剪报集。可以想象，当年锋芒毕露、舌战群雄的李主笔的不少评论，正是发自我此刻坐着的墙角。

第二天，黄总编辑和黄溢华总经理约我到办公室细谈工作的具体内容。黄总编辑开门见山，表示报馆邀我回国，就是要我逐步取代主笔郭史翼先生的工作。他说道："《大公报》出身的郭先生是李星可转到《南洋商报》后到《星洲日报》当主笔的。但因为他申请的新加坡公民权一直未获当局批准，因此我们只能安排他撰写国际问题的社论。你刚从国外回来，也许不太熟悉此地的空气，你的主要工作就是分担郭先生的国际问题社论，并撰写每周的国际政治热点专栏'新闻眼'（3000 字，后改为撰写 6000 字的'天下事'版）。"

他还补充道："为了减轻政治风险，你虽负起全职的主笔工作，但对外称为"社论委员"为宜，至于所有政治责任则由我来承担。"

除此之外，曾在我陪同下考察《朝日新闻》和《读卖新闻》，上任不久、干劲十足，准备有一番大作为的黄溢华总经理则给我加上一个名堂，委任我为"研究部主任"（后易名为负责策划、研究和培训的"执行编辑"），直接归他管理。

撰写社论、负责"策划、研究"与报馆内部的记者培训，这些工作其实与冯先生晚年在报馆的工作性质颇为近似。

为此，每当我们拜访冯先生夫妇时，我总爱从他那儿寻求相关的经验、智慧与灵感。实际上，我在报馆期间也曾为新记者和"星洲少年"的通讯员举办过短期的培训课程，但不成气候。

也许，当时我最想问冯博士的一个问题是："一名优秀的新闻工作者要怎样才能做到既跟政治接近，又跟政治保持一定距离的境地?"但这一句话，我始终问不出口。

1983 年，《南洋商报》与《星洲日报》合并为《南洋·星洲联合早报》，我见了不少原本隶属《南洋商报》的编辑部人员（其中也有冯先生的前学员），从他（她）们那里听来了不少有关冯先生在商报时期的故事和轶闻。一位和我们一起撰写社论的同事最喜欢提起的一件事是“冯先生撰写社论当天一定系好领带，神情严肃”。此事我虽未曾确认，但冯先生在撰写社评时十分认真和慎重，是不难想象的。从他撰写的诸多评论中，我就有这样的感受。

1987年，我奉命到东京创设《联合早报》驻外首个特派员的办事处，负责日本和朝鲜半岛的报道与评论工作。1989年，我应聘为东京大学新闻研究所副教授，转入学界。在这之后我返回星洲的次数较少，时间也较短，因此也未拜访冯先生和葛老师。

记得是在90年代的某一个夏天，我有事回国，在途径冯宅之前便拨电话给冯先生表示要去探访他。冯先生非常高兴，但他告诉我一个坏消息，葛老师已经因病走了。此刻，有一位来自斯里兰卡的女佣在照顾他。

一进冯先生迁移至郊区的屋子，就可以感受到文人独有的书香气息。他带我从前厅到后厅观览挂在墙上诸多旧交的亲手笔迹，其中包括丰子恺的短信等。他和我谈论了不少报纸和政治的话题，也关心我在日本学界的工作情况。他原本坚持要留我在他家共进午餐，但我因为有约，只好告辞。没想到这一告辞，就是永别。

冯先生是在1998年8月12日逝世的，享年91岁。

我是在他逝世一段时间后才获悉此噩耗。原来在他病逝之后，报上曾出现有关他安息后遗留下来的藏书如何安置的问题。根据报道，冯博士与葛老师的丰富藏书在新加坡无法觅得适当的去处，最终只得送出国门到邻国马来西亚新山的南方学院（现已升格为南方学院大学）落户。

几年前，我曾到南方学院访问，想翻阅冯列山夫妇的藏书，但当时据说尚未整理好，不便供外阅览。冯列山·葛青凡藏书的专柜，此刻想必已陈列于该校图书馆。

回顾与冯先生的上述交谊，无非是想让读者对一代报人在南洋办报的生涯有些微的认识。从我们东南亚的角度来看，冯列山先生，正如其他和他同年代的新马名报人，如连士升、李星可、仝道章、郭史翼、黄思、杨守默和吴之光先生等一样，都是从中国南下的“南来文化人”或“南来报人”。他们都曾直接或间接接受“五四新文化运动”的洗礼，也都曾经历过从中国人（华侨）转为华人，身份自我认同转变的过程。他们都堪称新马华文报业的先驱。

至于像笔者同年代的新闻工作者，基本上都是本地土生土长的，而其中不少都曾经在风风雨雨的南洋大学（1953—1980）受过教育。

可以这么说，从“南来报人”到“南大人”，是这几十年来新马华文报坛基本成员转换的一个缩影。

现在，不仅“南来报人”已离我们远去，就是“南大报人”也将逐步淡出报坛，走进历史。值此时刻，出版报业先驱者的文集，不乏其重大的意义。

收集在本文集的，主要是冯列山先生南下之前的文章和评论。如果编者能在这基础上，扩大范围，进一步搜集冯先生到新马后的新闻活动记录及其文集，并从中探讨和研究冯先生战前与战后、南下前与南下后（对我们来说是“南来前”与“南来后”）新闻观与新闻实践的变与不变，对关心新闻学的年轻读者（不论是中国读者还是东南亚读者）来说，相信都会有其借鉴之处。

东拉西扯，天南地北，写了一篇不像序文的序。

卓南生

草书于2014年初冬的京都

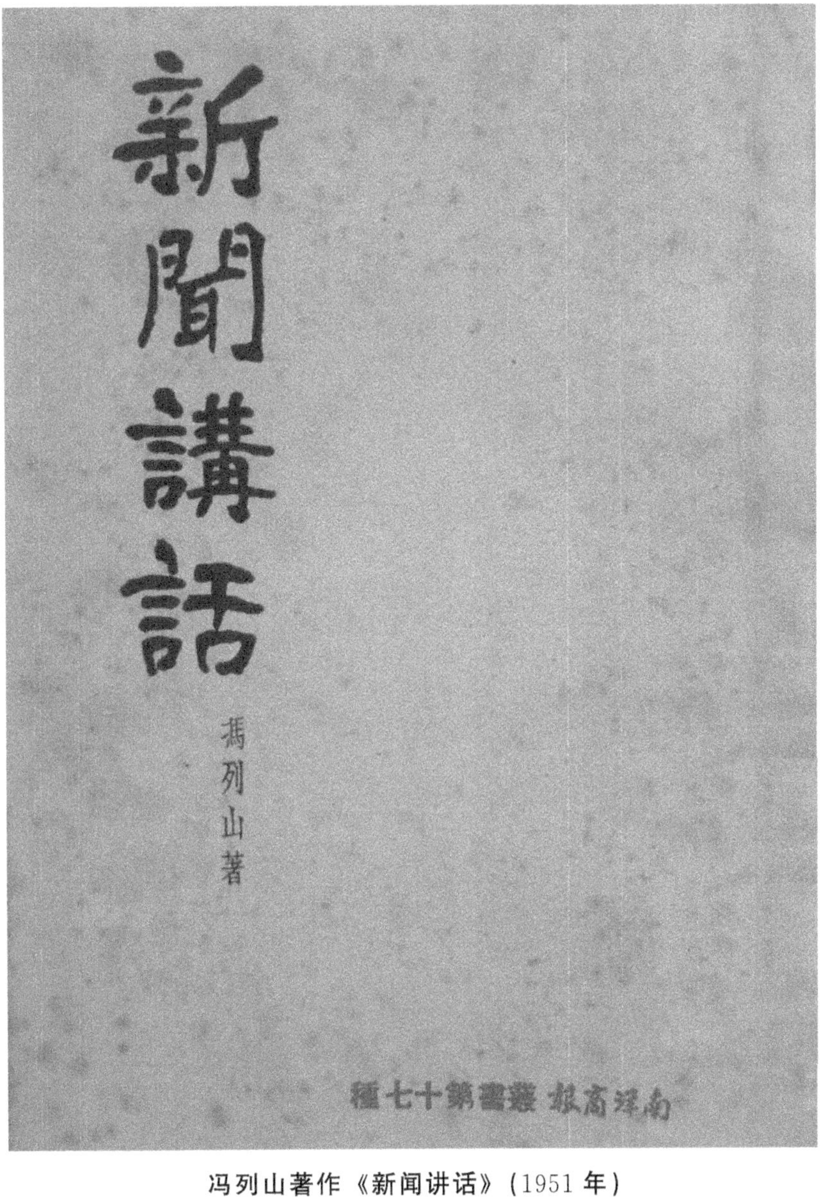

冯列山著作《新闻讲话》(1951 年)

目　录

旅欧通讯篇

3　奥国政变与欧洲前途（上）

6　奥国政变与欧洲前途（下）

9　德国国会新选举的前夜

14　德国新国会选举结果

18　世界大战恐慌向瑞士袭来

22　法国的外交政策与希特勒的前途

25　德国的农村生活

30　斯文赫定访问记

34　英埃军事同盟条约成立（上）

37　英埃军事同盟条约成立（下）

39　英国扩充军备的种种困难

44　旅欧随笔（一）

48　德日订结反共同盟

51　旅欧随笔（二）

54　旅欧随笔（三）

58　德日协约签定以后

62　旅欧随笔（四）
65　英意在地中海上的角逐
72　旅欧杂讯（五）
75　旅欧随笔（六）
78　旅欧随笔（七）
81　旅欧随笔（八）
84　旅欧随笔（九）
89　英国人对西班牙事变的态度（上）
91　英国人对西班牙事变的态度（下）
93　“人性”解
95　惠勃尔登网球大会（一）
101　惠勃尔登网球大会（二）
105　惠勃尔登网球大会（三）
108　惠勃尔登网球大会（四）
110　惠勃尔登网球大会（五）
113　惠勃尔登网球大会（六）
117　惠勃尔登网球大会（七）
122　惠勃尔登网球大会（八）
125　惠勃尔登网球大会（九）
128　惠勃尔登网球大会（十）
132　惠勃尔登网球大会（十一）
135　惠勃尔登网球大会（十二）
138　惠勃尔登网球大会（十三）
142　惠勃尔登网球大会（十四）
145　到底谁的空军精锐
149　旅欧随笔
152　第二次欧战快要爆发么（上）

157　第二次欧战快要爆发么（下）
160　是大家的事情
163　列山随笔
166　德国与我们
168　列山随笔
170　列山随笔
172　列山随笔
175　列山随笔
177　列山随笔
181　列山随笔
185　列山随笔
188　列山随笔
191　许承基在欧洲

归国通讯篇

197　沙赫德博士及其辞职问题（上）
199　沙赫德博士及其辞职问题（下）
202　列山随笔
205　英国人的离婚运动
210　最近国际形势的分析
212　欧洲人眼中的中国（一）
214　欧洲人眼中的中国（二）
216　欧洲人眼中的中国（三）
218　欧洲人眼中的中国（四）
220　欧洲人眼中的中国（五）

222　欧洲人眼中的中国（六）
224　欧洲人眼中的中国（七）
226　欧洲人眼中的中国（八）
228　欧洲人眼中的中国（九）
230　欧洲人眼中的中国（十）
233　希特勒是英雄还是魔王？（上）
236　希特勒是英雄还是魔王？（中）
239　希特勒是英雄还是魔王？（下）
242　第二次欧战的火药库——捷克（一）
244　第二次欧战的火药库——捷克（二）
246　第二次欧战的火药库——捷克（三）
248　第二次欧战的火药库——捷克（四）
250　德国国防军失势的解剖
252　回忆维也纳（一）
255　回忆维也纳（二）
257　回忆维也纳（三）
259　回忆维也纳（四）
261　回忆维也纳（五）
263　列山随笔（一）
265　列山随笔（二）
267　列山随笔（三）
269　列山随笔（四）
271　马奇诺防线
273　列山随笔（五）
275　列山随笔（六）
277　法国政局与西班牙问题（上）
279　法国政局与西班牙问题（下）

281 德意轴心的离合（上）
283 德意轴心的离合（下）
285 旅行通讯（一）
287 旅行通讯（二）
289 旅行通讯（三）
291 欧洲危机与英德的冲突

新闻学论文篇

297 德国新闻纸的研究
312 美国新闻业的研究
329 法国新闻事业的现状
345 英国的报纸概观
359 编辑口头报纸不能离题太远
360 新闻学之理论与实用
365 什么是新闻学?
375 新闻读法
378 报纸与舆论

新闻学著作篇《新闻讲话》

391 自　序
394 新闻原理
409 新闻读法
424 政治新闻

442 经济新闻
459 社会新闻
477 文艺新闻

附　录

495 附录一：《总汇新报》与冯列山（上）
498 附录二：《总汇新报》与冯列山（下）
500 附录三：老报人冯列山抹不去的阴影
501 附录四：老报人冯列山逝世
503 附录五：冯列山作品一览表

509 **后　记**

旅欧通讯篇

奥国政变与欧洲前途（上）

自从德国国家社会党执政后，欧洲社会上就传布一句流行语，说是希特勒若存在，欧洲便毁了。这个也可以证明，时候已到了暴风雨的前夜。战争的预感，到处会使人心惶惑，和平运动的种种团体，不但在法律上受到压力，就是它的意义，在舆论方面，也根本被加以否定的。战神的翅膀，已在欧陆上伸触了。谁主张和平，人家就会告诉你，傻子，别做梦吧。看清这是个什么时代，谁反对战争，干脆谁（原文如此）就是个傻子。挺着脖子走路的候补兵士，一天比一天增加，已随处都可以碰到了。黯淡的空气，罩满着整个欧洲，一切一切都重新拉回欧战以前的状态。

这中间主要的主角是脱离不了早成世仇的德法，与正在争欧陆独权的法意，并上似乎一致、而事实上却又互相猜忌的德意，这种复杂的三角形势，还要加上应该巧妙的外交——从不让欧陆一雄称霸的政策。波兰小协约等国，为本身利益加入扮演的一批配角，联甲排乙，继续，总算形形色色具备，这第一道火线，外交战——其实也是政治经济战，就在奥国开始。

这回奥国的政变，由早已实行独裁的政府，再进一步民主政治的招牌都弃掉，建立一个货真价实地道的法斯蒂（即法西斯，下同）政权（但多福斯自己却屡次否认），这是充分表示欧洲复杂的政治。法德意连英并各小国都在内，不只在暗中勾（应为“钩”，但原文如此）心斗角，而是极明显的到了实施肉搏的时期了。奥国有一家报纸说奥国此次政变，是他们的生死关头，其实何止是奥国，在某种意义上说来，感觉还是欧洲全体。

德奥兄弟之邦，这在德奥方面，尤其是德国一面所竭力提倡的德人梦寐中的憧憬，都是德奥的合并，实现大德意志的理想。但此举动，却就够使法国提心吊胆，所以历来法国的外交政策，在这点上从不轻易放过。法国口口声声拥护在欧洲的已经成立的均衡局面（原文如此），并用力监视德国的行动，可是德国的雄心，决不肯半途而止。希特勒一出，就将暗中进行的事情，变为旗帜鲜明的政策，大擂大喊，德奥合并了。至此，欧洲的空气，突又更加紧张起来。

莫索列尼（即墨索里尼，下同）曾说过，法斯蒂（即法西斯）主义是没有出口的，这有两层意义。第一，法斯蒂是极端的国家主义，在根本上就谈不到国际间的合作；其次，正牌的还是莫索列尼一家，别无分号。由此，我们就可以明白，为什么意德两国不但行动上不能一致，而对奥问题，更在互相冲突了。拿意大利自己的立场来说，所最不放心的虽是法国，但意对于德国也极戒备，特别是对奥的问题。假如合并于德，大日耳曼怪物又出，也是意大利所极不放心的。意大利唯一的志愿，就是奥匈两国与意联盟，造成自己在欧陆优越的势力。为此，他就不惜暗中勾引奥国，使奥国不至于变成德国的囊中物。这回德奥冲突，意大利在后台玩的把戏，要比谁都多。虽然，他表面上装作像一个调停人一样。

自从欧战后，奥国的地位一落千丈，落得失地赔款的结果。工业区与农业区发展不平衡，生产与消费，常苦无法平均支配，人口只剩六百六十余万。维也纳一域，就占两百多万，所以世界经济恐慌一来，首先遇到而受祸最深的也就是奥国。奥国虽在种种方面，特别如历史、地理、种族上，与德均有深厚的渊源。但一考虑到经济问题，这是德国所不能替奥国解决的问题，就足以使多福斯一流人物，毅然决然与德国决绝，而倾向于法意等国这方面来，为了他及整个国家的前途设想了。这是我们所不能忘记的，奥国的目的，在经济上想法子借到些借款，将国家的经济恢复过来。然而也正利用这机会，法意等国就将奥国一拉，奥国马上就与德国分开了。这就是这回德奥冲突的内幕。

国外的环境既如此复杂，使奥国政府苦于无法应付，而国内的党派政见，却更见分歧。简单的说来，奥国过去的政党，可分为左右两派，左派包括社会民主党，共产党；右派包括基督社会党（天主教党），农民联合党，保皇党。别树一帜的为后来由希特勒领导下的奥国国家社会党。奥国国会议员，共有一百六十五人，除共产党力量较薄弱外，社会民主党合计占七十二人之多数，所吃亏的，就在于左派内部派别多，意见分歧，在共同战线上，态度时常不能一致。于是反为少数的右派所乘，卒至于一蹶不振。他的命运，虽与德国社会民主党相仿佛，但情形似更悲惨。虽然此刻也在竭力奋斗，但已嫌太迟了，号称社会主义城的维也纳，从此无疑的要大加褪色了。

右派各党中间，以基督社会党力量最强，占议员六十六人。在原则上，他是绝对拥护多福斯政府的，农民联合党领袖如前副总理永克勒，他是个主张民主制度，特别是政党政治的一个人。他虽然不反对组织一权力政府，但他是反对法斯蒂主义的。保皇党领袖如年少的亲王司塔咸堡，他是公开的主张法斯蒂的人，他不但是与莫所列尼（即墨索里尼）很接近，就与希特勒也很默契（他于一九二三年在德国明星读书时，曾参加过希特勒的暴动），他是希望复辟而再实行法斯蒂主义的。多福斯本人，则介乎上述的二者之间，他为了奥国的需要，曾坚决地决定反对希特勒。他用起党派的口号，组织“祖国前卫”——一种半含战争性质的组织。此刻他就以这组织为基础，实行组成他个人的政府。

今年七八月后，德奥的冲突，显然更见严重。同时国内情形亦日趋复杂，多福斯联合政府，颇感到穷于对付。虽然已实行了军事独裁，一切权力操于保安司令成警寇总监的手上。对于国家社会党的活动，取缔极严。明令凡挂有“卐”字希党徽章或唱希党党歌者，处罚六星期监禁或二千先令（约一千多华币）罚金。一面尽力搜捕国家社会党的活动分子，同时更在民众方面尽量用传单小册子布告演讲等方法宣传。竭力散布国家社会党的叛国行为，词句似乎很极端的。例如称国家社会党为“传染病”，“棕色鼠疫”或“日耳曼式的共产党”，使在社会方面另造成一种空气，就是凡国家社会党人，即公认为不道德的败类，而奥国的英雄，属于“祖国前卫”或“保卫团”等团体的人们，这点多福斯政府的努力，显然已有相当的成功，但究还未能根本上加以解决。（未完）

（1933.10.29《申报》）

奥国政变与欧洲前途（下）

为的也算是德国的生死关头，虽是这么严重的打击，却并不使希特勒灰心。国家社会党在奥的活动，依然在秘密中进行。潜势力还是不可侮的。希特勒在奥国的观众，有下列的几种人：

一，大学生。因为出路问题，他们是倾向于希特勒，希望能得到生活的解决。

二，一般市民阶级。素常抱大德意志思想者，回念往日的繁荣。于此无可奈何中，将此希望，放在希特勒身上，盼望他把快乐带给他们。

三，农工贫苦群众。因为生活压迫。对于现状不满，希望有个前途，将生活改善。希特勒含有煽动性的宣传，暂时却使他们相信而且满足。

四，平日无政治意味的人。只因为感到奥国的经济状况，无法独立生存，有部分人也易于接受希特勒的影响。

综合上面的几种人，与其说希特勒在奥的势力是政治造成的，不如说他是被经济迫成的。法意等国，自然也看穿这一点，他系正在这方面努力，设法想根本的把希特勒在奥的势力打消。不过世界经济恐慌已到了如此深刻的程度，大家都自显不暇，那（应为“哪”，下文同，原文如此——责编注）有余力来帮忙奥国，此其一。其次，纵有余力，奥国经济的病根已深，也非一朝一夕所能马上恢复的，并且奥国的情形，已是十分危急，稍一差延，变局立至。多福斯政府党内部，永克勒与司塔咸堡间无法解决的对立，也是迟早要爆发的，那是第三者恐怕要乘机从中得利，尤其前国防部长浮吉恩的力量，不足以应付全局。一面为国内外的政治环境所逼，独裁政权的确立，也只是时间问题，加之永克勒与多福斯间主张日见分道，这一切使多福斯非赶快将独裁政府提前成立不可，尤其必须在九月二十四日国际联盟第十四年度常会开会以前，以免他离奥后，永克勒先行发动。于是他在九月十一日在一个无线电传播的演讲中，第一次很明显的宣布他的主张，就是为了应付非常巨变，并说明奥国非有独裁的政府不可。他极明白地说，议会制度与自由主义在今日，已无存在的价值。自由资本主义的思想并资本主义的社会，与经济的制度，都是过了时代了。他说，我们要创造一个基督社会主义的德意志民族的奥国。这个国家，他解释作必须采用“守业制度”（注录后）。由强有力的政府来执行，他这一篇演讲词，虽使大家吃了一惊，但是却在意料之中。二十日他即将联合政府解散，重新组成一个完全个人独裁的政府，前副总理永克勒即继续他去。

多福斯独裁政府新阁员，名单如下：

内阁总理：多福斯博士（兼外交、国防、保安、农林四部长）

副总理：费少佐

教育兼司法部长：周区涅克博士

财政部长：卜礼区博士

商业兼交通部长：司托肯格

挂名部长：英得博士（修改宪法与行政），开伯博士（管理内政）

看了这个名单，我们所得到的印象，无疑的多福斯是在模仿莫所列尼（即墨索里尼，下同）了。他将军（国防与保安二部）两权一手操住。因为非如此，他是无法独裁的，他赴日内瓦出席国际联盟会议的行前，又发表了一次谈话。除了施政方针外，特别注重介绍新副总理费少佐，说他为人作事，魄力如何坚强，追溯他在欧战时的经过，并在军队方面的渊源等等。这就等于告诉他的敌党，你们捣乱可要当心了。

二十三日费少佐用副总理的名义重新颁布一九一七年七月二十四日的戒严令。一切权力，更是具体的完全集中于军警手中。接着虽然也发生过一些骚乱，但暂时还不足以为患的。至于多福斯本人，却坐在日内瓦国际联盟席上，与德代表宣传部长哥白尔（即戈培尔，下同）大开其外交的舌战了。

经过这回的变动，欧洲的状况逐渐更加复杂，裂痕也更加深刻。奥国的前途甚至于欧洲的前途，都要看以后事实的发展如何了。

在目前，意大利似乎多占一些便宜。

注："守业制度"为德文 Standisch 的翻译，本为中古时代的一种制度。近因莫所列尼（即墨索里尼）、希特勒等人所提倡，已成为法斯蒂党的一种主张，点说，就是士农工商各色人等，各安守自己的本分，勿擒乱，是极度反对自由主义的一种社会制度。"守业"两字，颇不妥当，但一时却又想不出其他适当的译名来，姑先写下，留待高明的指教。（九月二十七日，瑞士）

（1933.10.31《申报》）

德国国会新选举的前夜

今天是个纪念节日，明天还是个纪念节日。挂旗开会演讲进行口号，这是希特勒执政后德国唯一的特色。无论大街小巷，卐字旗帜，同红白黑德国国旗老是随风飘舞，全国报纸被统一了。不单是言论一致，并且大家还在力求刺激性的丰富。“希特勒万岁”的声音就是人家踏进你房门的第一句话，褐衫的青年党员，用行军式的步伐，三三五五成群，挺着胸在街道上来来去去。每个星期日，街上总少不了兜售徽章或花草、为救济某个团体的人员，而这几乎每个转弯街口都有的。因为希特勒政治讲义第一章，就是德国正在国难时期，人民英国尽力救济。虽然颇有些愈救济经济愈窘迫之态，但据宣传部长哥白尔（即戈培尔）的解释，目前的德国人民是世界上最幸福的人民，为的有一种信仰在前面，民间的感觉，显然不很相同，似乎是谁能够创造面包，谁就是救主。不过，这完全带着情感的刺激宣传的力量，也就是希特勒成功的根本秘诀。到底能够维持多少时候呢？目前的确快要成为问题了。

失业问题一天不解决，希特勒的地位就一天不算稳固。最近官方堂皇的布告，说是失业人数，已减少到只剩三百七十万的数目了。这显然不易引起人民的相信，希特勒口口声声引为自傲的，就是他曾经给过两百二十多万失业工人以工作。这里有个疑问，为什么增加了两百多万人的职业，而国家所得税的收入，并没有增加？为什么国家收到人民无数的志愿捐款后，而一般的经济状况，反不如从前？假如真的失业人数是减少的话，难道还会有相反的结果？

人民是需要刺激才会有热狂，德国人民此刻正昏醉在这爱国热中，做着他的德国再兴的好梦。但也因为是梦，就不免要有醒过来的时候，危险也就在此处。所以希特勒不能不变些新花样，增加刺激力，并转移人民的目标。对于退出国际联盟并军缩会议作用就在此。因为希特勒不能无缘无故的突变他的政策，像一些手无寸铁的女人，高谈什么“非战”论调，他必定要有所借口，然后使人家看来似乎并不出于突然。然也因此，他对内的成分，就多过于对外，所以一面退出日内瓦，一面就向法国提议订新条约，以表示德国绝无反对法国的野心。同时就解散国会准备新选举，并将此种政策，让人民票决，以缓和人民反对之心，而乘机更进一步，巩固自己的政权。

这回选举定十一月十二日，同时举行人民票决，办法大体上仍旧，根本不同的，以前是多党制，选民可以自由选择任意选举。此次却是一党制，所以选举票上只有一党的名字，而候补议员六百八十五人中，百分之九十以上是国家社会党，这么一来，选举的结果就不难一目了然了。

下面就是国会选举票并人民票决票（原文如此），前者用白色纸条，后者用绿色纸条。

国会选举（某省区）
国家社会德国工人党 （希特勒运动） 黑兹胡力克格林 哥白尔罗恩塔勒 赛尔德巴本胡根堡

德国政府敬告人民书
德国政府并德国人民一致的志愿，实行一种协调同和平的政策 政府向德国人民提出一个问题： 德国人民是否对于他的政府所实行的政策加以承认，同时是否当做自己的见解同自己的志愿说明，而正式加以认可 柏林，一九三三年十月十四日德国政府
你承认吗，德国的男人并德国的女子，你的政府这种政策，你是否要把它当做你自己的见解同自己的志愿的说明，而正式对它加以认可？ 对　　不对

国会选举票，选民只须（应为“需”，原文如此）在圆圈内画一十字或其他记号。就算做正式选举了。人民票决票（原文如此），选民在数字下的圆圈内画一十字，即作为赞成票，如在另一圆圈内画了十字，便是反对票了。

历来选举，因为有各党互相竞争，选前气象与此次大不相同。虽然希特勒对于此次选举根本就无所谓失败的，但他并其他政府人员，仍须尽力点缀，使此事加重庄严性而不至于单调。十月二十四日希特勒在柏林作（应为“做”，原文如此）他的第一次选举演说后，即旅行全国各重要城市继续演讲。同时政府重要人员，如黑兹（即赫兹），胡力克，格林（即戈林），哥白尔，巴本等，也是极力描画，总括他们的意见。正如某个票语上所说的一样，我们不愿意战争，我们需要和平，我们需要安宁作文化并经济的内部建设，或“我们需要一个光荣的军备平等与和平”。和平，和平，目前在德国真是一个再时髦也没有的名词了。据他们的解释，和平并不是对外屈服。第一，因为战争是残酷的，希特勒说，只有前线的兵士才明白战争是何等可怕，所以德国决不愿意与法国重新有战事发生；其次，战争足以摧残一切的文化，特别是良好青年的丧失。此外还有赤色问题，并其他等等。所以在今日来说战争，是毫无意义的。所可惜的，希特勒的论调，在国外所引起的作用并不多。法国觉得此时不把德国解决掉，将来就更困难了。他们根本就不相信希特勒的话，国内一般印象，觉得他说了这么一大套，终于还是免不了同法国妥协。从前的政府，似乎比他还要高明得多了，这种见解，潜伏得颇普遍，不过在目前威力之下，不容易看出来罢了。

除了普通演说外，希特勒又特定十一月十日在柏林西门子工厂内，对工人作一回大演讲，仪式是很隆重的。全国工厂在午后一时至二时间完全停工，各界人士均须在所属的团体内集合，由无线电话中听他的演说。从一时正起全国停止一分钟，届时所有的工厂连接着放送汽笛。在热闹的大街上，不管是汽车电车行人，经警察警棍一挥，一切立即停止，完全入于静寂的状态。接着希特勒就开始同平常一样的，作他的振奋人心的演说，但内容却仍相仿佛，只加重说明和平的志愿。此次选举的重要，并他曾经给过二百多万人以工作并面包，及阶级协调与阶级斗争的利弊，等等。此外十一日并由兴登堡总统，作一次最后的选举演讲。

除了演讲以外，全国的报纸，差不多一致动员，你决找不出德国有一家报纸会有另外的论调。大家总是异口同声地寻出许多理由来证明，这次德国的选举，并人民票决是德国命运的所系。假如德国人民要希望德国不受法国的侵略，赤化的摧残，而达到再兴的地步，惟有拥护希特勒为德国而奋斗，和平、名誉与军备平等的主张（原文如此）。在报纸上希特勒此日的地位，要比从前的俾斯麦高得多了。“我们的领袖”，“德国的解放者”，尤其是退出国联一举，很博得一部分人民的赞美。

文字宣传以外，在报纸上还有不少插图，大部分是说明敌人武备的充足，及德国国防的空虚。更特别对于妇女宣传，说是将来德国的孩子们，都有受敌人飞机轰炸的危险。倘若德国的母亲，要保护她们孩子的安全，惟有拥护希特勒的和平政策。

街道上，随处都可以看到标语的招贴，最引人注意的，是兴登堡与希特勒两人的肖像，上有大字的标题“大将军（指兴登堡）与伍长（指希特勒他在欧战时曾作过上士）同为我们和平并军备平等而奋斗”。有的是用极大字的标题“光荣的和平”，接着用小字解释希特勒政策。对内对外的意义，最确实的是一行带粉红色的标语招贴，大意是说，请看八个月来希特勒政府的成绩。第一，给予了二百二十余万人工作并面包；第二，铲除了共产主义；第三，打到了提倡阶级斗争的政党；第四，消灭了各小政党；第五，使国内安静；第六，除此以外，选举前数日并有大规模的游行。入夜则用多辆汽车，满载国社党青年党员，配置以辉煌夺目的电灯，高唱党歌，并喊口号，声调悲壮非常。并且这不只在大城市，就小村镇也无不如是。德国人民，真的被他带情感的言词所打动了。不过这批人民能否长久受他的指挥，那却要看他今后处置的手腕如何了。自然，最重要的，还是在经济方面，看他能否度过今年冬天这难关。

这次新国会选举出来，不用说是全在国社党的掌握，这绝不会有变更的余地。人民票决，大约希特勒可获赞成票百分之八九十以上，希特勒一次说过，谁不参加选举的人，谁就是卖国贼。德国人民此日大家本提心吊胆，哪个敢去冒险，经希特勒此种声明，连抱消极态度反对政府的人，也只好来参加选举了。否则难免有危险，所以此次选民的数目，大约不会比前减少，希特勒此次选举除了他已有的群众外，一部分中立派亦受他的影响。许多人本身对于希特勒并没有十分好感，但因为宣传的结果，说是此次人民票决，与外交有特别的关系，许多人在反对法国的见地上，将投赞成票。另一方面，有小乡村的人民，因地理并人数关系，他们无法投反对票，大约只在大城市中，例如柏林汉堡等处无法区分，于是乎一部分反对派才敢明白表现出来。

这次选举，对内的意义，大约不外如上所述对外的效用如何。此刻颇难预料，并许法国仍不满意希特勒的让步，要出兵占领莱茵河一带，那时问题就相当严重了。最近但泽事件所引起的紧张状态，就证明法国人并没有觉得满足。（十一月十日夜，欧陆）

（1933.12.11《申报》）

德国新国会选举结果

十一月十一日下午七时，德国总统兴登堡将军作了一次这回选举殿军的演说。对于这回希特勒党获得多数票，也不无意义。他的演词，虽然简短但却很有力。他是以完全赞助希特勒的态度来劝告德国人民投赞成票，并且许多地方还替希特勒的行动加以注解，并加证明。兴登堡出身贵族，在各方面威望甚乎，特别是贵族军队及农民方面，以这些人为中心的德国国家党（现已解散）。虽然听命于兴氏，平常这些人，是绝对反对希特勒的。假如你遇到一个贵族青年，你问他是否是希特勒党员时，他一定会很鄙夷地哼了一声，然后告诉你他是个王族的血统，决不会变成希特勒党徒的。兴氏的解释，对于这批人自然发生效力，因为他也说此次国会选举与人民票决，是关系于德国将来的整个命运。到了十一日夜间，一切显然格外的紧张，街道上堆满了行人，但好像总缺乏点什么似的。严肃到几乎有极忙碌的神气。虽然大家还老是走来走去，国社党方面因为是最后的一夜，自然更加加紧宣传。不过一般的意见，总觉得全部事情早就决定了的。对于宣传，显然并无若何浓厚的兴趣。此次选举，除了国社党党部并官方竭力鼓吹外，人民团体方面亦由各团体领袖发出宣言，并通知等等。例如天主教，基督教，工会，农民团体，文化团体等，所说的话，大部分大致相同，伸这回事件的严重性而已。加之反对党缺乏宣传之机会，国外的情状又十分隔膜，大部分人民至此就无法辨别了。其次，前皇族威廉二世的第四王子，威廉奥古斯特，此客是希党要人之一，他在汉堡曾公开说，此次谁投了反对票的话，我们一定要他出来，当做犯人看待。这就很可以吓坏了一部分反对派胆小些的人。自然不敢轻易加以尝试了。再次在小城市并乡村中，反对派是绝不敢活动，结果反对派的力量，只剩下大城市的一部分了，这批人包括社会主义者（一部分社会民主党党员同一部分共产党党员），自由主义者（一部分中央党党员及其他小政党党员）并一些贵族。希特勒虽然形式上把各党统一了，但事实上以前各党的基本群众，直到现在止，似仍无法感化，所以希特勒对个人说，你们中间还有反对我的好，我就着手教育你们的子女。几年以后，这批少年儿童，就是国家社会党的青年党员了，那时候，他们会自动的反对他们的父母的见解。

十二日选举的日子终于到了，早晨希特勒党的军乐队就到处游行。自从十日希特勒在柏林西门子工厂演说时，全国各地各式人家的窗口上所挂着的国旗，党旗就过宿了两夜，一直到了这一天，依然还在飘扬着。九时一过，选举开始了，选民是肩背相接，排成了一长蛇阵，但大家显然都很缄默，每个选民在投票的时候，还得另购一枚由政府所特制的徽章，文曰“赞成”，旁另注一行，一九三三年十一月十二日字样。为的大家都买来挂在襟上，于是也就没有人敢于不破费这一笔钱了。徽章的价格，说定五分，但人人起码都给了三倍以上。当天选民总数达四千三百余万，就是说这一天德国政府的收入，也几乎近于千万元了，自然也是一笔生意经。

选举一直延至下午六时始停止，除了少数人以外，大部分都是扶老携幼，争先恐后，国社党的权力，在这次选举中已给德国人民深深地认识了。此日已经没有一个人敢哼一个“不”字了，否则单尝风味，还算便宜。

当日下午七时后，就将各地选举的结果，陆续用无线电话报告。许多咖啡馆无不坐满着静听消息的顾客，生意自然百倍，直到深夜一时始完毕。此次国会选举并人民票决结果如下：

在国会选举，国社党得票百分之九十以上。在人民票决方面赞成票还更多些。不过这结果，国内国外却都不觉得奇怪，因为事实所必然。至于加人民票决人数，为什么比国会选举还要多些，这就因为许多国家党人并中间派，虽然不赞成希特勒，却更憎恨法国人。希特勒说，人民票决是对付法国的，于是乎他们相信了，就特别参加来投票。

新国会议员选出六百六十人，有一点最受人家耻笑的，九十采用民主政治的方式来选举，而选民却不知道他的一票所选的是谁，并且大部分议员都是平素未闻名一（应为“未闻一名”，原文如此）的人。除了极少数的部长并实业家政治家是例外，这一批新议员分拆起来，此中大约有五十名左右是现任部长及各省区的行政长官，有四十名左右是较高级及中级的官吏，工人代表大约也有四十名左右，农民代表却比工人要占多数。手工党工人也有四十名左右的名额，工商业界资方代表大约占有二百名数目，自然以上人物十分之九都是国社党党员的，其余的名额，都是国社党少年冲锋队。钢盔团各地方的领袖，新国会有两种特点，青年人数目增大与没有女议员参加。希特勒对于妇女素来歧视，年来贤妻良母的提倡，更不遗余力。此次新国会妇女的被排斥，就是主张的一种表现。

自然，此次选举的经过，正如国社党内预料的一样，当局不用说，会心满意足而兴高采烈了。选举后的第二天，希特勒即发出两宣言，一告人民一告国社党员。大意自然是很高傲的叙述他的感谢之意。因为德国人民已一致的在他指导之下了。国社党有名的政论家卢森堡，在民族观察报上着论，结论是“希特勒就是德国”，他解释此次选举巨大的收获，已公告全世界，德国人民已与他的领袖希特勒完全一致了。其余各报态度，也相仿佛，都是异口同声的道贺国社党此次的成绩，特别是对于外交方面，认为是有历史上的重大意义的。同时宣传部长哥白尔（戈培尔）最受各方的赞美，因为大家都归功于他的宣传得力。此外，兴登堡总统向希特勒道贺，巴本代表全体阁员向希特勒道贺。此日，希特勒的地位，事实上已不让与莫所列尼（墨索里尼）的在意大利了。

其实，自从国社党执政以来，希特勒已有极巩固地位，国会通四年信任案于先，一切政党又毁于后，何必多此一举。到底此次选举的意义何在呢？不但德国报纸不肯说出原因来，就是其他欧洲各国的报纸也大部分不加以明白的叙述。据各方猜测，有下列一种主要的原因，其一就是希特勒所发行的借约券过多，外交方面又束手无策，不退出国联，国内发生问题，退出国联，外交又马上严重起来。所以采取一退出国联，举行选举以统一国内，一面力用和平的口号，以遮掩对法的让步，□和内外的空气，另一原因就是，法国最近既进一步□德国拉在另一面去，于是就想乘机根本上对付希特勒，打算设法运动南德国之拜扬巴登等省脱离土，而与奥国合并，另成立一德奥联邦，因此事很有些可行性。因为拜扬巴登等地的人民，无论在宗教上，历史上，习惯上，与奥国反较之与普鲁士为接近。（注：南德国与奥大国大部分人民信仰天主教，普鲁士则信仰基督教，尤其近来希特勒扶持基督教，举动上常与天主教冲突。法国正可乘机进行，使德国分裂，根本削弱希特勒的势力。）所以人家说，德政府的人民票决办法，就是对法国的计划一个答复。因之，兴登堡总统演说最后一句是喊着，德国团结起来。自然，这一幕剧也正在开始，希特勒正着手采取强有力的中央集权制，以期先发制人。不过，大体上，对于希特勒不利的成分较多，因为法国最后是不惜用军事来解决的。否则，除非希特勒屈服到使他满意新选举以后，各国的舆论，当然也同平常一样加以攻击与讽刺。法国外长彭古，更高唱强硬的论调，英国又重提军缩会议，希望德国就范。德国的前途到底往何处去，此日谁都不敢预言，但德国民间的空气，显然有深重的忧虑，恐怕将来法国军队又要光顾到莱茵河一带，一九三五年，欧洲大约不会再安静的。

我们以中国人的地位来观察，希特勒的主张是另一回事，暂可不论。但他为民族求解放的精神，与硬干死干的一股勇气，就足使我们致敬的了。（十四日深夜，欧陆）

（1933.12.12《申报》）

世界大战恐慌向瑞士袭来

无论希特勒的和平演说怎样的动人，无论法国人如何的高唱安全保障，希望欧洲平安无事，无论莫所列尼（即墨索里尼）如何转变方向，以和平使者的责任来斡旋欧洲局面。但这一切举动，却总蒙蔽不住一种铁一样的事实，就是欧洲战争爆发，仍只是时间问题。那些门面话，粉刷和平的行动，只可以证明大家准备尚未充分，一时不肯动手，蓄精待锐的景象，好戏就要在后头了。

上一次欧战，瑞士得独免于难，在瑞士一般人看来，这是一宗再侥幸也没有的事情。目前大家的预感就不同了，显然此次未来的战争，瑞士就无法中立。事秦乎？事楚乎？瑞士必须于德法二者间择一而行，因之一班军事职业家与军事有关的各种工业资本家及法国的政治家等，暗中就推波助澜，使事态扩大，使民间对于战争的观念愈加强度化。特别是今年下半年来，报纸上就屡次宣传军事参谋本部，有对法战争时取道瑞士的计划。本已一时间传得满城风雨，加之后来在德瑞交界处，德国国社党冲锋队，又与瑞士守境兵士发生冲突，这一来就无异火上添油，系一种再好也没有的宣传材料。一个中立的小国，国民是素常以和平主义相号召的。至此，就慢慢的被牵引到战神的座前去。

使欧洲局面重陷于紧张的状态的，自然是希特勒。他主张一切德意志民族团结起来，重归于德国。瑞士的人口，德系占百分之六十九，法系只占百分之二十一。假如希特勒的主张实行，无异瑞士亦将归并于德国，这不但法人觉得危险，瑞士人本身亦感不妙。另一方面，正如瑞士某报的论调，瑞士处在德意奥三个法斯蒂大国间，欧洲风云一起，瑞士就立于困难万分的地位。上列种种理由的逼迫，除了加强武备以外，自然没有别的路好走。于是军备预算就增加了，军队组织法又重新加以改良，使更加现代化。

瑞士虽是个只有四百万人口的小国，但军备方面，我们决没有看轻他的理由，他们自己也很清楚，与专靠正义公道来维持他的中立，倒不如多准备些实力，也许效力会更大一点。直至目前止，瑞士的军备，最少有下列的几个优点，似乎还要超过列强各大国：1. 实行全国皆兵，极彻底的民兵制度；2. 兵士个人射击术的优异，恐世界各国中无出其右；3. 此外，化学战争的军用品，瑞士亦有特长。倘有那个国家想侵略瑞士，来冒这个险，瑞士一定会立即加以迎头痛击，胜负虽无把握，但绝不至于不抵抗。

瑞士并无正式的常备军，所有的只是民兵，但在世界上，我们决不容易找出像瑞士这样做到“无民不兵”地步的第二个国家，并且不但在技术方面，有着精美的成绩。就在军队道德方面，也有一种很深入的教育。瑞士一般人民—也就是兵士的观念，保护自己的国家，并维持瑞士的中立，这几乎变成了瑞士的国民性了。瑞士民兵的基础就组织在这一点上面。

瑞士的一般人民，与其说他们是过的各种职业生活，倒不如说他们是过的军队生活。每个人都有一支步枪，全套军备服并其他种战争需用品。这些全部用具均允许各人带回家里去保存的。每个星期日，就在最小的村落，也都有靶子场，几乎所有的年青人都来参加练习射击，这靶子场是属于那地方公有，但同时也受军部的管辖。这是说步兵的情形，骑兵呢，则除了全副武装外，还有马匹，大部分农民还可以利用这马匹来工作农事。不过须注意保护，因为每年都有骑兵队长来担任检查的工作，他们的武器，马匹并射击练习的成绩，平常都须记载在簿子上，以备查考。

瑞士人口共计四百十万强，战时大约可以出兵五十万，这种军队，依年龄的组织，可以分为三种，从二十岁至二十九岁的壮丁，加入炮兵队；从二十岁至三十二岁的壮丁，加入步兵队，两共可以抽出二十二万人，后备队从三十岁或三十三岁起至四十岁止，可以达十一万人以上。从四十一岁至四十八岁年纪的人，组成国民军，大约也有十万人左右。其他如在后方服役的救护队，运输队等等，也可以征集十五万人的数目，并且瑞士国境狭窄，交通便利，一朝有事，只在数小时内，即可以全部动员集中。最近更竭力扩充新式军备，特别注意航空计划，不久当能全部实现，届时当然战斗力更加坚强。瑞士军队数目，虽然不多，战斗能力与大国相比较，耐久力自然较差，但敌人如想在短期间内侵入瑞士境内，恐非有几大的牺牲不可。此外另一理由，瑞士境内多山，居高临下守易攻难，地理上也占着便宜不少。

瑞士的军人服役期间，普通兵士二十九年，军官三十二年，新兵训练规定，每个青年一达二十岁时，即须受军事教育，在新兵学校中，步兵受六十五日的训练，骑兵连同骑兵队九十日，炮兵并飞行队七十五日。如新计划实行，大约这时间将更延长，每年满兵学生，平常有二万五千人，除了这正式的训练外，他们平常的训练一年中几乎没有停止，特别是对于飞行员与炮兵的训练。此外在联邦政府及各州政府辅助之下，尚有种种副军事教育，例如瑞士佛郎来训练二万五千个青年作跑雪运动，又如射击总会，每年训练一万个十六岁的青年练习射击。每个青年射击员，每年可分得五个瑞士佛郎同五十颗子弹，还有在下级干部步兵联合会主持之下，每年举行一次全瑞士射击比赛会，这中间自然鼓励并培养出不少人才来，但最重要的，还是平时他们的生活，已与军队中生活连成一片。每星期日的练习射击，在瑞士人看来，似乎并不是一种工作，而是一种游戏或娱乐。他们自己本身已经没有练习射击就是军人的感觉，这因为长久的历史关系，渐渐使他们觉得自己的行为出于自然，变成习惯的了。加以每一星期或数星期总举行一次演习战，就将他们在新兵学校中所学得的战术，加以温习，使战争的知识愈加精进。

在我们东方人看来，瑞士既是怎么小的一个国家，而且又是永久中立国，自然人民应该除了口里说和平外，要连枪杆也拿不动才对。然而事实上并不然，他们不独不向人家摇尾乞怜，希望得到苟安，而是更近一步，充分准备着给予野心家尝试时一个打击，这才是武装和平。我们不管他瑞士如何受环境的逼迫，不得不走上了一条道路，但所表现出来的事实，在武装中维持和平，这确值得我们的猛省。

世界大约不会从此太平了，以前大家以为美国能够永远千秋。目前怎样，西方唯一安全的国家瑞士，现又在惊涛骇浪中了。我们倒要替中国的一班要人们担心，一旦危机袭来，将逃到那里去呢？

目前世界上并没有一片净土，这倒确实成了问题。（一九三三年十二月十四日，欧陆）

（1934.01.11《申报》）

法国的外交政策与希特勒的前途
(德国通信)

这个年头正为着世界各国多事，国际联盟的法宝已显出招架不住的验相。于是世界上便产生了两种忙人：军事家与外交家。各国军人势力的渐次抬头，军部主脑人物的说话越说越响亮，民主政治这种形式到底会维持多久，事实上是个疑问。所以英国新驻法大使克礼克爵士当着德意驻法大使的面前公开地说，英国与法国人民是可以自傲的，始终对于民主政治忠实而希望人类文明在和平与安全中永远保留着。这话对于德意大使固然不留面子，但另一面也可以证明目前这阶段要维持民主政治事实上是如何的艰难了。

第二种人虽是站在配角地位的外交家，但在目前他们却演着最有声有色的一幕。这一群人中，苏俄外交委员长李维诺夫氏便是一个最特出的人才。年来他无往不利的外交成绩，不独昭示苏俄希望和平的善意于全世界。因之提高苏俄国际的地位，而最重要的是在于能击破帝国主义者联合反俄的战线，而获得比较安全的保障。到了法俄带有军事性的谅解成立小协约国等先后正式承认苏俄在欧洲的地位至此才算稳固。

继李维诺夫而起而成为国际外交界的红人，就是七十老翁的法外长巴尔都氏。他自从前数月接任外长以来就是他特殊的活动能力。最初他亲自拜访波兰首都华沙，继至捷克斯拉夫首都巴拉加，接着又亲自参加日内瓦的军缩会议。再又东行拜访罗马尼亚，南斯拉夫等国。最后他赴西渡伦敦，打破一种最后的难关，完成了法国的整个计划。

上月日内瓦军缩会议中，英法所争执的地方，就是法国主张先订立安全条约，然后再谈裁军。英国则针锋相对，认为除了先实行裁军以外，别无安全之道。这种紧张的形势，几乎闹成僵局。后来双方互相让步，草草地将军缩会议告一结束，余出时间来，大家好在会外商量条件，特别是法国所要努力的，将英俄间的冲突，暂时加以人工的清除，便法俄两国带有军事性的同盟，得到英国事实上的谅解，自然这是需要一种代价的。但法国因为希特勒的存在，便不惜在可能范围内作牺牲以求得今后若干年内的安全。

因此法外长巴尔都有伦敦之行。当巴尔都到了伦敦的时候，各方的空气已经极度的缓和。欧陆上一般政治的趋向，已有极明显的线索可寻，他最后的努力，遂得到英国完全的谅解，完成了他的使命。本月十三日英外相西门氏在下院宣布英国政府完全同意法国所建议的局部条约，就是说，欧洲东部各国、苏俄、波罗的海各国、波兰、捷克斯拉夫、德国等成立了一个“东洛迦诺”条约。在这个条约下，使苏俄与一九二五年的洛迦诺条约发生连带的关系，与法国立于有互相援助的义务之地位。另一面对于德国也是如此，可以保障欧洲整个的和平。同时他并叙述与巴尔都接洽的经过，至于苏俄的加入国联并德国的再□日内去，几乎也是内定的事实。西门的演讲词已将数月来酝酿至中的外交局面揭示一半。同日，英国驻德大使更代替法国政府做介绍人，将法国所建议的条约全文直接交与德外长，而意大利也正式宣告赞助法国的“局部”条约，事势至此，德国孤立无助的局面，愈益明显。

在没有解释“东洛迦诺”条约以前，先要说明历年来德国的对外政策。自从欧战以后，德国受了凡尔赛条约的束缚，无时不想求得到事实上的解放。所以无论社会民主党当权也好，民族社会党执政也好，政制不论怎样更变，用外交的方式或强硬的手腕，但德国要打破目前的束缚，仍必须出于一战，这是一件公开的秘密。不独德国人自己明白，特别是法国人开心更切。因之在这种军事政策上，历来德国就分成两派，一部分军事学家认为德国因地理上的关系只有联俄，得到苏俄积极或消极的赞助，后以全力冲破波兰与捷克斯拉夫的防线，先占领两国。对于西部因法国布置严密，只取防御战，甚至于可以放弃莱茵河一部分与法国人。等到东部军事解决以后，然后再回师向西，与法决一胜负。这部分论者的潜势力很大，多年来德俄两国军事当局的合作，就是倾向于这个路线的一种说明，而事实上德国也虽找到比苏俄更好的军事同盟者。同时也是最使法国人担心的一个策略。等到希特勒执政以后，另一种论者的主张抬头，也就是所谓另一种地理军事政策。他们将目光移至苏俄，拟在西伯利亚地方建立一个第二“新大陆”。他们尽量鼓吹联络波兰，拟乘日俄开战的时候，德波两国共同出兵击破苏俄。这批论者的见解，认为这种政策有几点好处：第一，进攻苏俄，不致受列强的反对。第二，德法并德波的冲突，因德国东向问题易于解决。第三，西伯利亚地广人稀，正是适宜于移民之地，但是这个政策，仍有个绝对的前提，就是实行前者必须得到苏俄的赞助，实行后者最少须得到法国的默许，并且这二者又不可得而兼有，非选甲弃乙或选乙弃甲不可。希特勒政府最初尚徘徊于这两个政策之间，虽然反对共产党，但对于联俄的路线尚未根本放弃。一面又竭力暗中经营军备。这时期是法国最心焦的时候，硬又不可，软又不能！只眼巴巴地看看德国武装的力量一天天膨胀。等到赫里欧氏赴俄，法国始下决心联俄，作对付德国的根本政策。而德俄间，也因德国进攻苏联的政论抬头，自然有所恐惧，而转与法国联欢了。

德国因为举棋不定终于迟了一步，不独不能在俄法两国间获得一与国，而反促成他们两国的结合，至此德国虽以全力交欢波兰，也已无补于大局了。所以等到德国转身向法国的时候，正是法国所密布的政治网已完成。双方已到了无法商量的地步，希特勒的命运，固然未必于此，但这最少仍是他的致命伤。

民社党人办理外交，使德国陷入绝对孤立的地位，这是最大的错处。其次在国家军事政策尚未布置完密之前，一种嚣张的气焰，已使邻国胆寒，无论在消极或积极方面都得不到别人的同情。所以连十多年来“生死对头”的法俄两国也会舍弃旧嫌，而联合以对抗德国。这种形势，民社党人实有“自取之咎”。目前，不但法俄的军事网已装置完毕，连外交网页已排布清楚，这就是说，德国不止在军事上得不到与国连外交上消极的同情者都找寻不到。“东洛迦诺”条约一成立，凡尔赛条约又加上一种无形的约束。（未完）

（1934年第3卷第9号《申报月刊》）

德国的农村生活

多谢友人M君的好意，邀约我到他家里去住一两个星期。他是住在南德国多瑙河上游的一个乡间，他知道我有多瑙河之游，所以劝我先到他家里去。我呢，却另有一个念头，想乘机观察德国的农村生活。虽然，年来我先后也曾到过德国乡间好几次，不过总嫌时间短促，所看见到的东西终究有限。这一回，我想大约不至于空手而返吧！

虽说是短短的十几天工夫，但因为有心访问的结果，所收集的材料比较从前就要丰富得多了。德国民间的风俗，正如中国一样，也是因地而异的，我所观察的对象因为地域上的限制，在许多细节方面，也许无法代表整个的德国，但大体上德国农民的生活，总算得到了一个轮廓。

德国是个工业国家，为的工业过分发达的结果，农业产品无法自给。欧战的失败，论者都归咎于粮食的不足。所以战后许多农业专家主张德国须根本改良农业政策，使粮食达到自供自足的地步。他们的论据，看来虽与所谓统制经济论者相仿佛，然而出发点却微有不同。他们认为德国虽是个工业先进国，但不久的将来其他各国也一定会先后工业化的，德国不应忘记了这一点。倘若此日德国仍是只着眼在工业方面，那末进出口贸易工业品与农业品将各成一不好的形势。等到一天其他各国工业化完成，德国反而会变成人家的附庸。另一面找寻海外市场也并非一件易事。例如日本在工业化的初期是德国一大主顾，到了此日反而变成主要的敌人了。于是这批专家的结论就是：赶快促进德国农业的发展。

世界大战所给予德国农村的损害，似乎也不在炮火之下。战后到处俱是凄凉景象，老年的农民在今日谈起，犹有余痛。据说，当时农民所缺乏的，并不止现金，而是全部农具并马匹甚至于粮食。他们所剩下的只一座住屋，其他几乎一切皆空。经过多年不断的奋斗，才渐次恢复过来，尤其在应用新式机械这一点，特别有长足的进步。总而言之，在生产方面来说，今日德国的农村不独比较战前已超过数倍，而农民因为利用新式农具的结果，劳作反而远不如从前的辛苦。但在生活方面，战前却是个黄金时代，此日无法相比拟的。因为目前农产品不值钱，赋税高，在这种状况下，农民要找寻一条出路谈何容易！

农民大约因为受了土地束缚的缘故，保守、刻苦、安分种种是他们的美德，同时也算是他们的短处，这差不多到处都是同一的现象。德国的农民自然也不会例外。他们的田间工作除了冬天以外几乎每天都是十小时至十四小时的劳作。这种过分的劳动，使他们变成沉默，朴实的一种人。所以对于目前德国的新运动，想将城市的工人拉回农村去，我们不能不怀疑它的效果。为的工人们过惯了现代城市的生活，大半宁愿肚子挨饿，而决不肯天天过晒太阳的寂寞生活。

在城市与农村间永远是一种鸿沟，生活的方式是如何的不同。出自诗人的笔下，我们固然会领略到乡间的美丽，但实际上，对于一般人看来，那是如何单调不过的事情！没有戏院，没有电影场并跳舞场，没有现代式的咖啡店与酒馆，没有一切动人迷人的娱乐。顶多他们晚上在工作疲劳之后，痛饮几杯酒于一间狭窄的酒馆中而已。日日如此，年年如此，从幼到老，过不断的单纯生活。所以，在农民眼中，城市的生活是一个多么巨大的诱惑！

在农民本身，他们是没有奢望的。他们老早就认识了自己的命运，顶多不过将未来的梦想放在他们的孩子身上。他们只冀盼收成好，农产品卖得起钱。除一家过得温饱以外，能够积下一些钱来，购买些土地并新式农具，使自己由小自耕农的地位渐次达到中农，至富农。他们对于政治上的见解，也是先以本身的利益为立场。例如农社党未执政之初，曾对农民预约，将来农产品要增值至百分之三十至五十，于是他就获得农民一致的拥护。后来因为事实上的困难，现在物值反比当时跌落百分之三十至四十。因之农村间就充满了不平的空气，这也是德国目前政治的一个难题。

德国的农民，除了耐劳以外，也是十分简朴，自然事实上是不让他们奢华的。重重的租税，使他们将全部收成卖掉，所剩的数目，已属有限。何况他们尚须付还银行借款的利息并全家当年的用度呢！于是就是他们间小康之家也感到现金的缺乏，他们的衣服费，交际费都降低到最低限度，这与战前相较是有天壤之差的。虽然他们比起中国的农民来，却又要幸福得多了。总之，他们的食住两项，虽不能够尽满人意，然而总算不空负一年辛苦忙到头。尤其是肉类的丰富。这一点，也是农村的农民比城市的工人侥幸的地方。

他们普通人家的产业，大约有土地一二公顷，（自己的产业，或从地主处租来）。母牛五六头至十余头，耕马一两匹。此外尚有猪，羊，鸡，鹅等等。照估价，自然也值得一二万元至四五万元。不过，另一方面，他们在银行里却也负了一笔债。有时债务恰也与产业的价值相等，于是他们每年的收成，只够付租税与利息了着无异于说，农民已到了破产的境地！

为什么大部分农民在银行里总负有债务呢？这大半是从遗产问题而来的。原来德国乡间的惯例，父母大半将不动产遗给幼子。至于长子并其他子女只取得现金。因为父母的人，虽然一到了五六十岁年纪，却仍愿意自己任事不肯将产业交出，致束缚自己的自由，一面也希望将各子女培养成人，倘若将不动产传给长子，那末父母就变成寄养在长子家中，对于其他子女的照应，自然也不能够遇到。传给幼子，那时其他各子女俱已成人，父母也已到了暮年，一切问题恰恰能够完全解决。

例如某甲有子女六人，家私估价八万元，长子次子各应分到一万元。三个女儿各应分得六七千元，再提出一部分作父母的养老金外，余数全归幼子，但是某甲手头所有的现金不上数千元。于是他就将全部产业用幼子名义向银行抵押借出四万余元来分给其他子女，他们就拿了现款各自谋生去。这结果幼子虽继承了八万元的产业，但却负了四万余元的债务。

对于这个遗产的习惯，民社党人有一个计划，想把它改革掉，以长子为绝对的继承人不许再举行分产的办法。但一旦其他兄弟姊妹失业而归长子负有养育的义务。这个举动，自然违反农民向来的习惯，虽然尚未颁布实行，但已引起各方激烈的反对了！看来，将来似乎未必行得通。

德国的农村，在此日有个很显然的矛盾，生产技术是向前发展的，然而经济生活却向后退步。自然，这同高赋税并农产物的跌落有连带的关系。另一面，在农村中，刻苦的劳动并单纯的生活，自使青年男女感不出生活的兴趣。于是更直接使大批人口向城市移动。结果，间接也造成农村衰落的一种气象。

在农村中最严重的，是妇女问题。本来，在欧洲，血统关系是父系与母系并重的。三代以外，就可以互相结婚，并没有同姓同宗等等问题。例如记者有几位朋友和他们的夫人，假如照中国的家谱法算起来，那末还是从堂兄妹呢！在农村中也是如此一乡中，无论小到只几十户人家，他们的婚姻也几乎都在本乡中寻觅配偶。只有极少数跑到邻乡去，倘若他们仍旧住在本乡的话。并不像中国的乡间，到处聚族而居，娶妇须找寻一个异姓的他乡女子。

大体上说来妇女对于农村生活是感到不满意的。第一，她们需要过分的劳动，男子除了田园以外，其他工作是不管的。整个家中杂务是完全放在主妇身上，她必须从早晨四时一直工作到晚上八九时前后。她要照顾小孩子，照料家畜，准备每天的三顿饭。此外最麻烦的，还是每天她要榨牛乳，这是一宗最苦的工作。倘若有母牛十头的人家，那末她每天就起码须费五小时以上的时间在这上面。据说，许多主妇为了榨牛乳的缘故，在健康方面受了很大的损害，而男子们呢，就让他们有空闲的时间，宁愿跑到酒馆去饮杯啤酒而从不理会榨牛乳这回事，好像那是属于妇女们的事情一般。并且这也成为了一种风俗。

其次妇女们由于繁重的劳作，并艰苦的生活，引起一种人生的悲哀。农家妇女百分的九十五以上都是十分简朴的，她们的衣饰是节省到无可再节省。许多主妇结婚了十几年后，每星期日仍只穿着她们结婚时代所制的一套衣服。但这仍不能救济她们的贫穷，她们家庭所欠下的债务仍无法还清，只有永远在困苦中度日！这种没有希望的前途，使她们诅咒农村的生活。因为妇女较之男子具有比较锐敏的感觉，她们是不能够忍受的。

农村中的姑娘们从小就认识这种现象，从小就亲眼看出母亲们的命运和悲哀。她们幼稚的心灵虽然不能够判别是非，但好像受了遗传似的，对于农村的生活总怀着不满。到了十六七岁以后，她们中一部分人便有机会到城市去，替城市里中上流家庭做个女佣人。于是她们看见了另外一个世界，过着另外一种生活，她们再也不肯回到她们父母所在的乡间来了。所以到了城市去后的农村少女，几乎极少例外，她们会再回到农村中同一个农民结婚。她们是一直居留在城市中，而后来又大半是做了一个工人的妻子的。但是你说她们会幸福吗？不！大城市里贫民窟中的主妇，一部分就是这批少女！

我认识了一个农家主妇，她是属于母亲，祖母型的人物。当我问到她有什么希望时，她笑得很勉强。她说，有了希望不是等于没有希望。她是个虔诚的基督教徒，因此，她才有了生活的勇气。她的大女儿今年才十五岁，生得很体面，是这个乡间的“农村之花”。她天天在梦想着，希望不久就要到城市里去。她很醉心于书报上的时装，但是她又怕人家发觉她的秘密，我们只有祝福她的前途！

当星期日来到，总算是农民们有机会休息一天。他们穿着他们最讲究的衣服，带亲属熟人，缓步于田野间。但是我们由于那种沉重的背影中，也可以看出他们疲劳的生活！

农民，农民！要到什么时候才会有幸福的生活呢！尤其是我们祖国这大批穷苦的大众！

（1934 年第 3 卷第 12 号《申报月刊》）

斯文赫定访问记

去年春间欧洲各报一时曾谣传斯文赫定博士在新疆探险被害。自从"鸦片战争"以来，欧洲读者对于这类消息早已经看惯了，多一件新闻或者少一件新闻似乎都无足轻重；但对于我们中国人便不然。第一，斯文赫定博士最少是一个世界著名的探险家，假如我们对这种"名人"尚用"野蛮手段"，其他可想而知。第二，一般欧人对于中国本有不良的印象，就在廿世纪的今日，原有的观念仍根深蒂固，偶然有一二日本浪人失踪，日本通讯社就可以利用这种材料来作反华的宣传，以乱国际间的听闻。目前我们缺乏负责对外宣传之机关，中国的通讯社尚在摇篮时期，不能於每种事件发生时随地加以纠正。于是全部"是非黑白"只好在外国通讯社驻华记者先生们的笔下求生。虽说有时事实终于是事实，例如赫定博士依然无恙生还，但中国人民在道德方面所受的损伤已经无法挽回的了。

斯文赫定博士于去年四月中旬回到欧洲来，他这次在东方义工驻了八年，又何况是一个著名的探险家，探险家叙述探险的经历，本身就是一般读者所最欢迎的新闻。所以一到了欧洲，他的行踪，他的言论，便成为各国报纸的材料，特别是德国报纸对他的记载更为详尽。综合他的谈话可分为两种：新疆探险的经过并个人对于中国现状的印象。前一种他曾用游记体写成一书《大马记》。书中所述不但对于马仲英多所讽刺（据赫定博士说马仲英绰号"大马"，这"马"是四只脚的"马"——记者注），连上次新疆内战时军阀的骄横不法、官僚的腐败贪污、人民的流离失所，种种怪现象，应有尽有，加之附以照片，自然颇尽暴露的能事。

我们以中国人的地位读来，极易发生反感。特别对于新疆富藏的描画，在此日正当帝国主义者争夺世界市场并原料更加尖锐化的时候，中原与新疆间现代式的交通事业未举。极易引起帝国主义者的野心。至于他对于中国现状的批评，则大有学者的风度，他的言论大半均能主持公道，尤其对于中国现政府的领袖人物，推崇备至，颇足以纠正外国顽固派人轻视中国的心理。最近他在欧洲做演说旅行，先从德国开始，讲述他在新疆探险的经过。为的他在上次欧战期内曾以瑞典中立国人的资格发表言论，对于德国多有所袒护，德国人民至今对他犹存感激之心。于是他此次在德国各城演说，就大受德人热烈的欢迎，入场券售价三四马克起码，而每场仍有人满之患。风头之健，较之中国的梅兰芳先生有过无不及。他演讲的内容大部分仍取材自《大马记》，为要博得听众的欢迎，中间颇不无形容过分的地方，此点已引起中国旅德人士的不满。记者月来虽也在德国各城旅行，但总以先后一二日之差，始终未得到遇见的机会。前日，他再度来柏林演讲时，始获一面。承他的好意，除答复记者许多问题以外，并邀约记者前往听讲。他当晚的演讲约历两小时，内容大体上尚无若何引人不快的地方。倘若他以后的演讲都能以这一次为例，那么我们中国人对他自然只有感激的了。

记者访问他的时候，情形如下：

记者问：今天十分愉快能够在这个地方访问你，一个中国人的朋友，见面尤其要感谢你的盛意，给我做一个“访问记”的机会。你知道从前我们故国的政治状况，所以我们不能够到处开盛大的欢迎会欢迎你，如像德国此间一样，不过你的劳绩，中国人民是会心感不尽的。倘若以后你能够再度到中国去，那么我相信，你一定会得到另外一种印象的！

你的探险旅行最初本来是同德国航空公司合作，替该公司在上海与柏林间寻觅一条安全的航空路线，后来这计划没有实现，于是你受了我们政府的嘱托，考察欧亚昔日交通的旧“线路”（赫定博士的解释罗马时代中国丝织物曾由此路运至欧洲——记者），可否请你将此次考察的结果，关于这种交通问题的可能性解释一下？

答：由上海到柏林成立一个定期航空，这完全是可能的。为的中国方面的航空线只能达到边境，所以苏俄的合作也是十分重要。至于技术方面，我觉得并没有困难。

昔日欧亚两洲交通的旧“路线”，据我考察的结果，目前极可以改造为汽车公路；并且，听说你们政府此刻已经在着手建筑。另外一个办法，就是建筑铁路，不过这需要大量的资本。

记者问：历来中国与瑞典邦交的友好，是可为世界各国的模范，而你先生又是一位世界闻名的探险家并学者，对于这两种不动摇的事实，我们中国人民是极端相信的。不过别的国人有时又有另外的传说，说是你先生的探险旅行还有其他目的存在。我们知道，在你的学术探险同帝国主义者间的寻觅殖民地探险，自然有一种很大的区别。

答：对于这一种谣言，我是一个瑞典人，单拿我们对中国的友谊来说，除了学术研究以外，绝不会有别的作用的。其次，你也知道，我在贵国工作的时候，我更希望我所研究的结果，对于贵国将来会有一种贡献。

记者问：近来你在德国各地作了很多次演讲，可惜我都没有机会听到，所以只能在德报上拜读尊论。虽说在这种不算详尽的报告中，却也已经看出你是完全运用道地瑞典式的幽默与讽刺，来描画此次新疆探险的经过，那我也会同意的，假如你说，中国目前过渡时代的速率不及别的民族快，不过这并不是全国的现象。

在你对于各方面的谈话中，我得到一个印象：你在敝国的时候，时常有机会同我们政府的领袖人物往来。那我要感谢你的，假如你肯把这批人物的印象略述一二。

答：我很高兴，我能够向你保证，凡是我所遇见的人物，都是十分有才干的。特别我要提到铁道部张顾孟余博士，他有出众的才能并学问。此外，蒋介石将军，我在汉口碰到他，我们谈了好几个钟头，他给我一个深刻的印象，他是一个能够实行的人，同时他更有一种罕见的干才，知道怎样去渡过难关。同样的，我对于汪精卫院长，也有类似的感想。

记者问：从一个熟悉中国情形而世界闻名的学者口中听到对于我们中国的印象，使我十分快乐。那我一定会更愉快的，假如你肯把这种感想与印象公开发表。

答：自然我打算不久对于这种详细情形写一本书。

记者问：倘若我猜得对，是不是就是那本书《大马记》？

答：啊，不是！那是一本小书。此刻所预备写的是一本大书，书名就是“线路”。我打算将全部旅行的经过并对于中国的整个印象都包括在此书中去。

记者问：我觉得很抱歉，你在我们新疆省中受到许多困难。为的交通不便我们国家的法律在边疆各省中不容易施行，同时也正因为这种缘故，所以我们的政府拜托先生替我们研究一条中国原与新疆的交通路线。可否请你将在该省旅行的经过顺便叙述一下。

答：中国人对我都是很客气的。从中国那里我向来就没有受到困难。在新疆省时，那是回回人，由他们那里我才稍稍吃一点亏。至于那个地方的中国人对我很客气……马仲英将军我们有见过面，不过听说，他私人方面倒也没有什么，也是一个可亲近的人！

记者问：我们的看法，就回回人也是中国人，所以更觉得抱歉，你在半途上受到辛苦！还有一点，你对于中国的青年有哪一种印象？

答：中国是个有光明的前途的，因为现在又许多爱国的青年。我在贵国时常同青年人士往来，特别是北京大学的学生。这批人拥有一种新的精神，新的力量，由他们那里，我早就看出中国的将来。中国目前的难关，只是一个暂时的印象而已。

记者问：你未来的计划如何？你此次所收集的材料要到什么时候可以整理出来？你还想到中国去一次吗？

答：我这一回所收集的材料，大约要八年至十年工夫才可以整理完毕，自然，我是打算再度到贵国去的，最少，我的希望如此。（斯文赫定博士现在已经七十一岁了——记者注）

谈至此，访问记告了结束。以后谈话的题目，便移到欧洲方面去。斯文赫定博士经验丰富，说话周到，大有外交家的风度，这自然因为他有了五十多年旅行经验的结果。记者只忠实地将访问时的情形记载下来，而让读者自己去批评。

（《申报周刊》1936 年第 1 卷第 2 期）

英埃军事同盟条约成立（上）

连苏格兰人一起计算在内，只有四千六百多万人口的英国本部，统治了四万万以上的殖民地人民，成为领土内无日落处的世界强国，怎么英国人自己不觉得他是世界上最优秀的人种！四十年前英国政治家张伯伦说：我相信，不列颠人是历来世界上统治种族中最伟大的种族。这种观念，就在今日你仍可以在每个英国人的脸上看出来。不过他们从来不会对你当面说破，要说呢，这一点也许就是英国人种优秀的地方！他统治了你，你还觉得他不算坏，最少不算顶坏。

貌似软弱无能，这是英国人的第二个特长。历来有多少人曾经预言过，不列颠帝国行将崩毁的必然性。可是到了今日，这个帝国仍然健在。而且每一次战争的结果，获利最多的又是英国人。欧战以前，德国人说：英国的兵士也会打仗吗？好好让他跑到德国来，我们派警察去抓。一欧战时证明就德国军队也并没有这种抓的能力。英国人从不让他，敌人把他看得太起。最近慕索列尼宣布，意大利可以动员八百万大军。不列颠帝国正式常备军却只有二十万人左右。假如你单在这数字上下工夫，那末你又会上当的了。

许多人批评英国人冷血没有情感一种最自私自利式的商人英国人却骄傲他的善于对付环境，是的，善于对付环境。他们的动作虽说稍为迟缓一点，但迟缓到刚好还来得及。欧战时他们应许殖民地人民独立，欧战后却不惜用武力压迫殖民地人民的独立运动。数年前埃及国家党人在英人眼中岂不是一个十足的叛逆，一九三六年的今天英国不单承认在国家党人治下的埃及独立，甚至于两国外交官杯酒交欢，订立军事同盟条约。也许你觉得他变化得太多了，可是这方是英国政治家的特色。

促成此次英埃条约，一方面固然由于埃及国家党人努力于独立运动，然而最重要的原因，还是意大利占领了阿比西尼亚以后迫得英人不能不作这种让步。当去年意大利军队侵入阿比西尼亚境内发生剧战的时候，英国舰队曾经动员在地中海一带集中，有时意大利作一种包围的企图。在这时期，论实力，英国在地中海上的领袖地位是绝对的。单地中海舰队已比意大利全部海军的吨数多出一倍，苏伊士运河在英人手中，英国政治家更主张对意取强硬的态度，必要时似乎也不惜以武力相见。国联对意的经济制裁就是这种政策的产物。然而这一切都挽救不了阿比西尼亚的沦亡。终于慕索列尼得到了胜利，第一个失败的人恰恰是我们这位不列颠帝国！

这是几百年来英国外交史上第一次最悲惨的失败，我们看到英外相艾登首先提出取消对意的经济制裁就明白英国处境的为难。是否英国人真的是个绝对的和平主义者？譬如说用武力可以维持得住英国在阿比西尼亚的利益，英人会不会眼巴巴地看阿比西尼亚让意大利一日吞下去？英国这一次的失败，失败于它的军备过于保守，失败于它的动作迟缓。问题是在于历年来英人不大注意新具的空军，相反的意大利拥有巨量的轰炸机。这批意大利的轰炸机在理论上对于英国地中海舰队没有一种极大的威吓。空军是否能够战胜海军，到了今日还缺乏事实上的证明。但是英人终于软化了。当英国海军部看到自己的舰队要做第一次这种新式战争的试验品时。他们觉得还是让慕索列尼沾一次便宜来得好。

意大利的胜利，不但动摇到英国在地中海的地位，尤其是英国的非洲殖民地感到威吓。虽然慕索列尼曾说过，意大利得到了阿比西尼亚已心满意足，再也没有别的奢望，但这话谁又敢相信！英国对意大利的防线已由阿比西尼亚问题移至埃及问题。那是英国人所不能够坐视的，假如有人在他的帝国命脉点——苏伊士运河区域转念头。英国人所最担心的，似乎并不是意大利的八百万大军，而是意大利人暗中去帮助埃及国家党人的反英运动。放弃埃及，但能够保守得住苏伊士运河，宁可放弃埃及。这就是这次英埃条约英国人的出发点。经过订立这个条约以后，埃及所得到的是一个独立的国家，英国所得到的，是一支帮助防御苏伊士运河的友军。埃及人既然达到了独立的目的，不但此后没有仇英的理由，相反的，保护苏伊士运河，保护埃及自己的国土，就是他们自己的事情。苏伊士运河的安全，已经变成为不列颠帝国与埃及间共同的命运。有了这个前提，英国人才肯这么慷慨地牺牲了许多已经获得的得益。所以英国舆论对于此次英埃条约的签订，大部分都加以热烈欢迎。只有少数“死硬派”的报纸才觉得英国不应该这样吃亏。例如晨邮报说，埃及根本谈不到独立与自治，问题只有埃及将来是属于意大利人的，或者属于英国人之分别而已。一般说来，大部分英人都承认这个条约的价值。英埃条约是一九三六年八月廿六日签订于伦敦英国外交部。(未完)

(1936.09.26《申报》)

英埃军事同盟条约成立（下）

由这个条约的内容看来，埃及人历年来所奋斗的独立运动，大部分已告成功。英人所没有放松的，只有苏伊士运河区域的军备权，其余或多或少总算大大的让步。埃及是以独立国的地位与英国订立这个条约的。此后就算是一个与英国完全平等的国家。经过这条约的规定，双方将互派大使。英国将帮助埃及请求加入国际联盟取得会员国资格。而同时英国更同意取消在埃及的治外法权，还退驻军于苏伊士运区域内。总之，英国人觉得这一次他们真的是一个再宽大不过的民族了！

条约中最重要的几点如下：

苏伊士运河驻军问题

英国军队不久将开始由埃及内地移防至苏伊士运河区域。埃及承认英国的保护苏伊士运河权。英国驻军数目规定一万人。飞行人员四百名，有效时期为二十年。二十年以后如情况变迁，埃及欲收回主权，这种争执，将由国联作最后的决定。

不过英国撤退驻埃及内的军队，也并不是无条件的。埃及政府须在埃及内地与苏伊士运河区域内建造四条宽二十英尺的军用公路，三条铁路线要改造或铺设双轨。此外还要替苏伊士运河一带的英驻军造新兵营。等到埃及完全履行这个条件后，英国才开始撤兵。因为这全部交通问题解决后，英国这一万驻军在埃及仍有极大的军事意义。加之，平时英国空军在埃及境内可自由飞行，战时英国军队可到处驻扎埃及政府无权干涉。可见在军事方面英国人是不肯怎么让步的。

埃及的几个胜利

历来在英国人支配下的埃及军队将全部改组，服务军队中的埃及人。不过英国得派一军事顾问团帮助埃及政府训练新军。今后埃及才正式有自己的国防军队。惟军备限定须在不列颠帝国内购置。

其实，不但司法权，就是行政权也全部收回。埃及政府内政部中之欧洲，本来是治外法权的一种变相，即将取消，服务于埃及警察中的英人也将限期告退。废除公共机关中之顾问制度。至于原有顾问服务至会同期满后，或去或留，任埃及政府处置。这一切，就证明埃及事实上已经得到了独立，并不只一个名义。因为埃及人已经有全权管理自己的事情了。

此外，还有一点可以看出英人此次解决埃及问题的确具有一种诚意，希望收服埃及的人心，以备对付未来的大难。英埃历年来谈判无结果，多半因为英埃及苏丹问题从中作梗。此次英人对于苏丹问题几乎完全让步。苏丹与埃及的关系，将恢复到一九二四年时代的状况。埃及人在苏丹的地位，也得到与英人完全平等的待遇。这大约可以使埃及人心满意足的，最少在英国人看来。

英国人在苏伊士运河上已经布置好了一道防线，最少一二十年内没有内顾之忧。另一面呢，特别是最近一年来，加入各国的军备竞争。英国不但是重工业国家，而且她比别人特别（原文如此）有钱。英国虽然天天在议院中，报纸上大闹军备不足，然而这种论调渐渐引起人家的怀疑。最近德报甚至于指出，英国逐渐地增加军备，是目前欧洲不安的原因之一，可见英国已经准备到了相当的程度了。

不列颠帝国在未来战争中也许要崩毁，但谁先动手去打她的人，不一定会得到什么便宜的。（完）（九月五日）

（1936.09.29《申报》）

英国扩充军备的种种困难

一、英国需要战争吗？

目前世界上哪一国最热心用户和平？享受这个荣誉的大约是英国人，最少他们自己有这种感觉。虽然过去英国算是一个运用武力最多的国家；此日，不列颠帝国的每一块领土，从本部三岛上的苏格兰起，至非洲、亚洲、每周各地的殖民地止，哪一个地方不是用英国人或者其他国人的血染成的。但历史终于是摇身一变，“爱好和平”便成为英国人近的习性。而且这种论调似乎不是容易推翻的，因为目前的世界上没有一个国家像英国一样，在那里我们几乎就找不出一个政治家或者新闻记者不懂得运用“和平”这个名词，甚至于陆军大臣古柏先生也说，目前英国的扩充军备，也因为爱护和平的英国人感到“和平已受到了威胁”的缘故。

一个普通的英国人对于“和平与战争”的意见，他不但承认战争是残酷的事情，和平是人类最高的道德；最重要的一点，就是他根本找不出为什么要战争的理由来。在英国人眼中，目前的世界是恰恰按照上帝的意旨分配好的。再起战争，岂不是一种最大的罪恶？英国不需要战争的见解，无形中便造成了一种舆论。最少目前英国是一个国家，在这个国度里，我们很少碰到穿军服挺起胸膛走路的兵士。虽然有的人对于这种现象的解释，认为英国人民所以不高兴多看军装的缘故，并不完全出自爱好和平而是因为英国如果增加兵额，人民纳税过重，看到了兵士以后，未免要想起自己的财产，无形中对于军人发生了一种反感。我们姑且不管这一种说法是否正确，不过，英国缺失崇拜军人的空气，那是一宗事实。例如此次英国开了一批陆军巴利斯坦（即巴勒斯坦）去镇压阿拉伯人与犹太人的冲突时，连一年一度的陆军秋操也因军队不足暂告延期。这在一个像英国一样第一流的军备强国说来好像不能够使人相信似的。

英国需要战争吗？换一句话，英国究竟要在哪一种前提下才不惜为“和平”而战争呢？对于这个问题，两个月前以为英国舆论的制造者报纸大王之一毕佛勃洛克爵士说得好，只有在于不列颠敌国受到别人攻击的时候，自然所谓不列颠敌国是连所有的海外殖民地全部都包括在内的。他说明了英国目前在欧洲处境的困难，既不可帮法国忙又不可帮德国忙。他认为联法吗，英国固然得到了四千万的法国人做同盟者，但同时未免要得罪七千万的德国人。而更使英国担心的，为了法俄军事同盟的关系，英俄免不了也需插手。由毕佛勃洛克爵士的意见，联俄的危险在于苏俄有两个敌人：日本与德国。英国不应该卷入这种漩涡，代人受罪。联德吗，他又认为那是绝对不行的。法国一同意大利联络立刻就可以动摇英国在地中海上的地位。于是他的结论唯一有效的方法就是“孤立”的政策，光荣的“孤立”！

毕佛勃洛克爵士的意见，在英国并不算新奇，他只说了一般英国人所想说的话。什么是“孤立”的外交政策呢？换一句话，英国想设法对于目前欧洲大陆的纠纷“置身事外”，然而这是可能的吗？不但英国在地理上对于欧洲时间不容许中立，就由国际政治的观点看来，除非英国肯无抵抗的让不列颠敌国崩溃。“孤立”的外交政策在意阿战争时已经试验过了，结果不但损伤了英国的尊严，甚至于对于各方都不讨好，大家都觉得目前欧洲这种局面完全是英国自私自利式外交的产物。

未来的英国外交也许仍运用它一项光荣的“孤立”政策，但要完全脱离欧洲大陆的事件，做个旁观者，事实上简直就不可能。这是很有趣味的事情，假如未来欧陆上战争一旦爆发，英国到底抱哪一种态度。记者会将此事询问过一批英国各种不同职业的人物，他们的答复归纳起来如下：

记者问：“假如德国未来因少数民族问题与波兰、捷克冲突，那么英国怎么办？”

答："无疑的，我们要守中立。"

记者问："假如法国加入战争，甚至于俄意两国也帮助他们的同盟国，那时候英国取哪一种态度？"

答："我们还是中立。"

记者问："倘若法国这一方面战胜呢？"

答："我们还是中立。"

记者问："让若德国哪一方面战胜呢？"

答："那么我们要帮助法国加入战争。"

记者问："假如德国开始就采取西进政策，英国是否也抱中立态度？"

答："这不可行，比利时荷兰是英国本部国防的第一线，我们绝对不能够让德国的边界这么靠近我们的海岸线。"

这虽是一种英国普通人的意见，但却告诉了我们，英国对于欧洲时间中立的限度。已超过这个限度时，英国人便要说危害及他们自己利益了，不危害及和平！

二、弱点在于募兵制度

新近英国自由党领袖路德乔治先生发表过一篇关于西班牙事变的文章，他说英国人是世界上最重要的民族，几百年来有过不少次战争，有时只因为他们"同情"了某一个国家。所以他对于西班牙事件的前途，表示忧虑，他这话是对英国人民说的，在英国人看来，"同情"可作为战争的动机，这简直就是一宗不可了解的事情。在英国许多战争的前提中，自然没有"同情"这一条，而人民也听惯了政治家们说教般的论调。为什么要有战争到什么时候才战争，从鲍尔温首相起至一个普通骑车夫止，大家早有了一种一致的观念，这种观念在英国人看来更是天经地义，绝对没有更变的余地的。英国政治家目前也许正在懊悔他们自己所造成的论调此日恰恰成为扩充军备的阻碍物。

英国军事当局对着第一个难关，就是如何去转变一般人民对于战争的观念。英国政府说，目前世界和平受到了威胁，英国应赶快扩充军备去保护和平。这种话自然鼓动不了生性冷静的英国人。世界和平是人家的，同英国又有什么关系。英国政府说扩充军备是因为不列颠帝国有受别人攻击的危险，但英国人民却知道得更清楚，此日世界上绝不会有一个国家敢于冒这种危险同英国开战。于是他们反问，假想的敌人在哪里？也许是意大利同日本，可是离战争的时期还遥远得很哩！真正的和平主义者说，英国正是这个国家，它在裁军上面应作别人的模范，工党说扩充军备可以，但英国须改变“孤立”的外交政策，成为正义的拥护人。全盘的说出来，英国这个服扩充军备的论调，在民间的反响并不像所预期的那么乐观，例如陆军大将古柏劝告人民入伍，他说：“一个有军事训练的士兵敌得过十个没有军事训练的英雄。”他的话似乎也得不到人民热烈的欢迎。一般英国人认为，何必忙呢，真的到了必须要的时候英国青年都是良好的运动家，射击恰是他们的本色，并且这在上次欧战时，也曾证明过。

英国扩种军备的困难问题不在于金钱，凭着二三百年来在殖民地上的所获，目前单失业工人的保险费一项，已等于我国政府全年的税收，而人民储蓄的丰富更远在欧洲其余各国之上。几万万镑军费，或者就再多几倍在英国是不算一回事的。问题也不在于军用工业，英国虽说稍微老旧一点，但仍不失为一个工业先进国，稍加扩充就可以不必依赖他人。问题的焦点却在于，英国是个募兵制度的国家，政府无权强迫人民入伍，他们只能设法去劝导人民自动应募。过去在英国募兵的不容易已成为一种公开的秘密。军事当局只用运动、娱乐等设备来号召，例如足球队等，才勉强凑足人数。而此次对于兵额扩充，能否达到理想的数目，似乎是一个疑问。

英国招募海军兵士，历来尚没有感受困难。这原因自然海军数目有限，加之海上生活，素来成为英国年轻人的憧憬，年年国内的人数在比例上已经不及海军。但航空究竟是新鲜的事物，虽说英国飞机失事的次数远在其他欧洲各国之上，不过这仍不足以阻止一部分青年的勇气，陆军可就不同了。英国人民不愿意当兵，单这种心理作用，已足以影响到英国的陆军兵额，其次陆军兵士的月薪过低。尤其是步兵，一个部队的入伍新兵，每月得到三镑左右（约国币五十余元）。可是他要把这个数目同他的朋友们的收入做个比较，例如他们是熟练工人的话，每星期的工资就在三镑以上，这种物质的前提就足以使英国军事当局的种种宣传，多归失败。结果以一个第一流强国的英国，目前只有常备陆军二十万人，而中间十万人又分布于外海殖民地各国。除了常备军以外，英国尚有一种地方军的组织，这种地方军的责任，规定明白只担任本部三岛上的国防，不得调到海外去。目前人数平时一十四万人，动员时有一十八万二千人。地方军是一种民兵制度，每星期在一定的时间内集合操习。服务期间为四年，这四十万左右的陆军，就是英国目前的第一线国防队。

英国国防的弱点，自然在于募兵制度这一点，英国政治家并不是不明白，但在目前这种空气中，谁敢于反对舆论毅然改行征兵制度。又何况英国是世界上著名保守的国家，在那里一般人所敬重的恰是老祖母们时代的习惯。倘若英国能够实行服务两年的征兵制度，那么军力立刻可以增加到七十万人，连地方军可达九十万人。一个英国军事专家的意见，英国每年达二十岁的青年有三十六万人，除了海陆空军的入伍新兵并残废者以外，尚有二十七万五千人。他提议强迫这批青年加入地方军，那么四年以后英国就有一百万以上的地方军。这虽说是折中的办法，然是否行得通仍是一个问题，至于增加目前职业军队唯一的有效方法，即提高士兵的待遇，而这结果又要增税，这似乎又不是英国一般人民所希望的。看将来英国军事当局怎样去渡过这个难关！

（《申报周刊》1936 年第 1 卷 48 期）

旅欧随笔（一）

一、各人的看法不同

听说此次考试院院长戴季陶先生在德时对于德国现状曾作过一度实地的考察，参观了不少城市。有一次旅行到某城时，该城市长并国社党部照例以上宾之礼设宴欢迎戴先生，席间戴先生起立演说，大约一半为了外交上的礼貌，一半也因为年来德国所建设的成绩，有许多地方的确值得外宾的钦佩（特别是国防计划），于是乎自然难免要说几句赞美德国的话，不料第二天，德报的记载中间有这么一段“（戴先生说）你们德国人给了我们一个模范，我们中国人是十分感激的，□□我们的领袖蒋介石先生，正在效法你们的领袖希特勒先生□□”。

记得一位学工科的中国同学，平常是一位不容易发脾气的好先生，忽然有一天同一德国人发生了小冲突，终于争论到脸红耳赤，事后他告诉记者，“你瞧，这不是岂有此理吗，刚才那位德国学生居然对我说，中国所差的就是一位希特勒，说是咱们的蒋介石应该学学他们的领袖希特勒才行，事实上，咱们蒋介石的才干不知道要比他们的希特勒高明过多少倍。中国的事情有多少难办，让希特勒来试试看，这简直对于咱们是一种侮辱，咱们的蒋介石应该学学他们的希特勒。”

自然，各人的看法不同。

二、谁是中国现代最大的外交家

“弱国无外交”，可是一位专攻国际政治的朋友却拿“谁是中国现代最大的外交家”这个问题来为难我。我说：“朋友，一部中国现代的外交史是一部国难史，我们虽不愿意以成败论英雄，但是……”

他告诉我：“假如我想在中国外交史上或者在外交界中去找寻出这么一个人物来，那末，我的时间才算花得冤枉。”我说：“要在外交史并外交界以外”，针对他的回答。

据我看来，中国现代只有两位最大的外交家，虽说他们不是外交官，但可惜他们都死了，孙中山先生与胡汉民先生。孙先生过日时，日本人请他演讲大亚洲主义，他没有忘记他是一个中国人，他告诉了日本的观众，大亚洲主义的前提，在于日本要跟欧洲欧化呢，还是回到亚洲来跟中国走！这多少有外交家的气魄。胡先生在莫斯科时，共产党曾开过一个大会欢迎他，会场中有一标语“从中山主义到列宁主义。”胡先生看了，当场即说：“这个标语应该倒置过来，从列宁主义到中山主义，接着他便说明了他的主张，在莫斯科同共产党人谈列宁主义，这才是一种外交家的胆量!”

这位朋友接着说：“外交家固然要拥有交际的才能，但单会交际的人最多只配做个使馆随员。”

三、郭泰祺先生的妙语

当中国驻英公使馆升为大使馆时，第一任大使郭泰祺先生，按照外交惯例，须向英王呈递国书。英国是个爱好古董的国家，不但尊重老祖母们时代的习惯，特别是皇家的礼节，二十世纪同十七八世纪就没有多大的区别。年轻的爱德华八世，自幼就受了这种家庭教育，与别国的外交官来往，祖传的一套仪式是不会忘记的。听说，英王当时也沿用昔日的惯例，于呈递国书时，曾对郭先生说：“朕闻年来贵国与日本邦交不睦，引以为忧。敝国盼望世界和平，朕望贵国与日本以后能互相亲善”，俨然一种大国君王的风度。

这对于郭先生自然是个难题，怎么答复呢？在这种尊严的局面下，怎能同英王去讨论中日间的是非，他只冷冷地回答，“幸亏咱们中国地方还大！”郭先生说这句话时，并没有笑，可是爱德华八世，甚至于在旁的前任外相西门，一个最英国式“冷之又冷”的人物，终于也自禁不住发笑起来。

四、英内相西门

现任英内相西门，是自由党中右翼国家派领袖。东北事变时，他曾任外相。据说，当时英美对日的态度不能一致，他要负相当的责任的。后来因意阿事件调任内相。西门内相是一位英国有名的法律专家，他的政治生活，虽说一帆风顺，但似乎还没有做到成为一般人民所敬爱的人物，尤其在议院中，他常为反对党人攻击的目标。例如当鲍尔温首相在议院中发表内相的任命时，下院工党某议员即起立当西门面前质问首相，是否因为西门办理外交失败了，所以首相特意请他来试办内政！

内相西门，虽是一个英国典型的绅士式人物，但反对党人对于他这一点，却丝毫不肯顾惜。因之，他在议院中的遭遇，也要比别的政治家来得可怜。记得本年七月间，英国下院辩论失业工人新律时，内相西门也曾为政府作了一次辩护的演讲，当时有一位工党议员，突然站起来打断了他的演说，指着他说，“内相在撒谎”。后来这位议员虽受了退席的处分，同时却又引起几位工党，自由党，议员的不平，他们大声告诉西门说：“我们大家知道，内相是一位著名的撒谎者。”另外一个说：“谁都知道，你是一个最下流的撒谎者！”

自然，这多少总算是一种侮辱。虽以内相的政治地位，可是仍奈何反对党人不得，这是英国的议院制度。

五、弄巧反拙

英国人是世界上知名有礼貌的民族。初来伦敦的国人，总要受“老伦敦”的警告。英国人从来不爱说人家的坏话的。所以咱们中国人也应该礼尚往来，对于英国的事物千万不要批判。记住，就是坏的事情也要说好。例如在将要下雨时的阴天，你也应该说是好天气。这才够绅士气！

有一次，几位中国同学去参观英国某一个工业区中的学校。那个地方，因为工厂林立，素来就以不卫生闻名于英国，这个学校自然也不能例外。该校校长招待时，曾先向参观者道歉，因工业区关系，地方十分不干净。中国同学当时却没有忘记英国人的“绅士式”礼貌，连忙回答：“哪里的话，一点也不，这里干净得很”！这一来，反而弄得这位校长莫明其妙了。他想，像这样的一个地方，中国人还认为十分干净，那末，中国人的日常生活状况可想而知！

绅士没有学到家，中国反而先受累。

（1936.12.26《申报》）

德日订结反共同盟

大约一年前吧，各国报纸上就盛传着，德日两国将订立反俄的军事同盟协约。从此以后，在私人谈话中也时常有人提到这种事件。最近几星期来，德国报纸登载日本的新闻特别多。单读各报社论对于日本一致深致同情的阵线，许多人就觉得，目前两国间合作的程度已经到了成熟的地步。尤其一二星期来，由东京上海各地所传来的电讯，更足以证明，公布协约的时间已愈传愈近。最近一星期中，德国驻英大使，希特勒特任的全权大使李班特洛勃先生就往返伦敦柏林两次。李氏为主持国社党外交政策的要人，他的实权远在德国外交部长之上。他这样仆仆风尘，自然负有一种重大的使命。果然，久传的德日协约终于十一月廿五日正式在柏林签订了。签订协约时德方的代表人为李氏，而不是由外交部长耐拉特先生出面，这也是可以注意的一点。

当天下午七时，德国宣传部部长哥白尔司（希特勒的宣传部长戈培尔，也有译为格贝尔斯）博士用他清朗的声调在无线电话中向德国人民公布这种消息。哥博士的得意，这是大家可以想象得到的。因为新近德意同盟以后，又来一个德日同盟，年来德国孤立的外交形势至此便打破了一半：又何况，据哥博士说，这个协约对于世界和平是一个有价值的补助，因为像德日这么强的两个国家合作起来，共产国际根本就无从施其伎俩。第二天，德国各报就异口同声欢迎这个新约。许多报纸都能按照哥博士的意旨写社论文章。大家公认日本也同德国一样，正受共产党的威吓。德日两国同盟，纯粹为了拯救人类的文化。日本，据说，也是一个文化古国呢！

德日协约，从官方所发表的原文看来，最重要的一点，就是此后两国切实合作，采取有效的方法反抗国际共产党，这是说，无论国内或国外的，直接的或间接的共产党行动。这种方法，是否军事行动也包括在内，协约内却没有注明。但最值得我们注意的，却是协约原文的第二条。经过这一条的规定，就是德日两国有“权”帮助第三国清除该国内部的共产党。换一句话，德国有“权”公开帮忙佛兰弋将军反对西班牙人民阵线的政府，只要佛兰戈将军公开请求德国帮忙的话。因为玛德里（即马德里）政府是“共产党”。在这个前提下，甚至于日本可以不得到我们的同意，自动替我们“剿共”，不是么，自从东北事变至今，日本不是天天都在替我们“剿共”？经过这个协约以后，是否德国也来加入？真的，近来国际间急公好义的人愈来愈多。

德国为什么需要订立这种协约？也许因为感到外交的孤立，所以需要一个同盟国。但最重要的目的，自然在于联日制俄，打破法俄捷克的军事协定。万一未来欧洲发生战事，最少苏俄有东顾之忧。日本为什么需要这个协约？也许希望得到一个欧洲同盟国用以牵制英俄在远东的行动，一面可以从容侵略中国。据许多外国报纸记载，除了明文的协约外，尚附带有一秘密的协约。既然说是秘密，我们自然无法知道。不过有一点大约可以相信的，就是德国将帮忙日本扩充空军。根据年前一位美国记者游日归来后口述，日本的空军几乎全用德国的材料并德国的技术人员。此日既然说是两国同盟，那末军事上的合作当无法避免。就在这一点上面，我们中国人不应该轻易放过。

自从德意切实合作以后，在欧洲组织“新十字军”，征俄的空气突然浓厚起来。德国是否真的有远征苏俄的计划，这我们猜测不出，另一面，同我们中国人反正也毫不相干，因为参加战争的是德国人与俄国人，最多也不过是国际的法西斯蒂党与国际的共产党的争斗而已。不过，据一部分人的说法，德俄冲突还是表面文章，第一，德俄两国没有共同的边界。其次，德俄两国最近互相攻击愈剧烈，而同时两国间贸易却愈增高。假如真的有战事，为什么反授敌人以武器？于是结论，反俄反共是烟幕。实际上，德国将来与捷克波兰恐怕有问题，而这个军事行动名义上仍是“反共”。苏俄不过是一个副角色，并不是主要的对象。

我们不知道德国的最后目的在哪里。但我们却很明白日本的未来计划。这我们觉得十分遗憾的，就是德国报纸对于此次德日协约只向英国提起不妨碍英国的远东利益，而忘记了远东的真正主人中国的利益。年来中德间的商务日趋发达，许多人正希望由此增进两国的友谊，而正在这时候，却发生这样不幸的事件。德国国社党当局也许不知道德日协约签订以后，对于中国将要发生怎样不良的影响。中国人民，中国政府在这个协约之下将遭遇一种历史上空前的难关。这个协约，名义上虽是对付苏俄，反对共产党，但实际上日本人的想法，并不就等于德国人，他们是利用这个约来对付中国的。

大部分德国人欢迎这个协约，理由就是日本也来参加反对苏俄，反对共产党。实际上，德国恐怕又要同上次世界大战时一样，再上人家一次当。日本人怎样反对共产党并苏俄呢？在中国长城上修起炮垒来，一面却在德国报纸上宣传这就是“防共”的工作。中国长城离苏俄边界有多少远？这个地方的炮垒是对付谁的？就这么不合逻辑的宣传法，然而大部分德国读者却相信那是事实。这里自然是常识问题。

当德日协约签订以后，日本驻法大使曾向法外部解释，这个协约不是对付苏俄。日本唯一的目的只在于预防本国并“邻境”内的共产党活动。第二天，德国报纸登载，日本同盟社消息，日本决定采取严厉的方法对付共产党，特别在于东三省并华北一带。在东三省并华北一带“剿共”，这就是日本人的本意，也就是侵略中国的好题目。日本人对于德日协约的解释，自然比德国人爽快得多了！（十一月廿六日）

（1936.12.28《申报》）

旅欧随笔（二）

六、做驻外记者难

德国国社党国外政治部部长卢森堡先生，是国家社会主义（外国报纸常称为希特勒主义）一个最重要的理论家。他的书籍，不但为我们研究国家社会主义的良好材料，据说，他还是一位主持德国对外政策的要人。他每月常请客一次，而每次总有一位国社党名人的演讲。被请的人物，都是各国驻德的外交官并新闻记者。有一次演讲的人是国社党挺进队（SA）的总队长鲁策先生。鲁策先生的演说，大意说明目前世界的不安定，都是由于犹太人、共产党、苏俄捣乱的结果，并德国爱护世界和平的苦心。他的论调在德国，我们虽常可以听到，不会觉得有什么新颖，但当天的听众是各国的外交官并新闻记者，而他们中间又有不少犹太种人，例如坐在我的隔座的是苏俄真理报的驻德记者，他恰恰是鲁策先生当天所攻击的对象：犹太人、共产党、苏俄国籍。虽然当鲁策先生演说时，这位记者，却处处泰然，在他的脸部上根本就没有什么表情，只不断地拼命抽香烟。后来我暗地里问他的感想，他说："不是么，过惯了也觉得没有什么。"于是我想起德国记者在莫斯科的遭遇。

一位英国记者却说："先生，你别只替德、俄两国的'同行'担忧。事实上最可怜的还是我们这一批'民主制度'国家的驻外记者。我们今天不知道明天会不会被人家驱逐出境，本国所给我们的保障，只是一纸空文的抗议。德俄两国是独裁制度的国家，今天德国政府驱逐一俄记者出境，明天立刻莫斯科就会少了一个德记者，所以这两国的记者，敢于尽量攻击对方的弱点，不必有所顾忌，他们才值得羡慕。像咱们一样唯有天天提心吊胆!”

七、一位女记者

自从德国国社党执政，哥白尔司（即戈培尔，原文如此）博士担任宣传部部长以后，驻德的外国记者采访新闻就感觉到特别困难。普通驻外记者采集新闻的来源有二：参阅当地国的报纸。可是全部德报经过宣传部检查以后，在那里不容易找出特别的材料来，所有重要的政治新闻都在官方指定的时间下各报同时发表。这么一来，直接，德国的记者无法发展个人的才能。间接，外国驻德记者也连带受着影响。其次，就是常与当地国人士来往，年来因政治的关系，普通德人与外国记者的交游逐渐减少。这一点，更成为驻德外国记者的致命伤。除了几个名记者以外，大家都渐感到吃这碗饭的不容易。虽然仍有一次例外。

几个月前，当德国将要进兵莱茵河的前数日，柏林即谣传将有重大事变。各国记者自然大家四处打听，希望立刻采访出这种新闻。不过大家空费了许多气力，结果还是等到德国官方的通告发出后才知道。中间只有一位波兰的女记者居然在进兵二十四小时前已获得全部消息，她立刻即将这个新闻电达华沙。于是这家波兰报纸便是世界上第一家刊登此项新闻的报纸。波兰外交部读到该报后，才电询驻柏林波兰大使，德国进兵莱茵河事件的真相。可见德国政府在外交界方面此项消息也保守得十分严密。

在欧洲，女记者是不怎样被人家重视的，就新闻界中人也存这种观念。此次这位女记者在那么困难的情形下，居然创造出一个新纪录。她的得意，我们可以想象得到。后来我把这一段故事告诉了一位熟人。他说：“哼！那是一个女记者，自然！我说：老兄，你可别误会了。我认识她，她是一位年纪四五十岁的女太太。”

八、伦敦的报纸

英国政治家爱说，英国的海军是世界第一，陆军也是世界第一，空军不久也是世界第一。这种论调，路透社在中国报纸上也尽力宣传。理由倒也十分简单，英国的殖民地满布全球，既然人家不肯这么说，那末只好自己出场。

月前英国前任首相麦克唐纳在英国新闻记者联合会中照例也说，英国报纸是世界第一。这句话就是麦克唐纳先生不说，我们倒也想替她鼓吹一下。英国的报纸不但在编辑上、印刷上、销数上够得上这个荣誉，她不但做到成为教育民众的工具，最重要的，阅读报纸已算是人民日常生活的一部分，无论在火车地道车，公共汽车上，你几乎到处可以看到每个乘客都备有一份报纸。从极右的报纸《晨邮报》起，至极左的共产党机关报《每日工人报》止，从尊严的《泰晤士报》起，至汽车夫老妈子所阅读的星期日报《世界新闻报》止（该报销数三百三十五万份），形形色色具备。在这中间，你不难按照自己的口味选择一份报纸来阅读。或者同时阅读数份报纸也不会使你觉得干燥无味，因为每家报纸都有她特殊的地方。英国普通一盒香烟定价要六个便士，而每份报纸的所费只一个便士。

（1936.12.28《申报》）

旅欧随笔（三）

九、为国牺牲——戈林将军体重减轻了二十磅

两三年来，每年冬天德国总要闹几次“民食恐慌”，例如缺乏奶油、鸡蛋、肉类等等，有的人说，这是德国军事当局预定的计划，作一种国防的试验，有的人说，原因在于德国缺乏外汇，所以奶油等的输入减少。国社党人对内宣传的名言是：“以枪炮代替奶油”，国防比一切重要，希望人民忍耐。一九三六年的冬天到了。戈林将军恰于这时候受希特勒的任命，全权办理德国的四年经济计划事宜。戈林将军的第一篇演说，大意是劝告人民“节衣缩食”与他合作，共同渡过这个难关。德国缺乏原料，而别的国家在这一点上面不能够了解德国的苦衷，所以德国被迫到非利用自己的化学工业去发明一种原料替代品不可。他更保证四年以后德国的人工工业原料一定可以做到自给的地步。

对于民食问题——缺乏鸡蛋，戈林将军说，自然生来就是这样的，母鸡有时下蛋，有时不会下蛋，反过来说，人们也没有天天要吃鸡蛋的理由。第二天一家国社党党报在这一段上加了一个大字标题，“政府可不能下蛋”。

其次奶油，戈林将军说，他近来也因常得不到奶油，体重已减轻了二十磅。不过这句话第二天德国各报都没有登载。

戈林将军的体重，据猜测，大约有两百五十磅！

十、再谈戈林将军

德国国家社会党员多要人中最通俗的一位要算戈林将军身兼无数要职，他的头衔：普鲁士邦总理、航空部部长、空军上将、德国议院议长、政治警察总监、第一任德国森林总管、第一任德国猎人总督、四年经济计划全权执行人等等，此外，他是普鲁士邦戏院总管，他去年新结婚的夫人是一位女伶。

戈林将军爱好军装，而他的地位恰恰有无数服装可以更换，于是在柏林社交界中或者德国画报上，常可以看到戈林将军并（即“和”）他各种各式的军服。戈林将军爱好勋章，而一大批勋章也同军服一样，时常离不了他。中间有一个大勋章是他在欧战时得到的。欧战时，戈林将军是一个十分著名的空军军官。

戈林将军在第三帝国的地位只次于希特勒，许多人认为他是希特勒未来的继承人。在国社党中他虽是主要人物之一，但他平时只特别关心军事。德国目前拥有一个强有力的空军，可以说是他个人的功劳。对于国社党新兴的各种理论却不怎样引起他的兴趣。在国社党中他是一个反犹太色彩最淡的人物。

戈林将军的性格有时虽使人家害怕，但有时又觉得可亲。年来在德国民间广布的政治笑话何止千百，而大部分却关于戈林将军。据一位时与戈林将军来往的某记者口述，戈林将军有一次告诉他说，曾命令自己的副官每天采集这种笑话向他报告。笑话的题材，大半是戈林将军的军装并勋章。一个例：

“希特勒有一天约好戈林将军去看戏，希特勒到时预定的时间已过，可是尚看不到戈林将军的踪迹。台上的剧中男主角看到领袖降临，连忙不及更换衣服由后台走到包厢去向领袖致礼。当他走进包厢时，希特勒误认为是戈林将军，希特勒说‘又是一套新军服，黑耳曼（戈林将军小名），你可别闹笑话’!”

黑耳曼这个名字在德国民间十分通俗，德国人常说，“我们的黑耳曼”，而不称“戈林将军”。听说，戈林将军是国社党中最有度量忍受政治笑话的人物，当他去年结婚时，德国新闻记者联合会会长曾通告各会员，每人须写一篇关于戈林将军的笑话直接寄给他，向他道贺，虽后来并没有一个德记者敢于尝试。

十一、宣传的艺术

“据说，德国宣传部部长哥白尔司（即戈培尔，下同）博士，曾派人向慕索列尼（即墨索里尼，下同）请教宣传的艺术，要用什么方法，才能够使人民相信。慕索列尼说：‘这是十分容易的事情，就是开始的第一句话要对人民说真话，以后你随便撒多少谎，人家都会相信的。譬如意大利远征军在阿比西尼亚一次阵亡了三百人，那末，我们就告诉人民，本军某日阵亡了二百五十人，或者索性照实报告，因为是事实，这一句话人民一定会相信的。接着我们要怎样宣传都可以。’可是哥白尔司博士仍觉得麻烦，连第一句话都舍不得说真话！”

聪明的读者自然会看出，这也是德国政治笑话的一种。

单说国社党此日的成功，我们当然要佩服哥白尔司博士的宣传天才；又何况他在第三帝国的地位仅次于戈林将军。不过哥白尔司博士虽掌握了德国的总宣传机关，但以个人的成就来论，似乎还不及军人式的戈林将军。最少他没有做到人民会称呼他“我们的若瑟夫”（博士小名）。据说，他曾设法将“我们的博士”这个名词在德国民间通俗化，然而结果也失败。为的大家对他都有点“敬而远之”的态度。他生平最大的敌人就是外国的驻德记者，因为这批记者时常要说破他的宣传艺术。

反过来，戈林将军却是一个地道的宣传家。他知道德国人民爱好军装，爱好勋章，他就将自己变成政治笑话的中心让人民去传说，笑话愈多，戈林将军在民间就愈通俗，只有关于他的笑话半公开地在德国咖啡店，酒馆中可以听到。当他结婚的时候，一个柏林报贩在街头上连声叫喊：“我们的黑耳曼终于结婚了，为什么他应该要比我们舒服?”报贩可以用这种话来作广告，可见戈林将军的通俗化。

一位德国人说，对于戈林将军的“输出”我们是主张保护关税政策的，假如别的国家要用他的话。至于哥白尔司（即戈培尔）博士，我们不但提倡“自由贸易”甚至于“鼓励出口”。在这里，似乎可以看出各人宣传方法的不同。

一位曾任某国外交部情报司司长的熟人，有一次告诉记者，宣布政治新闻是多么困难的一回事。他说：“我们传出一种消息，最少要在三星期以内不会被人家看出那是一句假话才行。过了三星期再被发觉，那末事实上我们的宣传就算成功。因为一般人对于三星期以前的事情是不大注意的，但只这三个星期的时间，在我们局中人看来，已经比三个月还要长久！”

宣传真是一种艺术！

十二、德国国社党的排犹

反对犹太人，载明于德国国社党纲上。去年纽伦堡国社党大会新布的法律，不但规定犹太人不准同日耳曼种人结婚，甚至于犹太人家中所雇德国女佣人，年纪在四十五岁以下的也要被禁止；就是这个家庭的主妇为德国种，丈夫是犹太种，仍不得有例外。理由在于保护优良的日耳曼种血统，所以不得不“防微杜渐”。

（1936.12.29《申报》）

德日协约签定以后

轰动一时的《德日反共协约》，已经签订有两个星期了。就在这短短的两个星期中，日本人无疑已经算是世界上最幸福的人种。因为从公布这个条约的那一刻起，一部分德国人突然在人间发现了一个新的种族，一个新的同志，一个同德国一样值得人类尊敬的国家。德国人的喜悦，尤其是日本人的喜悦，到处都充满着愉快的空气。假如你碰到一个年轻的国社党党员，就说他知道你是个中国人，可是这种快乐的心情仍自禁不住要流露出来。他会对你说这个协约在世界历史上的意义，同时他会特别提醒你，日本人种是如何优秀的。终于他断定，就在几年以内世界上老大的国家都会受“自然”的淘汰。他的眼睛里发出了光辉，好像在预示“新时代已诞生了!”这种坦白的说法，是算德国人诚实的地方。不过你是一个中国人，你知道中国的关系；你知道德国工商业界注重与中国的友谊；同时你更知道就是德日真的军事同盟，德国也不会有多少军力可以开到远东来帮忙日本对付中国的。你告诉他这一切，你提醒他，德国别再同欧战时一样又上人家一次当。他想了一想说：“也许日本人会利用德国，但安知德国不也就利用日本?”好了，中国民族，中国人的友谊在他眼中，自然是一钱不值的。这就是“第三帝国”青年的国际政治观念。我们是佩服德国人的勇气的，但始终找不出来德国有得罪中国的必要。目前中国是一个已经统一了的国家，想把中国当作殖民地的梦，连英国“死硬派”都已改变了见解，又何况欧洲其他国家！一年来德国对华贸易激增，我们相信德国不乏明达之士会顾虑到他们自己的经济利益的。

事实上，在德国也只有一部分人欢迎这个协约，至少不是所有的德国人。理由是大家还没有忘记欧战时所得到的教训。虽然这一部分人的努力宣传，已是可惊的。听说：柏林社交界中的亲日论调，比日本人还要日本化。他们将这种观念普传到民间去：第一，日本是反俄、反共的，与德国同一的命运。其次，日本人也是世界上优秀的人种。但最重要的，还是一般德国人相信，万一德国发生战事时，可以得到日本的实力帮助。于是乎一九三六年的冬天日本人突然变成了德国人的“同志”，或者更多一点。日本热是这个年头的社会现象。连少女碰到路上黄色脸孔的异国人时，都不再说“日本鬼”了。她们会用同情的声调，会用一种少女们特有的同情声调说：“呵！那是一个日本人！”

为的目前这种亲日现象是由上而下的，所以德国政党当局这两个星期来感到特别忙碌。例如德国元首希特勒先生，他除了设宴招待日本驻德大使馆人员庆祝协约成功以外，连柏林日本学院成立十周年纪念他也特别发出一个贺电。再如德国驻英大使李班特洛勃先生，他往返伦敦柏林，单为了签订这个协约不知道花费了多少苦心，他的尊容我们最近在新闻影片中到处可以看到。此外他还发了宣言证明这个协约的价值。再如国社党国外政治部部长卢森堡先生，他是目前主持德国外交政策的要人。日本同盟通讯社甚至于不惜由遥远的东京在无线电话中同他做了一次“访问记”。当然最忙的人还是德国宣传部部长戈培尔博士，他不但计划全盘宣传事宜，要对人民做公开的演讲。特别重要的，德国报纸在他指导之下，才有一致的阵势去鼓吹德日亲善。

日本人是一个优秀种族，就希特勒先生也是这种见解。“世界运动会”闭幕后他会告诉一位记者，当他——希特勒先生，看到日本那位“马拉松”优胜者跑步时的姿势，不禁使他想起这个令人钦佩的日本种族。不过，希特勒先生这个例子引用得有些不幸，事前他没有查明到底这个优胜者与日本种族的关系，所以把这个前提弄错了。因为这个优胜者并不是“优秀”种的日本人，而恰恰是被这种“优秀”种压迫的高丽人。

德国人说：“日本人是一个优秀的种族。”在这种空气中日本人怎么说呢？乘日本学院十周年纪念的机会，一位日本教授作了一篇“日本人的来源”的演讲，他不承认日本人是蒙古人、马来人、高丽人等的混合种。理由，据日本现代言语学家的研究，日本文是一个独立的文字。一种文字在世界上别的国度里决寻找不出的。因此日本人是一个特殊的种族。这就是这位教授的结论。

据说：报纸上的论调是代表民意的，就是所谓舆论。于是我们要观察德日亲善的现象，自然也只好向德报中搜寻材料，特别是国社党报纸。归纳这批报纸论调，可以得到一个公式，就是：日本是一个文化“古”国；日本是一个军备强国；日本是一个反共、反俄的先锋；日本人是同德国人一样的优秀诸如此类。有的人还替这批记者担心，恐怕不久这种赞扬的材料就会写完。虽然，熟悉德国新闻界情形的人，却又不能不同情这批记者，自然并不止为了“同行”的关系。

其实，人家反共、反俄、对日亲善，说来好像同咱们中国人没有什么关系。假如人家不会妨碍及中国的利益，咱们决（应为“绝”，原文如此）没有眼红的理由。但事实上是否如此？据德国驻华大使对于中国政府的声明，德日协约决不妨碍中国的利益和中德邦交的友好。自然，这不但我们的希望，甚至于我们也能够了解德国政府的诚意。不过根据德国报纸对于最近中日事件的论调和所登载的电讯看来，最少还没有办法消除我们的怀疑。

最近两星期来德报所刊登的远东电讯，几乎全由半官式的德意志通讯社一手包办。电讯的来源十分之九来自东京，只十分之一出自该社驻中记者手中。而东京来的电讯内容几乎无异日本同盟社的传声筒。不但关于事实方面引用日本的立场，就连文句上也是如此。例如叙述最近日本驻华大使与张外长交涉的经过，该社对于日大使称呼“大使”，对于张外长称“张”。一位外交部长的身份还不及一位大使。该社驻日记者的礼貌，似乎不敢说是常态。尤其使我们难解的该社的电讯常有意无意中在替日本诉冤，好像日本的行动是由于中国逼成（!）的结果。我们会同情过欧战后受人家压迫的德国，想不到人家此日对于我们目前的挣扎，一个民族图生存的挣扎也不肯加以公正的批评。大约因为中国政府目前还没有一种新闻政策，于是乎人家可以不必顾虑到这一些，自然！

比电讯更离奇的，就是各报的论调。例如国社党的机关报《民族观察报》新近发表了一篇文章，引用一九三二年李顿爵士向国联的报告书，说是中国共产党声势浩大，拥有九千万左右的人口。言外之意好像中国迟早总要“赤化”，唯一拯救远东的方法，只有让日本来统治中国。这位记者驻华多年，对于中国目前的状况，共产党的势力如何，自然十分明瞭。为什么不顾良心，抹杀事实与日本人一鼻孔出气？是否因为德日同盟所以非替中国造些谣言不可？反对苏俄、反对共产党这不关我们的事情。但侮辱到中国时，中国人民是无法坐视的。

另外一家国社党党报有一篇社论，甚至于说咱们中国人不应反日。理由是苏俄占了中国的外蒙古、新疆，中国都不说话。日本占了东三省、热河一带，中国就拼命反抗。好像中国对日、对俄不算公平。这种干涉到别国内政的论调也许可以得到日本人的欢心。但同时他们也得记起，这对于中国恰恰是一种侮辱。

最近有不少谣传，德国将继意大利之后，承认伪满洲国。问题只在于日本能否拿得出适当的交换条件来，这不但是一个给德国政府证明中德友好的机会，同时在我们中国人看来，对于我们也是十分重要的。至少会使我们明瞭：我们究竟站在什么地方？（十二月十日）

（1936.12.29《申报》）

旅欧随笔（四）

从此以后，在德国不只德犹两种人通婚不可能；就是他们间的恋爱，也要受法律的制裁。除了公认为“辱及种族”以外，这两个当事人，还要坐两三年的牢狱。关于这种案件，几乎每月总可以在德报上发现几次。

为什么国社党人这么坚决排斥犹太人呢？犹太种人不准任德国的公务人员，这是我们能够了解的。但是连私人间的恋爱都要受到干涉？有的人说，从前希特勒先生在维也纳时代，曾受了犹太人的刺激。虽然这不能算是主要的原因，历来犹太人在德国就是不为一般人所欢迎，不只德国、在欧洲其余各国也是如此。

犹太人在德国的被歧视，第一，因为他们是异族。其次，犹太人善于经商。祖父还是一个贩牛贩羊的掮客，父亲已是一个铺子老板，到了儿子便是一个商人或大实业家，这是很常见的例子（我们只要记起上海犹太富商哈同的一生）。这自然要引起德人的反感，特别是欧战以后，波兰、俄国、各地的犹太人，成群结队移殖（原文如此）到德国来。他们不但向德农民作高利贷的放款，另一面更乘德国马克跌价之际，尽量投机。经过相当时候，原来破衣败絮的掮客，一变就为殷实富户。犹太人招忌的根本原因，就在这一点上面，于是希特勒登台一呼，大家群起响应，造成了此日这种局面，许多德国人虽明知这种反犹太政策过于不近人情，可是在目前这种空气中又有谁敢有另外的主张。

记得有一次同一位国社党负责犹太问题的某君谈及这个问题。他问，中国有没有犹太人？我说：“中国虽有一些犹太人，但还没有到成为一个问题的程度。恰因为这种缘故，我们不容易了解贵国的反犹太政策，假如我们可以向我们的读者解释：‘犹太人同咱们的某邻国人一样。’那末，大家会立刻明了到底是怎么一回事。但犹太人是一个没有国家的民族，并且为什么所有的犹太人都是‘劣种’，这一点。”

他说：“犹太人到处为家，没有国家的观念，今天可以做德国人，明天又会变成法国人或英国人，只要对于他个人有利……”他的理论，我们是时常听到的，不过全部犹太人都是坏蛋而没有例外，一个人只要他的身上会有一部分犹太血液，不管是父亲方面，或者母亲方面，甚至于父亲的双亲，有一犹太种便要被归入“劣种”中去，这种逻辑，似乎不是我们所能够了解。目前一个德国公民的前提他要有清白的祖上，父系与母系两方一直追溯到一八〇〇年，在那时候没有混入犹太血液才行。

十三、再论犹太问题

当希特勒执政以后实行排犹政策，一般人曾替希特勒担心，理由是目前世界上的金融机关，并国际贸易，几乎全部操于犹太人手中。假如各国的犹太人联合起来对德施行经济制裁，那末，德国财政非立刻陷于窘境不可。虽然，据记者所知，年来德国对外贸易虽受排犹政策的影响，但犹太人的种族觉悟同我们的预料相差殊远。

例如对德通商，许多外国的犹太商人，特别是英国与捷克的犹太商人，年来始终是第三帝国工业品的良好主顾，甚至于他们亲来德国采购货物，个人利益的所在，什么种族问题都可以抛在脑后，这是地道犹太式商人的典型。另一方面，各国的犹太人所以不敢积极援助德国的犹太人，原因恐怕将“排犹问题”扩大，会影响到自己的地位。在犹太人看来，单一德国排犹，事情还好办，假如一旦连英、美、法各国也发生了犹太问题。那末，他们的将来就不堪设想。

厌恶犹太人，几乎各国人都有同感。记得从前在学校时代，只要有一位同学被人家叫做“犹太”，那末在他看来比用别的字句去骂他要难受得多。在欧洲各国，普通一个犹太人，是享受不到平等的待遇的，除非他有了特别的才能或者金钱。反对犹太人的空气，从纽伦堡德国排犹最厉害的地方起到巴力斯坦（即巴勒斯坦）止，有犹太人存在的地方就有排犹的种子。

解决犹太问题的理想办法，也许让他们自己成立一个国家。这样一来，根本可以省掉许多是非。其次，就是犹太人自己应该改变谋生的方法，别只在金钱上做工夫，以致引起当地国人民的反感。虽然犹太人并不是人人都是资本家，但目前世界上大部分富翁却是犹太人，特别在许多大小城市中掌握经济势力的大半又是犹太人。有的人说，只要犹太人少经营一部分工商业，犹太问题就可以解决了一半。

自从德国发生了排犹问题以后，一部分犹太人曾向南美洲，巴力斯坦（即巴勒斯坦），苏俄各地移殖。听说中间也有一部分跑到中国来，我们中国人固然不谈种族问题，不过希望这批人士别忘记了自己所以不能够在德国立足的原因，虽说他们在受了一部分同种人的连累。

（1936.12.30《申报》）

英意在地中海上的角逐

一

因为地理上的优势，就到了今日，地中海还是一个欧洲强国的生命线；要是谁能够支配地中海，谁就是欧洲的盟主，同时更是世界舞台上的要角。要征服世界，先征服地中海，历来欧洲各国的政治家哪一个不存这种观念？在这个海上曾产生过希腊的文明，曾助长过罗马的强盛，中古时代意大利依靠这海上的交通，便成为欧洲第一个商业圈。一部欧洲的历史，也不妨说它是一部地中海的历史。而自从苏伊士运河通航以后，地中海在世界政治上更占一个极重要的地位。最近两三百年来英国能够建立不列颠帝国成为世界上第一等强国，最大的原因就是征服了地中海。尤其是近百年来地中海实际上更无异一个英国海。

以一个不是地中海岸国的英国，能够在这个海上维持几个世纪的霸权，说来好像是一宗历史上的奇迹。英国的统治地中海有两个条件：拥有重要的海军根据地并庞大的舰队。地中海上的东西两个门户：埃及的波塞港并西班牙的直布罗陀港在英人手中；这两个军港就使英国掌握了地中海与外海的交通权。另一面英国更占领有海中的马耳他岛，在这个道上英国更建筑有世界上最著名的海军根据地；它的地位可以截断地中海使成为东西两个孤海。像这样重要的军事地点全操在英人手中，于是地中海以内的国家想反抗英国，根本就不会有什么希望。倘若发生战争，英国不但可以整个封锁地中海，甚至于地中海内部的交通也要受英国海军的支配。所以历史上没有一个地中海国家敢于冒这种险的。反对英国就等于自己作无谓的牺牲。一个明显的例子：欧战时意大利背盟加入协约国方面与德奥宣战。这就是说，地中海岸国不但不能与英国为敌，甚至于连在战争时一个中立国的地位都维持不成。

除了地理上的优势以外，英国在地中海上更驻扎有强有力的舰队。自从一五八八年攻破西班牙的无敌舰队以来，英国海军在质的方面，已超过欧洲任何国家。一八零五年在海军名将尼耳逊指挥下，又销毁了法西的联合舰队；这一战不但给拿破仑一个致命伤，而同时更奠定下英国支配地中海的地位。从此以后，就在地中海上面英国舰队的数量也要压倒其他各国。终于这更成为英国传统的海军政策，就是：她的地中海舰队要超出地中海各国联合舰队的总吨数。所以百年来未费一弹，而英国始终能够维持她在地中海上的领导地位。欧战前英国的地中海舰队强过法、意、奥三国海军的总吨数。就在今日英国集中地中海的舰队仍比法意两国海军的总吨数为多。虽说法国海军有最新式的战斗舰 26500 吨级两艘，建造中有 35000 吨级战斗舰两艘。意大利海军有 35000 吨级战斗舰两艘。但英国的地中海舰队尚拥有 28000 吨至 40000 吨级的巨型战斗舰十艘。新近尚有两艘新式战斗舰在建造中，所以论实力仍比法意为强。总之，单说海军，英国还是想维持她的一贯政策，而在地中海的地位还是同百年前或二十年前一样，是不能够动摇的。

二

一九三五年秋天，正当意大利决心侵略阿比西尼亚的时候，英国海军曾动员在地中海集中。地中海舰队的数量超过海军的半数，比意大利海军的总吨数多出一倍。这种含有示威性质的军事行动，是百年来英人屡屡试验的方法。这一次，英国也想以优越的舰队并地势，打算不战而屈服意大利。但这个试验宣告失败了。这是百年来第一次英国在地中海上的尊严发生动摇，同时也是第一次外交上的惨败。意大利远征军的运输船舶安全地在英国舰队面前穿过地中海，穿过苏伊士运河，最后征服了阿比西尼亚。事前无论谁都觉得是一个难题，意大利怎么敢于冒这个险，在地中海上来同英国冲突？假如英国真的封锁了苏伊士运河，那末意大利又怎么办？经过这次试验的结果，却证明单纯强大的舰队已不足以支配地中海，最少不像从前一样有绝对的把握，否则英国又何必让步！意阿战争，就是英意争夺地中海领导权的序幕。

意大利的侵略阿比西尼亚，在英国这个“太岁”头上动土，与其说它是一个有计划的军事行动，倒不如说它是个“逼上梁山”式的冒险。慕索列尼所以敢于冒险的原因，却因为意大利拥有一个比英国强大的空军。这在历史上还没有过先例，一宗武器发明了不到几十年，实际上还没有战争，而就能够先把敌人吓住。空军是否能够战胜海军，不但目前缺乏事实的证明，就慕索列尼本人恐怕都不一定有什么把握；可是单单它的存在以及影响到原来的局面。地中海上的形势变换了。历来军事专家的计划是否能够收到预期的效果，已经引起大家的怀疑。重要的海军根据地也同巨型战斗舰一样，在空军威胁之下，失去了它原有的价值。本来是一个当做进攻敌人的海军根据地，此日反而没有自卫的能力。英国地中海舰队离开了马耳他岛驶到亚力山得利亚港（即亚历山德里亚港）并直布罗陀港去，目的在于躲避意大利空军的轰炸。意大利不但掠夺了阿比西尼亚，甚至于经过这次试验以后，原来在地中海上处于防御的地位突然一变为进攻的阵势。

海军是否能够抵抗空军，例如战斗舰加厚铁板，添装新式高射炮，增加速率等，使飞机轰炸时不容易中的，事实上也不是说就没有方法，不过这仍只是一种消极的防御，更不能够保障舰队的绝对安全。抵抗空军唯一有效的方法，自然是利用空军。不幸的是过去英国在空军方面是算一个落后的国家。退一百步说，英国就拥有与意大利等量的空军，但仍无法同海军一样全数搬到地中海来，尤其是无法找寻到一个适当的空军根据地。在地中海上英国空军是处于一种绝对不利的地位。单说量的方面，英国的飞机母舰等最多只能携带一百多架飞机，马耳他岛目前的航空设备，最多也只能驻扎两百架飞机。这区区三百架左右的数目，就是靠近意大利海边的英国地中海舰队唯一的助手。而意大利的空军呢，第一线飞机最少总有一千五百架至两千架的数目。单这个数字已说明了双方实力的悬殊，这一次英国的让步，是有她不得已的苦衷的。

三

马耳他岛，英国历来支配地中海的锁，几年前还是一个绝对无法攻破的海军根据地，英国曾利用这个军港控制了地中海；而现在呢，它铜城铁壁般的岛上堡垒，能否抵御得住空军的轰炸，已经成为一个普通人的疑问了。就说英国此日再加建几倍坚固的防御工程，但仍不能保证它万无一失。过去马耳他岛被人家认为军事上的优点，位于欧洲与非洲的海峡间，由此容易控制帝国舰队在地中海上的活动，而此日这个优点恰恰变成了祸根，只给意大利空军一个良好的进攻机会，而成为两千架意大利飞机的理想目标。加之，马耳他岛是英国在地中海这一段唯一的海军根据地，离亚力山得利亚并直布罗陀两港都有八九百海里，这种地理上的孤立，自然更增加守卫的困难。正因为该地英国空军与意大利空军的比例为一与九。马耳他岛上的防军甚至于永远不能够明瞭意大利空军到底趋重于哪一方向，它既可以由墨西那港（即墨西拿港）或巴勒摩港出发，同时也可以来自意属非洲的特里波里港。这种防不胜防的状况，就是马耳他岛的致命伤。也许英国驻军防守得力，暂时可以击退意大利空军，开始几次的袭击，然而这仍不足以说明马耳他岛的地位就没有危险。倘若该岛一旦万一不幸失守呢，那末在这方面的英国海空军将同归于尽。因为根本没有邻港可以收容这战败后的海空军。在战略上，死守马耳他岛对于英国似乎是一个冒险。

假如未来的战争真的爆发于英意两国间，那末双方空海军第一个接触地点就是马耳他岛。英国是否全力防守马耳他岛？对于这个问题，由最近英国海军部部长霍尔巡游地中海以后归来所发表的谈话看来，是一个肯定的答案。他说，马耳他岛将同过去一样始终是英国地中海舰队最主要的海军根据地。英国准备在这岛建筑最新式的防御工程。他又说，目前空军技术上的发展并不足以危及英国在地中海的地位。

言外之意，好像有死守马耳他岛的决心。大部分英国报纸的意见也认为地中海是不列颠帝国的生命线，马耳他岛是地中海的生命线，因之绝地没有放弃的理由。不过许多英国军事专家的意见，对于马耳他岛在孤立的形势下，能否守卫得住，是一个大疑问。与其空作无谓的牺牲，倒不如自动放弃。放弃马耳他岛，对于英国在军事上、经济上自然算是一个大牺牲。马耳他岛落在意大利手中以后，英国不但从此没有封锁意大利海岸、消减意大利海军的机会，甚至于几百年来所统治的地中海暂时也要让意大利支配。特别是英国本部与非洲、印度、远东的海上交通再也不能够利用这条便捷的地中海水路。自然非到万不得已的时候，是不愿意放弃的。

正如英国海军部部长霍尔所说的一样，英国将不惜任何代价来维持她在地中海的地位。不过目前的地中海已同往日不同，单独英国所有的海军根据地已足以应用，甚至于马耳他岛也不能自保。这是第一次，英国在地中海上需要一个同盟国。那是我们所想象得到的，假如法国肯答应帮忙英国的话，那末英国在地中海上将仍是一个不能动摇的盟主。只要法国肯借用英国几个军港，马耳他岛也会保留它一向“铁港”的荣誉，使意大利的全部计划成为泡影。但是法国是否愿意呢？这是一个问题。其次，是希腊、南斯拉夫、土耳其各国的军港。倘若战时英国海军能够利用这几个国家的军港，因为占了地理上的优势，意大利似乎不见得就是一个英国的强敌。

四

这里有一个前提，假定未来在地中海上的战争只限于英意两国[因为英国如得他国的帮助，意大利孤立，在这种形势下，战事当不至于爆发，自然慕索列尼（即墨索里尼）决不至于会这么冒险的]。马耳他岛在意大利空军的威胁下英国大约不得不放弃。地中海内暂时也要受了意大利的支配。这种形势虽好像对于意大利有利，然而在英国看来，离决最后胜负的时期尚远。英国可以采取欧战时对付德国的办法，用海军作远距离的封锁。波塞港与直布罗陀港封锁以后，地中海事实上是一个孤海。这对于英国自己固然也是一个损失。因为在英国本部与殖民地间的交通须绕道好望角，多增加四星期以上的航程。但这给予意大利的打击却更大。意大利在战争期间受了封锁，原料并食粮的输入断绝，也许最后要出于崩溃的一条路。另一面，英国在军事方面比死守马耳他岛时的情形不同。亚力山得利亚港，波塞港，直布罗陀港等地，也许会受意大利空军的袭击，但危险的程度就差得远了。在海法港与亚力山得利亚港之间，英国新近曾建筑了不少新式飞机场。直布罗陀港周围多是天然的岩石，就到了今日仍被大家认为一个无法攻破的军港。此次海军部部长霍尔更公布，英国将在赛普洛斯岛建筑一个最新式的海空军根据地。这个新军港的任务，自然在于监视意大利杜得坎尼亚（即杜得康尼亚）岛上的空军。同时保障苏伊士运河的安全。

意大利为要打破英国这种远距离封锁的计划，也许就于攻下马耳他岛以后，即以陆空军全力在非洲先取英、埃、苏丹打通一条海路，然后再攻埃及，夺苏伊士运河，根本动摇英国在地中海的地位。虽说在非洲行军困难，然而意大利除了自己有强大的陆军外，还可以利用非洲土人（上次意阿战争时替意军打先锋的就是非洲土人）。又何况陆上战争说来还不是英国人的特长呢！假如真的到这个地步时，那末双方的胜负就很难预料的了。

英国人自然早也看出自己的弱点，不但英埃条约的签订是如此而发，就最近英王“私人”性质的旅行，访问南斯拉夫、希腊、土耳其各国当局，同这个问题也有连带的关系。倘若英国能够得到上述各国积极的援助，那末不但马耳他岛不必放弃，甚至于还可以使意大利不敢冒险。特别是土耳其的友谊，更可以帮助英国对意大利在地中海上作远距离的封锁。因为达达纳耳（即达达纳尔）海峡的地位也是很重要的。

地中海问题，一个百年来似乎不成为问题的问题，此刻重新又起了纠纷。英国自然不惜任何代价要维持她在地中海上的地位，因为这是关系到不列颠帝国的存亡。意大利呢，慕索列尼（即墨索里尼）以再与罗马帝国为己任，决不会轻易让步的。当英海军部部长霍尔的谈话发表了以后，意大利报纸曾批评说，英国想维持在地中海的地位，唯一的方法就只有同意大利合作。所谓合作自然是说“利益均分”。英人还肯再度让步吗?

月来英国竭力扩充军备，这就是她对于意大利的答复。不列颠帝国会不会崩溃，地中海问题也许是一个最重要的试验。

(1936 年第 33 卷第 22 号《东方杂志》)

旅欧杂讯（五）

十四、种族问题

德国国社党把世界人类分成两型；阿瑞安（即雅利安）种与非阿瑞安种，阿瑞安种就是白种人，世界文化的创造者（参看希特勒的著作：《我的奋斗》）。白种人以外的人种都是非阿瑞安种，根本是低能的种族。这一来便引起了一些纠纷。例如日本人便提出抗议，说是这种分类法，对于日本是一种侮辱。听说，结果，德国承认日本人是个例外，得享受阿瑞安种的待遇。其次，匈牙利、芬兰等国人，也是蒙古种，但后来因为他们久住在欧洲的缘故，所以也得算是准阿瑞安种。至于中国人与德国人通婚，年来虽无明文的法律禁止，不过据说，有一时期曾领不到结婚的允许证。惟最近一年来好像中国人也得到这种优待。理由，有好几个中国同学已同德国女孩子结了婚。

大约是去年，有一天我拜访国社党中主持种族政策的某要人，一谈就谈到种族问题。他告诉我，一个民族的生存，血统的纯粹是十分重要的，混婚可以使这个民族逐渐堕落下去。我说，这一点，我们也有同感，中国政府也禁止外交官吏并军人与外国女人结婚。不过，我们的原因是政治的，并不是人种学的。

他说，许多外国报纸对于德国的种族问题时有误会，实际上，他们并不是看不起别的种族，他们只主张不应该混婚，而在原则上，各个种族是平等的。他问，中国舆论对于德国种族问题有什么批评？我说，中国人与德国人通婚，数目有限，只是少数的中国留德学生娶了德国的太太，同时也只有更少数的德国商人有了中国的太太。所以种族问题对于我们是不关痛痒的。至于远东各国对于种族问题的论调，也各有不同的意见，例如一部分人觉得德国人既然提倡种族问题，说是德国种是如何的优秀，那末，就请德国人常居德国，不必到别的国家去。自然，这批人的说法，未免有些极端。

接着他赶快把题目转到犹太问题上去。

十五、再谈种族问题

大约两年前，有一次，我自己一个人在南德山上作远足旅行，半路上跑得累了会在一家酒馆中休息。当时隔座有一位国社党 S. S. 队长，（S. S. 保卫队，是国社党的武装组织，他的任务等于党的警察）因为我是一个外国人，所以引起他的注意，又因为我恰有一套新衣服并一双新的跑山鞋，所以还没有被他认做青田小贩，他开始问我是否在德国读书。我说："差不多。"他问："读医学的？"我回答："唔！"于是我们就攀谈起来。

他问："您喜欢德国吗？"我答："德国人人情很好，我个人呢？特别喜欢南德国的啤酒！"

他问："你对于'第三帝国'有什么印象？"

我答："年来您们的国防军进步真快！"

我们接着谈到德国的国家社会主义。

他问："您对于种族问题有什么意见？"

我答："在我们中国人看来，这是一个十分妥当的办法，这尤其是旅德的中国人。"

他问："为什么？"

我答："不是么，我们知道种族问题的对象是犹太人。我们中国人虽说不是犹太人，但我们可也不是阿瑞安（雅利安）种。为避免麻烦起见，年来在德国我们连女朋友都不来往了。"

他问："但是——"

我答："这一来省事得多了。您知道，我们是带钱来德国用的。我们除了求学以外，免不了还要娱乐。这是说，跳舞场、咖啡店、戏院等等，带了女朋友到这种地方要花多少钱？自从贵国提倡种族问题以后，中国学生就常到图书馆，博物院中去，或者坐在家里关起门来读书。”

他……

我说：“种族问题对于我们只有好处，不是么，我们既可以省下许多金钱，又可以省下许多时间！”

（1937.01.14《申报》）

旅欧随笔（六）

十六、行中国礼

有一次，在交际场中经过人家的介绍认识了一位德国中学教员某君，照例大家互通姓名，握一握手。但这位先生握完手以后，只管对着我微笑，不说一句话，时间半分钟过了，一分钟又过了，大家还是站着。我想糟糕，他既不是一个哑子，但又不像一个傻子，这中间定有什么秘密。我问他是否他第一次看到中国人，所以吓得说不出话来。他觉得奇怪了，他是在向我行最恭敬的中国礼，怎么我反而不懂。哈，行中国礼，碰见了人不说话，这简直是件新闻。据说，他是从一本书上看到的，并且是一个很大的礼节。有见官时才用，我问他，行这种礼时双方到底要静默多少分钟然后才开口说话？这一来，好像我并不是一个中国人，因为连这个礼节都不知道。他笑了，这一点，那位作者好像并没有提起。我说先生，你瞧，这一点是很重要的，那位作者是不应该忘记提起。譬如说，刚才我们两个人一直行中国礼行下去，而没有时间的限制，那非行到大家变成哑巴不可。

十七、中国人接吻用鼻子

许多中国的礼节，咱们自己不但不知道，甚至于翻破古书也找不出一种根据来，但欧洲人却懂得十分清楚。例如，欧洲人说，中国人接吻用鼻子。

中国人接吻为什么要用鼻子，是否因为讲求卫生，在欧洲似乎得不到确实的解答，连名作家布克夫人对于这个问题也只有反面的解释，她只描画，中国青年男女不爱接吻，认为是外国的风俗。布克夫人既然说过，中国人不知道接吻这回事，那末中国人接吻用鼻子大约多少总是对的。

旅居欧洲的国人，时常单为了这个“鼻子”问题，不知道要花费多少口舌。

记得有一次，一位同学应某国团体的邀约作了一回演讲，题目好像是“中国的风俗”。演讲完后，当场有一位女士站起来问他，中国人接吻用鼻子是不是真的，这位同学呆了一下，但随即用十分顽皮的口吻回答，“最尊敬的小姐，假如您不相信的话，我可以当面试验。”这一来弄得全体听众哄笑起来，

十八、又是一种看法

几十年来中国受惯了帝国主义者枪炮的压迫，一般人失掉了自信心，总以为国货不及洋货，外国的阿毛阿狗一跑到中国来便是洋大人，理由，外来的东西总是好的。

相反的是欧洲人，他们除自认是优秀的人种以外，凡是他们本国的东西都比别人高明，要他们佩服你，那可不是一件容易的事情，除非你能够把他们打倒在地上，这时候他们才觉得你是一个好汉。

最近在欧洲报纸上突然发现了一位大政治家，这是说连欧洲人都佩服的大政治家，这位政治家是中国人，蒋介石先生。

过去蒋介石先生在欧洲报纸上只占一个普通的地位，人家认他不过是吴佩孚、张作霖一流的人物，等到两广问题和平解决，中国正式统一以后，就在这一天欧洲各报立刻改变了论调，好像发现了一个新人，于是你说中国是再兴了，我说蒋介石将军是一位了不得的人物，一位天才的军事领袖，一位大政治家，一位大外交家。他说，蒋介石将军已是一位国际政治舞台上的要角，乘他五十岁生日的机会，欧洲各报都发表专文介绍，大家都说他是现代中国的象征，是挽救中国唯

一的领袖人才，这在历史上还是第一次，一位中国的政治家有了国际的声誉。说来惭愧，咱们中国人自己对于蒋介石先生还没有十分清楚的认识，—原因，据一位英国记者的意见，因为蒋介石先生不善演说，而在欧洲人眼中，蒋介石先生已是一位二十世纪的伟人，他的地位已同斯太林（即斯大林）、慕索列尼（即墨索里尼）、希特勒、凯玛耳将军一样，正如一家德报的意见，他的命运就是中国民族的命运。

本年十月二十九日英国每日电闻报登载了一篇长文介绍蒋介石先生，中间有一段说起，蒋介石将军有冷静并远大眼光的才能，可以同他相比拟的在世界上只有几个人，但超过他的人物却没有。

（1937.01.30《申报》）

旅欧随笔（七）

十九、西班牙事变的前途

当去年西班牙事变发生后，一般人当时就有一种预感，这一次恐怕要变成世界大战的导火线，因为恰恰在一九三六年这么令人担心的年头，虽然各国报纸上的论调却告诉人民放心。德、俄、意三国的报纸各写其一面倒的文章；英、法等国的报纸也分为左右两派，这一边说，西班牙“人民阵线”政府立刻可以消灭叛军。那方面说，佛兰戈（即佛朗哥）将军不久就是西班牙的独裁者。单阅读一方面的报纸，似乎也可以使你乐观。可是读了双方的报纸以后，那末你反而又糊涂起来。事实上，西班牙的内战是一个月，两个月，三个月……一直延长下去，不但两方面的预言都没有证实，甚至于，根据一位明了西班牙现状的某国记者观察，假如没有意外的变化，内战起码还有两三年。

我们先观察双方本身的力量。“人民阵线”政府方面，虽说得到大多数人民的拥护，但她的队伍是临时集合的群众，缺乏军事经验。所以论数量多过佛兰戈将军的军队，论战斗力却不及佛兰戈将军部下正式有训练的队伍。恰因为这缘故，双方才造成了势均力敌的形势。不过没有外来的助力，那末这一场的战，似乎也没有持久的可能。尤其是佛兰戈将军方面，不但补充困难，久战以后还会失去原来的特色。更何况西班牙人民素来对于军人没有什么好感。

然而此次西班牙事变是国际间的事件。是一种国际的社会党人，共产党人并一部分民主主义者与国际的法西斯蒂党人的争斗。一有了国际的背景，问题就复杂起来。例如最近在马德里前线的主力军，大部分还是外国人。进攻的是摩洛哥土人、德、意的法西斯蒂（即法西斯）党青年。努力防守的是法、俄、比、德、意各国的社会党、共产党人。西班牙人在西班牙内战中反而扮演一个次要的角色。

西班牙人这个热情的南欧民族，在斗牛场上时常显出他们勇敢、无畏的精神。当此次内战爆发后，从军的不但是男子，甚至于妇女。可是这种不怕死的勇气仍不能够使他们变成良好的兵士，因为他们不了解作战的技术。据英国《每日先驱报》特派往西班牙战地的记者报告，他曾与一位前线的下级军官作过一次谈话（这位军官是参加过欧战的德国社会主义者，西班牙内战爆发后他自动加入“人民阵线”政府方面作战），这位军官口述他战败的原因，并不是佛兰戈（即佛朗哥，下同）部队实力雄厚，而是他自己的士兵不懂得战略、各自为战的缘故。他说：“西班牙人作战的精神是很好的。他们不怕死！不过指挥起来，你就觉得困难。例如有一次，半夜我下令乘夜向敌人的阵地进攻。当时这是一个十分难得机会。可是这批士兵不听命令。他们齐声说：‘天太黑了，还是明天进攻吧！’这么良好的机会就这样错过。您瞧，死他们是不怕的，但怕天黑。”

是的，西班牙人不是一个战争的民族。他们把战争看做是一种游戏或者是一种运动，最少也同斗牛一样。就在战场上也改不掉他们那种闲散的态度。大约这也是使这一场内战无法立刻解决的一个原因。

自然，西班牙事变的前途，还要看此后国际局面如何发展。西班牙人，他们反而不是最后说话的人。

二十、到底谁的军械精良

世界上最有忍耐性的人物自然要算外交家。我们只要看几个月来各国外交家在伦敦一面高唱不干涉西班牙内战的论调，一面却让本国的军火志愿兵一批一批向西班牙输送。法、俄帮助人民阵线政府，德、意帮助佛兰戈将军。在马德里前线互争胜负的是法、俄、德、意各国兵工厂所制造的飞机大炮。这已是一种公开的秘密。我们就在各国外交家互相攻击对方的文件中，也可以看出一些个中内幕。

德国帮助佛兰戈（即佛朗哥）将军的原因，在于担心西班牙社会主义化以后，更要促成法国的左倾。一个社会主义的邻国，国社党统治下的德国是不能够坐视的。意大利的目的，希望造成一个法西斯蒂（即法西斯）的西班牙作为意大利的同盟国，间接使直布罗陀港失去了军事上的意义，然后与英国在地中海上竞争霸权。法国所恐惧的，假如一旦“人民阵线”政府失败，法国将受德、意、西班牙三个法西斯蒂国家的包围，根本失去了在欧陆的领袖地位。俄国因为是共产主义的国家，法西斯蒂运动自然是她的死对头。法、俄两国决不肯袖手旁观而让佛兰戈将军用武力去消灭西班牙的“人民阵线”政府。于是乎西班牙内战变成了国际事件。（未完）

（1937.03.04《申报》）

旅欧随笔（八）

西班牙本来是个军备落后的国家，可是此次内战，大炮、坦克车、飞机等等新式军械应有尽有。一方面固然由于双方帮忙的人慷慨，不吝供给。另一面帮忙的人却也想乘这个机会将自己的军械实地试验一下，到底够不够精良。记得当佛兰戈（即佛朗哥，下同）将军方面由德国运到许多最新式高射炮以后，曾击落好几架俄法制造的飞机。一位德国熟人对记者说："你瞧，德国的机器究竟是行的。我们的军械比法俄等国的高明。"过了几天，佛兰戈方面德意产的飞机在马德里前线也被对方俄国制造的高射炮射落了好几架。于是我开了这位熟人的玩笑，问他承认不承认，俄国的军械也不错。他不响了。

虽说上次欧战结果后到了现在不到二十年，但在这短期内欧洲各国的军械造制已有惊人的进步。尤其是飞机并高射炮，坦克车并射坦克炮。这批新式军械，无疑的，在未来战争中要占一个最主要的地位。此日各国虽拥有不少这种利器，但还没有经过一种实地试验，成绩到底如何，只有理论上的答案。恰因为这个缘故，欧洲各国都想把西班牙的内战当做他们一个良好的试验所。并且事实上，他们的确也是如此干的。

几星期前，法国国会中一位议员质问航空部部长戈特，为什么在西班牙内战中法国制造的飞机失事来得特别多。当时戈特先生答复：大部分失事的飞机都是旧式的。至于新式的法国飞机却很可靠。戈特先生这种说法无异承认法国飞机曾参加了西班牙内战。同样的，英国上院中某次一议员质问英国航空当局，为什么英国不派空军武官随员到马德里去。据这位议员的意见，在马德里前线正在试验着各国最新式的武器，尤其是空军，英国应该注意这类新式军械的发展。后来英国果然派了一位空军武官随员到西班牙去。

倘若各国这样再试验下去，大约这一场内战还要经过相当的时日。所苦的只有西班牙人民。

二十一、西班牙内战与志愿军问题

一般说来，在西班牙内战中最使人家失望的，无过于西班牙兵士战斗力的薄弱。为的西班牙人缺乏作战的能力，不会运用新式军械，于是乎帮忙的人自己先焦急起来，由此才产生了志愿军问题。德意两国除了派送大一批空军人员以外，听说新近还有正式军队便装运赴西班牙，加入佛兰戈将军方面作战。同样的，各国的社会主义者也接连地跑到西班牙去帮助“人民阵线”政府。左派的报纸赞扬这批人是替社会主义奋斗的勇士。右派的报纸却说他们是“炮灰”。不过双方所公认的一点：就是此次死守马德里是这批国际志愿军的功劳。

说起此次参加西班牙内战的各国志愿军，情形却有分别。站在佛兰戈将军方面的德意法西斯蒂（即法西斯）党人大半都受过了军事训练，实力较强，相反的，“人民阵线”政府方面的志愿军，除了法俄一部分军事专家或下级军官以外，都只是普通的各国共产党人并社会党人。这一批人还是“乌合之众”。虽说有为主义而牺牲的精神，但没有战争的经验。结果作战时只善于防御战，一谈到进攻战斗力就不及了。这月来我们在马德里前线的战争情形中很可以看出。于是乎令人想起，像这样的国际军，就再多募集一批送到西班牙去，能否保证“人民阵线”政府获得最后的胜利。似乎还是一个疑由。

单靠本身的力量，或者以国际军主体，“人民阵线”政府在相当的时间内恐怕还没有解决西班牙内战的可能。假如法俄两国肯以正式军队开入西班牙帮助作战，那末乱事一二个月以内就可以平息。虽然，这种举动定会引起德意的反感，结果有引起世界大战的危险。英法两国的希望，就是把西班牙事件变成了地方事件，不至于连累欧洲全体。于是乎新近欧洲各国才有禁止志愿军前赴西班牙的问题。不用说，这对于“人民阵线”政府是一种打击。

据一位有军事常识的某君看法，除了法俄国家军队以外，只有中国的红军有能力帮助“人民阵线”政府解决内乱。倘若这数万红军开到西班牙去，不出一个月，一定会产生另外一种局面。这也许对于大家都有好处。他说：“在共产党人看来，革命反正是世界性的，无论在中国或者在西班牙都是一样。在我们中国人看来，这一来最少暂时可以避免掉在中国境内中国人去打中国人。”

（1937.03.08《申报》）

旅欧随笔（九）

二十二、德国报纸的逻辑

德国宣传部部长哥白尔司（即戈培尔）博士生平最得意的一点，就是在他指挥之下德国报纸的论调已经清一色化。报纸应该是党并政府的工具，这是国社党的新闻政策。国社党人特别觉得骄傲的地方，在于德国的报纸已皆“独树一帜，不与别国的报纸一样，随波逐污”，专门登载一股不道德的新闻。换一句话，德国报纸的德道标准已经提高了起来。

例如，去年冬天英王爱德华八世同一位美国籍已经结过婚的女友恋爱，为了这个事件与首相鲍尔温发生冲突。关于这种新闻各国的报纸，甚至于英国的报纸都大登特登。例外的只有德国的报纸。德国各报都刊载了一个启事，说明这个事件是英国的内政问题。德国报纸不愿意干涉别国的内政，所以对于这个新闻只好割爱。于是乎自始至终不提只字，一直到爱德华八世逊位以后，许多报纸当天才连忙发行号外，虽然到这一天大部分德国人民已知道这一段故事。

相反的，是西安事变。当蒋介石先生被留后，德报即根据日本同盟社的消息，说他已经被害。另一面硬主张学良先生是共产党。于是借题发挥，在中国人的账上去攻击共产党。一种论调，无异替日本的远东政策声辩。等到蒋介石先生无恙归来，中国人民在全世界面前证明了中国是一个统一的国家。这时候德国报纸一部分改变了原来的态度，可是一部分却仍说，中国人是看重面子的。这次蒋介石先生失了面子（?）他的地位已经动摇?所以中国的前途未可乐观。甚至于说，蒋介石先生的请假，纯粹为了面子问题。事实上，我们中国人目前大家十分明白本国国难的严重并统一的需要。经过西安事变以后，蒋介石先生不但没有丢掉“面子”。相反的，他在人民间的声誉只有增高。因为中国需要蒋介石先生。中国人民此日所以爱护的并不是介石先生个人，而是千辛万苦所换来的统一局面。

其实西安事件正是中国的内政问题。假如德国报纸肯维持自己一贯的主张，不去干涉别国的内政，那末不但社论文章应该有另外的一种态度，甚至于根本就不应该做日本同盟社的留声机。尤其是明與新消息报上的论调。我们觉得，该报每次对于中日事件的言论总比日本人还要日本化。这也许是德国人爽直的地方！

二十三、我们所不敢说

在欧洲人眼中，咱们中国人自然是一个不可了解的民族，同样的，中国的风俗习惯也是一个无法猜破的谜。反过来说，由我们中国人看来欧洲也有许多事情是不可思议的。例如欧洲人的家庭观念。

新近认识了一个家庭，父亲是一个工厂厂主，母亲是个再嫁了的寡妇。她的第一次婚姻有了两个儿子。历来这两位也跟着他们的后父一起生活。母亲的第二次婚姻却单生一位女儿。一位年纪十八岁生得十分体面的姑娘。虽说父亲还五十岁不到，拥有十分壮健的体格。可是在母女间却已常争论到遗产问题。而且当着父亲面前。

有一次这个家庭举行了一个小宴会，记者也是客人之一。席散后，大家坐着谈天。无意中忽然谈到遗产问题。母亲说，“先生，您瞧我的女儿多少没有理由。她告诉她的爸爸，立遗嘱时把全部产业多给她。至于我的晚年生活费用由她来俱给。自然，这是不可能的。”女儿说，“爸爸，不是么？遗产交给我以后，我不是也会照顾妈妈？不是么，爸爸？”她说完后很亲热地给父亲一个吻。于是乎当客人面前母女间起了冲突。父亲呢，他只微笑着不说话。

这种情形我们所能够了解的，就是母亲替她的两位儿子着想，倘若母亲得到全部遗产，那末她的两个儿子起码也可以分得一些。恰因为这一点这位姑娘就不愿意。她自然不让她两位同母异父的兄弟也共同享受这份遗产。然而我们所无法了解的，就是当着父亲面前大家这么公开来讨论他死后的问题。我们并不是说什么讳忌，但这种谈话使一位健康的父亲听了，将发生那一种感想！尤其使我们觉得奇怪的，在座的客人大家都来参加讨论，好像这是宗极平常的事件。大家都把父亲忘记了。

欧洲人究竟是欧洲人。像这种话，我们中国人是决不敢说的。

二十四、德国的外交家

一位德国人说："我们有军人式的军人，同时也有军人式的外交家，一部德国的悲剧就在这里。"许多人都认为上次德国在欧战时的失败第一个要负责的人物是德国的外交官。有的人更说，在德国历史上除了俾斯麦以外，根本就找不出一位第一流的外交家。虽然德国曾产生过许多名将。

"第三帝国"目前也患着同样的毛病，缺乏良好的外交人才。平心而论，一般欧洲人对于苏俄的恐怖只有比对于德国厉害。但德国没有李维诺夫这类人物，于是乎大家反而觉得德国特别可怕的了。年来德国正在设法，想在外交上打出一条新路，不过是否行得通自然是一个问题。

一个例。去年秋天但泽自由市议院议长格莱瑟博士代表但泽出席国联。当他演说完后，将右手高举向各国代表行了一个希特勒敬礼。这一来不但旁听的各国新闻记者哄笑起来，甚至于在场的各国外交团有的也忍不住笑声格莱瑟博士生气了。当他退席时走过新闻记者旁听席，特地向大家作了一个鬼脸。各国记者自然不肯放松，于是大家发生争执。结果英国外相艾登说，格莱瑟博士的鬼脸他并没有看见，一场风波，始暂告平息。第二天各国报纸说，格莱瑟博士的错处，在于把日内瓦国联会议愿看做阿拉伯街头，所以有这一场笑话。

另外一个例。德国驻英大使李班特洛甫先生（德日"防共协约"的签字人）新近于呈递国书与英王乔治六世时，不按照英国惯例行鞠躬礼，却也来一个希特勒敬礼。这在素来富于保守性的英国人看来简直是有意侮辱。英国报纸对于此事的反感，自然在情理之中。按希特勒敬礼除右手高举以外，口里尚须喊：希特勒万岁。为什么要向英王喊希特勒万岁，这一点我们无论如何都猜测不出。李班特洛夫先生是目前主持德国外交的要人。也许他希望由此得到英国人的敬畏。假如他真的有这么念头时，那末他把英国人看错了。

一家法国报说，俄意两国也是新式政体，可是他们的大使对于英王却照例鞠躬，为什么德国人特别高兴例外。记得有一种笑话，有人把外交家与女人分为两型人物。当一个姑娘口里说“不”时，意思是“也许”；说“也许”时，已经是同意的了。一位聪明的女性绝对不肯把“是”字说出口来的。相反的是外交家。外交家口中的“是”只等于“也许”。当他说“也许”时，已经是“不”的不。例如一位张三请李四帮忙一宗事情。李四是常人可以直截了当地拒绝他说，“不能。”但李四是一位外交家就应当说，“也许，”或者“让我试试看。”

德国人的爽直性格有时是可爱的，但应用到外交场上去那未就要使别人“莫明其妙”的了。

二十五、一位法国女记者论德国男人

德法两国虽说只有莱茵河一水之隔，但东西两岸究竟是两个世界。不单人种、言语、风俗不同，就是说每日生活也有极大的差别。例如好装饰是法国妇女的习惯，甚至于有的男子也要来涂脂擦粉这一套，德国呢，恰是相反。除了大城市的妇女以外，大部分德国妇女都是粗枝大叶，身边不带粉盒的姑娘。正因为这种区别，所以我们从一位法国女性口中，听到她对于德国男人的论调，自然是一宗很有趣味的事情。

大约半年前某次无意中认识了一位法女记者。当她听到记者也明了一些德国现状，于是乎我们的谈话就以德国问题为中心。她说，多年来她几乎一年一度地在德国各地作一次旅行。目的在于听音乐。但自从希特勒登台以后，她这种成了惯例的旅行只好取消掉。原因，德国已经没有真正的音乐家。在她看来，希特勒在艺术上所犯的罪过比其他的一切都深重！

她说“德国的男子么？呵！一种多么不懂得情趣的人物！几乎每一个德国男人都是兵士，最少都含有兵士的气概。军人的特色在于会发命令，会服从命令。德国男子白天在军营中会服从命令，晚上回到家里来就会向妻子发命令。这几乎已经成为习惯，德国的男子是德国女人的长官。”

“德国男子也有许多好处，”她接着说：“例如善组织、生活纪律化、有毅力、研究学问时有精密的态度，特别是对于政治问题有全盘的理论，有时这理论错误得很厉害，但他却有自信力，相信那是对的。然而这一切对于我们女人又有什么用处？他们不懂得女人，或者他们不愿意去懂她。他们同你谈天，不是告诉你军操怎么样好，就是对你说，某人的理论在某点上有某种弱点。或者说明某种新式机械的妙用在那里。我们女人要听这种干燥无味的论调，甚至于战争。你瞧，先生，这就是德国的男人！”

“我们女子所需要听的，是一种温情，不是一种严重的人生问题。我们所需要的，是一种稍微懂得我们内心的人物，而不是战士。我时常怀疑，到底大部分德国男人懂不懂得人生的意义？”这是她的结论。

这位女记者的说法，当然不无中肯的地方。不过，我们觉得，让法国女子去批评德国男人，恰像苏州姑娘眼中的山东大汉。出发点根本就不同。

（1937.03.19《申报》）

英国人对西班牙事变的态度（上）

最近几年来，每次国际间发生了纠纷事件，第一个感到头痛的人无疑的是唐宁街的英国政治家。例如日本强占了我东北四省，德国撕毁凡尔赛条约而重整军备，意大利更公然不顾英国的威胁出兵占领了阿比西尼亚。这几宗事实不但足使大英帝国的威望大受损伤，甚至于人家更认为这些都是英帝国行将崩毁的朕兆。所以当去年西班牙事变发生后，英国政府一知道弗朗哥（即佛朗哥，下同）将军背后的引线人是德意两国，早如惊弓之鸟，不敢公然作左右袒，致又把是非弄到自己身上来。伦敦“不干涉西班牙内战委员会”的成立，此中英国外交家不知道费去多少苦心，经过了多少波折。虽然，英国这种苦口婆心高唱中立论调的态度，恰又丝毫得不到别人的同情。在德意看来，英国这个中立政策正是一种外交的技术，英国始终是同情西班牙人民阵线政府的。在法俄并英国的反对党——工党自由党等人看来，英国政府的软弱政策只足以助长弗朗哥将军的气势，间接是“助纣为虐”。首相鲍尔温在左右夹攻的空气中，大有哑子吃黄连的气概。

英国对于西班牙事变真的这么漠不关心愿意严守中立么？自然，事实决不是这样单纯的。我们知道，英国目前主要的外交政策在于维持国际间已有的现状，换一句话，就是，希望和平，在和平的口号下，维持他所已获得的利益。新近保守党政治家丘吉尔在一篇演讲中说得十分痛快。他说，战争对于英国是丝毫没有好处的。在下次战争中，英国只有损失，而没有所获得，所以他反对战争。他这种一针见血的说法的确道破了一般英国人的心理。其次，英国人多年来所希望的欧陆均势，目前也有相当成功。法俄的势力并不在于德意之下，这一点很可以使英国袖手旁观，不必再来自寻烦恼！虽然，西班牙事变究竟是有国际性的。英国想严守中立，而中立也有中立的难处。

假如只希特勒一人去帮忙弗朗哥（即佛朗哥，下同）将军，那末英国人不见得就会焦急。德国想在地中海中插足，就理论上也没有什么根据。但加上一位墨索里尼，情形就完全不同了。墨索里尼的野心，想达到使地中海成为意大利内海的目的。这一点英国人决无法坐视。自从阿比西尼亚被意大利占领以后，不但埃及已在意大利势力包围之中，甚至于地中海上英国海军根据地马尔太（即马耳他）岛，并波塞港都时有被意大利空军轰炸的危险。万一西班牙事变中弗朗哥将军再获胜，那将使意大利空军更可假道西班牙国土向直布罗陀港进攻。直布罗陀港一旦失守，不但英国的地中海舰队势力将于零，而最重要的，英国本部与殖民地间的海上交通更有中断的可能，在英国的军事立场看来，自然希望“人民阵线”政府胜利，一个社会党统治的西班牙，比起弗朗哥将军意制的西班牙对于英国总是有利得多。英国想维持地中海上的霸权，就没有眼看着西班牙“人民阵线”政府崩毁的理由。

其实，就拿英国一般人民对于西班牙事变的态度来说，大部分倒是同情西班牙“人民阵线”政府的。英国人虽说是个富有保守性的民族，但他们却爱护民主制度，厌恶独裁。英国人固然不愿意西班牙有一个左倾的“人民阵线”政府，但这政府既是由于多数人民选举出来的，代表了人民的公意，那就算是个合法的政府。用武力去推翻政府，甚至于引起了流血的内战，照英国人的看法最少是件不道德的行为。英国人不爱革命，无论这个革命是左派的或右派的。所以无论弗朗哥将军如何宣传，以保护人类文化的标语来号召，始终不容易博得大部分英国人的同情。在英国人眼中他总是一位反叛的军人！（未完）

（1937.06.04《申报》）

英国人对西班牙事变的态度（下）

在这种民间舆论影响之下。鲍尔温政府的中立政策，就到处出毛病，时不时给反对党人攻击的机会，而陷入窘境。目前英国政府狼狈的情形较之意阿战争时代有过无不及。甚至于连政府党内部也有不少党员实行“倒戈”，进一步与反对党——工党、自由党人合作。例如，著名的保守党女议员亚素尔女公爵公然担任“西班牙救济会”的主席。她在下院中攻击德意两国干涉西班牙内战的论调，态度激昂，使政府党人听了，只有头痛。她新近曾同两位工党女议员联袂到马德里前线去作了一次实地调查。

[在马德里时，于弗朗哥（即佛朗哥，下同）军队枪火之下，她们险些儿送掉性命。] 她在马德里无线电广播台上亲作了一次演讲，劝告英国人并全世界人士尽力帮助西班牙“人民阵线”政府。返英以后更到处替人民阵线政府宣传。想不到这位老女公爵在西班牙事变中态度比左倾份子还要激烈。

鲍尔温目前所感到难以对付的，国内的反对党人似乎还在其次，许多社会上有地位的保守党员到过西班牙一趟，归来以后，无不异口同声直接或间接攻击弗朗哥将军并德意两国。这一批人的论调渐渐普及到民间去，形成了一种对现政府的不满舆论（新近在伦敦温司勿绥区补选下院议员时，工党从保守党手中抢到一席，就是一个证明）。所以当月前弗朗哥将军宣布封锁比尔波港时，立刻引起英国人民的反感。鲍尔温首相对于弗朗哥的封锁计划虽说没有加以正式承认，但他却公开警告英国商轮勿驶进比尔波港，否则发生危险，要自己负责。他这种怕事的态度。更引起一般人的不满。同时比尔波港内的军民，因海路断绝，顿感到食粮的恐慌。这一来全世界的眼光又集中在英国身上。在下院中，工党，自由党议员先后提出严重质问，终于逼得海军上臣贺尔答应，如英国商轮受到弗朗哥战舰的攻击，（指在离西班牙海岸三海里以外的国际海上），英国海军有保护商轮的义务。例外的，此次关于运送粮食救济比尔波人民的事件，法俄两国故意退后一步。结果英国人只好自己出面。工党、独立工党、自由党等团体，都先后到处募捐，筹集款目，预备购买粮食，冲破弗朗哥的封锁。连自由党首领劳合乔治也捐助——二百九十英镑。同时他更说，他也是个巴斯克人，正同福煦大将一样。威尔士人与巴斯克人是属一家（按：劳合乔治是英国威尔士人）。不但有许多学者攻击弗朗哥的“暴行”，甚至于好几个著名的教会牧师也作了公开演讲，准备以教会的名义，购买一商轮运粮食到比尔波去。（弗朗哥攻击对方最厉害的一点，就是“人民阵线”政府反宗教，英国教会中人一出面，弗朗哥的宣传立刻失了效力），在这种群情愤慨的形势下，终于得到英国舰队的保护，有三只英国商轮首先冲破了弗朗哥的封锁。比尔波的粮食恐慌问题才得到了解决。

比尔波的封锁问题解决以后，因弗朗哥军队由陆路陆续进展的结果，英国人的目标转移到救济该地的妇孺。第一批五千妇孺已平安运出（也是英国战舰保护的结果），将分配于英法两国收容。据英国“西班牙救济会”的计划，他们还打算将全部妇孺分批运到战区以外的安全地带去，而且大部分将由英国收容。

对于西班牙事变，英国人渐次由消极的中立转移到积极的援助“人民阵线”政府，虽然目前只限于救济的工作。这自然是由于民间舆论影响的结果。英国这种态度马上受到德意两国严厉的批评，说是英国存心左袒。墨索里尼本日下令将意大利驻英日新闻记者全部调回。英国报纸，除了三家稍为同情弗朗哥将军的报纸外，其余一律禁止入境。英意邦交一时又紧张起来。

我们知道西班牙事变是个国际事件。目前双方的帮忙人正在大显身手。纠纷不但一时无解决的希望，也许在不久的将来还有惊人的新发展。在这中间，英国人的态度是值得注意的。不过，在保守党领导下的英国政府肯以实力来主持国际间的公道，那未免又是一个奢望！（完）（五月十二日）

（1937.06.05《申报》）

“人性”解

我们常常听人说起“人性”这名词，但究竟什么是人性？又怎样的行为，才算不违反人性呢？有时的确也很难解释的。

就譬如拿眼前的例子来说吧。常州人贺世根，曾生四子，均因病夭亡。据民间的迷信，这是偷生鬼来讨债。本年四月，伊女来桂，又患肺疾，这看来自然又是偷生鬼在作祟了。于是他一时情急，就将贺来桂抱至一条弄堂口，用菜刀砍死。不料却被地保沈和尚查悉，报官检验，属实，遂依刑法二七一条第一项杀人罪起诉。

依常理看起来，贺世根对于自己的生女，不惜亲下毒手，用刀砍毙，这自然是违反人性的行为。在中国，溺婴虽成普通的习惯，尤为法律所不许，而况将自己亲生的骨肉来砍死呢？然而他那杀人的动机，却完全是由于生子不育，为要使后来者不致再夭亡，这才对于患病将死的女儿，施行着残酷的手段的。若说人性，这里也有着人间本来的至性存在。他不是为着个人的私利而杀人，其目的，却在于种族最高延续。从我国旧社会的习惯看，不惟男女的待遇，有所歧视，而“不孝有三，无后为大”的观念，也深植于一般民众的心理中。由是而贺世根为着生子不育，就一时情急，将自己的生女砍毙，在这行为的底里，难道不也存在着“人性”的伏流么？

我们要相信人性的存在，但也知道它的存在，不是一成不变的；在某种异乎寻常的境遇里，是可以有着惊人的变革。野蛮人因生产力的薄弱，对于氏族中的年老者，要活活的处死他。但这动机，却由于生产力不足的缘故。也许有人要说，这是野蛮人的道德，到文明社会里，就不适用了。那么，我现在就再举出一个文明社会中的例子罢。

目前四川大灾荒，有些地方的妇女，带了她的孩子，到外面去行乞，因为不能讨饱肚子，就只得把孩子从半途上丢弃了。这，在绅士们的眼睛里，怕也要成为违反人性的事件吧？

然而这却为真正的人性呢！在老百姓的心里。他只知道行心之所安，从不晓得什么虚伪的。

（1937.06.17《申报》）

惠勃尔登网球大会（一）

前奏

因为世界运动会上没有网球这一部门，于是乎大家无形中便把一年一度的惠勃尔登（温布尔登，下同）大会，当做是国际的网球比赛。惠勃尔登大会同台杯赛不同的地方，就是台杯赛以国家为单位，而这里只以个人的名义参加。不但世界的网球锦标产生自这个大会里，连每年度世界网球名手前十名的名次，也经过这一次比赛以后决定，所以历来各国参加的人数十分踊跃。理由，第一流名手固然不愿意错过这机会，就第二第三流名手也希望于这大会中多遇强敌，增进自己的经验。假如网球界中人要找寻网球的圣地，那末惠勃尔登便是网球的圣地。

历来惠勃尔登大会开幕时，总是照例热闹的，每次中央球场的良好座位，离开赛前一二个月早已预订一空。本年度的大会似乎更见热闹，因为名手之多，打破过去的纪录。此次参加的国度有二十五国（英国每日电报载二十七国，另外几家报说，二十六国，至于记者所根据的是大会当局所发表的数字），男女选手达二百二十五人。比赛的时间自六月二十一日起至七月三日止，共赛两星期。比赛的种类分为男子单打、双打、女子单打、双打并男女混合双打五种。男子单打、双打采取五盘三胜的制度，女子单打、双打以及混合双打则三盘两胜制。此外值得提起的，惠勃尔登的球场是一种草地的网球场。

何爱英是英国籍

中国今年参加惠勃尔登（即温布尔登，下同）的网球选手一共三位，许承基、蔡惠会、何仁轩。以球艺来论，许的希望较大，何次之。不过许不幸在克兰姆（德）的一队里，自然没有达到最后八人中的希望。何一出马又立刻遇到帕克（美），当然也要被淘汰。蔡因机会凑巧，在初赛次赛时，对方的实力都有限，只要努力作战，大约可在最后三十二人中占一名。据说徐炜培此次本来也报了名的，后来因为某体育协进会的汇款未到，没有钱只好临时退出。最后，同我们有关系的尚有华侨何庆（爱英）小姐本年度也得到准许加入比赛。何小姐今年才十六岁，她是惠勃尔登年龄最轻的一位，由外貌上看来，她似乎只是一位十二三岁的小姑娘，所以特别引起一般人的注意。（记者按：何小姐去年曾得英法两国的幼级杯锦标，她的球艺时常受到英国各报的赞扬，甚至于许多人认为她有获得未来世界女子网球铁杆的希望。作这种论调的人，以英国第一名女网球家兰特女士为最力，平时英国报纸一提到何小姐时，都说这位中国的小姑娘。不过此次惠勃尔登大会中，她的名字下面却有大不列颠的字样。据英国报纸的解释，她的父母是中国人。她呢是大不列颠籍，对于这一点，我们自然感到十分可惜。）

男单打一二八人

惠勃尔登网球会，虽说已有久远的历史，男子单打赛开始于一八七七年，双打一八七九年，女子单打一八八四年，女子双打与混合双打一九一三年。但到了前几年英国从法国手中抢到了台杯以后，将台杯的欧美带决赛并台杯的最后决赛，也在惠勃尔登网球场上举行，而日期又只在惠勃尔登大会闭幕以后，这一来更引起全世界人士的注意。今年所以特别觉得热闹的地方，就是新起的名将多过任何一届，得锦标的竞争也要比从前紧张。例以男子单打锦标，固然以德名手克兰姆美名手勃奇两人希望最大，但他们两人已两年多没有交过手了，此次到底谁胜谁负，并且此次会不会有第三者“突出冷门”，事前似乎不容易预言。尤其是女子单打锦标，有冠军希望的人最少有七位，论他们间的球技相差极微，只要机缘凑巧，几乎任何一位都有获得锦标的可能，像这种紧张的情形，在惠勃尔登（温布尔登，下同）是难于看到的。

照惠勃尔登的惯例，比赛以前预先选出主将八人，以这八人作为理想中最后的八人，各人领袖一队，分批比赛，淘汰的结果，最后的一个人就是冠军。例如本年参加男子单打比赛一共一百二十八人，就分为八队，每队十六人，各队中有理想的主将一人。这一本可以避免名手先遇到名手，方法不能不说是公平，本年度男子单打理想中的主将八人名单如下：（这是说在比赛时一路顺利的话，那末最后就会剩下他们八人）

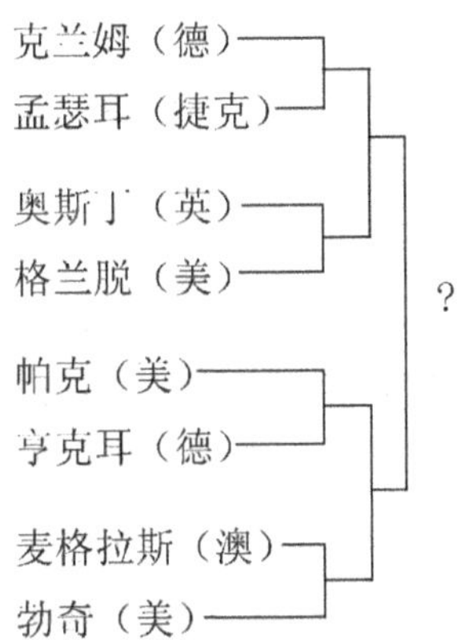

照这个名单看来，达到最后决赛的人，大约是克兰姆与勃奇两人。在八人中，美国占三位，德国占两位，其余英澳捷克各一。这种主将的选定，自然经过网球专家慎重考虑的结果。我们觉得奇怪的，第一，澳洲名手，四年前世界锦标克劳福特却没有选上；其次，新进名手如我国许承基等人，不是在克兰姆一队，便在勃奇那一队。反之，在奥斯丁、格兰脱、帕克等人的队中，几乎全没有什么特出的人才，这未免太便宜了这几位主将，而使新进名手有英雄无用武之地的感想，这里我们先介绍这八位主将。

八位主将小史

克兰姆

德国人，今年二十八岁，四五年来，球艺突进，成为世界名手之一。去年他在巴黎硬地球场上，苦战五盘的结果击败当时世界业余网球锦标潘莱，获得法国网球锦标。在惠勃尔登（温布尔登，下同）与潘莱作战最后决赛时，因手部受伤，为潘莱所败。克兰姆的球艺虽佳，变化无常，正如铁尔登的意见一样，只要克兰姆精神充足时，他能够击败世界上任何一位名手。反之，就第二流的网球家，有时也可以战胜他。本年度的世界锦标，假如他的体力与精神没有意外的变化，那自然以他的呼声最高。

勃奇

美国人，今年二十一岁，几年来他就是美国的冠军，过去他与潘莱曾作过多次比赛，胜负互见。不过潘莱胜时都是重要的锦标，而勃奇所得的却是比较不重要的锦标而已。以年龄并体力来论，勃奇自然要比目前世界上任何名手的希望为大，他的发球并反手抽球，可以说是网球名家铁尔登的嫡系。他同克兰姆相反的就是他能够保留他的常态，目前世界上的名手，除克兰姆以外，不但没有人能够战胜他恐怕就是赢他一盘都不很容易。

奥斯丁

英国人，今年三十岁。潘莱变成了职业网球家以后，他就成为目前英国的冠军，论球艺，他也是第一流的名手，但唯一的弱点在于体力不及，所以在惠勃尔登上苦战两个星期的结果，最后他总要失败。

本年度他大约也是不会有锦标的希望的，虽说他是惯于打草地网球场的一个人。

亨克耳

德国人，今年二十一岁，是德国台杯的第二单打，年来他的球艺进境甚速，新近在巴黎他曾以直落三战胜奥斯丁，获得法国铁杆，变成世界第一流名手之一。他是各国台杯选手第二单打中最强的一位。因此，本年度德国对于台杯的希望突然增高了许多，假如亨克耳此次能够击败帕克，那末在半决赛中将遇到勃奇。照目前的实力看来，亨克耳大约还是没有战胜勃奇的可能。

格兰脱

美国人，今年廿六岁。在美国为第三名手，去年在惠勃尔登曾击败亨克耳，本年度在台杯比赛时更战胜澳洲名手克劳福特。他不但生得非常短小，尤其击球时大半有牛皮糖的风味，在球场上许多人都叫他是日本人，对于锦标他自然是不会有希望，不过机缘凑巧，他可以战胜奥斯丁。

帕克

美国人，今年二十一岁。在美国是第二名，今年他是头一次出席惠勃尔登，在经验上说来，他比较不及格兰脱的老练。他击球的方法，也不像其余的美国，他爱好采取慢而长的抽球。不过拍出的球地位准确有力，是他的特长，说到锦标，他自然是不会有什么希望的。

麦格拉斯

澳洲人，本年度澳洲的冠军。今年也是二十一岁，他击球的方法特别，抽球时右手用单手，左手则用双手，所以极引起一般人的注意。

过去他曾参加过惠勃尔登四次，不过都没有什么成绩。今年他又不幸，一达到最后的八人时，即首先遇到勃奇，所以希望也极微。

孟瑟耳

捷克人，今年三十岁。捷克的冠军，我们虽不能说他是八人中最弱的一位，但他却是地位最危险的一人，因为第一天他即碰到克劳福特，虽说年来球艺退步，可是孟瑟耳能否战胜他，似乎是一个问题。

（1937.07.13《申报》）

惠勃尔登网球大会（二）

女子单打九七人

此次女子选手一共九十七人，选定的结果，理想中女子单打八位主将如下：史波苓夫人（丹），马勃耳女士（美），杰士乔斯卡（又名叶得利若夫斯卡）女士（波），史态默司女士（英），马秀夫人（法），李莎纳女士（智），兰特女士（英），杰可勃女士（美）。

八人中，除史态默司女士实力稍差以外，其余七人的球艺可以说是半斤八两。照最近两三个月的成绩看来，以智利李莎纳女士的希望最高，除未与杰可勃女士比赛外，其余六人几乎全是她的手下败将，而杰女士新近又为马秀夫人所败，马秀夫人历来又敌不过史波苓夫人。事实上是很难说得很，今年的世界女子网球锦标到底要属于哪一位。

杰可勃

美国人，她是去年的惠勃尔登锦标。她从一九二八年起，就开始参加惠勃尔登比赛，但历来达到最后决赛时，总失败于马迪夫人手中。就去年与史波云夫人决赛时，事前大家也以为她不是史夫人的对手，但那一天她居然运用新式战略，击败史夫人，而获得锦标。本年度她在美国是第二名，新近她以肩膀受伤，缺乏练习，球艺似不及从前，对于保留锦标这一层，她恐怕没有什么把握。

李莎纳

智利人，一九三五年来英国参加惠勃尔登比赛，起初并不引起人家的注意，她也同许承基一样，经过一年多的练习，即一鸣惊人，她击球的姿势不但稳健，而且拍出的球大部分恰落到网前，使对方赶救不及。本年度，照一般情形看来，似乎以她的呼声最高，不过铁尔登却预言，她不但不容易得到锦标，甚至于连到最后决赛的阶段恐怕也很困难。照许承基个人的看法，李女士的获得锦标又似乎没有什么问题。

马蒲耳

美国人，她是本年度的美国女子网球锦标。不过参加惠勃尔登这还是第一次，她不但身材高大，击球有力，最特长的地方，在于她猛力的发球，她发球的姿势几乎完全同男子一样。全世界的女网球家会用这种炮弹式的发球，恐怕只有她一个人，新近她不幸在英国连败两次，所以一般人觉得此次锦标，她的希望似乎并不大。

史波苓

原籍德国，自从嫁与一丹麦人后，变成了丹麦人。她年来曾先后获得德法等国的锦标，去年在惠勃尔登决赛时为杰可勃女士所败，大家都觉得出乎意外。她因为身材高大的缘故，在球场上占了不少便宜，论到球艺，她自然是第一流名手。虽说新近她败于李莎纳女士一次，但对于锦标似乎仍有希望，不过今年的可能性似乎较去年来的大。

杰士乔斯卡

波兰人，一九三一年即参加过惠勃尔登比赛，那时候，引起人家注意的是她不容易发音的名字，而不是她的球艺。到了今年，情形反过来，大家不但对于她的名字，甚至于对于她的球艺也感到兴趣的了。她所击出的球疾而有力，由于硬度上说来，恐怕只有马迪夫人可以同她比拟。新近她曾击败马蒲耳女士，对于今年度的锦标也有几分的希望。

马秀

法国人，论球艺，她似乎还要比其余的女网球家高明。据铁尔登的意见，她个人的技术是超过李莎纳、史波苓等人的，至于她平时失败的原因，大约因为年龄并体力的关系。另一面，她在法国打惯了硬地，在惠勃尔登的草地上，从来就没有走过运。今年会不会有一个例外，似乎是一个问题。她一打到了最后的八人时，不幸即首先碰到李莎纳女士，假如她能够度过这个难关，那么说不定会得到锦标。

兰特

英国人，她是英国前第一名手，三年前的世界锦标。最近一二年来，她的球艺难说没有什么退步，但似乎已被别人赶上。本年度她会曾与李莎纳女士遇到四次，三败一胜，对于锦标的希望，似乎并不大。

史态默司

英国人，她在英国是第二名，球艺本来不及其余各人，加之新近病了一次，久疏练习的结果，对于锦标大约不会有希望，史女士是惠勃尔登网球场上生得最体面的一位，电影公司的老板们屡次想方法邀约她加入电影节，不过直到此刻为止，尚未成为事实。她拿球拍用左手，球艺也变化无常，同名手克兰姆一样，今年球运来时，也许可以战胜世界女子网球第一名。明天呢，说不定又会给第十名的选手打败。

男子双打

男子双手去年的冠军是美国的休士与脱盖两人，本年度理想中的最后四对双打如下：

休士—脱盖（英），克劳福特—麦格拉斯（澳），克兰姆—亨克耳（德），勃奇—梅谷（美）。

克兰姆与亨克耳的一对双打，新近曾获得法国双打锦标，所以本年度的惠勃尔登也以他两人的呼声最高，不过英美两国的两对双打，合作技术也极纯熟，所以锦标谁属，一时似乎不能够预言。

女子双打

女子双打去年的冠军是詹士女士与史态默司女士两人。本年度理想中达到最后的四对如下：

马秀夫人（法）—约克女士（英），特兰女士—希利女士（英），杰可勃（美）—史波苓（丹），詹士女士（英）—史态默司女士（英）。

这四对双打中，以个人的技艺来说，自然以杰可勃女士与史波苓夫人这一对，实力最雄厚。说到合作功夫，又要推去年的冠军，至于马秀夫人与约克女士两人，新近曾得到法国的女子双打锦标，自然也是很有希望的。

混合双打

混合双打去年的锦标是潘莱与兰特女士，本年度理想中的四对约如下：

勃奇（美）—马勃尔（美），法爪生（南非）—史态默（英），王尔德（英）—卫特马奇（英），派脱拉（法）—马秀（法）。

今年度混合双打，到底鹿死谁手，此时不容易猜测。以个人的实力论，大约勃奇与马蒲耳女士这一对希望较多。

（1937.07.14《申报》）

惠勃尔登网球大会（三）

第一日

一九三七年的惠勃尔登（即温布尔登，下同）网球大会，终于今天开幕了，而第一天观众的拥挤，就打破了历来的纪录。良好的天气，固然是一个原因，但第一天紧张的节目，对于一般球迷的确有一种引诱力。不但因为这一百二十八个男子单打选手，经过这一天比赛以后，即要淘汰去半数更重要的，就是几位主将一出马立刻碰到强敌。例如美国名手勃奇，第一天所遇到的是南非洲的好汉长人法爪生，法爪生在网球界中是个“冷门”。一九三三年他曾在惠勃尔登击败潘莱，一九三五年潘莱旅行到南非洲时，又为他所败。照实力说来，他固然没有战胜勃奇的可能，但他是个“冷门”，谁敢说他没有万一的希望。“主将”孟瑟耳（捷克）战澳洲名将克劳福特，克劳福特是一九三三年的世界锦标，此日他虽年龄稍老，但实力犹存，这一幕剧战，哪个人敢作预言，他如克兰姆奥斯丁等人的对手，也有相当实力。我国许承基战英国默利肯（英国第二三流选手），蔡惠全战英国卫特耐（第三流选手），何仁轩战美国第二名手帕克，许蔡两人自然有战胜的把握，何呢因为对方实力太强，希望极微。

一般人所感到兴趣的，就是本年度的男子单打锦标到底属于哪一位。克兰姆呢或者勃奇呢？过去克兰姆曾两次获得法国锦标，两度在惠勃尔登达最后的决赛联联阶段，两年前他曾击败勃奇，然而目前勃奇的实力，不但比过去雄厚，最使人担心的，就是克兰姆似乎还没有恢复他的常态，今天大家所要知道的，就是此日的克兰姆到底是否一二年前的克兰姆。

中央球场的好戏

下午二时正，惠勃尔登大会正式开幕了。在中央场上首先登场的是奥斯丁对爱尔兰台杯选手路格司，奥斯丁新近曾为勃奇所击败，比数六比一，六比二。所以英国本年在台杯并惠勃尔登两方面，可以说都是没有什么希望，奥斯丁上场时似乎失了常态，第一盘他曾以三比二占先，但结果反为路格司以六比三先胜一盘。第二盘开始后，奥斯丁虽奋战甚力，但战来始终没有特别精彩的地方，结果他以八比六胜回第二盘。此后奥斯丁恢复常态，以六比一，六比二，连胜第三第四两盘，结果奥斯丁胜。

继奥斯丁登场的为孟瑟耳（捷克）克劳福特（澳洲）两人，这一天观众的好奇心，几乎都集中他们两人身上，那一个人胜利呢？两人都有炮弹式的发球（以发球的技术来说克劳福特较佳），正反手抽球并上前拦网，都是地道货色。第一盘开球后，大众即十分小心，大半都应用反手的角底抽球，每一局的得失，时常要费好几分钟时间，时常有许多妙球，观众都报以掌声。原来克劳福特的长处，在于反手抽球，而这一点恰是孟瑟耳的弱点，孟瑟耳的正手抽球，尤其是上前拦网，几乎有每发必中的气概。等到造成四比四的局面后，克劳福特更利用对方的弱点，连下两局，以六比四胜第一盘。第二盘开赛后，大约因为双方格外小心的结果，战来不但精彩较少，而且费时更多，等到比数为五比五以后，孟瑟耳发现了对方的弱点在于正手抽球。结果他的球就都向这方面一送，并利用自己的特长，一有机会，立刻上前拦网，情形恰同第一盘相反，孟瑟耳以九比七的比数胜回第二盘。

第三盘双方的战略还是同从前一样，大家都想利用对方的弱点，结果战情愈显沉闷，到了四比四的比数后，孟瑟卫连胜两局，获得第三盘，比数为六比四。（未完）

（1937.07.15《申报》）

惠勃尔登网球大会（四）

第四盘开始时，孟瑟耳大约因为反手抽球用力过多的缘故，已经露出倦容，观众到这时候已经有一种孟瑟耳恐怕会失败的预感，克劳福特以三比一占先，孟瑟耳再度努力，连胜两局，比数为三比三。但此后，他即一蹶不振。克劳福特一口气连下三局，比数为六比三，克劳福特胜第四盘。两个人各胜两盘以后，第五盘就是决胜负的关头，孟瑟耳至此愈显出气力不及，奔跑渐渐吃换下来。相反的，克劳福特大有愈战愈勇的气概，他一口气连下五局，比数为五比〇。这时候，大家都以为大局已定，克劳福特的获胜当然无问题，到了在第六局时，孟瑟耳忽然振作精神，无论发球抽球拦网，都有世界第一流名手的姿态，反而把克兰福特弄得穷于对付。孟瑟耳连胜四局，比数为四比五。到了第十局时，轮到孟瑟耳发球，他曾连胜两点，观众掌声雷动。战情的紧张达于顶点，但克劳福特终以镇静的击法，获得这一局，比数为六比四。克劳福特胜这一盘后，即淘汰了孟瑟耳。

接着就是勃奇与法爪生登场。勃奇究竟是以为常态的名手，这一天法爪生的打法，的确有许多妙处，不愧为一冷门，但勃奇太厉害了，勃奇的球并反手抽球，在目前世界业余网球界中，可以说是独步一时。历来他唯一的弱点，就是正手抽球，几个月前听说，他在正手抽球时改变了他的球拍拿法，这本来是一宗十分冒险的事情，不过今天在球场上看来，他的正手抽球比去年凶猛得多了，虽说还不及他的反手抽球。勃奇以直落三盘胜法爪生，比数为六比三、六比二、六比一。

克兰姆的对手为英国李时特（第二三流选手），李时特这一天表演得不错，居然胜了第一盘。此后，克兰姆即恢复了常态，连胜三盘，比数为三比六、六比一、六比二、六比〇。由今天的成绩看来，可满目似乎还没有恢复一二年前的状态，所以他能否获得本年度的锦标，是一个问题。

其余四位“主将”，第一天中也都平安无事度过。格兰脱以直落三盘胜英国享德，比数为六比三、六比四、七比五。享克耳胜英国纽曼，六比一、六比〇、六比三。麦格拉斯胜埃尔默。却输了一盘，〇比六、六比四、六比四、九比七。帕克胜我国何仁轩，六比一、六比一、六比三。

三位中国选手

何仁轩与帕克之战，在惠勃尔登第二网球场上举行。帕克应用底而急的反手抽球，使何无法对付，就是帕克的正手抽球也十分准确，两人间球艺究竟有高低之分，加之，何的态度又不够镇静，所以帕克胜来颇见容易。何除在第三盘稍显一些身手以外，其余两盘几乎成为一面倒的形势。这自然因为帕克是美国名手的关系。

相反的，许承基战胜默利肯也十分容易。许利用炮弹式的发球，并巧妙地斩球，以直落三盘获胜，六比三、六比二、六比三。在这种比较之下，许的球艺自然要比默利肯高出一截。在比赛时自始至终，默利肯屈居于防守的地位。

蔡惠全以七比五、六比四、六比〇的比数，击败韦特耐。月来蔡逐渐恢复从前的状态，不过发球总微嫌过于软弱，这种地方蔡吃亏不少，因为许多名手，例如勃奇、克兰姆、克劳福特，甚至于许承基，战败对方大半都依靠猛烈地发球，炮弹式的发球，几乎是成为世界名手的第一个条件。虽然，我们今天是觉得有可以宽慰的地方，惠勃尔登剩下了六十四人，中间有两个中国人，不过我们更希望剩下三十二人时，许蔡两人也可以在内。许此次也许有达到最后十六人中的希望。

（1937.07.17《申报》）

惠勃尔登网球大会（五）

第二日

假如惠勃尔登的第一日是男子节，那么第二日便是女子节。今天比赛的秩序虽说有女子单打并男子双打两种，但一般观众的兴趣，似乎都倾向于女子单打方面，在女子单打选手九十七人中，今天要比赛四十二场，这就是说，将有四十二人要被淘汰，八位“主将”大约都可以平安无事，度过这个初赛，不过一般人仍希望来一个“冷门”。虽然要同第一日克劳福特剧战以后胜孟瑟耳一样的故事，也要不曾有的，因为这些“主将”的对手都并不是什么了不得的人物。

午后二时正，在中央场上首先登场的是去年的锦标杰可勃女士，她的对手英国哈味女士，一个第三三流的女网球家。杰女士胜来虽觉得没有困难，但她的球艺好像不及去年有把握，第一盘哈女士曾以二比一占先，此后即变成杰女士的世界。她一口气连下五局，以六比二胜第一盘，第二盘杰女士渐恢复常态，哈女士只获一局，比数为六比一。

马蒲耳遇到劲敌

继杰女士登场的是美国锦标马蒲耳女士战英国哈维克女士，一个近于第一流的网球家。马女士的特色，在于采取硬式击法，在网球场上她还没有儿女态，发球炮弹式，抽球低而急。她的姿势可以说是有世界锦标的风度，她唯一的弱点就是操之过急，自杀的球过多，今天她凑巧碰到这位哈维克女士是一位不怕硬球的人物，所以双方战来极有精彩。马女士虽以九比二、六比四、六比三获胜，但已失了一盘，而且也受了一场虚惊。

第一盘开球后，马女士曾以五比二占先，她的发球并高球的有力，使人连想起网球大家铁尔登，然而此后清醒突然一变，哈维克女士显出她的本领，无论抽球斩球，全是第一流名手的姿态，连下三局，比数五比五。于是你来我往，苦战了十二局才分胜负，而胜利反而属于哈维克女士，比数事宜比九。第二盘，哈维克女士的球艺似乎较第一盘时更进步，特别是她对于马女士过来的球，能够用力度抽过去，博得不少掌声。不过马蒲耳女士因为胜负关头所在，力作殊死战，马女士先胜四局，比数为四比〇。此后哈维克女士也争回四局，比数到了五比四时，哈维克女士只差了一点，又有造成五比五的可能，惜操之过急，终于输了第二盘。

第三盘双方虽格外小心，但大家已露倦容，比数到了三比三以后，马蒲耳女士到时候才显出她的真实本领，连下三局，得到最后的胜利。其余的六位“主将”，胜来更觉容易，波兰杰士乔斯卡女士以直落两盘胜英国塔厄耳女士（近于第一流选手），比数为六比二、六比〇。智利李莎纳女士胜英国厄勃邦女士，六比二、六比一、六比〇。丹麦史波苓夫人胜匈牙利邦加典女士，胜来也是两盘，比数为六比一、六比一。英国史态默司的胜利也是同样的情形。

何小姐博得盛誉

这里指的提起的，就是何庆小姐与英国荷康尼尔女士的剧战，何小姐今年的加入惠勃尔登，有好几家英国报纸都致以善意的欢迎。英国兰特女士去年曾说过：“不是惠勃尔登当局有限制年龄的规定，以何小姐的球艺来论，早就有参加比赛的可能，因为她个人的技术已比一部分惠勃尔登网球场上的女选手高明。”今天，何小姐经过两盘大战以后，以六比八，四比六的比数失败。何小姐最吃亏的地方，在于她的身材不够高，而她另外一个弱点，在于反手抽球。荷康尼尔女士利用她这个弱点，所以得到最后的胜利。不过在场的观众并第二天英国各报上的论调，始终都是同情何小姐的。这位小姑娘的网球前途很值得我们注意。也许两三年内，在世界网球中就有占一重要地位的可能。这里我们希望我国体育协进会当局，设法先去解决她的国籍问题，以一位黑头发黄脸孔的中国人，代表英国出席网球场上，就是英国人看来，也会觉得有点滑稽。

法国的骑士也老了

男子双打的比赛后来因天雨未能全部举行，一共只赛了二十六场，淘汰了五十二人，三对"主将"胜来都极见容易。去年的锦标休士与脱盖，与法国双打名手巴罗屈拉与博纳特之战，算是全场中最有精彩的一幕。巴罗屈拉本来是法国网球全盛时代四骑士之一，他曾得过惠勃尔登一次单打，三次双打锦标。目前，他年事已老，球艺退步，但观众仍热别欢迎他，这并不只因为他是个熟人，更重要的原因，就是他有良好的运动家态度，观众就爱好这种态度。

第一盘开赛后，英国的一对显然占上风，以六比四获胜。第二盘对方因实力较差，无术抵抗，很迅速地即达成六比三的记录，只有第三盘双方因胜负所关，作战甚力。大战三十局，才以十六比十四的比数，休士与脱盖得到最后的胜利。

参加比赛，我国三将均与他国选手配搭，许承基与瑞典区劳德合作（他是目前世界户内网球锦标），今天以直落三盘战胜，比数为六比一、六比四、六比一。对方实力过弱，固然是一个原因，不过照许与劳德合作的技术看来，他么两人似乎有达最后八队中的希望，这时候他们要遇到美国名双打勃奇与梅谷。

何与一英人合作，不幸遇到南非洲的双打选手，以直落三盘失败，比数为六比八、一比六。蔡因天雨比赛未举行。

我们觉得，何仁轩的球艺不错，是中国一位未来台杯备有希望的选手。目前他固然经验稍差一点，但经验可以由比赛中得到的，最好他能够与许承基配搭双打，只要合作技术一纯熟，明年这一对双打一定可以在惠勃尔登占一个地位。

（1937.07.18《申报》）

惠勃尔登网球大会（六）

第三日

惠勃尔登第三日，空气的紧张，比前两天更增加了许多。观众拥挤，已经成为惠勃尔登的常态。今天男子单打一共比赛三十二场，经过这次淘汰的结果，将剩下最后的三十二人。我国许承基今日遇到英国王尔德，王尔德在英国的地位是第三四名，他昨天苦战五盘以后胜法国第二名手彼得拉，许多人都替许承基担心，恐怕他会失败。不过英国的体育记者却不肯先作预言，因为他们知这许承基的实力，王尔德新近球艺的突进。这是一宗事实，但要战胜许承基，当时记者个人是不肯相信的，两人剧战结果，并不出吾人所料。许承基获胜，起初以为许将以四盘胜王尔德，这盘剧战因为体力关系，恐怕许有战败可能，历来许承基剧战五盘以后，总要倒霉。这是第一次，居然五盘尚能够胜利，这是以证明许近来体力的进步，值得我们高兴的，蔡的对手英国夏士，一个第二三流的选手，照道理蔡有战胜的可能，不幸五盘以后，蔡终于失败，于是乎最后三十二人中，我国只有许承基一人而已。女子单打选手，经过昨天比赛以后，尚剩下五十五人，今天一共比赛二十四场，淘汰的结果将剩下最后的三十一人。男子双打今天也举行补赛，此外混合双打也有八场比赛，我国参加此项比赛只有何仁轩一人，今天不幸也一出马即受了淘汰。

克兰姆的杰作

今天的男子单打，七位“主将”，并打败了一位“主将”的克劳福特，都安全地渡过了这一关。勃奇的对手是英国名双打之一休士，休士的单打本年度还有代表英国出席台杯的希望，然而照此次的成绩看来，英国今年想保留台杯定凶多吉少，勃奇以直落三盘获胜，比数为六比二、六比二、六比二。同样日，休士的双打配搭脱盖，他也有代表英国出席台杯单打的希望，与克兰姆之战，也以直落三盘失败。克兰姆今天打得太妙了，他炮弹式的发球并正反手抽球以及上前拦网时地位的适当，几乎使人无法“吹毛求疵”，他的胜脱盖，比数为六比二、六比〇、六比四，极见容易。今天比赛以后，铁尔登曾表示，克兰姆有战胜勃奇得到本年度世界锦标的可能，就一般人也有这种感觉，克兰姆今天的一战，完全是世界名家的风度，球艺比去年时似乎还要进步了许多。

其他“主将”奥斯丁以直落三盘胜萨平（美）比数为六比二、六比三、六比〇，帕克也是三盘，比数为六比〇、六比三、六比一，格兰脱四盘，比数为六比二、三比六、六比三、六比〇，麦格拉斯四盘，比数为六比三、六比三、五比七、六比二，亨克耳最危险，五盘以后才获胜，比数为二比六、七比五、三比六、六比〇、六比三，他的对手是一位英国不出名的网球家，此次几乎出了一次“冷门”，以至于克劳福特也以直落三盘获胜。

李莎纳碰着钉子

女子单打今天应战的六位，“主将”都平安渡过，除了李莎纳女士以外，其余五位都以直落两盘获胜。李莎纳女士今天受了一场虚惊，她的对手是英国林蒲女士，一位过去不大引起一般人注意，实际上却是第一流的女网球家。第一盘林蒲女士在十分钟内即以六比一的比数获胜，她的发球几乎有马蒲耳女士的分量，正反手抽球的准确并迅速，个个都足以使李莎纳小姐束手无策，球场中的观众无不替李女士担心，以为今天又出了一个“冷门”。但李女士究竟是“沙场老将”，丝毫没有着急的态度，打球还是一样的从容，林蒲女士到底是个缺乏经验的选手，求胜之心过切，遇球即抽，时常作不可能的拦网，结果自杀的球一多，态度更不自然，于是乎连输两盘，比数为六比一、六比二。

李莎纳女士获胜，其实以球艺来论，林蒲女士的实力，不但在李莎纳小姐之上，甚至于可以说，惠勃尔登的全部女将恐怕都不是她的敌手。她唯一的毛病就是性急，这一天李莎纳女士只取守势，所以她得到最后的胜利。

许承基挫王尔德

今日许承基与王尔德之战，替中国增光不少，两人的发球都是炮弹式的，正反手抽球并上前拦网，大家都有相当的实力。许的获胜，除球艺较王尔德稍佳以外，其次就是许有耐心应战，态度一点不慌忙，再次，许懂得自己的几点，不常去上前拦网（虽然许的拦网技术是第一流的）。因此保存了不少气力，所以有苦战五盘的可能。第一盘开球后，王尔德先胜两局，接着许也胜回两局，比数为二比二，到了三比三以后。许连胜两局，王尔德虽再度得到了一局，但最后轮到许发球时，即以六比四的比数胜了第一盘。第二盘双方的竞争更烈，几乎是轮到谁发球谁即胜利，直到四比四的比数后，许一不小心连输两局，失了这一盘，比数为四比六，王尔德胜。

第三盘是许的世界，王尔德屡次上前拦网，都为许的高球所破，这一盘中，许表演得十分精彩，观众掌声雷动，王尔德于一面倒的形势下，只胜两局，比数为六比二，许胜。

第四盘大家已露出倦容，情形恰同第二盘相反，就是轮到谁发球谁输。虽然大家都出全力对付，所以战情也极紧张，王尔德曾以四比二占先，接着许争回一局，此数为四比三。到了第八局时，王尔德抽了一个球，已经出了界线。假如许得到这一点后，比数将成为四比四，不幸裁判员失察，反而把这一点算做王尔德的账上，当时许似乎受了刺激，连打了两个野球，结果遂成了五比三的局面。第九局时，许的心情好像还未恢复，终于以六比三的比数失败，这一盘王尔德胜后，结果就各胜两盘。

第五盘是最后的一盘，事前大家有点替许承基担心。因为惠勃尔登同台杯比赛不同，比赛五盘中间并没有休息的时间，而两人此时已苦战两小时，许的体力如何自然是一个重要问题。这一盘开球后许先胜一局，王尔德也回报一局，比数一比一。至此不但许的态度已恢复原状，相反的王尔德被许几个妙球所算以后，自己一时性急起来，他那种悻悻的态度引起观众大笑，许乘机连下三局，比数为四比一。王尔德再度作最后的挣扎，也连胜两局，比数为四比三。至此许承基也打了一个出界线的球，情形恰同第四盘时王尔德的球一样，裁判员也没有看到，王尔德再加上了这一气，已成了“强弩之末”。最后的两局，许击来更是得心应手，完全是世界名手的姿态，于全场观众的掌声中得到了最后的胜利。

许承基今天的胜利，所以值得我们注意的，并不只因为他达到了最后三十二人的阶段。更重要的，这是第一次苦战五盘以后，他还能够击败实力雄厚的对方，他证明了“中国人的体力不如欧洲人，所以运动比赛要失败”这种中国运动界中人的流行语不能作为一种定义，只要不断的努力，只要你有坚强的意志，欧洲人的身体也不是铁做的。

双打出了冷门

今天男子双打中，也出了一个“冷门”，澳洲名双打本年度惠勃尔登“主将”之一的克劳福特与麦格拉斯，竟以直落三败于捷克双打孟瑟耳与黑区特手中，而且比数还是直落三盘，六比三、六比三、六比二。孟瑟耳在单打第一赛中曾受了克劳福特一股气，今天总算稍为报复了一点。

（1937.07.19《申报》）

惠勃尔登网球大会（七）

第四日

今天是男子单打比赛的第三周，经过这次淘汰以后，将剩下最后的十六人，各位“主将”都安全地渡过这个关头。勃奇始终保持他的常态，以直落三盘胜法国名手蒲苏，照目前的成绩看来，勃奇今年似乎有得到世界锦标的希望。他一盘也没有输过，他与蒲苏的比赛，除了第二盘稍有竞争以外，完全成了一面倒的形势，比数为六比一、六比四、六比二。看了勃奇击球的姿势，不但态度从容，甚至于我们还有一种他始终是“满不在乎”感觉，在勃奇身上是又不容易出“冷门”的，他达到最后决赛的阶段，当然可以拿得稳，只要他的健康没有意外的变化。

克拉姆痛击山岸

克兰姆今天胜来稍为吃力一点，他输给日本第一名手山岸一盘，比数为六比四、六比四、三比六、六比四。山岸的球艺很不错，无论发球抽球，并上前拦网，都有良好的根底，光其是苦战的精神，给观众一种深刻的印象。他不及克兰姆的地方，就击球的硬度差一点，同时作战的经验也不及克兰姆的丰富，所以失败。虽然，他的拦网是第一流的，对方像克兰姆这一流人物，而他每上网几乎都能够得心应手，已足见他实力的雄厚。一般说来，克兰姆于比赛时始终占上风，例外的，只有第三盘，这时候山岸显出的本领，于二比三比数后，以美妙

的拦网连下四局，博得不少掌声，第四盘时双方剧战更力，克兰姆终以实力强，得到最后的胜利，

奥斯丁的战胜澳洲勃伦维区，也受了一场虚惊，比数为六比二、四比六、六比〇、八比六。最后的一盘，勃伦维区曾以五比四占先，假如他能够胜这一盘，那末奥斯丁因为体力不及的关系，第五盘时就有战败的危险，奥斯丁渡过这个难关，全场的观众都替他流了一身汗，因为他是唯一的英国选手有达到最后四人中的可能。

其余，亨克耳以直落三盘战胜南斯拉夫潘锡克，比数为六比二、六比二、六比一，克劳福战胜另外一位南斯拉夫选手，比数为六比三、六比二、八比六，麦格拉斯也击败第三位南斯拉夫选手，比数为四比六、六比三、七比五、六比二，格兰脱胜来的比数是六比三、六比四、二比六、六比二，帕克也是这种情形，他的比数为六〇、六比一、五比七、八比六。

许承基败于梅谷

现在我们要提起许承基今天意外的失败，许承基以四盘败于美国双打名手梅谷，比数为六比三、一比六、二比六、四比六。全场观众都在替他惋惜，论许单打球艺是在梅谷之上的，我们所觉得冤枉的地方，并不只因为许输给梅谷，达不到最后十六人的阶段。更重要的就是许失去了一个与克兰姆比赛的机会，许年来始终没有机会与勃奇、克兰姆等人比赛，所以球艺再进一步，就感到不容易，虽说许有击败各国第二流名手的实力。

许的失败，其实也是可以解释的：第一，他昨天与王尔德苦战五盘，从下午六时起到了八时以后才结束，剧战的结果，体力大受影响，而今天惠勃尔登当局却把他排在第一场，午休二时正即开始比赛，休息的时间不够；第二，许的弱点在于反手抽球硬度不够，所以每遇对方上前拦网时，只好以高球破敌，而梅谷恰恰是个拦网健将，他的高压几乎有勃奇的姿势，于是许的高球全被他攻破；第三，许炮弹式的发球，在梅谷身上应用起来，原因是梅谷时常与勃奇练习，对于炮弹式发球早已司空见惯。有了上述的几种原因，自然许不得不失败。第

一盘开球后，许先得两局，梅谷也获得一局，比数为二比一。此后即是许的全盛时期，一口气连下三局，比数为五比一，梅谷惟苦战争回两局，但这一盘全在控制之下，梅谷几乎没有防御的能力，比数为六比三，许胜第一盘。第二盘梅谷先得一局，许也争回一局，此后许即显出倦容，不但发球的力量不足，就抽球的硬度也失了常态，梅谷发见许反手抽球的弱点，球常送至许左边的边角上，一面立刻上前拦网，许只好用高球回过去。这时候，球不是被梅谷劈住，便是野球，于是局面一变，梅谷连下五局，比数为六比一，梅谷胜了第二盘。

第三盘的情形也同第二盘相仿佛，许虽想法补救自己的弱点，但因为昨天大战的结果，吃了体力的亏，力不从心，许多球几乎都是用眼看的比数占先后，许虽努力奋战，但处境愈为困难，这一盘梅谷又六比二获胜。

自从第三盘以后，我们知道大势已去，并不是许的球艺不及梅谷。事实上，今日的许承基同昨日的许承基，在体力方面，有很大的差别，第四盘时，许虽更加努力，两方的比数由一比一，到了三比三，回一局，比数为五比四，但最后的一局，仍为梅谷所得，许终于失败。

许有远大的前程

许承基的失败，不但全场观众，在替他惋惜，就是第二天英国各报的记战，都对他抱十分的同情。左派报纸每日先驱报认为这是一宗意外之事，梅谷的胜利完全靠着他的体力，右派报纸晨邮报说，只要许承基多同世界第一流名手练习，他将来可以打败世界任何名手，看他打球总是一宗愉快的事情。这位记者的话，可以代表一般英国观众对于许承基个人的好感，一般说来，这次失败对于许承基却有不少好处；第一，我们看出许的球艺似乎还不能够保持常态，因为当与世界第一流名手比赛的结果，容易出“冷门”；第二，许唯一的弱点，在于反手抽球，这一点，他以后应设法补救（照记者外行人的看法，最好能够改换拿拍子的方法）；第三，他击出球长度尚不够，容易给对方上网的机会（这是以勃奇克拦姆为标准，至于对付第二流名手，许的球艺尽够用了）。

自然，我们也同英国报纸的意见一样，认为许承基有一个很大的前途。第一，他有良好的运动家态度，在球场上没有一个观众不喜欢他的（记得昨天他同王尔德比赛时，有几位英国人坐在记者旁边，曾替许助威过，许每胜一个球，即加以喝彩，每失一球，即为之叹息，像这种情形，不是每个运动家轻易享受得到，就是英国报纸的好评，许的态度也是一个原因）。加之，许击球没有火气，败时仍有耐心继续比赛，这几乎更是世界名手的基本条件；第二，许的发球，正手抽球，并上前拦网等等，都可以说是第一流的，只要再加练习，大约有赶上勃奇克兰姆的希望；第三，许的体力虽差一点，但他运用得当，所以仍能够苦战五盘，假如他将来再多一些其他运动，使身体平均发展，那末比赛时也不至于感到气力不足。总之，许有一些弱点，但长处多过弱点，而且这些弱点也是有方法改变的。

应怎样去训练他

许是中国网球界中难得的人才，这是无可否认的事实，目前的问题就是我们怎样去培养他，使他变成一位世界前三名以内的网球名手，这里我们顺便向体育协进会贡献一点意见。今年台杯赛照例中国可以分到一笔款（也许有一千镑），我们不妨反这批款用在许承基身上，请铁尔登来训练他（本年度克兰姆也请铁尔登作网球导师），一面使他再赴欧洲各国参加比赛，多与名手练习，那末明年惠勃尔登网球场上，许承基大约有替我们吐气的机会。

单许承基一人，我们自然认为不够，例如本年度台杯赛时，许虽替我们胜了两单打，结果我们还是失败，最好我们也能够供给何仁轩一部分旅费，使何与许配搭双打，时常一同练习。论实力，何的球艺并不亚于一二年前的许承基，此刻离明年的台杯比赛尚有一年时间，只要许何两人肯下苦工夫练习一年，那末明年台杯比赛时，准可以一显身手，目前欧洲网球强国只德、捷克、英、南斯拉夫、法五国，胜德捷克比较困难，但击败法国和南斯拉夫并不是不可能。此外，在英国剑桥求学的罗君，听说球艺也不错，他今年曾赢英国名手奥斯丁一盘。总之，我们希望体育协进会当局注意，别错过这个好机会，否则也许明年我们出马时，又要以二比三宣告失败，那时候谁来负担这个过失。

（1937.07.20《申报》）

惠勃尔登网球大会（八）

第五日

这两天，惠勃尔登（即温布尔登，下同）的空气似乎反不及前几天来得紧张。虽说第六日比赛后，惠勃尔登的第一个星期即告结束，男子单打将剩下最后的八人，女子单打也将剩下最后的十六人，而男女双打并混合双打都达到第三周赛的阶级，但一般观众所希望的“冷门”，却没有实现的机会，因为各位“主将”的对手，球艺反而十分平常。英国报纸的预言，也不过说新西兰司得特曼也许会给美国格兰脱一个试验，我们所感到可惜的，就是第四日许承基的失败，否则他遇到克兰姆时，一定有佳美的表演。

第五日美国帕克战胜泼伦（从前德国的台杯选手，犹太人，国社党登台后，改入英籍），以直落三盘，比数为六比四、七比五、六比二。帕克的球艺日来似有大进步，尤其第二盘时，泼伦曾以五比〇占先，帕克仍能够不慌不忙，一口气连下七局，反败为胜，极为难得。第二星期开赛时，一定有剧烈的大战，美国的第二单打碰到德国的第二单打，不但个人的胜负所关，同时更可以测验本年度的台杯，到底谁的希望较多。

情形和帕克相反的，就是格兰脱。格兰脱的球艺使人想起从前我国邱飞海，一个地道的牛皮糖，看他打球的姿势，是一宗沉闷的事情，最少观众需要一种耐心，他的获选为“主将”，而克劳福特落第，大家本来觉得奇怪。今天他也照样的前两盘输给司得特曼，他唯一的战略，就是等到对方身疲力尽的时候自己失败，司得特曼今天表演得颇精彩，格兰脱在前两盘时都曾以四比一占先，而两次都给司得特曼赶上，假如今天他体力能够维持得久的话，说不定他有战胜格兰脱的可能，（接司得特曼在台杯赛时，曾为许承基所败）。

勃奇的战胜捷克第二名手黑区特，固然在一般人意料之中，但黑区特今天表演的精彩，却当得起“虽败犹荣”这句话。勃奇获胜的比数为六比四、六比二、六比三，然这个数字却表现不出双方竞争的情形，黑区特的反手抽球十分美妙，当第一盘勃奇以五比二占先时，黑区特居然能够赶成五比四，而且只差一点，就有五比五的比数，勃奇今天的正手抽球又显出弱点，击出的球时常不能过网。勃奇本来是一位全才的网球家，可惜他的正手抽球还没有达到他所希望的程度。

麦格拉斯胜来更见容易，因为对方是一个英国第二三流选手，比数为六比二、六比一、六比三。

女子单打的主将，今天也没有碰到什么剧烈的战争，波兰杰士乔斯卡女士，英国史太默司女士，法国马香夫人，智利李莎纳女士，每人都以直落两盘获胜。

男子双打，“主将”的各对也照例获胜，我国许承基与瑞典合作的双打，曾以六比四、三比六、六比三、六比三的比数胜两位英国选手（按这两位选手前天曾战败蔡惠令与比利时范邓恩特的双打）。

女子双打今天只比赛了两场，英国法国选手各胜一个双打，混合双打一共比赛了二十五场，淘汰了二十五对，大部分选手已达到了第三周赛的阶段。

第六日

第六日，今天几乎出了一个“冷门”，就是德国亨克耳与英国第二名手海尔苦战五盘以后，才分胜负。亨克耳新近得到了法国锦标，以直落三盘战败奥斯丁，大家在他身上本来有个很大的希望，然而照今天的成绩看来，他是否能够变成世界名手第三名（在勃奇克兰姆之下），似乎是一个疑问，因为他虽击败海尔，然而只多胜三局，比数为六比四、三比六、六比二、六比三。

海尔今天的表演特别精彩，发球并上前拦网几乎有潘莱的风度，他虽以体力不继败于亨克耳，但这并不能说他的球艺就不及亨克耳，本年度台杯赛时英国的第二单打大约仍非借重他不可，自从潘莱成了职业网球家以后，英国大有后起无人之感，这中间海尔总算是最有希望的一个。

克兰姆的战梅谷，胜来极见容易，梅谷的几点长处，前天在许承基身上使用时颇觉发生效力，然而今天一遇到克兰姆，就根本显不出什么特色，梅谷的炮弹式发球自然吓不了克兰姆，上前拦网又因为克兰姆正反手抽球不露什么弱点，难得有上网的机会，结果他就束手无策，比数为六比〇、六比二、六比三失败，看过梅谷与克兰姆比赛之后，我们愈替许承基可惜。

克劳福特究竟也是一位名手，他今天又以直落三盘获胜，虽然他的对手并不是什么名将，比数为六比四、六比三、八比六。奥斯丁胜来更见容易，他以直落三盘击败比利时台杯选手拉克劳亚，比数为六比二、六比一、六比〇，此刻剩下男子单打最后的八人，他们下星期的比赛秩序如下：

克兰姆对克劳福特

奥斯丁对格兰脱

亨克耳对帕克

勃奇对麦格拉斯

可以预言的，就是克兰姆勃奇两个将继续胜利，至于其余四人，胜负似乎不容易猜测，也许奥斯丁可以胜格兰脱，亨克耳可以胜帕克，也许会来一个相反的结果。

（1937.07.21《申报》）

惠勃尔登网球大会（九）

第七日

因为昨日是个星期日，所以惠勃尔登比赛也停止了一天。英国的星期日，大家是照例要休息的，不单戏院、跳舞场等地关了门，假如可能的话，连狗儿、猫儿都不准抖出声音来，普通英国人的星期日，生活是清闲的。惠勃尔登选手托了英国人的福，也得到了休息。

今天是第二星期比赛的第一日，项目虽各式都全，但最重要的是男子单打最后八人赛，淘汰的结果将剩最后四人。女子单打虽也争最后的八人，但各主将的对手球艺并没有什么剧烈的战争。各位女“主将”都以直落两盘获胜，只有马秀夫人失了一盘给英国金夫人（近第一流选手）、比数为一比六、六比二、六比〇。唯一的例外，“主将”史态默斯女士败于英国史克莱文女士（近第一流选手）、比数为五比七、三比六，受了淘汰。史态默斯女士本来是八人中最弱的一位，新近病后，击出的球更觉无力。尤其是她无把握的上网，失球最多。论球艺，她本来强过对手，今天只因为所采取的战略不对，所以竟至于失败。

男子单打，今天战来特别精彩，出人意外的，亨可耳剧战五盘后败于帕克，比数为三比六、五比七、六比四、六比四、二比六；而克莱姆却要费了五盘的气力才胜克劳福特，比数为六比三、八比六、三比六、二比六、六比二。此外，奥斯丁以直落三盘胜格兰脱，也有点出乎意外，比数为六比一、七比五、六比四。只有帕克还是名家的状态，他以六比三、六比一、六比四的比数击败麦格拉斯。

亨可耳与帕克之战，实际上无疑是德美两国台杯第二单打的一种测验。对于本年度台杯的得失，有重要的意义。亨可耳胜，那么德国对于台杯的希望就增高，反之，今年度的台杯恐怕要落在美国手中。

亨可耳败于帕克

亨可耳今天似乎失了常态他炮弹式的发球并没把握的拦网，居然时常失了效用，不是自杀，便变成野球。反之，帕克却能够始终沉着应战。看了帕克击球虽不及勃奇那么痛快，但比格兰脱已经舒服得多了。帕克有许多妙球，有时只用网拍轻轻一击，即使对方束手无策。惠勃尔登球场上，除我国许承基外，别人似乎都没有着重妙技，最少不会应用得这么适当。亨可耳始终屈居下风，尤其是在第一盘并第五盘、第三盘时，帕克曾以四比二占先。大家以为今天帕克有直落三盘胜亨可耳的可能，不料亨可耳至此，突然奋发，他的发球并上前拦网，与前两盘恰如两人，连下四局，胜了第三盘。等到他再胜第四盘后，一般观众反而替帕克担心。因为亨可耳得体力远胜帕克。亨可耳也同克兰姆一样，是一位胜第五盘的好汉。历来剧战第五盘时，结果总是他胜利。例外的，只是今天败给帕克。

克劳福特老了

克兰姆战胜克劳福特，居然也要大战五盘。远出一般人的预料。克劳福特虽然是一位沙场老将，但年来球艺退步，几乎昔日的威风已完全消失。他新近败于勃奇、比数是直落三盘。假如我们把这个例子拿来间接比较一下，似乎可以说，勃奇的球艺胜过克兰姆。其次，勃奇自比赛以来，没有失去一盘。克兰姆却输了三盘，所以本年度的世界锦标的呼声，勃奇似较高一点。克兰姆也同克劳福特一样，击球的方法是正统派的人物，不注重于以奇取胜。每击一球，都有一定的姿势并格式。也许正因为这个缘故，克劳福特能够战胜第三盘与第四盘，到了第五盘时，克劳福特显然已无力应战，而克兰姆奋战的精神，几乎同上场时一样，他以六比二的比数胜第五盘（这一场大战一共费二小时零五分钟）。这里我们可以看出体力与球艺几乎有同样的重要。

假如勃奇不能够以四盘战败克兰姆，那么第五盘时，克兰姆的机会就较多。虽说勃奇的体格也不错。

谁能击败勃奇

奥斯丁与格兰脱两人，照过去的成绩看来，多少总有四五盘的大战，出人意外的格兰脱以直落三盘失败。不过，这里值得提起的，格兰脱在第二盘时，曾以五比四占先，而且差一点就可以胜这一盘。到了五比六的比数时，奥斯丁击出了一个出了界线的球，照道理应该是六比六。不幸，裁判员没有看到，结果反而成了五比七之比，格兰脱失败。

勃奇的胜利费的气力最少。麦格拉斯的球艺并不差。尤其他始终如一的作战精神，引起观众的同情。不过勃奇太厉害了。他的拦网几乎是百发百中，照今天的成绩看，我们想不出目前世界上还有别的业余网球家能够战胜勃奇吗？就是潘莱，假如他此日不是个职业网球家的话，也不一定有击败勃奇的可能。

（1937.07.22《申报》）

惠勃尔登网球大会（十）

第八日

惠勃尔登第八日又是女子单打的节日对于男子单打事前我们敢于预料，最后决赛的两人，大约不外勃奇与克兰姆。一说到女子单打就困难得多了，这七位女“主将”几乎都有同样的实力，甚至于连最后的四个人是谁，我们都无法推测。今天比赛的结果，除了波兰杰士乔斯卡女士的胜利，在我们意料之中心外，其余二场都来得多少有点突然。

马秀夫人胜李莎纳女士，六比三、六比三；

马蒲耳女士胜史波苓夫人，七比五、二比六、六比三；

兰特女士胜杰可勃女士，六比四、六比二。

其实，以球艺来论，失败的三位恰恰都有战胜的可能，这也许受了个人健康的影响或者运用战略的错误，但到底为了什么缘故，没有人能够解释，大家总觉得失败得有些“突然”。

李莎纳败得可惜

失败得最惨的一个人，自然是李莎纳女士，今年度的世界女子网球锦标不但以她的呼声最高，更值得同情的，就是她在英国十八个月，一切费用，由智利全国人民供给（一共花了五千英镑，全国捐款情助一位网球家，也许这还是历史上第一次），所以她失败后，她觉得对不起自己同人的热望，在更衣室中，她足足哭了一个多钟头。她的伤心，我们是能够了解的，她新近本来已同一位苏格兰人订了婚并且也预备不久结婚，但此次的刺激太大了，据她对各报记者表示，她已同她的未婚夫商量好，把婚期延长一年，明年惠勃尔登大会时，她的名字还是李莎纳，一位时常受观众欢迎的李莎纳。

这里，我们觉得铁尔登的预言不错，马秀夫人达到最后四人的阶段，多少还靠她自己的本领。她今年已经二十九岁了，一位有了两个孩子的母亲，她每年都参加了惠勃尔登比赛，可是始终得不到锦标，今年的希望也不见得怎么大，她碰到兰特女士以后，还有波兰美国的冠军在那里，兰特女士两三个月来没有在球场上露过面，也许今年她是一个“冷门”。一家英国报纸说马秀夫人是个网球场上罕见的人物，当她得到法国女子单打幼年级（应为“级别”，但原文如此）的锦标时，她已经是一位结了婚的太太，这位记者的话，多少有点刻薄。

杰可勃败于兰特

同样的，去年世界冠军美国杰可勃女士的失败，也使一般观众觉得惊奇，今天兰特女士的球艺特别好，而杰女士特别坏。第一盘杰女士曾以四比二占先，这时候兰特女士，突然奋发，上前拦网几乎是每发必中，后来更是福至心灵，连她平时最弱的正手抽球，此时都能够运用自如，而且击出的球都是恰恰过网，有时还是碰网上跳过，结果她连下四局，胜第一盘。

第二盘时，杰可勃女士更一蹶不振，兰特女士一鼓作气，中间只失了两局，去年的一位锦标，在这么绝望的情境中下场，大部分观众都对她深致同情。兰特女士，照今天的成绩观来，锦标的希望又增高了许多，以个人的球艺说，她是七人中最平均的一位，虽说没有什么特长的地方，但也没有弱点，各方面都可以对付，只要她战略运用得当时，她很可以利用对方的弱点，而得到最后的胜利。

马蒲耳宛如勃奇

马蒲耳女士战胜史波苓夫人，是今天最精彩的一幕。史波苓夫人是欧洲第一名手，历来不知道多少女网球家都是她的手中败将，她的球艺比兰特女士还要稳重，然而她也同克兰姆、克劳福特一样，是正统派的网球家。去年在惠勃尔登最后决赛时败于杰可勃女士，就因为对方采取新式战略的缘故，马蒲耳女士的特长在于发球与上前拦网，只要她这个武器应用得法时，便可以击败任何名手，而今天却又是她得意的一日，第一盘时史波苓夫人曾以五比四占先，这时候马蒲耳女士好像抱了一个非胜即败的决心，她的正手抽球并拦网，几乎有惠勃尔登第一流男网球家的风度（马蒲耳女士击球的姿势有点像勃奇），转瞬间反而以七比五的比数胜第一盘。

第二盘情形恰相反，马蒲耳女士的老毛病，正手抽球又显出弱点，史波苓夫人胜了这一盘，比数为六比二。

第三盘开赛后，史波苓夫人还是应用她第二盘时的方法，专门向对方的右方进攻，比数为三比〇，史波苓夫人占先。这时候突然来了转机，马蒲耳女士忽抱了一个破釜沉舟的态度，她的正手抽球的分量是可怕的，球击出后立刻上网，她迅速的奔跑，根本没有让史波苓夫人仔细考虑的机会，史波苓夫人回过来的球，不是不能过网，便是给她劈住，或者变成越出界线的野球，就这样她连下了六局，反面以六比三的比数，获得最后的胜利。假如我们不是眼见的话，决想象不出一位女网球家也有这种本领，马蒲耳女士是目前美国的冠军，今天这一战以后，才觉得她“名不虚传”，她今年就得不到世界锦标，可是明后年总是有希望的。

杰士乔斯卡女士胜来十分容易，她以六比一、六比二的比数胜史克莱文女士。这位波兰小姐身体的结实，惠勃尔登女将中没有人比得上她，她击球的硬度并球落到对方阵地时的分量，也无人可与比拟，她今天是最后四人中之一，下一次比赛时她将遇到马蒲耳女士。虽然，到底谁胜谁负，我们不敢预言，但马蒲耳女士却不容易有上网的机会，假如马蒲耳女士不能够应用她的拦网技术时，也许她会失败的。

男子双打的第三连周赛已经结束，三对“主将”，并孟瑟耳与黑区特的一对，都平安无事渡过。女子双打，混合双打一部分第四周赛也已开始，惠勃尔登只剩下四日，离闭幕时愈近，战情就愈紧张，大家都在等待着，今年年度的盟主到底是谁。

（1937.07.23《申报》）

惠勃尔登网球大会（十一）

第九日

男子单打最后的四人，勃奇、克兰姆、奥斯丁、帕克的比赛，是今天最重要的节目。事前许多人，都预料着最后决赛的人将是勃奇对克兰姆，所以大家好像并不重视这一场比赛，结果虽是勃奇以二比六、六比四、六比一的比数击败帕克（克兰姆胜奥斯丁比数为八比六、六比三、十二比十四、六比一），但双方战来情形的紧张，却远出一般人想象之外。勃奇居然输了一盘，这在他一九三七年还是第一次。而帕克也是第一个人。帕克今天打得太妙了，他是名符其实的美国第二名手。一位英国记者看了这一场比赛以后叹气："十年以内英国都不会有重获台杯的希望。"（勃奇与帕克两人今年都只二十一岁）。第二天，《每日先驱报》记者说："两年以内帕克得不到世界锦标，吾头可断。"总之，这是今年惠勃尔登最精彩的一场比赛。今年美国获胜台杯，起码有七八成把握。

勃奇击败帕克

看过勃奇击球的人，时常总有一种感觉，无论对方球艺如何凶猛，但他始终总有把握。始终总占上风。他平时同普通一二流名手比赛时，几乎老是一种"猫玩老鼠"的态度。可是他今天着急了，这是第一次我们看到勃奇显出慌乱的样子，连换了好几次球拍。第一盘开赛后，勃奇还是他惯用的一种不慌不忙的态度。等到帕克四比二占先时，他才感到情形不对，可是已经太迟了。勃奇最锐利的武器，炮弹式的发球，不但被帕克接住，甚至于他“盖世无双”的拦网技术，球一到对方阵地时，也时被帕克救起。这结果就迫得勃奇束手无策。帕克以六比二胜了第一盘。第二盘勃奇开玩笑的态度消失了，虽然帕克仍连胜两局，比数为二比〇。至此勃奇使出他的全身本领，也连下两局。但是帕克并不轻易屈服的，轮到勃奇发球，他居然又胜了这一局，成为三比二的比数。再轮到帕克发球，又以巧妙的方法，轻取这一局，比数为四比二。这时候全场的观众都在替帕克助威。大家想，也许意外的事情会发生了。假如帕克能够连胜勃奇两盘，谁敢担保勃奇不会再输第三盘。倘若真的这样的时候，那也许要成为惠勃尔登史上第一件奇事。然而勃奇究竟是艺高胆大，而同时这也是帕克的全盛时代。此后勃奇即恢复常态，经过双方剧烈的竞争以后，勃奇连下四局，胜了第二盘。第三盘时，勃奇又先以二比三的比数落后。他今天仍露出他的老毛病，正手抽球屡次不能过网，但他的反手抽球，却是地道的货色。经过几度你来我往以后，终于以五比四的比数占先。这时候帕克的大势已去，勃奇胜了第十局，比数为六比四，赢了第三盘。第四盘时，帕克已露出倦容，勃奇却愈战愈勇。这时候勃奇才是真正的勃奇，他的拦网妙技，帕克再也没有抵抗的能力，结果勃奇又以六比一获胜。

克拉姆胜奥斯丁

正同这一场相反的，就是克兰姆与奥斯丁的比赛。由于比数上看来，好像也十分紧张，其实是一宗沉闷的事情。第一盘时双方稍有竞争，克兰姆以八比六获胜。第二盘更成一面倒的状况，克兰姆胜来并不觉得吃力。只第三盘有一场剧战，但同时也愈显出沉闷，克兰姆会以五比三占先，奥斯丁在无可奈何的状态下，作困兽斗。因为他是英国的第一名手，在英国观众面前，以直落三盘失败，似乎太说不过去了，于是比数由五比五一直战到十二比十二，克兰姆好像也看出奥斯丁的目的，只在求获胜一盘，并没有其他奢望。于是很有点随便的样子，让奥斯丁连胜两局，比数为十四比十二。这一盘一共花了四十分钟时间。第二天一家英国报纸说，这是一盘“马拉松”的网球战。第四盘克兰姆胜来，几乎就没有费力过。几分钟时间以后，他早以六比一的比数获胜，并没有出一般的预料。今年度最后决赛的两人，是勃奇与克兰姆。

男子双打，女子双打并混合双打，大部分都已达到第四周赛的阶段。除男子双打澳洲名手克劳福特比麦格拉斯，这一对早受淘汰以外，其余的“主将”都平安渡过。女子双打“主将”史波苓夫人比叶可步士女士，这一对今天被击败。论对方的实力，不过是一对普通的选手，全场观众无不同情这两位的遭遇。混合双打淘汰的结果，当以美国勃奇比马蒲耳女士，并法国彼得拉比马秀夫人，这两对实力最强，目前锦标呼声似乎以美国的一对较高。

（1937.07.24《申报》）

惠勃尔登网球大会（十二）

第十日

今天女子单打比赛的结果，波兰杰士乔斯卡（叶得利若夫斯卡，下同）女士，以直落两盘胜美国马蒲耳女士，英国兰特女士胜法国马秀夫人也是两盘。马蒲耳女士与马秀夫人的失败，固然不无一些出乎意外，但战胜的两人今天的确有佳妙的表演，尤其是兰特女士的击法，大有锦标的姿态。

马蒲耳甘拜下风

马蒲耳女士今天的失败，正同许承基的败于梅谷一样，既不能发挥自己长处，而自己的弱点又受制于敌人。不但她炮弹式的发球克服不掉杰士乔斯卡女士，就上前拦网的武器，又因对方重量的抽球，难得有尝试的机会，结果只好以底线抽球的方法破敌，以抽球的技术来论，马蒲耳女士自然不及杰士乔斯卡女士。

虽然，我们看过这一场比赛以后，才知道第一流女网球家击球的分量，决不在于男子之下。杰士乔斯卡女士的正手抽球是可怕的，球抽出后，网拍好像都要裂开的样子，她每击出一妙球，观众无不异口同声叫喊出来，记者听到几位观众不绝地在赞叹道：“这种击球是一个女子吗，同男子又有什么分别！”

第一盘开赛后，马蒲耳女士气势甚盛，双方都应用反手抽球，但一遇机会马蒲耳女士即上前拦网，因之得分较多，比数先为四比二，再为五比三。只差一点她即可获胜这一盘，然而在这种紧要关头，她显然有些心慌，一再失去良机，平时她最有把握的拦网，也失去了效用，眼看五比五、六比六，终于反而以六比八的比数失败。在这一场剧战中，她虽采用有效的战略，利用对方反手抽球的弱点，但今天出人意外的，杰士乔斯卡（叶得利若夫斯卡，下同）女士的反手抽球特别出色，没有什么破绽，这也算马蒲耳女士的不幸。虽然一般观众是觉得满意的了，因为像这种精彩的网球战，在惠勃尔登是轻易看见不到的，尤其是杰士乔斯卡女士的名字，不容易发音，裁判员每报告她的名字时，总要引起观众一阵笑声，后来裁判员连喊“肃静”，但那一位观众肯听他的话。大家想，杰士乔斯卡这个名字有多少好玩，怎能禁止得住不笑［一段插话——我国许承基的译名，在英国人眼中也是一个谜，他照厦门方言译成KhoSinKie，此次惠勃尔登名单上他又写做S. K. Kho.。据兰特女士说，当许承基与梅谷比赛时，一位英国老太太告诉她的同伴说：“那是多么可惜，这两位选手远从中国跑到这里来自家人打自家人。”这位老太太看不清梅谷的面貌，单听裁判员的报告声音，梅谷并一“戈”（许承基英文名的中文译法），于是乎就认为梅谷也是中国人。］

第二盘时，马蒲耳女士不及第一盘的有把握，击球的错误更多，杰士乔斯卡（叶得利若夫司卡）女士击出的球分量更重，一种重量是记者生平第一次在一位女网球家身上看到的，双方的比数先为二比〇，再为五比二，马蒲耳女士在观众的惋惜声中，再输了这一盘，比数为六比二，杰士乔斯卡女士获胜，得到了最后的女子单打决赛权。

兰特八面威风

接着就是兰特女士与马秀夫人登场，照今天这一场网球战来看，兰特女士无疑是今年度的女子单打“冷门”。她是一位全才的女网球家，没有什么弱点，也许只反手抽球稍差一点，然而这不能成为她的致命伤，尤其是对付不能奔跑的马秀夫人，救急的方法更多。第一盘开赛后，几乎是轮到谁发球谁输，马秀夫人曾以三比一的比数占先，但迅速间即被兰特女士赶上，比数反为五比三，马秀夫人接着不但也胜一局，而且在第十局时又差一点即成为五比五的比数。这时候观众都在替兰特女士担心，也许要同马蒲耳女士一样的命运，有被对方赶上的危险。不过兰特女士有丰富的作战经验，她比马蒲耳女士冷静得多了，以美妙的抽球，终于胜了这一局，同时也胜了这一盘，比数为六比四。

第二盘时，兰特女士的击球更能运用自如，几乎球要到哪里去，她击来无不得心应手，迅速间以二比〇占先。这时候忽因界线员的误呼，致马秀夫人凭空又多输了一球，精神上自然更受打击，此后马秀夫人似乎无心恋战，只求这一场比赛从速了结，于是结果兰特女士又以六比〇的比数胜了第二盘。

男女双打并混合双打今天比赛的结果，都将达到最后决定的阶段。唯一的意外的事情，就是去年女子双打世界锦标史太默司女士与詹士女士，败于英国另一对双打金夫人与璧特曼夫人手中，比数为一比六、五比七。史太默司女士病后击球总没有恢复常态，而今天詹士女士打得更坏，所以她们终于以直落两盘受了淘汰。

（1937.07.25《申报》）

惠勃尔登网球大会（十三）

第十一日

勃奇击败克拉姆

久所期望的男子单打最后决赛的一天，终于来到了。英国的网球迷今年多少有些失望。去年此日有他们的潘莱在，而今年呢，变成了美德两国的事情。哪一位是潘莱的继承人，勃奇或者是克兰姆，我们先分拆本年度两人在惠勃尔登的战绩如下：

▲勃奇战胜——法爪生（南非）六比三、六比二、六比一，休士（英国）六比二、六比二、六比二，蒲苏（法国）六比一、六比四、六比二，黑区特（捷克）六比四、六比二、六比三，麦格拉斯（澳洲）六比三、六比一、六比四，帕克（美国）二比六、六比四、六比四、六比一。

▲克兰姆战胜——李时特（英国）三比六、六比一、六比二、六比〇，格兰脱（英国）六比二、六比〇、六比四，山岸（日本）六比四、六比四、三比六、六比四，梅谷（美国）六比〇、六比二、六比三，克劳福特（澳洲）六比三、八比六、三比六、二比六、六比二，奥斯丁（英国）八比六、六比三、十二比十四、六比一。

两星期比赛的结果，勃奇一共赢了一百一十局，输了五十一局。克兰姆赢了一百三十五局，输了八十五局。勃奇只输给帕克一盘，而克兰姆却输了五盘，双方的球艺，据一位专家的批评如下：

勃奇

发球——第一个发球是炮弹式的，速度不在任何业余网球名手之下。第二个发球虽不及第一个凶猛，但也有力。正手抽球——是第一流的，但不及他的反手抽球。反手抽球——可以说是今日网球界中首屈一指。高压——百发百中。拦网——也是独步一时。

克拉姆

发球——虽不及勃奇的凶猛，但球落地时多变成了螺旋式，所以也为一般人所恐惧。正手抽球——很准确，艺似乎在勃奇之上。反手抽球——与勃奇也相去不远。高压与拦网——也十分凶猛，不过把握比勃奇好像差一点。

在比赛以前，胜负自然不容易预料，两人去年都曾赢了潘莱，但只有勃奇在草地球场上。克兰姆自从去年以后，就没有参加过重要的比赛，拿两人新近的成绩来比较，那末勃奇击败奥斯丁、克劳福特两人都是直落三盘。克兰姆则输一盘给奥斯丁，输两盘给克劳福特。

今天另外一个重要的意义，就是除了单打以外，勃奇与克兰姆两人，尚要在双打中遇到，今天两人不但解决惠勃尔登个人的胜负问题。间接更可以猜测，本年度台杯的得主，到底谁的希望较多，比赛的结果多少有些出乎意外，就是勃奇以直落三盘获胜，比数为六—三、六—四、六比—二。克兰姆以这样大的比数失败，事前大家以为最少有五盘大战。惠勃尔登中央场上的一万五千观众（有一部分人还是终夜在门口等着，才得到门票）。当时的确有些失望，因为大家没有忘记，一九三三年克劳福特于大战五盘以后击败梵恩斯（今美国的职业网球家）的故事。今天这一场比赛不过花了一小时零五分钟，然以技术本身来说，我们也觉得满意，因为像这样精彩的比赛，的确不容易看到。

第一盘开赛后，由勃奇发球，克兰姆以美妙的抽球胜了第一局。第二局又是克兰姆获胜，几分钟间，比数即为三比一。这时候观众十分兴奋，大家都替克兰姆助威，以为今天定有一场大战，但这已是克兰姆的全盛时期，此后即变成勃奇的世界。勃奇的抽球并上前拦网，以及遇到高球时的高压，运用的巧妙的确不愧为世界第一名手。他一口气连下五局，克兰姆虽努力奋战，但始终无法挽回，这种危局，第一盘勃奇胜。第二盘，勃奇又先声夺人，连下两局，克兰姆急起追上，由二比三的比数，造成四比三的局面。同时这是他的黄金时代，观众都以为这一盘克兰姆有战胜的希望。不料此后球势又一转，也许因为克兰姆求胜心切，进攻势过甚时作没有把握的上网，结果反而失球无数。另一面勃奇又采取稳重的战略，一遇良机才上网，而每一上网又必生效，经过几度挫折以后，克兰姆再也无术抵抗，结果他又输了第二盘。

第三盘克兰姆除获得第二局并第七局以外，几乎全在勃奇控制之下。今天是例外的，不但勃奇的正手抽球特别好，克兰姆的正手抽球，反而时落弱点。勃奇另外的一个武器，就是击球时十分迅速，腿快手快，固然是一个原因，而克兰姆最吃亏的地方，还是勃奇每一来球轻重、快慢变化无定，克兰姆是一个正统派的网球家，他一不小心，按照他平时的击法，球不是越出界外，便是不能过网。总之，勃奇的获得本年度世界锦标，正同克兰姆时候表示，的确由于他较佳的球艺。据一部分网球迷说，他们从来没有看到勃奇有这种精彩的表演。同时也不希望他打得再好了。自然，勃奇的球艺，只要不会发生变化，那末世界锦标一起码还有五六年。

克兰姆是网球界中最值得同情的一个人，他四五年来始终只做到一人之下万人之上的地步，从前受制于潘莱，此日又被勃奇压住，没有尝过一次世界锦标的滋味。他此刻已经二十八岁了，今年既没有希望，此后恐怕更不会有机会。

德国今天更受打击的地方，就是克兰姆—亨克耳的双打，又于大战五盘以后，竟被勃奇—梅谷所击败。德国今年对于台杯的希望，又受了一些打击。今天的双打，克兰姆倒始终能够维持常态。亨克耳在前两盘十分精彩，后三盘却一蹶不振，比数为四比六、四比六、六比二、六比四、六比三。勃奇—梅谷胜，勃奇今年也许有打破惠勃尔登记录的希望。假如他明天再胜到男子双打并混合双打的锦标，那末一个人同时就获得三个世界锦标，并且照他目前的成绩来说，这并不是不可能。

（1937.07.26《申报》）

惠勃尔登网球大会（十四）

第十二日

女子单打决赛

今天是惠勃尔登最后的一天，除了男子单打的决赛昨天举行了以外，今天一共有四场比赛，解决四个锦标。女子单打，男女双打并混合双打。潘莱缺席以后，英国去年的威风，五个锦标一共得了四个，只有变成一种可爱的回忆。今天英国最大的希望，在于女子单打，兰特女士的东山再起，连战皆捷，达到最后决赛的阶段，就英国人也觉得有些出乎意外。兰特女士希望较大的原因，就是年来她始终未同叶得利若夫斯卡女士（即杰士乔斯卡女士）比赛过。前天马蒲耳女士的失败，就因为她新近两度败于叶得利若夫斯卡女士手中。在网球场上时，碰到这位波兰小姐，她自己先成了惊弓之鸟，于是乎以五比三的比数占先，终于还输了第一盘。其次，兰特女士已得过一九三四年世界锦标一次，不但经验丰富，最重要的，就是她有镇静的态度。事后兰特女士自己也说，她今天的胜利，纯粹靠她的镇静态度，只要她在紧要关头稍为慌张一下，那末今年的锦标，准不会属于她的。

假如惠勃尔登的中央球场，可以容纳得下三万观众，今天一定也要挤得满的，尤其是英国的妇女，大家都想眼看她们本国的女网球家怎样获得世界锦标。兰特女士果然不负一般英国人的希望，以六比二、二比六、七比五的比数，再度荣任世界冠军。虽然也是一宗十分危险的事情，她几乎也有失败的可能。

叶得利若夫斯卡（即杰士乔斯卡）女士，我们固然不能够说她是一位乡下姑娘，但对于惠勃尔登决赛时，这种严重的局面，她却从来没有经历过，一万五千对眼睛集中在她一人身上，怎么能叫她克服得住自己的神经。观众虽说也对她表同情，不叫她做叶得利若夫斯卡，而叫她兰特女士（叶女士与兰特女士互为对手，但冯先生原文如此，其实是有逻辑问题，就保留原文。读者通过上下文可以理出逻辑关系——责编注）。但大家却都对兰特女士喝彩，替兰特士助威。假如这一场比赛在华沙，也许兰特女士会获胜，但惠勃尔登是英国的地方，所以一位英国记者说兰特女士今天显出十分心慌的样子，她击球的错误，比平时要多得多了。

第一盘开赛时，双方都不能镇静，大家都以正手抽球对付正手抽球，比数由一比一到二比二，这时候兰特女士以一种美妙的反手抽球获得一局，以三比二占先。战来所以不特别紧张的原因，就是大家都谨慎从事，不去上前拦网。今天兰特女士的反手抽球特别出色，一口气连下三局，以六比二的比数胜了第一盘。

第二盘球势忽转，叶女士也许看出兰特女士的弱点。因为这时候兰特女士，屡作上网的尝试，大半都是屡试屡败，她击球的分量，更加增重，这一来兰特女士虽想改换战略。也许心里一急，击出的球，愈不能自主，业特女士以美妙的抽球胜过这一盘，比数也为六比二。

第三盘时，叶女士大约因为第二盘用力过多的缘故，已显出倦容。同时也因为胜负关头，一再受观众掌声的刺激，态度更不能自然。虽然她得到兰特女士几度错误的机会，由二比二的比数，以四比二占先。兰特女士至此，奋战更力，她不但没有倦态，甚至于态度比第一盘时更加镇静，以巧妙的发球胜第七局，以稳重的击法胜第八局。到了四比四的比数后，又轻取第九局，叶女士苦战的结果，也争回第十局，但她已觉得气力不加，兰特女士此后连胜两局，并没有什么困难，于是在观众欢呼声中，她又以七比五获胜这一盘。同时就得到了一九三七年底的世界锦标。

男子双打决赛

男子双打决赛，美国勃奇—梅谷以六比〇、六比四、六比八、六比一的比数击败去年度得冠军英国双打关于休士—脱何，美国选手胜来很觉容易，除了第三盘有剧烈的竞争以外，全场比赛，都成一面倒的形势，勃奇固然不减昨天单打时的威风，而梅谷的击法，更十分精彩。梅谷是一位双打人才，得到台杯大约只是时间问题而已。

女子双打决赛

女子双打比赛，法国马秀夫人与英国约克女士的一对，以直落两盘击败英国金夫人—璧特曼夫人，比数为六比三，六比三。约克女士的拦网，是欧洲第一，而马秀夫人的底线抽球又十分稳固。所以两人搭配起来，十分生色。虽然，我们以观众的地位来说，看女子双打是一件沉闷的事情，她们打球多用高球，双打一用高球，立刻就失去了紧张的空气。

混合双打勃奇—马蒲耳女士，又以直落两盘胜法国彼特拉—马秀夫人，比数为六比四，六比一。勃奇今年运气太好了，他一个人就包办了三种锦标。今天这一场比赛，马蒲耳女士大出风头，她的发球，她的拦网并高压，到处显出她的本领，不在于男子之下。她与勃奇配搭起来，几乎就是两个男子。至于马秀夫人是一位地道的女性，她的球艺只能对付女子，尤其是双打。

一年一度的惠勃尔登大会就此闭幕了。今年的惠勃尔登是很难得的，不但球艺比赛得美满，就是天气也是如此。想看，要英国的天气在两星期中只下了一二次小雨，不已经是一宗值得大家高兴的事情。

（伦敦惠勃尔登闭幕后一日）（完）

（1937.07.27《申报》）

到底谁的空军精锐

——西班牙内战中试验的结果

这是一件公开的秘密，列强正在利用西班牙内战的机会，把马德里前线当做本国兵工厂的试验所。由于量方面来说，也许两方都感到运输的困难，不能够尽量供给；但在质一方面，各国都毫不吝惜地拿出本国最新式的军械来，这尤其是空军的武器。据英美军事记者在马德里战线上视察的结果，空军在此次西班牙内战中占一个很重要的地位。几乎每一阵地的得失全是依靠空军轰炸的成绩。新近政府军第一次在马德里作大规模的反攻，双方每日应用在空中战争的飞机常达一二百架。轰炸机、驱逐机、侦察机各色各样全备。因为这是一个大规模的试验，无怪各国都派空军专家在马德里视察（这里，我们希望国内军事当局也派一二位空军武官到西班牙去）。经过一年来实地试验的结果，各国的飞机制造业自然更加进步。这是说，未来的世界大战将更悲惨！

供给西班牙以飞机并空军人才的主要国家是法、俄、德、意四国。到底谁的空军精锐，据大部分英国记者的批评，飞机以苏俄的产品最精良，法意也不错，德国的飞机最劣，不过德国的空军人才作战的精神极佳，所以补救了飞机的弱点。

新近一位法国航空家（他于西班牙内战暴发后即投效政府军方面任空军中队长职），曾以他实际的经验发表了一篇文章。他的说法也许不无一些主观的地方，但由此我们却可以得到一点西班牙空战的真相。他认为：

德国的空军——人才比机器好

他这种说法，大体上是对的。上次欧战时，德国的第一架军用飞机是由于模仿被击落的法国飞机制造而成。机器的笨重，据说假如不是德国人有良好的军人精神，那根本就无法同敌人的空军抵抗。二十年来，德国的飞机制造业固然有惊人的进步，但始终总不及法意等国的精巧。在马德里天空□□德国空军的特色，仍是在于空军将士的作战精神。这位作者说："德国人有一种惊人的作战精神并顽强的耐力。假如你碰着一架德国飞机，那末你就明白，经过一场大战以后，这两位敌人总有一个不会生还。"他承认，在空战中德国人有镇静的态度，通常他的飞机略受炮火，丝毫不能动摇他的勇气，除非他本人也受了伤。这位作者曾亲自击落两架德国的驱逐机。不过，他很客气地说，那是他的运气，同时也要加功于他的飞机比德国的亨克耳机高明。

意大利的空军

这位作者对于意大利空军的批评，远不及对于德国空军的客气。他说，意大利人在紧要关头，时常会采用"三十六计走为上计"的方法。虽然，他说，意大利的空军同意大利的步兵比较起来又要良好得多了。

意大利的空军人员都经过了长时期的训练，对于现代空中战争的方法也十分纯熟。意大利产的飞机也要比德国飞机优良。但意大利空军在佛兰戈（即佛朗哥，下同）将军部队中仍占一个次要的地位。原因意大利人似乎不及德国人那么有毅力。当双方在空中接战的时候，他们立刻显出心慌，平时优良的技术至此全部消失。机关枪的炮火愈迫愈紧，他们的战斗力就愈战愈衰弱。终于不是被击落或被迫降落，就是开足马力逃回去。据作者的经验，他说："那自然是有例外的。一部分意大利飞行人员也有奋斗到底的勇气，不过是很少数。"

苏俄的空军——人才与机器两妙

据这位作者的批评，在西班牙天空上当以苏俄的空军为最出色。他说，那是一种事实，并不是在替苏俄宣传。在许多次空战中，苏俄的空军到处表现出他们的能力。一架苏俄飞机平常碰到七八架德意的驱逐机，也许因为“寡不敌众”的关系要被击落，但苏俄的空军人员却都奋战到底，不会轻易屈服的。有时在这种不利的局面中，他们还会得到最后的胜利。

他认为苏俄空军第一个特长的地方在于飞机。苏俄的出品，远在德意之上，这无论在速度，高度方面来说。其次，苏俄空军人员的作战技术都十分纯熟，普通一位廿九岁的飞行家平均都有两千小时的飞行经验。三十岁左右的更有三千小时的飞行经验。所以在驾驶术上他们有绝对的把握。尤其是放射机关枪的准确，实在是使敌人寒心。再次，他们也有不怕死的精神，能够沉着应战。这位作者说，苏俄的空军人员，最少同德国人一样，都是第一流的军人。

他觉得唯一不幸的事情，就是苏俄供给西班牙政府军的飞机过少。与德意供给佛兰戈（佛朗哥）将军的飞机比例起来，比数为一对六。这是说，一架苏俄飞机要敌六架或六架以上的德意飞机。

法国的空军

大约因为作者是法国人，所以他对于法国空军在西班牙的战绩一字不提，照一部分旁观者的估计，法国空军的实力似乎在德意之上。作者本人的成绩，就是一个例。记得半年前，法国航空部部长戈特也公开说过，法国最新式的飞机在马德里前线上却很安全可靠，被击落的只是法国的旧式飞机。也许事实上，法国所供给的飞机数目有限，所以直到今天，在这方面我们还得不到详细的材料。

西班牙的空军

西班牙原有的空军不但数量有限，就是飞机也购自外国，并且大部分都是旧式的。等到内战爆发以后，双方才得到后台老板的帮助，利用外国的机器并人才开始组织一种现代式的空军。德意一方面，法俄另一方面。西班牙人在西班牙的空战中反而占一个不算重要的地位。据这位作者的报告，政府军方面只有一位西班牙飞行家，驾驶了最新式的苏俄飞机曾击落佛兰戈的飞机十五架。佛兰戈方面，也只有一位西班牙人用意大利的飞机击落了十架政府军飞机。其余的西班牙空军人员，目前还在训练中，一时尚谈不到特殊的成绩。此外，值得我们注意的，就是最新式的高射炮，效用仍是有限得很。高射炮所射落的飞机百分率很低。根据西班牙空战试验的成绩，这位作者所得的结论是：以飞机对付飞机，仍是最有效的防空方法。

（1937.08.04《申报》）

旅欧随笔

希特勒是否也要结婚?

目前世界政治巨头中，只有希特勒还是个单身汉子。自从英逊王爱德华八世（此日温沙公爵）准备与辛泊生夫人结婚以后欧美新闻记者的目标，转移到这位德国元首身上去。为什么希特勒还没有结婚呢。据德国人的解释，领袖实因公务忙碌，无暇组织一个家庭。所谓英雄因国忘家。不过说了这句话后，连他们自己也笑起来。因为同是英雄的墨索里尼就是一位子女成行的家长，虽说他同他的太太意见不很融洽，只够不上作一模范的丈夫。有的人猜测，希特勒曾在欧战时受了伤，有一种说不出口的苦处，所以不愿意谈到婚姻问题。德国目前是一个畅谈种族问题的国家，而他们这个天才的领袖却无意于结婚，大家都觉得可惜。于是乎谈来谈去，许多人总念念不忘他的终身大事。

两三年前，在各报上曾经流传过一时，说是德国电影女明星李芬司塔儿（即纪录片导演里芬斯塔尔）是希特勒的情人。不但李女士当众颂扬希特勒的才能，就希特勒也公开对人誉李女士为德国的女杰。不过他们两人间到底如何的谜，虽经过善于探访此类新闻的美国记者多方搜罗，仍感到材料不够丰富（例如去年首先发现爱德华八世与辛泊生夫人的恋爱事件的也是美国记者），日子一久大家也渐渐冷淡下来，好像德国元首真的此生不愿享受人间的家庭幸福了。

月来英美报纸又再度宣传，德国另外一位电影女明星波拉妮格里将同希特勒结婚。这种传说，是否可信，目前还很难说。妮格里原籍波兰，据说已经结婚过两次。日前巴黎晚报驻柏林记者特地同她作了一次谈话，对于她是否就要结婚的问题，她说，那是十分可能的，她快要同一位很重要的德国人结婚。这位记者自然不肯放松进一步问她，那位未来的新郎是否一位最重要的德国人。妮格里既不否认也不承认。她说，能说的话她都说了，再也不肯发表意见。不过后来她说，结婚地点将在柏林可是日期却保守秘密。她承认，婚后大约仍在柏林继续居住下去。

新近德国宣传部向德国各报发了一个通告：根据领袖命令所调查的结果，女演员波拉妮格里是一位阿瑞安（雅利安）种的波兰人，她有资格在德国工作。这个声明到底是为谁而发的呢？

妮格里的未婚夫婿将是一位德国的要人，而这位要人是否就是希特勒，目前还是一个疑问。也许几个星期以后我们就会知道，即是一宗谣传呢还是事实。照记者个人的猜测，希特勒大约不至于如此。

冤家路狭

历来许多人都觉得外交家可怕，因为他们口里所说的同心里所想的根本是两回事。有一位大学教授公然宣布外交家是个流氓。有几位政治家更想替外交家提高人格，最少想替目前外交界打开一个新局面。所以年来在外交界中也有不少人会争论到“耳红面赤”的地步。有的人认为这是一种好现象，有的人呢却感到寒心，连外交家都到非口角不可的时候，世间还会太平么？

主张说假话就是外交家的职业，这自然未免太过。但采取“村妇骂街”式的外交新方法，能否增加外交家本身的道德那始终是一问题。几年来大家似乎都习惯于这种强硬外交的新姿态。好像应用原有的外交格式就是表示自己的软弱无能。尤其是在西班牙事变中，这方面的外交家说话时，几乎有见着对方就要一口吞下去的神气。外交家也有这种凶脸相最少在近代史上是少见的。

此次英王乔治六世行加冕典礼时，照例也邀请各国特使到西明司特教堂（即西敏寺）中观礼。各国的外交家既然都碰在一起，于是乎主持加冕典礼事宜的几位先生竟异想天开，趁这个机会开了一次玩笑。

他们把德意苏俄西班牙四国代表的座位排在一个地方。让他们大家脸对着脸，索性骂个痛快。这个幽默的办法一位英国记者说，简直近于将狮羊放在一处。

德国驻英大使李班特洛夫坐在西班牙驻英大使阿捷卡拉特的隔壁，德国军事部长白伦堡大将却与西班牙人民阵线政府代表倍司堤路为邻。意大利驻英大使格兰地伯爵与苏俄外长李维诺夫坐在一排。而格兰地夫人旁边的一个人恰恰又是苏俄的驻英大使迈斯基。在伦敦不干涉西班牙委员会中，格兰地与迈斯基两人互相责难是十分著名的。我们自然可以想象得到这几位大人物在这三五小时中的苦况。也许他们不去讨论政治问题只闲谈天气。在英国谈论天气，不但大家都有发牢骚的机会，甚至于更有同感。可惜我们打听不出他们间谈话的题目。

据说，这个恶作剧的方法，还是意大利人发明的。当新近墨索里尼在利比亚旅行的时候，意大利人把犹太通讯社记者与德国国社党机关报记者排在一个汽车中让他们饱尝二种冤家路狭的滋味。而这一次呢，却又轮到意大利人自己身上来了！

（1937.08.06《申报》）

第二次欧战快要爆发么（上）

——导火线就是西班牙事变？

自从去年西班牙事变发生以来，在欧洲到处就充满着战争的空气。第二次欧战什么时候爆发呢？这几乎是欧洲民间每日所担心的问题。因为此次事变的双方阵线太鲜明了。德意帮助佛兰戈（即佛朗哥，下同）将军，法俄帮助“人民阵线”政府。主义上的冲突（社会主义与法西斯蒂主义），经济上的冲突（德国想获得西班牙的市场），军事地理上的冲突（英意在地中海上争霸），这种种原因使事态更加严重而复杂。假如西班牙事变实是西班牙的内部问题，那末是非此日早已解决，决（应为“绝”，但原文如此）没有引起国际纠纷的理由。但后台老板是国际政治舞台上的巨头，我们想象不出，墨索利尼（即墨索里尼，下同）、希特勒会眼看着佛兰戈将军失败。同样的我们也无法相信，法俄两国，甚至于英国，不以实力来维持“人民阵线”政府的存在。一个“意制”的法西斯蒂西班牙是以变换欧洲目前的局面。反过来说，一个社会主义的西班牙，间接也会挫折墨索列尼、希特勒的气势。西班牙，固然不是双方最后决战的地方，但却是双方决战前的一个序幕。那（应为“哪”，但原文如此）一个人肯让步呢？墨索列尼、希特勒或者斯太林（即斯大林，下同）、莱翁白伦，甚至于张伯伦？

悲观吗？自然，在这种局面下，谁又能够乐观！近来劝告人民安心的政治家，只有南非洲总理贺滋格将军，不过由于他的解释，目前欧洲之所以不容易发生战事，并不是各国会特别亲善，只因为大家过分你怕我，我怕你，结果才到了谁都不放先动手的地步。英外相艾登的乐观程度就更差一点。他有一次在私人谈话中曾向某国外交部长表示“年来他已经变成了一个容易满足的人”，他说：目前的局面虽不会有转好的希望但还没有再坏不下。这一点，他觉得已有可以满意的理由。

墨索列尼发了疯?

目前一般欧洲人所最恐怖的一个人，自然是墨索列尼（即墨索里尼，下同）。两年前，当大家正在咒骂希特勒的时候，许多人称誉他，一个识时务的大政治家。他对奥问题态度的强硬并坚决，曾获得英法两国物质上的同情。当时法国政府送他的过年礼物的便是一块非洲殖民地，但在阿比西尼亚的侵略战争中，墨索利尼已经露出他的凶相一种，最少在英国人看来不能够忍受的凶相。等到西班牙事变一起，他与希特勒同是佛兰戈（即佛朗哥，下同）将军幕后的主持人。意大利的飞机、大炮、坦克车，甚至于意大利的军队，都在西班牙内战中担任一个主要的角色。起初，墨索利尼说，这全部新闻都是外国报纸造谣，后来呢，意大利的官报却正式发表参加西班牙内战阵亡的意国将士名单。认为这批人是为了主义而牺牲的英雄。自从墨索利尼的态度公开以后，大家便想知道，墨索利尼的目的到底要做到什么地步才止。墨索利尼在一篇文章中曾回答："要解决西班牙问题，只有佛兰戈获得最后的胜利!"照过去的经验看来，他是一位不容易屈服的人。意大利在他一人统治之下，他又是一个"说得出做得到"的"好汉"，意大利既然愿以武力作佛兰戈将军的后盾，第二次欧战爆发的可能性自然更大，我们只要看德意两国舰队新近退出西班牙的海面监察，同时在伦敦"不干涉委员会"中更提议下列各种：第一，各国承认佛兰戈为交战团体；第二，取消各国舰队的海面监察；第三，主张陆上监察应维持现状。德意两国这种提议，说得浅白一点，就是德意的军火仍可以由海路自由供给佛兰戈将军，而把法国供给"人民阵线"政府军火的陆路截断，英法两国已表示绝对无法接受这个提议，墨索列尼的手段愈来愈凶了。一般人禁不住要问，到底是否他发了疯?据说，他不但不愿意撤退八万在西班牙会战的意大利志愿军，甚至于他还有陆续添派队伍的准备。

法国不能够再让步?

在西班牙事变中，最有容忍度量的人，大约要算莱翁白伦。同是“人民阵线”的政府，法国怎能够坐视佛兰戈（即佛朗哥，下同）将军步步胜利！但另一面法国对西班牙的政策根本又不能够脱离英国而独立。结果呢，只好两方面都兼顾一点，这是说，不干涉政策到一半，同时供给“人民阵线”政府的军火也做到一半。不过法国这种态度并得不到各方的同情。在德意眼中，法国始终同苏俄一样的“无耻”，帮助西班牙的“赤色委员会”或“赤色的西班牙”。（德意人对有“人民阵线”政府的称呼）。国际间左派份子又觉得法国过于软弱无能，几乎间接变成佛兰戈屠西班民众的助手。法国人这种苦衷，事实上，不是一般局外人所能够容易了解的。

虽然，法国人的让步是有限度的。莱翁白伦虽没有墨索利尼那种不可一世的气概，但他决不至于眼看着西班牙的“人民阵线”政府崩溃。新近法国外交当局对于德意两国的答复已十分明显。就是一旦不干涉政策一失败，法国就要把她的边境打开，让军火自由输入西班牙并且根据几家英国报纸的记载，法国已配置有大批飞机，坦克车，火炮等在西班牙的边界上。只要伦敦“不干涉委员会”一塌台，几小时以后这批军火就可以运入西班牙国境。此刻法国人好像已表示他们的决心。现在要仔细考虑的人，似乎是墨索利尼与希特勒。这就是说，第二次欧战爆发后，他们两人到底有没有绝对胜利的把握。假如他们一定要冒险的话。

英国人的对策

英国首相张伯伦劝告英国人民在目前这种严重的局面下，应需保留一种冷静的头脑。自由党大政治家劳合乔治说，这并不难，每条鱼都有它冷“静”的头脑。他责备英国的中立政策是间接帮助佛兰戈将军。外相艾登说，英国唯一的希望，就是将西班牙问题局部化，不至于引起国际间的纠纷。保守党大政治家丘吉尔表示，英国人同西班牙人一样，注重西班牙领土的完整。无论哪方面胜利，假如别国想在西班牙造成了一种军事根据地，英国是不能够坐视的。总之，照目前英国一般政治家的意见，佛兰戈个人似乎还在其次，主要的对象，就是怎样的对付他的幕后人——墨索利尼。

张伯伦所谓的冷静头脑，自然是“乘风转舵”。本来英国的外交政策一向是“能屈能伸”的。佛兰戈目前已占领了西班牙三分之一。倘若他一旦真的变成了西班牙的独裁者，同墨索列尼、希特勒鼎足而三，那时候英国在地中海的地位岂不是要发生危险？英国目前的对策，就是设法拆散这三位独裁者的结合。

英国的第一步棋，就是使一向在英国卵翼之下的葡萄牙与意大利断绝关系，然后由葡萄牙直接去影响佛兰戈，间接巩固英国在西班牙的势力（就是说，万一佛兰戈获得最后的胜利）。葡萄牙素来是英国势力系统下的一个小国。此次因为地理上主义上的关系，曾帮助佛兰戈将军，因之才与意大利发生关系。英国是一位旧主，所以这个政策立刻发生相当的效力。新近葡萄牙的亲英论调并佛兰戈将军也表示愿意撤退各国在西班牙的志愿军（这一点是英国人的主张）。这种“釜底抽薪”的办法，虽说实现比较困难，但已足给墨索利尼一个很大的打击。

第二步棋，就是设法拆散墨索利尼与希特勒的姻缘。据英国一家报纸的记载，英国曾向德国提出下列的几个交换条件，假如德国对于西班牙事件肯转变态度，不与意大利合作的话：

一、供给德国以工业原料。

二、设法增加德国的出口贸易。

三、英国愿担任借给德国一笔大借款。

目前德国的经济正在困难万分的时代，这个提议自然是个大诱惑。加之，此次在西班牙内战中试验的结果，除了高射炮以外，其他德制的军械并不比法俄兵工厂的出品精良，所以希特勒目前也走上了交叉路口，说不定这德意两位独裁者不久也有分家的可能。

新近英国金融界中人的口号是：德国给世界（英国）以和平，英国以借款！（未完）

（1937.09.06《申报》）

第二次欧战快要爆发么（下）

——德国可要利用这千载一时的良机？

一位南美洲的德国侨民曾向人诉冤，诺贝尔的和平奖金不给希特勒，是一件人间的不平事。两三年来希特勒于重整军备以后，事实上曾作过多次的和平演讲。一位美国记者说也许人家不相信希特勒愿意和平，不过希特勒本人说惯了口渐渐自己反而相信起来。希特勒要战争吗？这个答案不很容易。国社党中人屡次声明，他们不愿再见流血的悲惨，但无论如何他们却要收回德国原有的殖民地。收回殖民地可以用和平的方法，这个是历史上空前所未见的例外！

我们不管希特勒本人喜欢和平也好，战争也好，但他此日掌握了第二次欧战的锁钥，却是一种事实。国社党人希望一个强盛德国，照他们的计划看来，对于目前德国的境界似乎不会有满意的理由。不经过一次战争，就会达到他们的目的，大数国社党人不至于有这种便宜的奢望。据军事专家的估计，德国的全部军备计划目前已实现了十之六七。也许还要一二年时间的准备，才有东西两个战线作战的实力。可是德国能够久待吗？一二年中的变化如何，谁能够预料？并且英国此日又在加紧它的军备。德国不愿利用这千载一时的良机？

英国的军备已可以应付急变？

据一位熟悉西欧政局的某国外交家口述，他由可靠方面得到的消息。英国政府此次曾乘英王加冕典礼机会，特别招待了德国的观礼特使，国防部部长白伦堡上将，参观了英国各地的海陆空军新式设备。白伦堡上将看了以后，张开口说不出话来。为了此事他曾训斥过德国驻英大使馆的武官办事不力，平日的报告与英国军备的实际情形相去太远。白伦堡上将曾对人表示，就他此次所看到的东西，已经够了。他从来没有想到，英国军备扩充的程度会怎么迅速！

有几家英国报纸怪英国军事当局冒昧，把自己军备的秘密，公开给未来的敌人看。但一般外交界中人却认为英国政府这种举动十分聪明，最少在第二次欧战要爆发时，白伦堡上将总得自己先考虑一下，可以不可以冒这个险。因为他是一个军事专家，他知道新式军械的作用。不过少数人又觉得，这多少仍带点危险性。英国的全部军备目前还没有完成，也许德国明了了英国的实力以后，知道此时不发动，等英国专布置一二年，将来把握更少。说不定反而会促成第二次欧战的爆发更加迅速！又何况，目前西班牙事件愈迫愈紧，德国借题发挥的机会正多，德国会不会立刻去利用这个良机？这是大家所担心的。

英德两国目前大家正在讨价还价。也许战祸可以避免，假如英国所出的代价能够使德国人满意的话否则在德国人看来，这个千载一时的机会决不应轻易放过的。倘若这时候发生了战事，最少，还可以以空军的力量迫英国严守中立。虽说，德国此时动手已经算是一种冒险。因为德国人也知道英国迟早总会加入敌人那面去的。

红军战斗力怎样

新近苏俄清党案件是一个谜，大家都要知道那到底是什么一回事，可是没有一个人能够答复，甚至于各国驻俄的外交官并新闻记者，说是红军中八位高级将领真的同希特勒有勾结，这似乎说不过去，因为我们想象不出希特勒，墨索利尼（即墨索里尼）的亲信会勾结斯太林（即斯大林，下同）来反对他们的首领，说是没有这回事吗？那末新近捷克自己焦急起来，曾更改全部国防计划（据说，原有的计划被红军杜卡策夫斯基上将泄露给德国），并且此事发生后，法俄的关系好像又比从前更加密切。

据一部分人猜测，苏俄此次清党清军是两回事，虽说，托洛斯基与杜卡策夫斯基间有个共同点，是反对斯太林，杜卡策夫斯基上将，素来被人家推崇为苏俄的拿破仑，也许有政治的野心，但要说他卖国求荣，把苏俄的国土割让与德国，那又不见得是一宗事实，大约他以军事专家的看法，于是乎与斯太林的政策发生冲突，这里，我们要记起，苏俄红军与德国军部的关系，有了十六七年左右的历史，假如不是希特勒登台，那末两国间军事同盟的可能性极大（由地理上，战略上看来，德国需要苏俄帮助，收回它东部的失地，同样的，苏俄也有许多国土被波兰，罗马尼亚占去），两国对于东欧目前的国境分配法不满，是一宗事实，年来斯太林的联法政策与红军原有的国防计划自然要发生冲突，或因此遂引起了此次的事变。

杜卡策夫斯基上将等死后，红军干部已加以改组，以人才来论，红军实力自然要受一种影响，假如他生前是主张联德（不是希特勒）的一个人，那末此后红军与德国的联络，即将中断，德国参谋本部从此真的要把苏俄算做是一位主要的敌国（记得去年德俄双方互相攻击激烈的时候，英国外相艾登曾说过，两国的政治家尽管咒骂，但两国的军人仍暗谈合作问题，他这句话并不是没有根据的）。

目前的问题是，德国会不会乘红军变动组织的时候先发制人？

本年秋收过后，也许希特勒会给我们个答案。（完）

（1937.09.07《申报》）

是大家的事情

此次全面抗战发动以后，我们感到可以喜慰的一件事，就是国际舆论对于远东事件已有相当的了解，不像从前一样大家一味受着日本人的蒙蔽。例如两月前伦敦新闻汇报（英国自由党报纸）有一篇社论就认为，在世界史上还没有过这种先例，当两国发生战争时全世界的中立人士完全同情一方面，像此次大家同情中国一样。这很可以代表目前国际舆论界对于中日事件的正确见解。固然我们是感佩这批爱护真理的人士，但单纯这种消极的同情，事实上却绝对阻止不了日本的侵略行动并挽救不了目前世界和平同人类文化的危机。民主政治制度的国家，特别是英美两国，一直到了今天还是没有一种新认识，还是同过去一样的错误把中日战争看做是中国人的事情，看做是远东问题而不是世界问题。万一日本的武力政策成功以后，利用中国的人力财力作基础准备作她统治全世界的迷梦时，大家就会明白我们此次抗战的意义。不过，那恐怕太迟了！

目前的中日战争并不单是我们中国人的事情，而是大家的事情，是一个世界问题。假如此次日本达到了她的侵略目的，不独英美等国在远东的商业利益会根本动摇（东四省的事实就是一个例子），不独南洋群岛、澳洲、印度、西伯利亚将成为日本垂涎的对象，更重要的，就是有些国家眼看日本的冒险政策或将再度希冀成功，因之更增长她们的气焰，照此说来大家还谈什么世界和平。民主政治制度的国家能够说，这一切只是中国人的事情而与大家痛痒不关？其实牺牲了中国，不但换不到世界和平，相反的，只有增长侵略者的野心，国际间只有从此更加多事。民主政治制度的国家想避免纠纷，结果恐怕还是制造纠纷！

不止为了正义或者人道，英美等国人士对于中日战争不应坐视，更重要的，我们大家的命运本来是分不开的。要谈安全，前提只有大家都得到安全。这就是为什么我们完全赞同罗斯福总统的意见。不是爱好和平的国家联合起来，试问如何去挽救目前这种危机？此次战争不幸先爆发在中国境内，受牺牲的是中国人民，但我们为了自己民族的生存，为了世界和平，我们情愿以我们的血来消灭未来人类的战祸。我们此次抗战是一种未来世界和平或战争的试验。一个中国的胜利，不但保障了远东的和平，甚至于可以预防未来世界大战的爆发！

对于目前民主政治制度国家地位的困难，这一层我们是能够了解的。但历年来大家所采取的外交政策却未免使我们多少感到失望。民主政治制度国家的目的在于维持现状，于是乎大家就到处委曲求全。所不幸的，这个苦衷在侵略国眼中恰恰变成了一个弱点，因之她们才有机会得一步进一步。假如日本知道，英美俄法等国对于中日事件不止采取一种消极同情中国的政策，那末她此次决不敢冒险，而目前的战事最少暂时仍可以避免。其次，大家估错了中国本身的力量。中国不是阿比西尼亚第二，这一点民主政治制度的国家开始就应该有此种认识。也许此时我们单独还没有为大家除害的实力，但只要民主政治制度国家的态度稍为积极一点，中国人民是不会计较牺牲的代价的。再次，民主政治制度国家都同样的患着对日恐怖病。年来英美等国对于日本的挑战举动处处表示让步，这完全是一副殷实人家碰到无赖的脸相。事实上，日本只是一个第二流的军备强国。经过数月来中国人民英勇抗战的结果，最少已经证明了日本绝对不是那么可怕。英美等国所担心的就是恐怕事情弄到自己身上来。其实，日本此时一个中国已经感到对付困难，那有余力再向别人寻衅，就说她的野心再大一点的话。并且战事多延长一天，日本的实力就减弱一点，只要中国能够继续抗战一二年，连她侵略亚陆的计划都会打个粉碎，根本谈不到会有再咬别人的机会。也许民主政治制度国家此日运用种种苦心来维持中立的态度，无非替自己留一个地步，生怕日本将来会采取报复的手段。关于这一点，大家似乎对于日本的国情太隔膜了。只要日本有得意的一天，她还会想起信义或者别人的友好态度？

中国人民对于民主政治制度国家，并没有一种过大的奢望。我们知道并且也能够了解目前英美等国的困难情形。我们并不希望大家会替我们来一个武力压迫，由此解决目前的中日战事，但是除武力压迫以外，方法多得很呢。民主政治制度国家明白，我们的需要在那里！

本来一个民族要生存，根本还是依靠自己本身的奋斗。几个月来的抗战，就证明了我们没有忘记这一点。不过此次中日战争与大家的命运有关，并不单纯是我们中国人的事情。民主政治制度国家似乎不应再采取每用必败的观望政策。大家不是希望将来少流一些血，那末此刻就是一个最后的机会。

（1937.11.14《申报》）

列山随笔

另外一种随笔

提说随笔，也许有人误会了，以为多少总带点文学的意味，需要声明的，我们这种随笔，事实上不过是一种新闻记事的体裁，以新闻为对象，与文学无关，不敢冒牌，这里所谓随笔，的确真的只是“随笔”而已。

沿用随笔两字，自己也觉得不无语病，最好还是用杂记杂录一类名称比较来得妥当，因为我们只就个人见闻所及，将每宗新闻平常报纸上不容易看到的新闻，采用叙述故事的方法随笔写来，多少总离不了杂的一个字，但从前本报编者把记者的“旅欧杂记”改成“旅欧随笔”，随笔自然要比“杂记”体面许多，他的好意，记者这里也只好领受，所以我们的随笔，并不就是人家的随笔。

像我们这种随笔的体裁，在英美等国新闻界中十分流行，几乎每家报纸都有这么一位记者来担任写作，通常是登载在社论后面，与社论并专门论文鼎足而三，同为一家报纸的柱石，它们的名称不是某报的日记，便是某地的每日杂闻，全部字数虽与专门论文相仿佛，但大半都分成七八个小段，每段就是一个独立的新闻，字数最多也不过两三百字，这是英美记者的特长，用最简省的文字同时仍能够传达出全部事实，这里记者个人十分惭愧，大多受了小学时代爱作长文的影响，一时苦于缩短无术，因之也只好多费读者一些宝贵的时间，只希望将来写作技术稍稍熟练时，每段字数能够缩短到两三百字以内，至于目前呢，恐怕都非超出五六百字不行。

本来这种随笔应以当日新闻为主体，可是记者两三天前新从国外归来，对于国内情形，自然还是隔膜，许多事情自己觉得是新闻，恐怕在读者却是旧闻，不得已的办法，只好先从沿途所见说起，中间再添上一些国外新闻，要到什么时候才能做到名实相符的地步，暂时还不敢预约。

照记者个人的计划，希望这种随笔，能够每日同读者见面，新闻虽说天天有，但一个人能否天天都写得出东西来，却是一个问题，好不好说还在其次，另一面，目前本报篇幅有限，付印时总难?变动，假如将来有间断的时候，还是先请读者原谅，

华侨吴耀如君

不但华侨在海外的生活状况我们感到隔膜，就是华侨爱国运动的实际情形，一直到了今天，我们始终总有点不大明了，譬如说历来华侨的爱国捐款一事也容易引起误会，以为侨胞的经济特别充裕，所以会有此种热诚，事实同这个猜测恰恰相反，侨胞中有钱而又热心的人物，像陈嘉庚、胡文虎一流人，真是凤毛麟角，捐款的来源，十之八九都出自中产以下的大众身上，在此次全国抗战声中，这批侨胞不是将多年的积蓄悉数捐助，就是临时缩衣节食，甚至于借债捐款，目前在海外侨胞间也是一种十分流行的现象，人愈穷爱国心愈切，愈把祖国的命运看作是自己个人的命运，至于有钱的侨胞却成了一个反例，例如槟榔屿有一位某君姑隐其姓名，资产还在胡文虎之上，此次不知道经了多少曲折，才拿出两万元来，中间一万元还是人家送他做生日的礼仪，我们这里举出伦敦华侨吴耀如君的事实，就可作为无数穷苦侨胞的爱国例子，吴君本人是一位穷苦华工，平时收入不足以养活自己的家庭，他只依靠中国人的刻苦耐劳精神，多年来才在银行里陆续积下八百元左右的存款，此次全面抗战发动后，他一声不响就自动把全部储蓄悉数捐出当作爱国捐款，当他把银行存折送到我国驻伦敦总领事馆时，自己兴奋到连话都说不出来，半晌以后，大家方才明白他的来意。

要他签写自己的名字并捐款数目，他拿起笔来粗大的手指自始至终就一直在发抖，在这里我们自然会感到吴君的一颗爱国心也在跳动。

吴君是一位穷人，以一生血汗的所得贡献给国家，这才是一个现代的中国人，从前外人时常讥笑我们缺乏国家观念，吴君的行为，就是一个良好的答复。

（1937.11.16《申报》）

德国与我们

当去年德日反共协约签订以后，凡算是德国朋友的人都觉得是一宗十分可惋惜的事情。为德国本身着想，根据欧战前与日本合作的经验，似乎没有重蹈覆辙的必要；在中德两国间的友谊说来，只有使我们更加失望。这是一宗事实，许多年来中国人民始终对于德国怀着好感，特别是欧战以后，我们以受了人家压迫的心情来反对凡尔赛条约，来替德国人民鸣不平，单旅华德侨到处受中国人民欢迎这一点上面，就可以看出我们的善意。而近年两国间的贸易更步步增加，我们大家正在盼望从此两国的友谊将会愈加亲善，不幸恰在这个时候德国忽然来了一个新政策，站在我们的敌人那一面去。

自然，德国国社党当局签约时的原意，正同他们的屡次声明一样，目的不在于对付中国。这一点我们是明白的。不过德国离远东可太远了，中日关系的复杂，不是这几位新政治家所能够了解。过去我们所担心的，就是日人不应用这协约对付苏俄，而先在我们中国人身上算账，果然，我们的预料此刻已经变成了事实。

德国虽把日本当做反共的同志，可是对于共产党的定义，彼此间却有一个极大的分别。我们希望最少德国宣传部部长郭培耳司（即戈培尔，下同）博士会明了这一点。照日本军部的看法，不但反对日本的人是共产党，就是不赞同日本政策的人，甚至于不奉行军部命令的人都是共产党。这就是为什么远东特别多共产党的缘故。德国所要反对的共产党难道也是这一类？

正因为我们是德国的朋友，所以对于德国这个新政策，特别认为遗憾，不但目前日本已利用了这个协约来作侵略中国的借口，更重要的，年来德国报纸对于远东事件的论调已大不如从前的公正。自从德日反共协约成立以后，我们每读德国报纸多少总有这种预感，德国会渐渐忘记了我们的友谊。例如《佛兰福报》的社论过去是怎样的精彩，但对于此次中日战争只说些不关痛痒的话，而国社党的几家机关报，特别是攻击报，不但在替日本人辩护，有时还有意无意开我们几下玩笑。这批记者忘记了，当他们赞扬日本的行动是为了人类的文化时，置中国于何地？尤其使我们不愉快的，就是朋兴新消息报上的论调，那位记者假如不是他用了德人的姓名，我们读了还要误会以为是日本人呢！

最令人失望的，似乎还是德国各报上大批采用同盟社的电讯。这种单方面的宣传，没有给我们一种辩白的机会，虽说德国人民大部分同情中国，但这并不足以使我们放心。欧战时代英法等国的新闻政策成效如何，德国懂得最清楚，又何况这与德国政府屡次所表示的中立精神并不一致。其次，德国各地地方报纸的态度，显然大半都是袒日，言论远不及大报的含蓄，自然这更容易损伤中德两民族的感情。

我们承认德国是我们的朋友，不过朋友的话同敌人的话总有一种区别，这一点做不到的时候，那就是不够朋友的了。

（1937.11.18《申报》）

列山随笔

爱国捐款的来源

英国利物浦城一共有华侨两三百人，除了几位学生以外，全是穷苦的华工。他们平时艰苦的状况与吴耀如君相仿佛。分别只在于吴君在银行里尚有一些存款，他们呢，连这种储蓄也没有。

此次全国抗战发动以后，一个月内他们就募集了七百镑英金的捐款（约合国币一万两千元），同时并认购了救国公债九千元。两月来他们自然会有更好的成绩。

他们捐款的方法，说来也算简单，起初大家尽力认捐一次，没有钱吗？临时借债就是唯一的办法，第二步规定一种长期捐款，每星期缴纳一次。这里又分为两种：工人按照薪工的收入，抽取百分之五，小贩按照每日营业的收入抽取六十分之一。据说，他们这种办法，每星期总可捐到几十镑英金的数目。他们说，只要日本的军队一天不退出，那末他们的募集决不会停止。

几十镑英金一星期出自利物浦这批侨胞身上，是多么大的一个数目！其实并不止利物浦城，凡是有华侨的地方，几乎都有这种热烈的气氛。

一位在伦敦的中国同学，听到这个消息后，对记者说：伦敦比起利物浦来，多少有点惭愧。像伦敦华商协会这么大的一个机关，此次捐款的数目不过几十镑。连几位大人物也只拿出十镑或者十五镑来，替伦敦侨胞增光的，还是吴耀如君一类人！

当记者离开伦敦以后，报上传闻郭大使夫人也把首饰捐助给国家，情形大约与从前不同的了。

柏林与中国

一九三七——八年度我国国家预算案公布以后，德国《佛兰福报》曾发表了一篇文章，题目叫做柏林与中国，大意是说：

“……中国国家的全年收支共十万万元，这只合七万四千万马克。一九三七年度柏林市的经费，就是八万七千八百万马克。柏林的父老们替四百二十万柏林的市民造福，每年的支出要比一个七百一十万平方公里（作者引用德文报纸，原文如此——责编注）、四万万人民的中国国家预算多出一万四千万马克。……假如我们再将中国国家预算案中的收支分别研究一下，便会更觉奇怪起来。三分之二的国库收入依靠海关与盐税。直接税收的所得反而占一个不重要的地位。许多欧洲国家认为国库财源的所得税，每年只有二千五百万元，遗产税甚至于只有两百万元。支出的情形如下：财政部的行政费是很贵的，每年需要六千九百万元，占全部支出的百分之七。相反的，教育经费却只有四千三百万元。内政与司法两项一共只一千万元。……”

“只有一点同欧洲各国财政的分配似乎完全相同，就是军费占全部支出的百分之四十。……虽然，没有一个欧洲国家，今相信，单拿柏林市三分之一的费用来作军费，就可以购买得到和平。……”

这位记者的批评，自然纯粹用欧洲人的看法，忘记了中国的生活程度。其实，有许多地方，我们的一二百元费用就抵得上人家一二千元。问题倒不在于国家收入数目的不大，而在于支出会不会浪费。只要公务人员能够做到点滴归公的地步，一年十万万的国库收入，实际上就可以等于人家的五十万万元或者更多一点。

（1937.11.18《申报》）

列山随笔

英国人态度的渐变

英国人对于此次中日战争的态度可以分为几个阶段。在卢沟桥事变以前，大家的注意力都集中于西班牙事件与地中海问题。无暇顾到远东，到了日本的侵略政策又再度发动以后，起初一般英国人还抱一种息事宁人的态度，希望把大事化为小事，小事化为无事。直到“八一三”淞沪抗战发生，这时候，英国人才感到事情不妙，我军抗战的成绩，却使英国人又喜又忧。喜是中国人民居然有这种实力，忧是英国单在上海一埠的产业，据说就在三十万万元以上，对于这种损失自己会心疼的。但无论如何，从这时候起，英国人已放弃了消极劝告日本的态度转变为消极同情中国，自然这个同情是有限度的。

到了英国驻华大使许阁森被日机击伤的事件发生后，英国人的态度便更进一步。这个不幸事件给予英国人民一种十分深刻的印象。因为这是一种侮辱，损伤了英国人的自尊心。在三四十年前的时候，一位英国大使被人击伤不就是一种宣战的口实（最少民间的观念是如此，政治家自然有另外一种看法）？有几位熟人曾在伦敦作过好几次演讲，每次会场中听众总对他们表示，大家是绝对同情中国的，可惜目前英国军备不足，无法作实力上的援助，言下大有摩拳擦掌的姿势。英国人是一个不会动情感的民族，此次居然有这种激昂的态度，倒不容易。

在伦敦的时候曾同英国政界某君谈起中日问题。当时记者指出英国人所抱的“隔岸观火”态度不当，同情中国人民的抗战反而不及同情西班牙人民阵线政府来得积极。某君却有另外一种看法。他认为同情西班牙政府不过是英国的左派并中间分子。对于中国却不分右左，只有一致的同情。只要经过相当的时日，英国人民一定会有进一步的表示。

在英国人还没有进一步表示以前，日本人却叫喊出来，说是此次战争不是中日战争而是英日战争。

日本人这种说法，在目前当然还是文不对题。

（1937.11.18《申报》）

列山随笔

苏俄与犹太人

犹太人，大约是世界上最不幸的民族，他们中间虽有一部分人拥有金钱，但仍避免不掉到处受到人家的歧视。希特勒并不是“反犹”的发明家，他不过把犹太问题特别夸张起来，于是乎大家就觉得他的面目特别可怕。其实，排斥犹太人的观念，在欧洲民间几乎成为一种普遍的现象，例外的，只有社会主义者并“人道”主义者。也只有这批人才不谈及种族问题。

帝俄时代，俄国的犹太人也算是被压迫民族间的一个。当苏俄的革命运动爆发时，犹太人是主要的中坚分子。例如托洛斯基，季诺维也夫、加米业夫、拉的克、越飞、李维诺夫等等。据说那时候曾有人向列宁质问过，为什么他的左右过半数都是犹太人，这一定要引起俄国人民的反感。列宁记，俄国人民是产业落后国家的人民，要完成无产阶级革命，只有用托洛斯基等人。这里不应分为谁是俄国人谁是犹太人。从此以后，犹太人在苏俄不但得到了平等待遇，甚至于在政治上更拥有不少实权。列宁死后，托洛斯基被逐，斯太林（即斯大林，下同）独握政权，而犹太人在苏俄的地位始终并没有动摇。大约在一二年前，有一位苏俄国籍的犹太人曾对人表示，在苏俄居住的犹太人都觉得十分幸福，他们再也没有别的希望的了。是的，将苏俄的犹太人同其余各国的犹太人比较起来，自然他们有可以满意的理由。

虽然，这种现象能否长久维持下去，似乎是一个问题，犹太人在苏俄是少数民族，而政权方面却居领导的地位。斯太林与托洛斯基两派人的互争政权，重要的原因，固然由于政见与思想上冲突的结果，但另一面，却也不无一些俄罗斯人与犹太人间争执的痕迹。近来常有人说，斯太林受了希特勒种族论的影响，变成了大俄罗斯国家主义者，说不定将来他也会开始排犹。这种说法，自然是对斯太林开玩笑。不过，事情又是那末凑巧，半年来先后在莫斯科开审的三大反革命案。案中的主角，十之八九都是犹太人。因之，也引起了我们的一种疑问，这批人是否因为同是犹太人的缘故而与托洛斯基联络，希望恢复前几年的黄金时代?

不管德报怎样去攻击斯太林，说他并苏俄的政治全部犹太化。理由只为了已去世的斯太林夫人是一个犹太女子。其实年来斯太林的政治设施，似乎可以得到一个相反的结论。这是否由于预定的计划或偶然的事实，那是另外一个问题。斯太林不但把红军由托洛斯基手中抢过来，将内政部长一职由犹太人换上了一个地道的俄罗斯人（内政部就是从前著名的政治警察局）。甚至于素来在犹太人一手包办下的苏俄外交部最近也有所更动。新近苏俄的驻德大使（犹太人）调任为驻法大使（听说，继任的人物将为俄罗斯人）。原驻法大使普邓金（一个地道的俄罗斯人）调任为外交副委员长。自从前外长齐齐林去职以来，俄罗斯人在苏俄外交部中任这么重要的职务，这还是第一次。

年来在苏俄时有反革命案件发生，内容复杂，我们所读到的消息，也十分矛盾。苏俄当局虽绝口不提起犹太人问题，但我们综合了各方面的事实，总觉得不无一些“蛛丝马迹”，这一点也许可以帮助我们去了解苏俄目前的党争，说不定斯太林的处置方法，还是代表了多处苏俄人民的意见！自然，这是一种说法。不过它在苏俄党争中到底是不是一个重要的原因，那还是让苏俄问题的专家去研究吧。

做新闻记者难

新闻记者这碗饭是不容易吃的。同行中许多老前辈都拿这句话来警告我们。他们的意思并不只说新闻记者的地位困难，懂得的事情并不见得，就能够全盘写出，因之对于读者发生了良心问题，有欺骗读者的嫌疑；另一面，新闻记者是社会的报告员，他的责任是每日向读者毫无错误地报告社会上的各种事变，这一来，每个记者对于各方面就应该具有充分的常识。一个人要变成了一部百科全书，谈何容易！有许多有学问的专家，时常感到报纸上的文章浅薄。在我们看来，没有写错，就稍嫌浅薄也算已经尽了我们的责任。因为专家在我们眼中只是一种极少数的读者，说得粗鲁一点，我们所写的东西，根本就不是给专家看的。我们的对象是读者大众！

一位学者花了几年或几十年时间去从事著作，那末他的作品自然不容易错误。一个新闻记者哪有这种福气。他的写作都完成于十分短促的时间中，几小时内不及赶出，第二天新闻就要变成旧闻，还有哪一位读者愿意读它？恰为的过于忽忙的缘故，时有闹笑话的危险，这是古今中外记者的通病，问题只在于大错与小错的分别而已。比较可以说是例外的，只有英美两国的报纸。这两个国家的报业大半都是规模宏大，内勤记者起码有几十人。每篇新闻都要经过好几个人的修改润色然后付印。于是乎英美两国报纸的笑话来得比较少一点。

举一个例，去年英王爱德华八世逊位的消息传出以后，德国德意志通讯社的驻英记者即连忙发专电到德国去，说是新王阿尔伯特一世即将继位。当天许多德报就照样印出，这位记者因为过于急忙一点，便闹了这个错误。原来从前维多利亚女王的亲王丈夫是叫做阿尔伯特，为的这个缘故，目前的英王不是阿尔伯特一世，而是乔治六世，再如今夏英国老社会主义者兰司勃莱（前工党领袖）赴柏林拜访希特勒，讨论世界和平问题，德宣传部长哥白尔司（即戈培尔，下同）博士的机关报，攻击报，却称兰氏为兰司勃莱勋爵，这种称呼法也许别有用意，但兰氏不是贵族，却为人所共知的事实，于是乎就发生了记者的常识问题，英德相隔甚近，尚这么容易闹笑话，可见做新闻记者难。

记得去年有一位欧洲某报的总编辑（是一名记者），写了一篇社论，关于中国的问题，文中把兰州并甘肃算做是中国的两省，还有，去年秋天中国足球队在伦敦比赛时，有好几家英国大报都说李惠堂是医科的学生，并且说，这位医学生踢得很不错，李惠堂为什么无缘无故改了行，我想来想去总想不出答案来。

（1937.11.22《申报》）

列山随笔

——关于吸烟问题

好像从前徐志摩氏曾经提起过，英国牛津大学教育法的长处在于教授会教学生吸烟。他赞美这个吸烟制度，说是几年以后这批学生一到社会上去便立刻变成了地道的绅士。这一点大约徐氏忽略了牛津，剑桥两大学的学生大半都是英国贵族并富家的子弟，他们未来的出路，几乎早是现成的，于是乎把这个功效算在吸烟的账上。其实，这两家大学主要的目的在于制造一批统治人才，而不是科学专家。假如吸烟真的与同学间的修养有那么大的关连，那末英国人就非个个都变成学者不可。理由：吸烟在英国是一宗极普遍的现象。

一个不会吸烟的人跑到伦敦来的确也有许多苦处。这并不是说，不会吸烟硬做不成绅士。英国不但有不吸烟的绅士，甚至于他们还组织了一个“不吸烟会”；苦处在于你随时随地都会碰到这种“香烟雾”。不但在街头电车、地道车、酒馆、咖啡店等地方；甚至于就在电影院、戏院、音乐会中这一批绅士淑女们也无不尽量大抽他们的香烟。有时你不幸恰恰坐在一位有“香烟瘾”的先生身旁，包你有机会眼看他接连地一根香烟跟着另外一根。尤其是许多年轻的姑娘们爱来这一套。这种现象连英国人自己也觉得不快。新近“不吸烟会”的会员特别开了一个大会，呈请政府，禁止观众在电影院、戏院、音乐会中吸烟。这一来英国各报上就大讨论起吸烟问题。有的报纸说，不吸烟的似乎只是少数人。既然大多数观众希望吸烟，那末少数人就没有强迫多数人的理由。这一家报纸说，吸烟问题与营业也有密切的关系。电影院的老板决没有法子阻止观众，假如观众高兴吸烟的话。否则他的生意就会受到损失。那一家报纸说，吸烟还有调和的功用。因为英国有许多电影片子与戏剧，不是以吸烟来消磨时间分散精神，在戏院里简直就无法坐下去。终于号外一家报纸提议，模仿纽约电影院的办法，就是楼上可以吸烟，楼下不准吸烟，自然这是一个良好的妥协方法，不过能否行得通，还是一个问题。因为这种乎已经成了风俗的吸烟习惯，一时恐怕不容易改革掉。

恰同这种情形相反的是德国。在德国的电影院，戏院里是不准吸烟的。甚至于公共地方对于吸烟也有相当的限制，特别是对于女性。德国妇女偶然在众人面前吸烟，时常总会受到男子们的“舆论制裁”。德国有一句流行的俗语“德国女人不吸烟”。记得有一次在一车站上听到一个年纪卅几岁的大汉向一位时装的女子警告：“德国女人不吸烟”。可是这位吸烟的女子却不慌不忙转过头来说：“我是瑞士人，德国的女人同我又有什么关系，你说?”

另外一个笑话。据说有一位德国女士某天在一家咖啡店中吸烟。她这种举动当时就引起几个男子的不平。中间有一位男客自告奋勇，写了“德国女人不吸烟”的字条送给这位女士，当作警告。这位女士却在那字条上附加了几个字立刻交还给他。等到他们打开来看了以后，大家不响了。原来这位女士所回答的是“德国男子只有老婆，没有姘头!”

两年前国社党青年中对于“德国女人不吸烟”这句口号，不但竭力拥护，而且大有非使它实现不可的气概。后来为了宣传部部长哥白尔司博士的夫人，是一位嗜好吸烟的女同志，这个口号终于取消掉。在德国社交界中，许多外国人都爱拿吸烟问题来开德国小姐们的玩笑。当她们不肯吸烟的时候，便说：“德国的太太（德文 Frau 有女人与太太两义）不吸烟，可是您是一位德国的小姐!”

（1937.11.23《申报》）

列山随笔

——事实同报纸上的记载

德国女人的烦恼

初来德国的人，对于德国妇女的不事装饰，没有涂脂擦粉这一套习惯，都感到惊异。尤其在街道上所看到的女性大半总雄纠纠地具有男子风，认为是一宗无法了解的事情。为什么德国的女性单独有这个例外？一个女人有不爱修饰的天性，说起来好像是一宗奇迹！

其实，在这种地方，德国女性也有她们的苦衷。德国男子的一般“舆论”——最少在表面上，不但拥护“健康美”，甚至于进一步主张“自然美”的。普通一位浓装艳服的少女，很不容易得到大多数青年男子的同情。当她在街道上走时，背后总有人故意大声批评给她听：“瞧呀！这里有一个法国女人！”第二次她还敢再度尝试？德国男子眼中的美人标准是女运动员。虽然，许多德国青年心理却羡慕英法等国的女性。到过巴黎，伦敦的德国男子回来以后总会告诉大家，英法两国的女人长得真好看。

自从国社党登台以后，德国的少女都被编入希特勒女青年团。她们穿上了军服般的棕色服装。每星期要操练几次。当她们集队在街上游行的时候，步伍整齐，几乎要比英国的陆军还神气得多。有一次，当一队希特勒女青年走过后，一位德国青年告诉记者，他想，他还是不结婚来得好些。一年以前我们几乎到处可以看到这种穿“军装”女团员踪迹。去年起情形突然改变过来，许多少女都爱穿平时的装束了。

据英国一家报纸的意见，这纯粹出于德国男子消极抵制的结果。

最近几年来，运动在欧洲民间十分流行。冬天到高山上去滑雪，夏天赴海滨游泳，只要有这种经济能力并时间，谁愿意把这个机会错过！这批人在山上或海滨受了两三星期的太阳光，晒得通身浑黑。等到他们回来以后，皮肤上黑的程度虽不及真正的黑人，但比起印度人来已有过无不及。这种黑皮肤渐渐变成了时髦，一面可以表示他或她作过旅行，另一面也成为健康的象征。许多妇女更把她们的“黑面孔”当做装饰品，傲然在街道上行走。这种风气一开，便引起其他城市妇女的仿效。然而大部分女性是没有金钱并时间到山上或海滨去的。于是她们便想出另外一个方法，不是在屋顶或公园中晒太阳，便利用太阳灯把她们的脸部晒得通黑。这尤其是爱好运动的德国妇女，认为这是她们唯一的装饰品。结果德国各城市中。黑皮肤的妇女几乎到处都可以看到。因之引起了国社党当局的不安。

国社党的种族论是竭力提倡纯粹的阿瑞安种的。据说，北方阿瑞安种人的特色，就是皮肤白而头发金黄。对于头发金黄这一点，德国人已不及瑞典挪威等国人，虽然他们拥有白色的皮肤却是一种毫无疑问的事实。对于年来德国妇女连这白皮肤都不想保存，岂不是根本有意跟国社党的种族论开玩笑！恰为了这缘故，新近国社党总部特地下了一个命令，痛斥这批不知爱护种族的妇女，说是她们把“劣色”的黑人皮肤当作时髦，有辱及阿瑞安（雅利安）种的德国人。在这个命令中更劝告德国人民起来反对这批黑人皮肤的德国妇女。原来“第三帝国”的人民，不但要保存“北方”人种的本质，就是外貌上也不该使“北方”人种丢脸。此外并通告这种扫除“黑皮肤”运动即日由希特勒青年开始。

做德国的女人的确也不容易！

月前在伦敦访问了某政治家一次，他是一个十分豪爽的人。对于记者所提出的几个问题，都详细加以解答。正因为他同时又是一位专家，所以这种材料特别有价值。但临别的时候，他却再三吩咐记者，这种谈话发表不得。他说：“这种事情你是应该知道的。不过发表出去，却不很妥当的了。”于是乎我们也只好割爱。

记得两年前在德国时曾参观过齐伯林飞艇厂一次。那时候数月前遭难的兴登堡号正在制造之中。在没有参观以前，记者从德报上收集了不少材料，准备写篇通讯。据德报的记载，该号飞艇的制造，特别困难。理由，在技术上面，每一个钉，一条线，都要经过十分细心的配置，不容有丝毫的差误，所以要到什么时候全部工程才能够完毕，谁都不敢预言，也许还要半年时间或者一年时间……

在参观时，凑巧碰到一位熟人，他也是该厂工程师之一。承他领导参观，记者就将这个疑问请他解释。同时先告诉他，德报的记载说是单为了技术上的困难所以要多费时日，这一点，我们做新闻记者的人是不会相信的。因为制造飞艇德国历来就有丰富的经验！

于是乎他就把真相说出来。据他说，当在欧战期间，德国制造飞艇的能力曾每一个月完成一只齐伯林飞艇。照目前的技术设备来说，每半个月一只飞艇也并非难事。此次所以屡告延期的原因，还是经济的缘故，他低声说：你想想看，每日来这里参观的人起码有几百人，我们每个星期单门票一项就有几千马克的收入。此外这个地方酒馆旅店业的繁荣现象，也靠着我们这双飞艇。以技术来论，在几天以内我们可以把它赶出来。但这对于我们又有什么好处？我们的飞艇完成后，全部游客立刻散去。……又何况目前我们已有齐伯林号飞艇在行驶……

临别时，他吩咐记者：千万别提起他刚才所说的那一段话。记者的回答是："自然，我怎好去告诉读者，齐伯林（齐柏林）飞艇厂单为了游客的门票关系，延长飞艇的制造时间？至于我是否也如别的报纸一样，说那是纯粹技术的问题，还得让我考虑一下。"

考虑的结果，我就牺牲了那篇通讯。

读者要自己小心

记得去年有几位熟人来信，希望记者多多写些关于欧洲政治的内幕。他们觉得阅读国内报纸的国际新闻，几乎有愈读愈模糊的感想。这一点，记者，个人是万分同情的。在国内报纸没有派专员驻外，或中央通讯社没有扩充成一个国际性的通讯社以前，这种现象总是无改善的。

国内报纸的国际新闻来源，全由各国的大通讯社供给，法国的哈瓦斯社除供给我们法国新闻以外，还要附带着当天各国的电讯。英国的路透社，日本的同盟社，德国的海通社，苏俄的塔斯社，美国的合众联合社等，无不如此。所以每遇一宗事变，各国通讯社就以自己的立场，以本国的看法，来向我们报告所谓这宗事变的“真相”。德国记者眼中的法国，同法国记者眼中的德国，虽说大家写出来不能与事实相去太远，但在我们中国人看来，多少总要打些折扣。结果反映在中国报纸上，就变成一种矛盾的现象。每件新闻，公说公的道理，婆说婆的道理。倒霉的只有我们的读者而已。每件新闻，公说公的道理，婆说婆的道理。倒霉的只有我们的读者而已（原文如此）！

也许，有人觉得，在各国通讯社的电讯中，平常似乎找不出宣传的痕迹。其实，这种地方，就是宣传的艺术。宣传到让人家看出来，这种人只配做正式的宣传员。各国的通讯社都是半官式的，他们感到困难的地方，就在于发稿时无论如何要装做他们的地位是超然的，最少要使读者相信他们不在宣传。一到了紧要关头，他们就轻描淡写，好像一切都是事实，使一般读者无法分辨，这才是宣传的妙技。

目前国内报纸最大的一个弱点，大约在于国际新闻的不能独立。把这种可宝贵的篇幅，变成了各国通讯社新闻战争的战场，说来我们唯有惭愧，因为我们花了钱去购买人家的宣传材料。这里除奉劝读者阅报时自己小心以外，另一面更希望各报国际新闻栏的编辑，对于当天各社的电讯，加以整理。最少应该提起，某国通讯社的看法如此，某国通讯社的看法如彼，让读者自己去判断。

我们暂时所能够做到的；大约只有这一点。

（1937.11.24《申报》）

列山随笔

——英国的报纸与德国的报纸

美国联合通讯社柏林分社社长洛克诺先生是驻德国记者中一位特出的人才。有一天德国“新闻记者联合会”请他演说，题目是讨论驻外记者采访新闻的方法。当日听讲的人数颇多，而且一部分人还是国社党中的重要人物。当他未演讲以前，于私人闲谈中曾告诉过记者，他不想把这一个机会错过，打算说他所要说的几句话。果然他的演说中就有这么一段：“……我们作驻外记者的人，忙碌是我们的日常生活。不过我们此刻作驻德记者比起从前却又舒服得多。过去我们每日非阅读一二十种报，对于当天的新闻便无法交代，目前呢，一天一份报纸就可以对付过去。这一来，我们倒省了不少时间……”他说到这里，听众都报以会意的微笑。自然，像这种公开的俏皮话也只有外国记者才敢说，倘若一位德国记者不识时务，对于他们宣传部部长哥白尔司博士的杰作——使德国报纸清一色化，也乱下一种批评，就算自寻烦恼的了。

半年前一位熟人看到记者的房间里堆满了英国报纸，便觉得有些奇怪。因为从前在德国的时候，房间总是收拾得十分干净的。我说：“这也是一件容易解释的事情，德国的新闻来源既然不在报纸上面，于是乎我们便把看报的时间省下来，做别的事情。例如多同德国人民接触结果，也可以帮助我们明了德国的现状。英国的情形就不同。英国人有不爱说话的脾气，有的人以为这是他们深刻的地方，有的人却以为，恰因为他们根本没有什么话好说。总而言之，要在英国人口中打听出一些消息，似乎要卖你一点气力。然而天下事又是这么凑巧，平常英国人所不愿意说的话，天天都在英国报纸上登载出来。从最右派的晨邮报起，到最左派的每日工人报止，包罗万象。只要我们每天熟读英国报纸一二十种，综合各方的论调，便不难猜破几分个中内幕……在英国看报虽说是一件开心的事情，但同时究竟也有点‘事出无奈’！……”

照理，英国的记者是英国人，为什么他们居然有这种例外？一方面固然由于英国新闻事业发达的结果，另一面，据说，还是因为一般英国记者善于喝酒的缘故。英国报纸上的文章几乎都是他们酒杯下的产物。英国记者在英国人眼中，几乎个个都有中国诗人李太白的风度。记得有一次在一宴会中只因为少喝了一点酒便引起几位英国记者的奇怪。当时记者解释：“这是要请大家原谅的，因为我并不是一位英国记者”！

到什么时候日本人才说真话

在卢沟桥事变以前，一位某国的记者因为想打听一些远东的情形，特地跑去访问了日本驻某国的武官一次。谈话的中心问题，就是中日两国在最近的将来会不会发生战事。这位武官回答：“什么？日本有作战的准备？日本人希望战争？根本就是一套谣言！我们是一向爱好和平的民族。战争不是最无意义的一回事？……”

这位记者当时觉得好笑，便问：“贵国得到了满洲以后，打算用什么方法来保守它？”

武官说：“用和平方法。远东问题根本是一个经济问题。日本素来不主张武力政策，只希望能够生存。……战争有多少可怕！我们日本人从来就没有想到这一点上面去！战争，‘不’！一千个‘不’……”

这位记者叙述到这里的时候，就问在座的人，到底要到什么时候日本人才会说真话？

以下就是另外一位记者讲述他所遇到一段日本记者的故事。

据他说，两年前他在伦敦认识了一位日本记者。他们间往来颇密，几乎每星期大家总见面两三次。当这位日本记者来看他的时候，一坐就是二三小时。这位日本记者不大爱好谈话，大部分时间都坐在“沙发”椅上独自一人看他的报纸并杂志。不过，他承认这位日本记者是个好人，所以大家还是合得来。有一天，伦敦外国记者联合会有一次宴会，他当时曾带了一位认识的姑娘同去。在宴会中他便照例也把这位姑娘介绍给日本记者。几分钟以后，这位日本记者大约为的喝醉了酒，便当众人面前对这位姑娘赞美起来，说她生得真可爱。接着便向她要求她的住址并电话号码。最后更约她一同吃饭去，说是他有一辆自备的汽车，终于弄得这位姑娘脸红起来，连在座的人都觉得不好意思。

第二天早晨这位日本记者觉得出了事，便跑来向他的朋友道歉，说是因为喝醉了酒，所以闹了一个笑话。“在平常，”这位日本记者说：“我心里所想的事情不会说出来，至于我所说的都不是我所想的东西。昨天晚上只因为多喝了一点酒，于是乎不知不觉中流露了真情。”这位日本记者的道歉方法，似乎并得不到对方的同情。欧洲人究竟是欧洲人，那位记者认为这位日本记者欺骗了他的友谊，原来过去就没有对他说过真话。

“所以，”他说：“喝了酒以后，最少连日本人也会说真话的。”

中国人与日本人

在欧洲，我们时常总要被人家当做是日本人，欧洲人分辨中日两国人的方法，十分简便，就是衣服整齐一点的人是日本人，相反的就是中国人，这种便宜的方法，自然要使他们时常弄错。经过我们说明以后，他们又老来一套道歉的口头语：实在分别不清，请勿见怪。自然，要一般欧洲人真的辨别得出，谁是中国人，谁是日本人，到那时候大约连我们也懂得那一位是英格兰人，那一位是苏格兰人的了。

中国人同日本人的分别到底在哪里？有的人说，日本人生得比较短小。不过这个标准在欧洲人看来也觉得困难，因为有许多海外的南中国人在身材上比起日本人来也不见得会高了多少。

根据一位熟人平时对于一般欧洲人的解释。他提出了两点：第一，日本人的皮肤颜色要比中国人黄些，日本的女人擦了粉，自然是个例外。其次，日本人因为不用椅子天天“盘坐”的结果腿部生得短而有些弯曲，当然大街上走路的时候，姿势并不像中国人或欧洲人那么自然。他这种说法，似乎对于欧洲人有了不少帮助。听说，有人曾采用过他的辨别法，结果都有相当满意的成绩。

一位德国医生有一次也将这个问题向一位日本医生请教。据这位日本医生的答复，要分别出中日两国人，倒也容易得很。他说：第一个特点，日本人普遍都戴了眼镜，中国人没有。第二个特点，日本人大半身边都带有一架照相机，中国人没有。至于第三个特点，日本人碰到人的时候，第一句话便问：厕所在什么地方？……

这位是日本医生的说法，试验的结果成绩如何，自然无从查考。不过我们相信，会有戴眼镜的中国人，会有带照相机的中国人，但逢人第一句话要问厕所在什么地方的中国人大约是不会有的。

假如这位日本医生的观察是正确的话，也许此后欧洲人碰到我们的时候，可以省去许多麻烦。

（1937.11.26《申报》）

列山随笔

在轮船上

记者此次因为急于归国，临时购买不到意邮及德邮的舱位，结果就坐了英国邮船，上了船以后，才发觉事情有些不妙，原来同船的旅客，几乎全是在远东殖民地服务过的英国人，虽说年来自己倒也过惯了英国的生活，除了爱好英国式的早点以外，多少还学到一点“凡事总得等着人家先开口”的绅士态度，但这一回的确感到有些穷于应付。普通英国人固然有一种不爱说话的脾气，可是他们究竟是一个有礼貌的民族，最少决不至于使人当面难堪，譬如说，他们不大习惯于同人家“拉手”，然而“您好呀”“早安”“晚安”这类客套仍时常挂在口边，在英国的社交界中，沉闷似乎是难免的事情，至于令人不安的一种现象，却不容易见到，到过殖民地的英国人显然就不同，假如他们没有全把“早安”“晚安”这类客套忘记的话，最少也因为不常用的缘故，生疏到懒于说出口来。

据船上一位中国工友的意见，轮船当局对于记者个人，已算特别优待，最好的证明，就是饭厅中我的座位，同英国旅客在一起，其实，他们这种好意，却连累了我，在起初一二星期中，几乎天天都得板起脸孔，同时还要听一种大可以不必听的话。

这批旅客对于远东问题的常识，说起来还不及一位德国的出口商人。女太太们的问题更妙，例如“中国也有军队吗?”于是乎我们来一个反问“假如中国没有军队，怎么会发生目前的中日战争?”她们听了以后自然就不响。老爷们的观察，中国最大的弱点还是在于内战。告诉他们，此日中国人民觉悟了，“中国人不打中国人”就是此次全面抗战的基础。结果他们依旧半信半疑。

船上某高级职员每天把他所听到的战事消息报告我们，他是一位好人，不过带来的消息，却总对于中国不利，有一天记者实在忍受不下，问他，就英国报纸也时常刊登有利于中国的新闻，为什么他老是给我们这种不幸的消息，后来他就自动把这个义务差使取消掉。

一直到了槟榔屿以后，这批旅客读过南洋的英文报纸，态度才改变过来，他们觉得，在他们五六个月的假中，中国已经变成了另外一个世界，一位女太太对记者说，她真的没有想到中国的兵士是这样的勇敢。

船长先生

船长先生虽说是一位中年的英国人，但大约因为过惯了海上生活的缘故，脾气倒十分爽直，有一种爱说什么话就说什么话的气概。他是一位反对报纸存在的论者，旅客中除了记者以外，还有一位英文马来邮报的记者。有一天他就对这位英国记者说明，为什么他要反对报纸，他说：“天下本无事，有了报纸，事情才愈闹愈多，新闻记者就是惟恐天下不乱的人物……”

这位英国记者呆住了，他问，船长是不是不看报？

“看报？”船长大声说：“不，我是从来不看报的，报纸是制造谣言的机关。”

这位地道绅士式的英国记者，也感到这个问题的不容易对付，他说：“难到报纸上的消息都不可靠？我们记者都在撒谎，无中生有？……恐怕先生是一位不大留心时事的人物……”

“不留心时事？”船长有点兴奋了：“我天天在听无线电播音，国际间所发生的事情我全懂，实际上，报纸并没有用处，不是吗，报纸上所有的东西，无线电播音上全有？”

船长这种论调，既反对报纸上的新闻，而又赞成无线电播音上的新闻，自然是一个矛盾，不过他说话时态度十分坚决，弄得这位英国记者反而显出窘态，旁观的我又因为坐得过远，不便插嘴。

就是这位船长，对于中日战争，也是另外一种看法。

他也同别的旅客一样，轻视中国人民的抗战力量，他有一次对记者预言，一二星期以内，中日战事就要结束，他说，一二星期内，日本即会占领长江以北，日本一达到这目的，全部问题立刻解决。

记者当时问他，这是他个人的意见，还是英国的希望？他回答："日本并不要占领全中国！"

到了槟榔屿以后，我军抗战的成绩，连一位主观这么强的船长，也把观念改变过来，他背地同一位英国旅客谈天，他说："想不到中国军队居然是这样的勇敢。"

轮船一驶过槟榔屿，船上几乎变成了另外一个世界，船长问记者："冯先生？有什么新闻？"记者回答："船长，中国的兵士打得不错呀！"

船长微笑了："唉，真的不错。"

（1937.11.28《申报》）

列山随笔

仆欧与东家

在英国，大家把茶房叫做侍者，殖民地的英文却是“仆欧”。仆欧是译音，意译呢，大有“小奴才”三字的意味。

据中国工友口述，年来外国人对待中国人的态度虽然改变了不少，但仆欧两字始终未变。初来远东的英国人，上船时还应用侍者这个种呼，两三天以后就一直仆欧下去。大家觉得气愤，可是生活问题高过一切！

这回船上的情形也是如此。左一句仆欧，右一句仆欧，听起来的确使人难受。有一位英国人还觉得这批“仆欧”的英文程度不够。他说，这种人配做仆欧吗？我说，假如他们的英文程度够时，不是可以当买办去？他不响了。

船中一位胖太太，叫仆欧叫得最响的人就是她。有一天就发生了下面的一段故事。

“仆欧，”胖太太说：“东家在那里？”

一位周姓的中国工友听了他这种口吻，实在忍受不下。所谓东家，就是她带清学者气味的丈夫。在她看来，她的丈夫就是这批“仆欧”的东家，所以用不着说她的丈夫或者某先生。

“太太，”周姓的工友问：“你要芥子粉吗？”

原来东家（Master）同芥子粉（Mostard），以洋泾浜英文的口谓说来，的确分别不出。

"是呀!"胖太太说:"快去,我等着!"

一会儿,周姓的工友就把芥子粉拿来放在她的台子上,然后大声向门外喊着:"太太,芥子粉在这里。"

这位胖太太急急忙忙跑到房间里来:"东家在那里?"可是她看不到的她的丈夫。

周姓的工友向着台上一指:"太太,这不是芥子粉吗?"他说话时态度很冷静并不发笑。

胖太太急得连声说:"不,不,不是这个!"同时她知道这位中国工友在开她的玩笑。

周姓的工友还是很有礼貌地说:"太太,除此以外,船上可就没有别的'马司他'"!

胖太太摇摇手,说不出话来。

记者把这个故事告诉给同船的英国旅客听,弄得大家捧腹大笑。特别是一位嫁给英国人的中国太太,几天以内,只要她一眼看到那位胖太太,立刻就忍不住要笑出声来。

小胖子同他的中国太太

小胖子,就是这位中国太太的英国的丈夫,一位在远东某机关服务的职员。小胖子这个名称是他的中国太太给他起的,事实上他的体重却达两百磅左右。

小胖子是同情中国的,这大约受了他的太太所感动的结果。许多地方他常同其他英国旅客意见不一致,在这批英国人眼中,最少他已经变成了"半中国人"。

海上生活单调,经过两三星期的时间,连平常不爱说话的英国人也开口了。大家先从天气谈起,后来呢,居然到了无所不谈的地步。普通欧洲人有一种脾气,爱问你喜欢不喜欢他们的祖国。同时他们所期待的回答,就是喜欢两字,假如你能够进一步多说几句好话,自然他们更加高兴。不过我们这位小胖子的中国太太并不是一个没有气骨的人物。

一位在香港某公司任职的英人——以后我们简称香港先生，有一天问这位中国太太，到底她喜欢伦敦呢还是喜欢上海？这位中国太太回答得十分直截了当，她说，她喜欢上海。

“唉，”香港先生觉得困难了。停了一停以后他问：“难道你不喜欢英国？”他说这句话时，几乎有哀求的态度。

“不，”中国太太用十分坚决的口吻回答：“我喜欢中国。”

香港先生不响了。但是他的太太不服气。香港太太是一位素来要占上风的人物，生得相当体面，谈话时笑得很响，早晨要睡到十点钟以后才起床，更重要的，她是此次船上社交中心。

“可是，”香港太太有些气愤：“中国地方多龌龊！”

“说到干净问题”，小胖子说时还带些笑脸：“咱们英国确有许多地方就不够干净。”同时他更举出几个地名。

香港太太有点恨了。她问小胖子“中国的官场成什么体统、贿赂、自私，世界上那一个国家像这样黑暗……”

小胖子还是他那种悠然的态度。他说：“并不止中国，就是咱们英国有时也免不了。例如从前某大员的撤职不是也为了贿赂问题。”小胖子除说出某大员的名字以外，还把那宗案件的经过叙述一下。

“呵，”香港先生说：“过去我们只把它当个谜，原来如此！”

香港太太脸红了，她大约对于小胖子的“叛变”觉得气愤，一声不响站起来走开。

后来记者对小胖子的中国太太说：“这是值得恭喜的，你嫁了外国人以后，反而变成一位地道的中国人。”

她回答：“小胖子虽然待我很好，不过，我想，中国人还是嫁给中国人好。”

（1937.12.01《申报》）

许承基在欧洲

十二次比赛得九个锦标　替中国网球界开新纪录

在网球场上看来，许承基并不是个身材高大的人物，他是一位典型的南中国人。他击球的姿势，多少还带些书生气味，没有剧烈的动作，既不像美国名手拔奇的紧张，也不像法国名手巴苏的松懈，这也许正因为他是中国人的缘故。不过当他击出的球，亦落到对方的阵地时，那末大家就会感觉到它的分量。他击球的技术是最新式的，正同目前世界许多名手一样，采取硬式击法，没有高球，也没有软球，许君似乎对于英国名手潘莱的球艺，有深切的了解。他正反手抽球的迅速并准确，容易使人联想起那位从前世界业余网球第一好手。虽然，潘莱善于反抽这一点技术，这是说，对方抽来的球，仍立刻用力反抽过去，许君还没有做到，也许限于身材，并气力的关系，我们只希望许君百尺竿头，更进一步。

许君的网球天才，虽说几年前已被人家发现了，但他的球艺，直到最近几个月，才发展到成为世界第一流网球名手。自从去年来巴黎参加台维司杯比赛以后，许君即留滞欧洲，他半年来曾先后参加过十二次比赛，一共得了九次锦标，南欧六次，希腊两次，英国北明翰一次。在希腊时他曾两度击败意大利第一名手斯特芬尼，在北明翰他更以极大的比数击败英国的第二名手黑而，而新近曾与智利的李莎纳小姐合作，获得布莱顿城的混合双打锦标。许君年来球艺的突进，我们可以将他与法国第一名手巴苏的比赛来作比较，第一次为去年台杯比赛，当时巴苏曾以直落三盘胜许，比数为六比〇、六比〇、六比一，第二次见面时，巴苏虽胜许，然比数已为一比六、六比〇、六比四、六比四，新近巴苏虽又胜许一次，但双方已势均力敌，巴苏胜来已及勉强，只为的许恰新由希腊归来受了旅途的影响，所以终于失败，据英国网球界中人的意见，论许的实力，似乎有胜巴苏的可能。许君此日在欧洲的声誉，较之过去日本名手原田有过无不及。本年英国惠勃列登网球大会时，许君固然没有锦标的希望，但机缘凑巧，则有达到最后八人中的希望，假如他能做到这一点，已经替我们的祖国增光不少。

笔者此次两中国与新西兰台杯比赛的机会，曾与许君作过一次长谈，许君今年才二十四岁，据说，他从十三岁起，就开始学习网球，虽然球艺的突进，还是这一年来努力练习的结果，一方面当于他走遍欧洲，有机会时与各国名手比赛，获得了许多可贵的经验，另一方面，他是一位“货真价实”的运动家，他不吸烟，不喝酒，除了网球以外没有别的嗜好，加之睡眠也有一定的时间，从外表上看来，许君还不无一些文弱的气概，而实际上他的体格，是十分坚实的，在网球场上，他有苦战五盘的气力，中国运动员一般的通病，在于长力不继，许君似乎已经克服了这一点。

许君另一个特色，就是他有良好的运动家态度，他虽不隐瞒自己战胜的喜悦心情，但同时也不埋没别人的好处，他没有时下一些运动员的娇气，他是一位认真苦干的中国青年。他会说英语、荷兰语以外，德、法文也可以对付，他是一位闽籍的南洋侨胞，他除了故乡的乡语外，也会说一些国语。他告诉笔者，他每到一个地方，总要被人家当做是日本人。虽说各国报纸上对于他的比赛情形，时有记载，但大家好像总不肯相信中国也会有这么一位网球名手。许多欧洲人，时常问他的球艺是否从英国学来的，许君的回答，他的网球技术，是道地的中国货，正同他自己是一位中国人一样。他在英国虽然参加过好几次比赛，但还没有正式学习的机会。这倒也是实情，许君的工夫，是自己苦练出来的，并没有作过哪一位世界网球大师的门弟子。

许君是一位业余运动家，他不想网球当做终生职业，他希望中国政府，能够给他一名官费，使他有机会在英国继续求学。一面更可以乘机练习他的网球。照许君目前的成绩看来，再下一二年的苦功，那么前途是很有希望的。

对于中国目前的网球运动，还没有达到世界水准的原因，据许君的意见，第一，中国没有职业网球家，新式的球艺无从输入，一般业余网球家，大半都墨守旧式击法，得不到新的经验，所以不容易进步，其次，大部分网球运动人员，平常只注意球艺的练习，而不注意其他运动，使体力平均发展，于是比赛时常常要感到气力不足，再次，中国的饮食，也成问题，据许君个人的经验，中国的饭菜是好吃的，不过吃了饭以后，第二天打起球来，每每觉得精神不及，反之，“淡而无味”的西餐，滋养料却比较丰富，适合于运动人员。许君这种见解，也许是对的，就我们时常也觉得，吃西餐只为了“充饥”，吃中国菜呢，才是一种“享乐”，“充饥”自然容易做到适可而止，单这一点，对于运动员已有不少好处。

中国与新西兰的台杯比赛，许君虽替我们连胜了两个单打，替中国网球界开了一个新纪录，然终以事前缺乏充分的准备，结果我们还是失败，报复的机会只好留待明年，这里我们希望许君努力（一九三七年五月，伦敦）。

（1937 年第 4 卷第 10 期《勤奋体育月报》）

归国通讯篇

沙赫德博士及其辞职问题（上）

两三年来屡次谣传的沙赫德博士辞职问题，终于三日前经德国官方证实了。虽然，事情并不那么简单，像一部分人所猜测的一样，沙赫德博士在德国经济界的独裁者地位已经完全动摇；实际上他此次辞去的职务不过是一个近于空头衔年薪三万八千马克的经济部部长，留下的却是一个有权力年薪三十万马克的德国国家银行总裁。也许表面上他要损失一些威望，可是这似乎不足以影响到他的实权。

沙赫德博士本人并不是一个国社党党员，虽然他却得到了国社党中最高的勋章。他是一个财政专家，一个在现代世界史上占个地位的财政专家，这就是使他的地位不容易动摇的主要原因。国社党中，说军事有戈林将军，说宣传有哥白耳司博士，说理论有卢森堡先生，说到管理经济这一部门就没有人可以替代沙赫德博士。至于元首希特勒本人对于经济也感不到什么兴趣。我们不敢预言沙赫德博士没有下台的一日，但最少目前还不是他失意的时候。

沙赫德博士个人是德国许多金融界要人的朋友，这包括最重要的银行家，实业家；例如银行家薛洛特-加龙省，实业界克虏伯厂，西门子厂，化学托辣斯（即托拉斯）业的老板们。这一点固然给他不少便利，同时也为了这一点使他成为国社党中少壮派攻击的对象，说他的经济政策袒护私人资本，阻碍国社党的经济计划。除此以外，在私人方面他更有许多地方令这批少壮派不满，第一，他不大主张排斥犹太人，也许这因为他亲见排犹问题发生后德国在国际贸易上所受到的损失。其次，他是国际共济社（Freemason，一种含有宗教性质的秘密团体）的高级社员，当国社党当局下令封禁全德国的国际共济社时，他主持下的一个支社还维持了许多时候才自动解散。再次，他不赞同国社党的统制经济政策，他不但在私人谈话中发表反对的论调，甚至于有时还要公开演说。最后同时也是重要原因的一种，他不是一个国社党党员。

沙赫德博士与国社党中少壮派的冲突，这是人所共知的一宗事实。这个裂痕到了两年前他发表了那篇有名的演讲以后（在东普鲁士肯尼斯堡城），双方的感情愈恶劣。沙赫德博士在他的演讲中指出，排犹问题应慎重考虑，要度过当前的经济难关应采取稳健的方法，宣传家的叫喊根本没有什么用处。宣传部部长哥白耳司博士的答复，就是禁止德报刊载这篇演讲稿。后来却更进一步，有几种国社党机关报上甚至于暗示反对沙赫德博士的态度。

风潮一扩大之后，国社党当局就感到处置的困难，唯一有效的方法，拉出一个人来替沙赫德博士保镖。这个人后来就是戈林将军。事实上戈林将军是个忙人，他从空军起到戏院止都要管到，哪里会有时间顾及经济问题，又何况他并不是一个财政专家。戈林将军担任德国四年计划总监一职的意义，在于以他的地位来压倒党中少壮派的气势，使他们没有反对的口实。沙赫德博士是个幕后的计划人，至于前台唱戏的人是戈林将军。

据柏林哈瓦斯社的电讯，说是此次沙赫德博士的辞职原因由于与戈林将军发生冲突，这种看法，似乎值得讨论。戈林将军不但是举荐沙赫德博士给元首希特勒的一个人，更重要的，他是国社党中的稳健派，沙赫德博士的朋友，大部分也是他的朋友。戈林将军又是一个不大谈国社主义的人物，他们间为什么冲突呢？在名义上，一切还不是戈林将军的！

沙赫德博士此次辞去经济部部长的兼职，我们只可以看做是他表面上对于国社党中少壮派的让步，让戈林将军一人出面担当一切；决不能够说是他的地位已经动摇，除非他再辞去国家银行总裁一职，因为事实上此日德国的经济结构全部势力整个集中在国家银行手中。（未完）

（1937.12.02《申报》）

沙赫德博士及其辞职问题（下）

沙赫德博士今年六十岁，一八七七年生于临近丹麦的北德边境上，欧战以后他的故乡已归入丹麦的版图。他的母亲是一名丹麦的女贵族，这个混婚不但影响到他的家庭生活，例如他的子女就用丹麦的名字，甚至于他的外交才能多少也受母系的遗传。他有爱说笑话的脾气，而说笑话的态度也容易使人联想起北欧人。

沙赫德博士起初读医学，感不到兴趣以后改读文学。虽说他爱好音乐，同时也写了一些诗歌，但他童年时代希望成就一个诗人的梦想始终无法实现。后来再改读财政学，这里就蕴藏着他的天才。

离开了学校他先入特莱斯顿银行任图书室的管理员。他的一部分工作是编制该行的年报。等到这份年报出版以后，他的报告就被该行采取为营业方针，不就他本人也一跃为该行的副行长。

他的天才被人发现以后，个人的事业也一帆顺风，在德国银行界中他就成了一位红人。当一九二三年马克大跌价时，他是主张设立新马克本位最力的一个人。终于被任为国家财政专员。由于他的计划，一个新马克的价值等于一万万个旧马克，这一来，才使德国渡过这个财政破产的难关。

“沙赫德博士救了德国!”这是当时一般德国人的公论，同时也是他生平的第一部杰作。结果就被任为德国国家银行的总裁。一直到了一九三〇年为的反对杨格计划，结果自动辞职。

希特勒碰到沙赫德，可以说是德国的幸运。沙赫德博士本人自然说不上是一位国社党的信徒，他同情国社主义，因为过去他是一个想打破现状的人物。他知道，只有在国社党政权之下，能够实行他本人的经济计划。在政治方面，年来国社党是成功的，至于经济部分却是沙赫德博士的功劳。

年来不是有许多人预言过，国社党不久必定崩溃，因为德国的经济困难已经到了山穷水尽的地步了，这批人可就忘记了德国的工业基础并沙赫德博士的才能。也许沙赫德博士在变戏法，但变戏法也得有一种本领。

德国自从重整军备以后，每年需要巨额的军费，这笔钱哪里来的？国社党人说："我们以枪炮代替奶油！"这是一种宣传家的口吻。归纳沙赫德博士的方法，可以分为开源节流两部分。

说到开源，第一个办法自然是借债。自从德国停付外债以后，国外借款比较困难，沙赫德博士在这一方面的成就，也只有一九三四年冬天英国银行的七十五万借款。内债当然来的容易许多，例如一九三五年夏天，他向德国储蓄银行借了五万万马克，而同时在保险公司方面也得到三万万马克。此外，他还有征收盈余的办法，就是公司股息在八分以上的盈余，一概归公，算做是政府的借款。第二个办法是促进对外贸易。受了国社党排犹政策的影响，德国对外贸易显然处于不利的地位。这里沙赫德博士对外国的债权人说："购买我们的货物，然后我们还债，否则我们没有钱。"他这个政策却发生相当的作用。许多人，甚至于大部分犹太人，为了要收回一部分旧债，也只好继续购买德货。另一面，沙赫德博士以工业品调换原料的方法，先后与许多国家订立商约，特别在巴尔干半岛上，得到极大的成功（至于加税，是每个国家财政困难时的一种普通办法，德国人民此日的负担的确比从前加重许多，但这并不是沙赫德博士个人的"特长"，所以我们这里从略）。

说到节流，最值得注意的，是德国有名的外汇管理法。经过这种限制，一般人民无权将款汇到国外去，除非先得到国家银行外汇管理处的允许。同时更禁止德币在国外流通，这一来，资金外流的现象便可以避免。其次，限制外货输入。这种"量出为入"的办法，直接感到苦痛的自然是一般人民。虽然，在这里我们也可以看出沙赫德博士的苦心。

因为德国军费的浩大，就像沙赫德博士这样一个财政专家也感到应付的不容易。剩下来的一个办法，仍是举债，说到还债一层，自然暂时只是一个希望。于是乎人家就加给他一个绰号：欠债博士。

沙赫德博士在德国民间十分通俗，各方面对他都有相当的好感。德国目前还是需要他，国社党当局大约不会轻易让他辞去国家银行总裁的职务。

话说转来，就是沙赫德博士真的完全失掉了德国经济界独裁者的地位时，一时也不见得立刻会影响到德国的经济状况。不但德国有稳固的工业基础，甚至于希特勒也可以找寻出第二个沙赫德来。(完)

（1937.12.03《申报》）

列山随笔

一段莱茵河的故事

普通德国人把莱茵河叫做“父亲莱茵河”，好像有过一位中国作家把莱茵河叫做“女儿莱茵河”。为什么会由父亲变成了女儿，问过许多德国人，大家都觉得莫名其妙。

到过莱茵河流域的人，只要他肯多花一些时间，总有机会发现几个德人同黑人的混血儿。这批混血儿的数目，据说有几千人。由于德国人的解释，那是欧战后法军占领莱茵河一带的成绩。他们的爸爸，就是法国驻军中的非洲土人。

法军的占据莱茵河区域此刻已成为历史上的陈迹。但一看到这批混血儿，德国人总要回想起这幕悲剧。自然，这又是国社党人一宗宣传种族问题的绝好材料。

原来欧战一停，德军开始由法境撤退后，法军即追踪而至，占据了莱茵河区域。四年的长期战争使本来是世仇的德法两民族至此更加互相仇恨。

德国人民对于法国兵士压迫行动的答复，是一种消极的抵抗。为的没有本国军队的保护，他们也知道自己已经等于亡国的人民。铁路、矿山以及各工厂的工人都自动起来把全部机器毁掉，然后各人逃开。他们了解，像这种资产是不能够完整地让敌人占有的。

法军到后，据说，到处找不到德国的铁路工人，只好临时由法国招了一批工人来德。但这批法国司机工人并不明了德国铁路的路轨设备。在初期，他们就闹了许多次的火车出事，受了很大的损失。就是一部分矿山也因为修理的工程过大，虽被法国人占领了终于还是无法开工。

当时法国驻军与德国人民的感情，怎样一种恶劣的程度我们可以想象得到。记者有一位德国熟人，他是欧战时德军的中级军官。因为他是在莱茵河地方生长的，所以没有随军东退。他有一天在街道上碰到一个喝醉了酒的法国兵士，受不了侮辱他就开始抵抗。这位法国兵士的步枪也被他抢夺过来。当时他还是三十几岁的中年人，自己也因为气愤不过，决心预备牺牲。就在这时候来了几位邻居，起初他们的劝告还是不发生效力，后来中间有一位说："密勒！你得替自己的家庭着想，同时也得替德国着想，何必作这种无益的牺牲！忍住一时的气吧！"

密勒听了这句话以后走开了。后来他在德国再兴运动中担任了一种很重要的工作，前年德军进驻莱茵河区域的时候，他对记者说："你瞧，我老早就知道会有这么的一天！"

老记者不谈合作主义

一位德国老记者某君，他不但是莱茵河人，同时还在莱茵河一带做了四十年左右的新闻记者。闲谈的时候，我们大家给他起了一个绰号——"百科全书"。他的记性特别好，尤其对于历史上的掌故。

据他口述，欧战结束后他由前线归来重新又做新闻记者，但莱茵河已不是昔日的莱茵河。法国驻军不但接收了德国政府机关，甚至于一部分私人的事业。满街上都是法国兵士，夜间八九时以后，几乎路上就没有行人。法驻军当局所特别注意的，就是参战的人物。稍有反抗，坐牢或者失踪也是一种常见的现象。

这时候，德国人民已经没有言论自由，特别是谈到法国问题。历来在德国民间最流行的一首战歌："胜利呵，我们要打败法国！"自然也不准再唱。可是莱茵河一带的德国人却把这首歌改成："胜利呵，我们不准说出！"唱时大家更加起劲。法国人听了也无可奈何！

当时最苦的一种人物，大约还是新闻记者。虽说法国究竟是一个文明国度，不干压迫报馆关门的勾当，莱茵河各报依旧能够积极出版；但报纸上的言论已大受打击，做新闻记者的人每每感到良心与环境冲突，要说他们不愿意说的话。像这位老记者那么达观的人，据说有一个时期也想到总是要不要自杀。

法国人的“统治”方法，自然是十分聪明。他们不去摧残原有的报纸，只创办一二家机关报。从前拿破仑就是屡次运用过这种手段。“不过，”这位老记者说，“我们所以能够尽量忍受的缘故，一面为德国的未来着想，一面也因为法国人还没有设立一种直接压迫舆论的机关。这表面上，我们同世界各国的报纸享着同样的言论自由，实际上法国驻军发下来的消息都非刊登不可。好在这一点读者是明白的。他们每每在字里行间看懂我们的原意。要经过这种生活十年，说来真是一件不容易的事情。……此刻一切都过去了。”

据他说，法国人当时会运用种种方法，例如设立“莱茵河共和国”一事，目的就在于分化德国，使德国永远没有翻身的机会，后来这一切计划全部宣告失败，因为德国人民决心忍辱一时，抱定不合作的宗旨。以冷静的态度，答复法国人的威胁利诱。

“否则，”这位老记者说，“我们不是也有变成法国殖民地的可能！”

（1937.12.04《申报》）

英国人的离婚运动

一、离婚与旅馆的账单

英国人自己也知道，他们是个富有保守性的民族。不过他们觉得，这不但不算是中毛病，而且恰恰又是可以对人骄傲的地方。在英国人眼中，祖传下来的习惯，是照例优美的。等到这个优美的习惯事实上真的无法维持的时候，于是乎大家抱着惋惜的心情，开始研究一种改良的地方。这个研究的事件起码就要一二十年。直到无术挽救的田地，他们才毅然下个决心抛弃他们原有的“美德”。例如新近在下院中通过的离婚议案就是此中的一种。

英国是个信仰基督教的国家。基督教的教义认为婚姻是神圣的。“婚可结不可离”，尤其是英国的教会中人作这种主张最力。历来在英国大家不但认为离婚是一件不名誉的事情，甚至于还多方设法限制。譬如从前每一宗离婚案件要在上院中提出得到上院通过以后，才正式发生法律上的效力。上院的议员都是贵族并教会中的僧正，自然他们根本就是反对离婚的举动。另一面，这笔浩大的离婚费用，也不是常人所负担得起。后来为了实际上的需要，才设立了一个离婚法庭，专门管理离婚案件，这虽说费用省了不少，但离婚的条件仍限制甚严。照英国目前的离婚法，只有下列的原因，被认为有离婚的可能：通奸（夫妻双方有控诉权）

（一）亲族通奸罪

（二）重婚罪

（三）强奸罪

（四）男色罪

（五）猥亵罪（妻方面有控诉权）

除此以外，英国人几乎就没有别的离婚理由。正因为离婚是一件"不名誉"的事情，所以有许多人都情愿顾全自己的社会地位，于是乎忍痛一生，牺牲了个人的婚姻幸福。有的人呢，到了实在无法忍受的时候，只好乞于旅馆的账单。据说，前几年有一位下院议员同他的夫人感情不融洽。虽说双方分居了七年，但大家总找不出一种离婚的口实。照英国的法律，私人间的协议离婚是绝对无效的。这位议员有一位表姊妹（或堂姊妹）觉得他们可怜，想出一个计策来。有一天，这位议员同他的表姊妹到一家伦敦大旅馆去开了两个房间。他读他的报纸，她织她的手工。第二天付账时，由这位议员出名付了两人的房金。后来他就把这个旅馆的账单寄给他的夫人。他的夫人再根据这个账单正式向离婚法庭上起诉，说是她的丈夫与人通奸，证据确实。法官当时即判决，准许离异。事后他们两人就把这个内幕宣布出来。一般人愈感觉到英国离婚律的不健全。再如此次辛伯生夫人的离婚案件，也借口辛伯生先生犯了奸情，作证据的也是一家旅馆的账单。一位英国检察官觉得这个案件似乎不无朋比的嫌疑。结果以得不到反证，温沙公爵与辛伯生夫人才达到"有情人终成眷属"的地步。

二、折中的办法——分居

正式离婚既然事实上是这样困难，而许多失了感情的夫妇又觉得不能够一起生活。这时候，英国人素来是长于妥协的一个折中的办法，就是实行夫妇分居制度。照英国法律上的规定，下列的几种原因可以得到法庭上的允许实行夫妇正式分居：

（一）通奸

（二）虐待

（三）遗弃（在两年以上）

近十几年来，不但离婚法庭，甚至于英国警察厅也有这种权力，例如丈夫好酒，妻子可以请警察厅救济，迫令分居。此外，正因为分居与基督教义并没有什么严重的冲突，只要夫妇双方同意，私人间的协议分居也可以不受法律的干涉，于是乎分居在英国便变成了一种普遍的现象。所以一遇到夫妇失和时，分居还是英国人此日唯一的出路。

虽然，分居制度并不就是离婚。两造分居以后，仍无权再同第三者结婚，否则即犯重婚罪。目前英国这种“离不能，合不可”的怨偶数目，虽说缺乏正式的统计，但据猜测决不在一百万人一下（有的人还说有两百万人，因为根据英国警察厅所发表的统计，英国每年度请求分居的案件就有二十万人）。这批人为什么不同某议员一样，来给离婚法庭一种口实，而达正式离婚的目的呢？此中自然也有种种困难。第一，个人的名誉问题；其次，给对方一个借口时，那末一笔赡养费也不是人人有能力负担；再次，英国教会把离婚的人排斥到教会外面去。离婚以后再度结婚，婚礼就不准在教堂中举行。（一个例。新近温沙公爵与辛伯生夫人人结婚时，英国教会中人就禁止举行宗教的仪式。后来一位牧师毅然不顾一切私下赶往法国，代为证婚。于是他就受到大僧正的反对。不过目前究竟是二十世纪时代，此日英国人民大部分都是同情这位牧师的。有许多报纸质问英国教会当局，英国教会从前既然祝福过亨利八世离婚后再结婚的婚礼，为什么此日单独来反对温沙公爵？是否因为他是一位王没有实力?）

英国这种分居制度的弱点，我们更可以从英国的私生子数目中看出来。据某议员在下院中所发表的数字。英国每年度有私生子二万六千多人。这中间未结婚的女子所生的还不及半数。过半数都是分居以后英国妇女的爱情结晶品。据说，当一九一五年，欧战正剧烈的时候，英国还没有实行征兵制度。伦敦每区中有许多壮丁都不愿应募入伍。经过英国政府调查的结果，原来这批人都有未正式结婚的家庭，假如他们到前线去，这批不是正式的太太并子女就会发生生活问题。于是英国议院通过了一个议案，以“未结婚的太太”名义，每星期也可以向政府领取赡养金。英国教会反对，说是这成什么体统。英国政府说：“这是什么时候，我们还要谈这种问题。我们此刻所需要的是兵士!”英国教会觉得太便宜了这批“不要脸”的女人。他们设法把领取赡养金的时间分开。例如正式的太太们是指定星期二日，那末非正式的太太们便是星期四日。这一来在小孩子中又发生了风波，因为谁是私生子，谁不是私生子，分别得太清楚了。结果英国教会方面也只好软化。

本来分居制度是英国人想用来解决不幸婚姻的方法，想不到恰恰促成了另外一种社会病态。在这种状况下，许多人就感到分居以后，还不是一种办法，他们还没有同第三者结婚的可能。这时候就有不少人铤而走险，失去了理智，妻子毒死丈夫或丈夫谋杀妻子的案件，在英国报纸上我们时当可以读到。英国人限制离婚的本意，原希望提高人民的道德生活，而结果呢，却不知道反而冤送了多少人的性命。

三、离婚新律

照环境来说，三四十年前，英国的离婚律就有改良的必要。但那时候只有少数人物具有这种远大的眼光。大多数人都在教会影响之下，特别是妇女，竭力反对所谓“不道德”的离婚运动。这批少数人虽说在一九〇〇年即从事于这种运动，他们曾创立了一个“改良离婚律同盟”的机关，可是大半时间都花在笔墨官司上面去。例如到了一九一八年英国一个女议员亚司特女士还居然于下院中宣布，英国妇女是反对离婚的。十几年来，英国人民事实上天天在感受婚姻的痛苦，然而这个不幸现象仍不足以动摇英国的教会当局并守旧派人道德观念。连工党内阁时代也无法使离婚新律在下院中通过。直到一九三七年的春天，一般人民几乎都等得不耐烦的时候，才由独立派议员贺伯特以私人资格正式在下院中提出这个离婚新律的议案。因为这是出自英国人民的公意，于是乎保守党的英国政府对于这个议案也只好严守中立。可见时机已是如何成熟的了。

贺伯特所提出的议案，经过不少保守派人反对之后，终究于一九三七年五月二十八日在下院中正式通过了第三审，当日大半议员都临时缺席，通过时的票数为一九〇票对三七票。这个议案又于七月十九日经上院通过，正式成为法律。

这个离婚新律的内容：

（一）通奸

（二）遗弃在三年以上

（三）虐待

（四）无法医治的疯狂病

自然，在大体上说来，这个新律已经算是一种大进步。因为过去只被认作分居的理由，将来已准许当作离婚的根据。这一来，英国起码有几十万人重获得婚姻的自由。可是，另一面，仍含有妥协的性质。就是新律规定，结婚三年以内的夫妇不准离婚。这个限制，大约因为英国人怕把好莱坞电影明星的离婚风气传到英国来。此外，另一个缺点，就是对于酒鬼并被判终身徒刑的罪犯，仍没有补救的办法，假如他们的妻子要求离婚的话。总之，一般英国人民对于这个离婚新律是欢迎的。激进的人虽觉得它不够彻底，但目前有这种成功，暂时已可以满意。中间派份子却赞扬它为一个健全的离婚律。连一部分教会中人也改变了原来的态度，说是他们准备宽容这一批离了婚的“罪人”。此日只有教会中的“死硬派”，还天天在召集一批年老的女信徒，到处作鼓励反对离婚新律的空气。

事实上，英国人民对于这个离婚新律已经付了很高的代价。这一次，这批守旧份子的希望都变成泡影的。

（1937 年第 34 卷第 16—17 号《东方杂志》）

最近国际形势的分析

德元首希特勒新近所发表的演说并英外相艾登辞职一举，同是旬日来国际间的两件大事。由于悲观论者的看法，从此民主阵线将愈衰弱，而法西阵线的团结更加坚固。将目前的国际关系分成两道鲜明壁垒，法西阵线与民主阵线，这部杰作的著作人似乎还是希特勒。世界史上从没有过这种先例，以思想的分野决定本国的国防政策；为敌为友，可以不顾地理、历史、经济，甚至于军事上的种种因素，标准只在于主义的异同。于是乎国防军中诸领袖及一批德国的老外交家被迫辞职了。一般德国人民对于希特勒此举是否会心服？正因为对内问题，希特勒集中重兵于德奥边境上，威迫奥总理许士尼格来德谈判。移人民的视线对外，本来是政治家解决国内矛盾的方法。德奥谈判的结果，一时就有德奥经济提携，国社党党员内阁并德奥行将合并的传闻。接着希特勒又作一年一度惊动全世界的演说，承认伪满不过全剧中的一幕而已。然正当希特勒声势赫赫的时候，也是一世之雄的墨索里尼忽然来了一个冷门。英意准备谈判的消息公布后，柏林方面虽表示欢迎，但多少不无言甘而心苦。更不幸的，奥总理许士尼格前日所发表的演说与德方的预期相差太远。奥国不独不参加“反共协约”及步德后尘承认伪满；甚至于还坚决表示维持奥国的独立，而对奥国境内“不论何种团体希图掠夺政权者，决加以扑灭”的一句话，明明是指国社党而说。奥国态度的突变，谁在背后撑腰？自然不是英法，恰恰是屡为希特勒所赞美的墨索列尼！

德意两国年来同床异梦，已有过不少先例。谣传行将举行的英意谈判中，意方愿以保障奥国独立，向英交换苏彝士（即“苏伊士”）运河的通航权。果如此，那法西阵线也并不是坚不可破！

为什么墨索里尼此刻自动向英提议举行英意谈判？这大约还是他

自己先看出情形不妙，正如英大政治家丘吉尔的意见："实因内部经济困难，需要外援。"英首相张伯伦愿意接受，外相艾登则反对，结果艾登辞职。

英意谈判的结果，对于今后民主阵线的影响如何，此时不易预言。有人猜测，假如英国能把地中海问题解决掉，远东事件将有新的局面；另外一种意见，英意妥协，似乎也有促成英日妥协的可能。不过，谈判是一事，妥协又是一事。英国要同法西阵线国家避免冲突，前提在于英国是否愿意牺牲自己本身的利益。年来英国决心增加军备，这是一个最好的答复。可是，不幸这全部军备要到一九四零年方可完成。

艾登说明他此次辞职的原因，在于对英意谈判是否应立刻开始的争执。艾登认为，目前不是举行英意谈判的时候，这句话反面所透露出来的意思，似乎在说，此刻是否应同意大利决裂。既然大部分保守党中领袖决定谈判，艾登所处的地位，自然不便担任这种工作，于是乎以哈利法克斯勋爵未替代。这多少是一种过渡时代的方式，也许不久艾登就有再度出任外相的机会。

谈判，在英国人看来并不是一宗亏本的买卖。在外交台子上，对方总得提出要求的条件。谈判愈久，对方的真意就愈明了。也许谈判到一九四零年的时候，会产生出一件惊人的事情来。

德承认伪满并英意举行谈判，实际上对于我们的抗战一时还不会有什么影响。英国是一个民主政治的国家，我们相信，目前英国人民的公意可以预防一种妥协并屈服的倾向。至于将来呢，那得看我们自己的努力了。

（1938.03.01《申报》）

欧洲人眼中的中国（一）

——一个特别的国度（一）

初到欧洲的国人，第一个不快的印象就是一般欧洲人对于中国的误解。他们不但觉得中国是一个神秘的国度，恰如日本宣传家所惯用的名言："中国不是一个国家，只是一个地理名词。"甚至于时常有意无意中还可以听到一种"同情"的论调："中国太可怜了，一个这么大的国家只有一个没有希望的将来。"在卢沟桥事变以前，由于一般欧洲人的看法，中国只有一个注定了的命运，咱们的子孙也将要同咱们一样的受苦！

"歧视异族"或者"物非我类，其心必异"，几乎每一国人的心理都是如此。欧洲人看不起美国人，西欧各国又看不起东欧各国，反对苏俄的人只要把苏俄归入亚洲范围以内已得到精神上的胜利；就英、德、法等国间各人也有自己的观点。德人喜欢军装，被认为"野蛮"，法人高兴多说一些话，被认为"轻浮"，英人平时少说一些话，被认为"生性冷酷"。要在各民族间求其真的能够互相了解，事实上谈何容易！例如日本人此日在欧洲的地位，纯粹是枪炮造成的。咱们中国人既然连枪炮也没有，解释起来自然是多白费气力。

虽然，别的国家所受到的误解是有一定的限度的。只有咱们在欧洲人眼中始终不外乎神秘两字。但咱们却又没有深怪一般欧洲人士的理由。一研究他们平时所得到关于中国的读物，就知道这并非事出无因。欧洲有一类职业旅行家，他们旅行目的在于收集怪异的新闻，然后着书赚钱。他们有计划地环游世界，自然也免不了到过中国；在这个以神秘出名的国度中玩了几天或者几个星期。他们看过黄浦江边的苦力并上海马路上的人力车夫与小瘪三，既参观了北平的测字摊，也领略过澳门的赌场同鸦片窟。其他如乡间的小脚老太婆，水灾匪祸中的灾民等等，都是他们书中的“英雄”。他们除了运用自己的幻想以外，一部分材料不是借用自别位同行的妙见，便是得自久居中国的欧洲商人口中。他们以几星期工夫把几类宝贵材料整理出来，于是乎便是一部杰作：“中国游记”或者“我所看到的中国。”既是他们自己亲眼看到，而且内容又是那末丰富新奇，得到读者的欢迎，自然在情理之中。因为一般读者的感觉，去阅读童话呢，年龄可太大；读阅长短篇小说呢，理智又未免过强，不易得到一种满足。结果这些游记就成为他们的理想读物。大家读了一遍以后，好像已经作过一次中国旅行。又何况书中还有插图，你想，照片还有假的吗？

一般读者的要求，在于满足他们的好奇心，书店老板自然在于销路上着想，假如你是一个欧洲作家而同时又恰恰在研究中国问题，那末你将怎么办？反抗这种“潮流”，到头还是自己白受损失。例如著作等身的斯文博士，倘若他固守着书的方法，也许今天他在科学上有十倍以上的贡献，但无论如何不会有这么大的声名。一位德国记者说；“我们德国人读斯文赫定博士的著作读得太多。假如他少写一些中国问题，那末我们对于中国现状一定会多明了一点。”原因欧洲读者相信斯文赫定博士是一位地道的中国通。事实上斯文赫定博士曾亲口告诉记者，他不会说中国话。（未完）

（1938.03.02《申报》）

欧洲人眼中的中国（二）

——一个特别的国度（二）

中国与欧洲虽同在一个地球上，但究竟呈两个世界。读者那里管得许多，要求写中国问题的作者非懂得中文不可，或者要追究这位作者是否真的到过中国。过去在这批作者间的分别也很简单：就是哪个人能够把中国写得格外怪异、格外黑暗，那末他就格外受到读者的欢迎，名气也格外大。许多读者也会说他是一位真正的“中国通”。你瞧，他写得多少动人，他懂得多少中国东西——当然啰，倒霉的自然又是咱们中国的了。

这一型人物中一帆风顺的，无怪于大地等书的作者布克夫人。在中国，她已经是一位熟人，在欧美，她是一位“中国通”，一位名作家。她在艺术上的成就如何，这不是这里所要讨论的事情，但有一点，而且这一点又同布克夫人的成功有极度密切的关系，就是欧美读者相信她年描写的全是事实。大家觉得，她恰恰把握住了中国人的灵魂。读者不是在阅读小说，而是在阅读布克夫人所叙述的故事。这个故事自然是真的，也许真的有过王龙这么一个人！

一般读者欢迎布克夫人轻松而微带讽刺的文体，但更欢迎她作品中大部分主要人物的个性，那是一种神秘的、消极的、所谓东亚式的个性，这个正是欧美读者所要求的东西。大家读了以后感到满足，理由：在那里所得两的结论，中国的确仍是一神秘的国度。虽然同时也引起不少读者的同情。同情，是的，欧洲人士大部分都同情中国，正因为中国还没有可以使他可怀恨的理由。布克夫人不用说更是一位中国的朋友。尤其是此次抗战中，她同斯文赫定博士等都到处竭力主张公道。

我们并不是有意同这批作家为难，说是他们不应该描写中国的坏处。中国有许多缺点，需要改善，我们是知道的。我们更不主张，家丑不应外扬，因为人们爱护真理，我们愿意明白自己的短处。我们唯一的希望，就是这批作家以后能够好处与坏处一视同仁。别让人家看来觉得好像我们去“吹毛求疵”。并作品不应商品化，我在绝对相信这一点。

其实说到欧洲似乎也并不是人间的乐土，与中国相比较，只有坏现象的不同而已，实际上还是半斤八两，分别只在于坏现象的共同性与特殊性。例如绑匪、娼妓等等，中国有，欧洲也有，假如一个作家去描写中国这些事物，在欧洲读者看来，不会觉得稀奇。因为这是一个共同性的坏现象。反过来说，过去咱们有过辫子，小脚，鸦片烟等等，而欧洲的确没有，于是就不问坏的程度如何，□这个特殊性的现象早是一件新闻，不，一件动人的奇闻。事实上历来不知道有过多少人都靠这种“奇闻”成名的。就是熊式一先生在伦敦所排演的英文“王宝钏”一剧，也逃不出了这个例。王宝钏一剧也许有她艺术的价值，但是这并不是轰动全伦敦的重要原因。英国观众所以欢迎该动剧的缘故，在于剧中的特殊现象，舞台艺术在其次。听说英玛利皇后于看完“王宝钏”以后曾对人叹气，中国真是不可了解的国度，男人可以随便出卖女人。因为英国目前是个男女绝对平等国度，所大家就认为“王宝钏”的剧情是一种怪现象。一位熟人问过英国名作家威尔斯，对于“王宝钏”一剧有什么感想。这位老先生回答，他虽说对于中国的文化没有什么研究，但相信“王宝钏”一剧决不能代表中国的文化。

怪现象的有新闻价值，这是一宗事实。例如前年我国台杯选手在巴黎时，曾告诉外国记者，他们间日常所通用的言语是英语。欧洲各报就把这项消息当做奇闻。有一家报纸说：“中国强土固然广大，但连派四个网球选手竟因四种乡语的缘故，结果用英语来会话，这有点出乎意料之外。一个特别的国度！”

是的，一个特别的国度，这是一般欧洲人士对于中国的共同观念！（完）

（1938.03.03《申报》）

欧洲人眼中的中国（三）

——支那人（一）

一般欧洲人有一种自信，白种人是世界上最优秀的人种。到底他们是否最优秀，这个问题咱们这里可以不管，不过他们的日常生活要比咱们幸福，那倒是一宗事实。不但欧洲的儿童有许多童话可阅读；就说成年人，他们感到烦闷时也有一大批中国游记、亚洲游记、非洲游记、南美洲游记等类书籍。欧洲的职业旅行家会写童话给成年人看，中国可就没有；咱们的作家只会写童话给儿童看，或者翻译安徒生的作品，而让中国的成年人去阅读江湖奇侠传，或者啼笑姻缘。中国的确不及欧洲，不是吗？

中国是一个谜，中国人在欧洲自然更是一个谜。一碰到中国人，无论在城市或者乡村，许多欧洲人士都眼睛发亮，口中念念有词："钱、钟、张——支那人"，或者"请请——支那人"。自然他们希望在这个中国人身上找出一种秘密来。假如是女人或者小孩子的话，当你走过以后，老实不客气高声喊出来让你听听。自然啦，对着一个中国人连"钱、钟、张——支那人"都不肯说，那还成什么话！

"钱钟张"到底是什么呢？据说原来这就是中国话。你告诉他"钱钟张"同中国话是两回事，"钱钟张"并不就等于中国话。但这又有什么关系，"钱钟张"说出口来，不是怪神秘，怪难听的！这就够了！

有时因为你的尊姓译得过于容易明白，反而要引起麻烦。譬如萧先生把萧译成 Shaw，人家就觉得奇怪，为什么这也是文豪萧伯纳的本家？李译成 Lee 金译成 King，英国人看到了便疑心你也是大不列颠国籍。假如你的皮肤颜色不够黄，这一来很糟糕，他们认为你的血管中准混有欧洲人的血液，不是父系便是母系。你怎么去解释呢？原来欧洲人觉得，既然是中国人，为什么男的没有辫子，不抽鸦片烟，女的不是小脚，这简直又是一个谜了！

只要你穿着比较整洁的西装，人家便会把你当做是日本人。有不少人只因为性急一点，碰到你以后，不分皂白立刻恭维了日本一大顿。等到你告诉他，你是中国人时，但已经太迟了。不过一部分老于世故的人却会乘机转舵的对你说："呵呵！对不起得很，你知道，我们是永远分别不清楚的。既是中国人，自然更好"。口快的女人于不知不觉中会突然说出，"呵！那是不可能的，你是中国人！"小孩子会睁大了眼睛仔细研究了这位外国人以后，告诉他的母亲，这位先生并不是中国人，因为他同他教科书上的中国人完全两样。

也许几天以后，这个家庭会把这位中国先生请到家里喝茶。客人来到了，第一个失望的人是主人的太太。因为她在这个客人身上找寻不出一种特别的地方。主人呢，现在也有些为难，□□自己不小心，曾在中国人跟前赞美过日本，此刻自然应该说几句中国好话。可是中国有没电汽车或电灯，主人还不知道，这种客套语从何说起呢？

主人拿出香烟来敬客，他的太太看到客人在吸烟心里觉得奇怪。她问："中国人也吸香烟吗，不是抽鸦片？"其实这位太太根本就不知道什么是鸦片。客人说明了鸦片的来源，为了反对鸦片的输入，还发生过一次鸦片战争呢。

主人觉得他的太太未免有点多事，为什么要提起这种对于欧洲人不体面的问题。他说："中国从前是个很有组织的国家，并且，不是么，你们还有过几千年的文化"？于是立刻孔子同老子便成谈话的中心。主人除了佩服孔子以外，对于老子似乎更感兴趣。他说，他读过道德经的译本。他仿佛懂得一些老子的哲理"道"与"无为"，虽然不见得怎样清楚，但主人心理□把握，在一个中国人面前把"道"算做中国文化的精髓，大的总不会错。甚至于，他，主人说，对于文化，中国是比欧洲进步的，像这种地方，欧洲的确有向中国效法的必要。这许多，例如老子、孔子、中国的文化、道德、家庭生活，……等等。（未完）

（1938.03.04《申报》）

欧洲人眼中的中国（四）

——支那人（二）

主人的太太感到无聊，理由：好容易碰到一个中国人，却见他去讨论这一类枯燥无味的问题。于是她请客人鉴赏她家藏的中国瓷器。虽说搬出一批瓷器来，但她并没有忘记请客人判断一下，到底是否真的中国货。客人觉得十分抱歉，不得不承认那是日本货。这一来，主人的太太扫兴了。最后她拿出一只花瓶来，用十分坚决的口吻说："这一只中国花瓶是一位到过了中国的亲戚送给我的。你瞧，先生，它的花纹有多少美丽"。等到这位客人把这只花瓶接到手中时，却又变成日本的仿造品了。

主人请了一位中国客人喝茶，陪客自然是他的几位亲戚朋友。主人的太太告诉客人，她今天特地替他预备好了中国茶。中国茶？客人仔细检查一下，不幸又变成了□兰茶。大家有点奇怪，这位客人喝茶不用牛奶并糖。一位小姐问："中国人喝茶不用牛奶并糖"？她心里虽觉得好笑，但中国是茶的祖国，大约总有些道理。邻座一位老先生，因为他是一个学者才问客人："中国目前到底是那一种政体？国都在那里？""共和国，"太太小姐们大声叫起来："怎么，难道你们中国此刻真的没有皇帝"？

太太小姐们所感到兴趣的问题多啦。例如这一位会问你，对于李太白的诗有什么意见？李太白是否中国最大的诗人，她读过了李太白诗集的译本，李太白简直是中国的歌德或拜伦。那一位要知道，为什么中国人此刻没有辫子？中国的女人还有没有小脚？这一位请解释，为什么中国人要吃"臭蛋"？你告诉她，那是皮蛋，并不是臭蛋。皮蛋等于奶酪，对于奶酪，欧洲人决不肯说，那是"臭牛奶"。终于另外一位说，"你们中国人所吃的既然不是'臭蛋'，但是你们是吃'燕巢'

的!”燕窝译成燕巢，自然是一个名译，你告诉她，燕同燕窝的关系恰等于蜜蜂同蜜，燕窝并不是泥草的燕巢，太太小姐们笑了，理由也许因为把最困难的“燕巢”问题也解决掉，所以觉得满意，但另一方面总有些不甘心，大家花了半天气力在中国人身上始终找不出一点特别的东西来。照理，中国人不神秘，世界上还有哪一个民族神秘？一位小姐说，她曾在一本书上读到，中国人是吃蚯蚓的。中国人吃不吃蚯蚓，在太太小姐们看来是一件大事。因为原始民族大约都是不吃蚯蚓的。否则为什么蚯蚓到了今日到处还可以看到？照客人的意见，也许中国的烹饪术还没有进步到这个田地，所以觉得可惜。不过，据一位欧洲旅行家说，人生快事有三，吃中国菜还是中间的一种。其余两事：欧洲式住房并日本太太。

男客人们立刻忘记了蚯蚓问题。他的问：“日本的太太有什么好处？哈哈，富有服从性！咱们大家立刻到日本去!”“中国的太太呢!”“怎么你们也有不少惧内人物同咱们一样！哈哈哈!”

太太小姐们也笑了。因为日本的太太引起她们要知起目前中国人的婚姻是否还是出于父母之命？客人说，大约因为近来父母们贪懒的缘故，中国青年人都得自己出场找寻对象。一位女太太说，听说你们中国男人不止有一位太太？照客人的意见：第一，现代生活过昂，装饰品工业发达的结果，普通男人有了一个太太已无法维持，岂敢再生其他念头？过去少数中国的有钱人讨了姨太太，原因为了礼教严明，不准交“女朋友”。姨太太同“女朋友”的分别，错处只在于公开。不过他们渐后来也渐现代化，也知道交“女朋友”这一套，省了不少法律上的麻烦……

太太小姐们对于这位客人的说法，多少感到失望，因为内容过于平凡，她们本希望在这位中国人身上得到一些新奇的新闻。她们想，同这位先生谈话，远不及读中国游记来得好玩。(完)

(1938.03.05《申报》)

欧洲人眼中的中国（五）

——在欧洲的中国人（一）

大约是前年，有人在伦敦问过一位走江湖闯荡的国人，为什么他还将辫子留着，有意替国家丢脸？他回答："老乡呀，卖得起钱就在这个地方！"在欧洲人眼中，要算一个完完全全的中国人，好像缺少不得一条辫子。于是乎大家所要看的，就是这条辫子！年来也有过不少外国人在替我们提倡读经，说不定将来还有人会替咱们提倡留辫子呢！不是么，黄河以北人家已在鼓励咱们的同胞抽鸦片！

到底是中国神秘还是中国人神秘，这问题没有根本的解决；不过凡有中国人的地方，似乎那地方也算神秘，那又是一般欧洲人的观念。记得从前初到伦敦的时候，有一位英国熟人曾警告过记者，到东伦敦"唐人街"去时，可别忘记身边少带一些钱。我问"为什么"？他说："你不知道吗，那个地方的扒手？别的区域只有一个警察，那里就有两个警察"。这时候，我相信他忘记了我也是一个中国人！

到了"唐人街"，你方才知道自己是一个中国人。平常英国人都有绅士风，绝对不让你当面过不去。只有在"唐人街"是个例外，在那里你可以看出所有的眼睛都在告诉你，你是一个中国人，甚至于警察。其实唐人街并不算是最不干净的地方。大部分华侨都有他们英国的或意大利的太太并他们的子女。他们的生活只有经过英国的大众报纸描写以后，才变成格外神秘。听说从前熊式一先生也打算将"唐人街"的华侨生活摄成电影让英国人看。这个计划后来不知怎的没有实现。

不但在伦敦，就是欧洲各大商埠，例如汉堡、马赛、利物浦等地，中国人也是那个地方最神秘的人物。三年前在汉堡时，有一位德国太太，因为记者要参观该地的华侨区，收集一些海外侨胞生活状况的资料。她替我担心，生怕会出什么危险。她特地替我介绍了一位她的朋友，一位警察局的暗探头目。她说，这位先生绝对可以替我保镖。她的好意，只有使我心痛。我问她，那个地方为什么这样可怕？她说："那个地方的鸦片窟是全汉堡闻名的。许多人都说，跑到那里去根本是一个冒险。"我看到她"谈虎色变"的态度，好像中国人几乎都是杀人不眨眼的凶汉。于是乎我才明白，中国人除了神秘以外，还有野蛮人的"残酷手段"。自然，这种说法大约也有根据，根据自中国游记等类书上。

虽说几十年来在欧洲有过许多中国学生，不过他们并不受一般欧洲人的注意。原因不只在于中国学生没有深入欧洲民间的机会，这尤其是留学英法两国的同学，平时就难得有与该国人士接触的机会；最重要的，因为学生被认为是一种特殊阶级，是一种例外。

或者恰因为中国学生同他们所想象中的中国人条件不合，于是大家懒得研究，结果便一起算到日本人身下去。自然，日本是一个强国，这种归纳法不是已经够礼貌？

对于华工的情形便不同了，大部分华工都是衣冠不整，并且也没有漂亮的领带。欧洲人觉得，这一批人才有点像中国人。这中国最适合他们理想的人物，这是说，一般欧洲人所认为标准的中国人，无疑的是青田小贩。唯一的缺憾，就是这批青田小贩也没有辫子。（未完）

（1938.03.06《申报》）

欧洲人眼中的中国（六）

——在欧洲的中国人（二）

说到青田小贩在欧洲的活动能力，那是可惊的。从大小城市一直到几十个住家的村庄，几乎到处都有他们的踪迹。虽说他们人数并不多，可是所有的数目恰恰足以引起大家的注意。在法国，他们模仿流浪白俄的方法，将货物挂在身上沿街叫卖。在德国，他们是一只手提着一只大皮箱，或者双手两只皮箱，沿家挨户兜售。皮箱中自然是堆满了他们的“中国货”。在瑞士，他们又采取另外一种方式，用皮包贩卖货物。这有点像国内公务人员带着公事皮包到机关办事去，或者同欧洲大学生赴校上课时的情形相仿佛。虽然，他们此种举动也有不得已的苦衷，因为要适应所在国的法律。

做买卖免不了需要广告，青田小贩唯一的广告就是他们自己——中国人。我们的确没有轻视中国人三字的广告力，不是么，许多人都利用这种广告终于都名利双收？可惜青田小贩的目的过小，把这么一种有价值的广告，只当做糊口的工具。大约就这一点，所以青田小贩终于是青田小贩！

青田小贩没有受过教育，他们是中国乡间的贫农，受了生活的压迫才跑到欧洲来。要是一个中国人肯离开自己的乡土到海外谋生去，这已足以说明他可怜的境遇。但一般欧洲人哪能明了这一点！他们把青田小贩当作中国游记等类书籍的补充材料。他们在青田小贩身上发现了一个新大陆，得意的自然是写中国游记等的书欧洲作家！

做现代中国人难，但在欧洲做中国人更难。假如你旅行时身边也带了一两只皮箱，那末就有被人家认做是青田小贩的危险，这尤其是在欧陆方面。有时火车上的旅客会突然问你：“生意好吗”？或者：“你有什么东西出卖”？你怎么回答呢？你说，你不做生意。或者没有东西出卖，这种回答太平凡了，似乎不够出气。于是你反问他："我要收买东西，你有什么东西出卖"？这么一来，这位旅客始终还要知道你到底要收买什么东西。照记者个人的经验，倘若碰到这种人，唯一的方法在告诉他，你是带钱来欧洲用的。这几天恰为了天气很好，或者不很好，随便出来走走。等到他羡慕了你的时候，你就立刻对他说，你是一个中国人。

在小城市或者乡村中向警察问路，有时反而又是自寻烦恼，原因也许因为你是一个中国人。在这批警察先生看来，凡是中国人就等于青田小贩。他的第一句话回答你，就是同他你很面熟。不是一两年前你也曾到过这个地方？你自然觉得奇怪。你说，这是你有生以来第一次，但又有什么用处呢，他不但不相信，甚至于以为你在清楚说谎。他立刻找出另外一位同伴来作证，而另外一位警察一眼看到你的时候就说："是呀，正是他。他从前是犯了法被捕过的"。你问；"为了什么事情"？于是他们用警察特有的严厉声调告诉你，原来你从前没有营业证敢于做买卖！

既然你不是一位青田小贩，在警察先生看来多少是一件憾事，因为他不但没有报功的机会，甚至于还得向你道歉。假如你恰是青田小贩呢，那末，哼，坐牢就是你的命运。像这一类的故事，年来几乎到处可以碰到，有好几个青田小贩因为被迫过甚，终于走上自杀的一条路。当中国的外交官与欧洲外交官正在杯酒交欢声中，中国的青田小贩在欧洲却被人家由这一国赶到那一国，由这一城赶到那一城，终年奔走，过一种"吉卜赛"式的流浪生活。虽然，经过几年或者十几年的艰苦生活，他们间也有少数人会有一些积蓄。不过有这种幸运的人，百人中还没有一二个。

海外华侨所过的一种苦生活，似乎不是国内同胞所能想象得到，这尤其是青田小贩。他们除了自已有可怜的遭遇以外，还替中国作了这个不必要的反宣传！(完)

（1938.03.07《申报》）

欧洲人眼中的中国（七）

——从电影说到博物院（一）

在欧洲民间，斯文赫定博士的游记并布克夫人的小说是十分流行的。但它们远不及青田小贩，而青田小贩又不及侮辱中国的美国影片。许多欧洲人没有读过斯文赫定博士的游记，或者布克夫人的小说，甚至于也没有看到青田小贩，但是他们一见到你，立刻就会谈起“上海快车”等等影片。这一类影片的内容，就算是他们对于中国的全部常识。自然，说来也简单，还不是贫穷、欺骗、小偷、强盗、鸦片烟、水灾、匪祸、瘟疫……这一套。观众看后大有“人间地狱”之感。虽然，大家所觉得满意的地方又恰恰在于这种“人间地狱”的现象。不过大家忘记了问，假如中国真的只是这么丑恶时，怎么世界上此日还有四万五千万中国人？

这类电影受观众的欢迎，正同中国游记等书一样的道理。在欧洲，几乎随时随地，凡有电影院的地方，侮辱中国影片的演映总是难免。你不相信吗？几年前黄柳霜女士在欧洲的名气，不但比中国所有的名人大，就连已故的孙中山先生都比不上。与其说黄女士因为艺术成名，倒不如说，她应该感谢她是一个中国人，她有一个可以任人侮辱的祖国。

自然，电影公司老板们的目的还不是在于赚钱？用中国人来作营业广告，这才是一种理想的妙法。又何况这中间还大有伸缩的余地，例如世界上最神秘、最怪异的事物，都不妨放到这种影片中去。不管它是非洲的或印度的风俗，说它是中国的风俗，反正观众也不会有辨别的能力。有时咱们看到这类影片，心里觉得奇怪，为什么好莱坞电影导演家懂得中国的风俗要比咱们还多。许多事物，连咱们中国人也是第一次在银幕上才看到。奇怪吗？例如中国人会穿着印度式的服装，这个只有这批天才的导演家才有这么伟大的发明，不用说，一个廿世纪的奇迹。有人说，电影也不过是一种戏剧，一种艺术，那又何必认真，但是单为自己的荷包着想，不惜刻薄别人的国家，侮辱别的民族，这能算是一种艺术？好莱坞出片的标准本来在于能否赚钱，既然侮辱中国的影片“生意兴隆”，于是乎开中国人的玩笑，就变成一种风气。连著名的电影女明星嘉宝等人，也非演一两张与中国人有关的影片不可，最近在香港演映的“虚伪情关”，就是一个例。这就所谓时代的潮流！

拿中国的事物当作电影的题材，再用中国人去号召。实际上在于娱乐观众。名义上却说为艺术而描写中国。这种现象，咱们又有什么话好说！例如“上海快车”一片的导演先生，前年到过中国旅行以后还敢强辩，说他从前的看法是对的。这可见金钱魔力超过良心问题。好在一个人只要有胆量说话，理由还怕找不出来。不过有许多影片，说到内容同中国毫不相干，凭空无缘无故穿插一二位中国人，不是仆人便是厨子，故意让他们做出种种怪状，以博观众的一笑，这又怎么解释呢？是否这中间也有一种艺术存在？以中国人代替黑人，让电影的观众换换口味，这不但是好莱坞电影导演家聪明的地方，同时也是一种进步现象；又何况，据说，中国的仆人还是世界上最神秘的人物！欧洲人普通有一种习惯，在一个剧本上添加了一位中国仆人，那立刻就增加这幕戏剧的神秘性。不是么，许多欧洲职业旅行家写起他们的中国游时记，仆人张三或李四，在戏中就占了一个重要的地位。其实，说穿了，这位张三或李四还不是一位中国极普通的老百姓。(未完)

(1938.03.09《申报》)

欧洲人眼中的中国（八）

——从电影说到博物院（二）

有时我们也觉得，欧洲人误解现代的中国，原因或者在于咱们自己不争气。在中国的枪炮没有达到日本的水准以前，我们自然也没有理由要求人家敬重我们。不过，咱们的祖先似乎无罪，就是一般欧洲人也承认，中国过去的伟大。虽然，当你一踏进欧洲的博物院——伦敦不列颠博物院是个例外，那里所陈列的中国东西，总算差强人意。——那末你就明白，都因为咱们不肯，于是乎咱们的祖先也连带受累。假如那一个人想在一般欧洲博物院的中国部中找出中国文化来，恐怕除了几只瓷器以外就不会有别的东西可以代表。说穿了，不但咱们在欧洲人眼中没有地位，甚关于连咱们的祖先也是如此。

普通欧洲博物院将中国部排列在非洲、美洲（自然是土人的部分）印度之间，虽说也与日本部为邻，但互相比较之下愈显出咱们的寒酸相。好像日本是一个文化古国，而咱们反而是一个野菜民族。有人说，这纯粹为了政治的原因，人家有意让自己的人民明了，中国只配做殖民地。倘若他们的本意真的如此，那末抹煞一些历史上的事实，恰恰还他是们的责任。对于这一点，我们自然没有话好说。

平常欧洲博物院中国部的布置，说来自然是包罗万象，应有尽有。内容不但超出美国的侮辱中国影片几倍，就是最有才干的职业旅行家描画出来，的确也不过如此。凡是一般欧洲人士所要知道的东西，例如，辫子、小脚、鸦片烟具、人力车夫、苦力、红轿子、孝子的灵堂、大出□图、棺木——大人的棺木并小孩子的棺木、求神问卜图、祖先神位……等等。他们把义和团时代抢来的龙旗，刀枪弓箭等物当做是中国的武器，义和团团勇就是中国的兵士；将海式的理发匠的理发担子制成了一个街头理发模型，算是中国手工业的象征。他们在中国北部某地方特地找到了个穷人的家庭，把全部家具搬来欧洲，布置成一个中国人的每日生活图。只要你一眼看到那个厨房以后，你还敢说，中国才是世界上最好的、最艺术化的？正因为博物院是一个教育人民的机关，所咱们对于欧洲各国博物院的中国部设备特别觉得遗憾。咱们不反对人家揭露中国的短处，假如人家单需要特殊的现象，那末中国值得一提的东西不是多得很，例如制纸、制茶造瓷、养蚕、纺织丝绸等等，这一切正是中国的特殊现象，为什么大家连提不提起？记得有许多欧洲博物院将中国的胡琴（京胡）、锣、鼓等放在非洲等地的乐器中说是中国的乐器。在这种比较之下，谁还敢相信二三千年以前中国的古乐器？一把胡琴，别说胡琴的来源，这能够代表中国的乐器？这种布置不是缺乏常识，便是有意不顾事实。许多博物院排列了一个中国走江湖医生的箱子，说是中国的医药。江湖医生能否代表中国的医学？其实，当十八世纪时代欧洲各国行军时的全军医药也不过两只箱子。咱们再看再年前欧洲药房的布置，同中国旧或药铺子实际上也没有分别。就是中国的医学家同欧洲至今犹存的另一派医学，“自然医术”，有许多地方正相仿佛，他们哪有鄙薄咱们的理由！

假如博物院的意义是历史的，在欧洲博物院中咱们根本看不出中国历史上的痕迹；假如要叙述现代中国人的生活，那末在那里咱们又找不出丝毫新中国的影子。博物院尚且如此，其他是可以想象得到的。欧洲人真的要了解中国，恐怕在一二十年内也未必做得到！（完）

（1938.03.10《申报》）

欧洲人眼中的中国（九）

——欧洲报纸与中国（一）

大约还是两三年以前，一位某国报纸的总编辑先生要记者替他写一篇关于中国军阀的稿子。记者问："贵报对于中国的军阀感到兴趣"？他回答："你不知道，这一点我们欧洲人是始终无法了解的。我们的军人只对外，贵国的军人却好内战。并且听说，这批将军们还有许多故事……"

其实，并不只这位总编辑先生。大部分欧洲大众报纸的记者们时常都曾这样体贴他们的读者，替读者到处搜寻新奇的新闻。没有办法的时候，自然惟有乞灵于业余的新闻记者，这是说，像职业旅行家一流人物。在卢沟桥事变以前，我们试翻一份欧洲报纸来看，就说是一家大报吧，平时一个月中登载中国的电讯也只有四五次。说到这种电讯，几乎可以归纳成一个公式：担发电报的地点，不是上海，便是香港，或者北平（许多人都不用北平两字，仍是他们的老调，北京）。其次才是南京、广州、天津、汉口等地。电讯的内容，今天登载一段中国某城被土匪掳掠，一共死伤了多少人，外侨平安。隔了几天又来一个电报，某日中国某地发生水灾，死了多少人，待赈的灾民若干。再隔几天又是，某日中国某地大火，死伤多少人，烧去房屋若干，无家可归的灾民数目约有多少。假如一个外国教士在内地被土匪绑去，那末便是一件十分重要的新闻。除了竭力描写被绑的经过并该教士的履历外，还会提起该国大使或公使已向中国政府提出严重的抗议等等。倘若一只海轮为中国海盗所劫，自然更是一件新闻，万一这批海盗的头目是一个女性："女海盗"先不用说是一个头一等的新闻。在两三年以前，简直是常见的事情，每当中国内乱将要发生的前夜，由中国拍去的电讯就特别多，也许在几星期以前，他们就不惜捕风捉影预言中国将要内战。有时因为没有根据，或者预言过早，后来事实证明他们的话不对，可是读者早又遗忘掉，更正自然用不着。有不少欧洲报纸的国外电讯编辑因感到关于中国电讯内容过于平凡，他们补救的办法，就是给你加上一个最难堪的大字标题。

除了一部分欧洲大报特派有记者驻华以外，大分部分报纸所登载的中国新闻都由几家国际大通讯社供给。例如英国的路透社，法国的哈瓦斯社，美国的联合社，合众社，德国的德意志通讯社，海通社等等。这几家通讯社或以历史久远，组织得法，或以资本雄厚，事实上早已变成国际对华舆论的枢纽。谁说他们的态度比较严正，但大半都是半官式的机关，以本国政府的立场为立场。又何况日本同盟社多年来就在欧洲大肆活动，成绩如何，我们早已经领教过了。人家热心供给欧洲报社以远东各种各式的新闻，自然大部分还是中国的新闻，不但免费，甚至于倒贴。记得前年旅行到南欧某城时，一位名记者就十分感慨地告诉过记者，自从东北事变后，他所收到日本方面的宣传材料，假如印刷起来，便可以出一部丛书。他觉得奇怪，为什么中国人不爱宣传！“长此下去，”他的结论说：“假如你们中国人不再把事实的真相让全世界人士明白，即要清算这一笔冤账恐怕就遥遥无期！”（未完）

（1938.03.12《申报》）

欧洲人眼中的中国（十）

——欧洲报纸与中国（二）

与电讯配搭起来的，便是欧洲各报对于中国事件的社论文章。每一次中国发生变故，欧洲各报总照例刊登一篇社论代表该报的态度。在卢沟桥事变以前，普通可分为三类，同情、反对并中立的报纸。左派报纸是属于第一类。虽说它们对于中国现状也加以批评，不过多半都是出于好意。英国工党□□报每日先驱报就是一个例。及对中国的报纸，除了某某等国的报纸奉行上峰命令以外，大半都是人家花了金钱的结果。这一类报纸说到中日问题，几乎就是一架留声机。至于中立的报纸，自然居最多数。可只惜大部分欧洲记者不明了远东情形，时常无意中受人利用，因之总免不了会登载一些不近人情的论调。在这类报纸中，年来对华比较有良好的态度要算英外交部的机关报《泰晤士报》，英德外交部的机关报《佛兰福报》。这两家报纸大约因为接近本国外交官的缘故，所以时常有比较正确的记载，这是说，与事实相去不远的记载。虽说，自从全国抗战发动以后，欧洲各报几乎已全部改变了原来的态度，中国已经是另外一个世界。虽说由于大报爱护正义的缘故，但中国人民的英勇举动，也是使大家“另眼相看”的另一个理由。

除了电讯社论以外，欧洲各报有时也登载一些关于中国政治、社会、文化、经济等问题比较有系统的通讯。这类通讯的材料，倘若是直接得到的，那还没有什么，不幸多半都是第三者不怕麻烦，时常要供给材料。例如年前有一位□国记者跑到东京去，就自组了一个通讯社，每星期发稿一二次，专门供给欧洲报纸关于中日两国的新闻。记得该社有过一篇中国写货币政策的通讯，内容除把国民政府瞎骂一顿外，说国民党就是共产党。说华北的民意（!）希望脱离南京政府而独立（!）最后说，中国统一货币的结果，只多购买军火，准备内战而已！这是那一种人的口吻。

虽然，欧洲报纸上登载中国最离奇的消息，还是杂录栏。替杂录栏写文章的人，有新闻记者，有职业旅行家，有外国教士，有爱好风□的商人，有坐在家里觉得烦闷的太太小姐们等类人物。有的人曾到过中国，或者至今仍侨居中国，有的人却坐在欧洲遥写他们的“中国童话”。题材自然多啦，譬如“中国的金莲”，别忘记，金莲一译成了欧洲文字有多少神秘，有多少动人！或者“中国的女海盗”，诸如此类，几乎全是百看不厌的文章。年前欧洲某晚报登载了一篇关于中国祭灶神的风俗。这位记者说，中国人是十分狡猾的，他们祭灶神时要用酒拨到灶神头上去；这么一来，这位灶神便算喝醉了。灶神一醉了酒便糊里糊涂跑到天上去时，忘记了报告这户人家过去一年中所犯下的罪恶。就在我们看来，中国人的确也算狡猾，不是吗？中国人犯了罪还不肯同欧洲人一样向上帝祷告！有一次，另外一家报纸登载一篇关于中国人的文字，中间有一段说，“欺骗”在中国是一宗极普遍的现象，例如制造假钞票这一行，在上海已经成为一种“家庭工业”。制造假钞票会变成了一种家庭工业，这句话，大约只有这位作者自己明白！

再举一个例，去年六月间出版的英国星期书报中有一篇关于中国的文字，大标题：“中国——一个连儿童也要抵押掉的国度”，两行小标题：“现代中国的故事，就是宝儿的故事”。另外有宝儿两张照片。宝儿是谁呢？一个中国的穷女孩。这为文章大意说，中国怎么穷，儿童怎么苦，要从早晨六七时起一直做工做到天黑，把中国重男轻女的习惯描写得格外可怕。读完以后才明白，原来是一位旅华的某女教士想在英国募捐，所以写了这篇广告式的文字。这真有点使人为难。

以前旅居欧洲的国人，每天所最关心的就是祖国的新闻，但拿起报纸来最怕读的又是这种新闻。因为欧洲报纸一登载有中国的消息，几乎就难得有好事情。后来大家得到了一种经验，就是，没有中国的新闻，就是好新闻，最少说明中国是“平安无恙”。

卢沟桥事变把中国划成了两个时代，不管目前咱们在物质方面受了多大的损失，但精神上的确已经得到一个空前的大胜利。这并不是“阿Q”式的看法，事实上目前欧洲人士已渐渐了解现代的中国。中国已不是一个地理名词，而是一个国家。这一点，特别是侨居海外的侨胞容易感觉到。

事实似乎终于是事实，虽说需要经过相当的长时间，最少咱们这次已经做到这个地步，把东邻野心家的一笔宣传费，投到水里去。(完)

(1938.03.13《申报》)

希特勒是英雄还是魔王?(上)

目前世界上最难解释的一位名人，大约要算德国元首希特勒的了。他的出身，他的性格，他的才能，直到今天还没有人给他一个较近情理描画。大家对他的议论，差别得太远。例如崇拜他的人告诉我们，他是一位历史上空前的人物，一位了不得的大政治家；反对他的人不是骂他是一位最凶暴的魔王，便讽刺他为一位廿世纪时代国际政治舞台上的丑角。各人都有各人的看法并论据，所苦的就是我们听了双方的论调以后，对于希特勒本人的印象只有更加模糊起来。自然，这并不止我们中国人才觉得这种辨别不容易，就是一般欧洲人士，甚至于大部分德国人民此时还在发生疑问：到底希特勒是怎样的一种人物，一位英雄或者一位魔王？无数读者都在期待这个答案，大家都想认识希特勒的真目，然而一位真正的希特勒，似乎始终不容易见到。

希特勒所以变成了一个谜，大部分还是出自政治的原因。向来大家就有意把他神话化，这在左右两派人的论调中无不如此。于是乎一种平凡的叙述似乎反同他不相称。如他的出身，这在我们看来，根本就不会成为问题的。但欧洲可不是中国，所以问题就多啦。记得从前有一家奥国报纸曾说过："瞧呀，一个受天主教洗礼的奥国油漆匠，此刻居然当了德国的元首并耶苏教的头目。"言外之意，仿佛单提起希特勒出身的低微，在道德上就足以降低他的人格似的。反过来，德国国社党人一向就把希特勒的出身当做一种忌讳，不准提出。据说，当已故的大总统兴登堡上将出殡时，有一位德教授当场演说："我们这位已故的大元帅生前决没有料到，他死后替他主持丧务的人竟是一位欧战时代的伍长。"结果这位教授立刻得到一个降职的处分。在一点上面，我们的看法便不同。我们认为出身贫寒恰是英雄的本色。希特勒可贵的地方，恰因为他出身寒微，来自民间，所以他能够了解德国人民的心理，他的每一句话，每一举动，平常都迎合了一般德国人民的口味。假如希特勒是一位贵族的话，那么不见得就能够有目前的成就。

许多人觉得不容易明白，为什么一个奥国人竟然能够统治了六千多万的德国人？难道德国人单独对于希特勒就没有国界的观念？这里：第一，德奥不但是同种同文，就是分为两国也只有六十几年的历史。直到今日，在南德国人眼中，奥国人始终要比普鲁士人来得可爱。并且这一点也可以解释最近的奥国事变以及德奥合并问题。所以希特勒虽是生长在奥国，而一般德国人并不感到奇怪。其次，希特勒所提倡的不单是国家主义，他的中心思想还是种族问题。“日耳曼种人联合起来”这是他的口号，同时也就是大多数德国人所渴慕的憧憬。总之，德国人几乎找不出歧视希特勒的理由，因为他的主张只有比地道的德国人还要德国化！

希特勒的政治理念，主张采取独裁制度。他觉得，民主制度就是人类文化堕落的祸根。“以领袖的意旨为意旨”，这是德国公民此日的基本条件。虽然，自从一九三三年国社党执政以后，几乎仍照例每年举行投票一次。许多人要怀疑，这岂不是违反了“领袖制”的原则？好在目前德国的投票方法只限于问你是否赞成或反对希特勒的某一种办法。结果，据官方发表，前年度赞成投票的人已占全部人民百分之九十九。德宣传部部长哥白尔司（即戈培尔，下同）博士曾喜得跳起来说：“这是历史上一个空前的大奇迹”！我们知道，独裁制度是以少数人来统治多数人。百分之九十九，还要自认为独裁？这未免有点太过客气的了。所以后来连哥博士也觉得不妥，声调连忙改变过来，他在一次演说中宣布德国是世界上最民主化的国家。理由：民主制度的特色就是“贤者在位”，而德国此日早已做到都是“贤者在位”的地步！

不管它独裁也好，民主也好，希特勒统治，德国已经五年多了，这是一宗事实。为什么希特勒能够上台：左派的人告诉我们，这是资本主义变坏以前需要这么一个刽子手，右派的人说，正因为他是一个德国的救星，中间派的人又认为，还是法国过去运用凡尔赛条约压迫德国人民的结果。也许大家的话都有一部分的道理。不过他们间有一

个共同点，就是德国当时的环境的确有这种需要，需要这么一个人。（未完）

（1938.03.14《申报》）

希特勒是英雄还是魔王？（中）

说是“时势造英雄”，那末历来在德国主张比希特勒激烈的人多得很，例如鲁登道夫将军就是此中的一个，为什么别的人都失败而只有希特勒成功？这好像又是一个谜了。虽然，只要你听过希特勒演讲一次，那末就会明白他的魔力。希特勒到了演讲台上才显露出他的本领，他是一位天才的演说家。他获得政权，夸张一点说，同他本人的演说有密切关系。在一九三二年时期，这一年中他的足迹几乎就走遍德国大小各城市。据统计，乘飞机的路程五千公里，乘汽车的路程二万五千公里，听他演讲的群众共有一千五百万人。这就是为什么希特勒在德国民间会如此通俗化的了。

假如你存着好奇心，想从希特勒的演讲中找出一些特别精彩的地方，也许你又要失望。第一，他就不会说漂亮的德语，他的奥国口音就始终无法改变。并且演讲时的姿势也不算很“文□”，至于内容似乎更不足已令一位略有国际政治常识的人佩服。算是国社党中最“文□”的哥白尔司博士，据说，三四年前他有一次演讲时，当场就有一位德国外交家起立问他：“部长先生，你说的话我简直不懂”。哥博士立刻回答：“先生，我的话并不是要你懂。我是向一般人□说的”。这个例子很可以帮助我们去明了希特勒的演说。

这里，我们对于德国的民族性是不该忽略的。德国人自从受了菲得力（即腓特烈，下同）大帝并俾斯麦的军国主义训练以后，他们过惯了军人式的生活。照军队的惯例，他们需要一个领袖来领导并指挥他们。他们爱听剧烈的论调，他们崇拜英雄式的人物。在演讲台上，希特勒是具备这些条件的。我们只要留心演讲场中的听众，便明白这是怎么一回事。在演讲以前，这批大众是一盘散沙，是一种没有组织的个体，等到希特勒一登台，空气立改变过来，大众完全被他吸引住，好像中了魔似的。每个人的眼睛都想在他的身上搜寻出一种神秘物。他的每一句话，每一个动作似乎都迷住了大众。就在这时候个体消灭了，我们在这批听众的脸部上只发见了一种同样的表情同样的姿势；零乱的大众，转眼间变成了一种作战的队伍，几千人，几万人变成了一个人，一个意思。也许这只是一种表面的、暂时的现象，但我们仍得承认希特勒的魄力。

希特勒演说的另一个特色，就是他年来说话也很有分寸，并不像一般人所想象的一样，只一味狂叫。例如面对他的听众说："诸位同胞，我没有你们，我也不曾有今天；你们没有我，你们也不曾有今天。"一般德国人听到他这种演说后，觉得就实除生活有许多不满意的地方暂时仍是心平气静地回到家里去。这尤其是德国的妇女。希特勒对于妇女问题的看法，似乎不能够说是客气，但当他告诉她们说："你们应该骄傲的，因为你们是德国人的母亲!"这时候大部分德国妇女感到满足的了。

希特勒是一个大演说家。大演说家的长处，在于他的说话呈多方面的。所以当听众是国社党人时，那末希特勒便是典型的日耳曼人；听众是耶稣教徒，他就赞成马丁路德的主张；听众是天主教徒，他又是虔信基督的一个人；听众是工人，他说他不属于任何教会，主张信仰自由，又何况他的说话常带着热烈的情感。虽说他的发音不好，许多听众平常不见得会全懂他的演讲词，但看到他演讲时的姿势而不受他催眠的人却是少数。

希特勒演说的成功秘诀，在于内容的通俗化，能够把握住一般德国人所想说的话。记得前年有一位某国名记者在私人谈话时，对希特勒有下列的批评，他说："希特勒的获得政权不是应该的吗？他所说的话不是正同我的汽车夫、门房、下人们的意见一样？我们试将政治问题去问一般德国人，所得到的回答就等于希特勒的演说。"事实上，希特勒是一位政治实行家，而不是政治理论家。例如他的著作《我的奋斗》一书，固然要被国社党人看做圣经，但在学术上的地位如何，始终是一个疑问。有的人甚至于觉得，假如他不写出这一本书来，那似乎还要伟大得多（我们并不是因为此前该书中曾将中国人与黑人并列，所以有了偏见）。

有不少人还把希特勒当做是一位理论家，一位“百货商店”式的学者。其实，只有这种人才不明了希特勒的真正价值。希特勒的不是一位学者，这并不因为他读书不多（听说，他从前读过两百本书），除了几句法文以外，不懂得别国的文字以及没有机会到外国旅行过，最重要的，就是国家社会主义并不是希特勒个人的创见。说是粗习一点，希特勒的政治观念只等于墨索列尼（即墨索里尼）加上威廉二世或者鲁登道夫将军。他可贵的地方，即在于他个人能够有实行的勇气并硬干的手腕。

虽然，希特勒的成功，另一面仍照着他的几个基本政策。对内：排犹问题并重战军备。在排斥犹太人的口号下，他得到了一般德国人民，特别是农民并资产阶级的同情；以重整军备作为撕破凡尔赛条约的前提，这一点更得到全体德国人民的拥护（德国人平时有爱穿军装的嗜好，尤其是普鲁士人，他们只要身上有军装，大半都宁愿饿腹）。对外：武力外交与联络英意对抗法国。以武力作交外的后盾，这是古今国际间真理之一，联络英意两国使法国孤立，在德国的立场看来，这也算是一个十分聪明的举动。因为只有在这几个前提下，德国才有目前的局面。（未完）

（1938.03.15《申报》）

希特勒是英雄还是魔王？（下）

希特勒的有今日不但普通人无法了解，甚至于大部分政治家都觉得完全出乎意外。也许因为他的举动不合一般政治家的常态，所以历来就没有人真的看得起他，把他当做一个对手。恰在这里，希特勒反而占了不少便宜。假如过去德国社会民主党人看得起他，那末老早就会把他驱逐出德国境外去，说不定世界史上根本不会有希特勒这个人。德国内阁总理巴本不轻视希特勒，恐怕希特勒也未必有上台的机会。法国只要多注意希特勒一下，那末希特勒的政治生命也许早就发生问题。多年来，希特勒的敌人只抱着一种鄙视、讥讽的态度对付他。大家想："希特勒能成大事吗？笑话！"等到一九三三年以后，大家又在安慰自己："希特勒不倒吗？笑话！"结果呢，笑话的人似乎并不是希特勒。事实上，希特勒至今还没有碰到一位真正的敌手。理由，恰因为从来就没有人真的尊重他过，最少，历来还没有一个也懂得运用强硬手腕的政治家。希特勒几年来唯一不得意的一件事，只有对于德奥的合并问题上了慕索列尼（即墨索里尼，下同）一次当。但自从此次奥国事变发生后他总算已经出了气，终于把奥国变成了德国的一省。

有的人怀疑，希特勒并不是国际问题专家，他的外交几乎是到处失败，最少，目前各国人士只要一提到希特勒这个名字，总不无"谈虎色变"的气概，为什么他还能够维持得住他的政权，这要值得我们注意的，就是恰因为希特勒不十分明了国际的状况，因之更增加他的自信心。在这种地方，有的人觉得希特勒过于狂妄，有的人又以为，恰因为他不懂国际政治缘故倒便宜了他。

希特勒并不是我们所想象的那么单纯。他另有一种特色，正如一般人的意见，那是法西斯主义者的特色，每每会出人不意先发制人。例如当从前德国进兵莱茵河区域时候，英法两国本有联合以经济制裁德国的计划，但谈判尚未成功，德军已将日期提前发动，致英法措手不及。再如此次奥国事变，也恰在英意准备举行谈判的一刹那，于是乎英法意三国的联合战线也只好暂时搁起，大家眼看着德奥合并。

自然，这是无可否认的，希特勒有许多弱点。最大的一种，就是勇气过大，树敌过多。也许这因为他受了德国的俗语“敌人愈多，名誉愈大”的影响。他主张排斥犹太人，但排斥犹太人的结果，却反对到是督教身上去（大约因为耶稣也是一个犹太人的缘故），因之便引起了国内一个十分严重的宗教问题。再如，他反对共产主义，可是他却把民主主义与共产主义不分皂白混在一起，这一来便得罪了英美等国人士。所以他虽以反俄先锋为己任，但始终总得不到英美两国人的同情。再次，他那“非友即敌”以及“不准批许”的态度殊足使德国内一般中间分子寒心。许多人在发问：“希特勒到底要多少敌人？”

目前德国的军备计划，照某军事专家的猜测似已完成了十之七八。但正同他的意见一样，德国已做到军备“强国”，经济“孤国”的地步。德国打不破的难关，自然仍是经济问题。未来希特勒打算给德国人民以奶油面包呢，还是枪炮，不过这里我们不应忘记，德国是一个基础稳固的工业国家，上次欧战时有苦战四年的实力，此刻人民虽少吃一点东西，但暂时似乎并不足以动摇希特勒的政权。

希特勒的将来是否能够也同过去一样的顺利，此刻自然没有人敢作预言。他已在欧洲投下了一个炸弹，不过今后能否“悬崖勒马”，似乎是一个大疑问。至于德国人民在希特勒统治下，是否会比从前幸福，那是另外一个问题，正如国社党人所常说的一句话：“我们只有国家的自由，没有个人的自由。”德国人民目前牺牲的重大。就是一部分国社党人也自己承认，另一面，也正如他们所说的一样，这种牺牲并不是没有代价的。自然，国社党人有他们自己的观点。

希特勒到底是一位英雄呢，还是一位魔王？也许两者都不是，也许两者全是。不过照我们看来，似乎并不是一位不可以解释的人物，但只是一位不按照常轨的政治实行家，于是乎有时人家觉得他可怕，有时又觉得他可笑罢了。

有人说，政治家的一切举动等于舞台上的演员，墨索里尼同希特勒的区别，在于墨索里尼知道自己在做戏，希特勒呢，恰恰把这一点忘记掉。（完）

（1938.03.17《申报》）

第二次欧战的火药库——捷克（一）

年来在欧洲流行过一句话：“假如德奥合并，那欧洲大战定要爆发”。不过这个预言，此时总算还没有实现。希特勒解决奥国事变的手段，依然是他五六年中屡试屡验的“突击”方法，出人不意地实行一种“不流血的革命”（国社党人所常用的专门名词）。虽然，看他仆仆风尘，前天又从维也纳重返柏林，开临时会议讨论今后德国的应付方针，可见欧洲政局从此中有更加多事。英国对于柏林的抗议，虽较缓和，但法国已明白表示，奥国事变是希特勒最后的一次冒险：假如德国有危及捷克的举动，法国决不能坐视。于是乎欧洲的火药库就从奥国移至捷克。

对于法国，历来希特勒就屡次声明德法两国间没有领土的冲突；在他新近给墨索里尼一信中也明言以白莱诺关隘为德意的边界；就是同波兰也订有德波十年不侵犯条约。只有对捷克一国，希特勒始终未提及国界问题。这就是值得注意的一点。

假如合并奥国是希特勒向外发展的第一个举动，那末第二步大约会轮到捷克身上。虽说在《我的争斗（即《我的奋斗》）》一书中他没有详细讨论到，“第三帝国”的理想是要把同文同种的日耳曼种人团结起来。据国社党中理论家的意见，世界上一共有一万万日耳曼种人散居于下列各国：德国——六千七百万人，奥国——六百万人，捷克——三百五十万人，波兰丹麦并黑海各国——四百五十万人，法国东部——一百八十万人，瑞士——三百万人，比利时并荷兰——一千四百万人。

除了德奥以外，日耳曼种人自然以在捷克境内最多（至于比利时与荷兰人是否也愿意被归纳到日耳曼种中去，似乎是一个大疑问）。不但种族问题，就由地理与经济方面说来，德国国防计划需要并吞捷克几乎比需要合并奥国还要迫切。捷克的煤铁并军用工业都是令人垂涎的理由。

也许目前希特勒还不会立刻向捷克进攻，一面固然为德奥的合并未久，奥国内部亟待整理，这种工作起码就需要好几个月时间；而另一面他也得等候一个良机，然后才有进兵的借口。至于将来国社党人要采取那一种方式，此刻我们固然不易猜测，但大家总容易记起，新近希特勒不是说过他此次的举动完全是应了奥人民的要求！

欧洲这种苟安的局面会维持到什么时候？国社党人根本不会放松捷克，这几乎已是一宗公开的秘密。目前德国对于捷克的要求似乎又进了一步，在民族自决的口号下用武力作后盾，强迫捷克分成三个国家，名以种族为单位，就是捷克种、斯拉夫种并日耳曼种。

对于这种要求，捷克会屈服吗？照目前的形势看来，没有一场血战，两方都不会让步的。德国向捷克进兵的时候，第二次欧洲大战定必爆发。(未完)

(1938.03.18《申报》)

第二次欧战的火药库——捷克（二）

由于政治地理学家的看法，捷克位于欧洲的中心，自己本部没有海口，对外的交通口完全掌握于邻国手中，假如一旦战事爆发，实际上难免立刻变成一个陆上孤岛，虽然，捷克的不幸局面似乎并不止这一点。她正同波兰一样，也介居于斯拉夫（俄国）与日耳曼（德国）两大民族之间，所以要直到欧战结束，德俄两国失败以后，才第一次正式成立了一个捷克斯拉夫共和国，不过当这个共和国创立的时候，却又种下未来纠纷的祸根！

原来欧战一停，捷克得到英法等国的援助，在民族自决的口号下，由奥匈德三国的国土中分到许多土地。于是才成立这个新国家。计属于奥国的，有七万八千五百万方公里土地，一千零三万人口。属于匈牙利的，有六万一千七百万公里土地，三百六十一万人口。属于德国的，有三百方公里土地，五万人口，但更不幸的，捷克本身一向就无法解决这个复杂少数民族问题。理由是捷克种人口占百分之四十六，而斯拉夫种人口只有百分之十九，二者合计起来也只占全国人口百分之六十五。相反的，日耳曼种人却占百分之二十六左右，而匈牙利种人也占百分之四，捷克目前的一切危机就潜伏在这里，因为差不多每三四个捷克的公民中就有一个是反对捷克的。

这中间最引起一般人注意的，自然是三百五十万的日耳曼种人。自从德国国党执政以后，他们的党魁海因莱因氏就被认为捷克的希特勒。在一九三五年五月十九日大选中，海因莱因党就占全部日耳曼种选民百分之六十以上，而成为捷克国会中的第二个大党。并且匈牙利种的捷克人也在拥护他，同他合作，所以实际上，他的潜势力是不可以轻视的。

捷克也同奥国一样，内部有许多弱点。不过最重要的一个，不是经济问题，而是民族问题。沿德捷、奥捷边境上几乎都是日耳曼种人。就是进至内地，几乎更每一个村庄都杂居有日耳曼种人。这是捷克一国特有的现象，国内的语言差不多根本无法统一。由这一乡到那一乡，便会由捷克文变成德文，或者斯拉夫文，甚至于匈牙利文。加之，捷克是欧战后新兴国家中民主政治制度最健全的一国，所以对于压迫少数民族的举动，不如别国来得积极。例如最近十数年来，波兰对于走廊内的日耳曼种人，就老实不客气加以肃清；结果呢，目前该地波兰种人已占绝对多数，也许再过几年，日耳曼种人就会根本绝迹，因之，国社党人此刻十分担心到这个问题。至于捷克一向比较放松，所以此日就会感到形势特别严重！

单以内部情形来说，捷克同斯拉夫种人仍占绝对多数，照民主制度的方法。自然不会出什么毛病；又何况就是日耳曼种人中也有许多反希特勒派存在，不过自从希特勒势力侵入奥国以后，事实上捷克已在德国三面包围之中，又何况年来国社党人在捷克的宣传工作，几乎到处都有相当的成绩。捷克在内外夹攻的局面下，能够维持到什么时候的确是一个问题。

年来捷克政治家，尤其是贝奈斯总统的对付方法，是采取缓和的政策，想把捷克变成瑞士第二。即由是瑞士也由德、法、意三个民族组成的，为什么捷克不能够？不过国社党人根本否认这种比拟，他们说瑞士的产生是自然的，是有历史的过程，至于捷克，那只是凡尔赛条约的结果。

希特勒既以日耳曼种人的领袖自居，而照国社党人对于“第三帝国”的解释，又是凡有日耳曼种人的地方，那地方就算“第三帝国”的领土，于是乎此刻只剩下一个问题，就是德国对于捷克将如何下手？（未完）

（1938.03.21《申报》）

第二次欧战的火药库——捷克（三）

未来德国的进攻捷克，是否也仿效此次奥国事变的故智，利用捷克国内的日耳曼种人事先发动，然后有所借口乘机进兵；或者直接由于德捷边界上发生一个小冲突，因之大军即长驱开入捷克境内去？照过去的经验看来，前一种的可能性较大。希特勒生平的特长，在于会运用“惊人的举动”，并且事后又会发表“和平的演说”，而这一套却只有在捷克发生内乱的幌子下才可以办得到。

因为从上次欧战中得到实际的经验，德国未来对于捷克的军事计划，自然会比从前更加周密。根据国社党军事专家看法，这一次对捷作战将采用两种新式战略：第一，以大量的陆空军作极迅速的歼灭战，在军事发动的数日后即可占领捷克全境。第二，将全部作战计划分为若干阶段，每达到一个阶段时立即停止军事行动，以避免酿成长期战争。假如这两种方法运用得当的话，那末捷克会不会变成奥国第二，此刻似乎没有人敢作预言的了！

除了少数民族问题以外，捷克本身又有一个大弱点，就是地势上受德国三面包围。加之，匈牙利并波兰向来对于捷克没有良好的邦交，将来会不会乘机打劫，大家一下子就把捷克的土地瓜分掉？那是一个问题。特别是匈牙利报仇心切，大约不肯袖手旁观。倘若匈牙利再加入德国这一面，捷克的地位一定更加危险，照目前捷克一国的军力来说，自然抵抗不住敌人的侵入。于是乎问题又牵到捷克的同盟国身上去。说到小协约国中的另外两个国家，罗马尼亚此刻正在闹着法西（斯）主义，说不定临时会抛弃掉这位患难朋友。至于南斯拉夫，不但自己要提防意大利，并且援兵一出境立刻就会先同匈牙利冲突，又何况这两国的兵力有限，根本不是德国的敌手。剩下只有法俄两国可以替捷克解围，但这两国又相隔太远，纵肯以实力援助，可也不是两三星期中援兵就可以开得到。单靠捷克本身的军力，在这短期间能否抵挡得住，全部问题就在这里。

在没有绝对把握以前，希特勒是不会动手的。自然，德国要顾虑到法俄两国的干涉。然而，俄德没有直接的边界，值得担心的，只有法国一个国家。照德国的国防计划，大约东面取攻势，西面取守势。目前德国实力，最少两三日内可动员三百万大军，以一百万集中德法边境上，严阵防备法军的进攻，其余两百万大军则用三面包围的方法应付捷克。并且自从德奥合并以后，德军更可以利用奥国领土作军事根据地，以一支主力军由维也纳出发北上，另外一支由德、波、捷三国边界上南下，全军自然都是机械化的队伍，谋打通这条铁路线而将捷克分为东西两段。假如德军达到这个目的时，那末被包围中的西部捷克实际上就等于“瓮中之鳖”，因为沿德捷边境一带几乎到处都是高山，而捷克内地恰又是平原，只要山头一失守，以后就没有什么险要。所以捷克的命运就决定于战事发动后的一二星期中，倘若捷克军队连这一二星期都抵挡不住，那末法俄的援军就要“远水救不了近火”的了。捷克的沦亡也许会真的变成为事实。捷克亡后，法俄是否有这样的决心继续与德国决战，似乎又是一个问题。虽说我们不能够拿阿比西尼亚的事件来作比较。

在未来德捷战争中，德国的空军大约会占一个重要的地位。德国空军总司令戈林上将是一位生性豪爽的人物。照他平时的脾气，也许当“不宣而战”的一刹那，会发挥德国全部空军的威力，说不定在十二小时以内便可完全占领捷克的天空，而成为另外一个“二十世纪的奇迹”。总之，国社党人所要做到的一点，就是大家想援救捷克时却感到已来不及，自然，这就是所谓只求目的，不择手段。（未完）

（1938.03.22《申报》）

第二次欧战的火药库——捷克（四）

捷克也明白希特勒在这方面的军事准备，不过双方实力悬殊，非另有强国帮忙，单独捷克一国自然无法抵抗。虽说捷克目前勉强也可以调动七十万到一百万的大军应战，但究是一个新兴国家，军队既缺乏作战经验，而士兵又因民族的不同，一旦战事发生，军心更易动摇。过去捷克曾依靠小协约国的集团对付奥匈两国，另一面联法制德，在中欧俨然自成一系。等到希特勒一登台，德国宣布重整军备，局势就改变，捷克已感到有另寻出路的必要，终于继法国之后而与苏俄携手。巴黎——普拉哈——莫斯科阵线的所以成立，内幕就在这里。

虽然，法俄到底能否保障捷克独立，问题似乎也并不这么单纯。法国对于捷克的援助只是直接向德境进攻。近百年来，德军先后曾到过巴黎近郊四次，法军虽说善战，但多少总要受这种事实的影响，此次要集中全力攻破久所震撼的敌人，恐非短时间内所能做到。法军本有与捷克联络双方沿美因河线夹攻，将德国截为南北两段的计划。不过在此刻看来，这一切似乎都已经太迟了一点。法军剩下唯一的作用，只在于分散德国的兵力，使捷克减轻一些德国重兵的压迫而已。

说到苏俄，自然，捷克的全部希望都在她身上。红军的战斗力如何姑且不管，但能出一百万大军直接援救捷克的却只有苏俄一国。不过苏俄于捷克两国间尚隔着波兰并罗马尼亚。照波兰年来的举动看来，大约对于德捷问题将取旁观态度。罗马尼亚呢，也许到了紧急关头可以让苏俄红军假道，可是由苏俄边界经过罗马尼亚至捷克这一条路，只有一条单轨铁道。年来捷克虽借款给罗马尼亚改建双轨，但一百万大军全靠这条路线，两三星期内能否把全部人数运到德捷边界的前线上去，似乎是一个疑问。并且万一这条铁道被德国空军轰炸掉，那末运输更要发生问题。目前法俄捷三国的参谋本部所担心的就是这个运输问题。

要解决这个问题，除了在俄、捷、罗马尼亚三国中重新建筑许多交通路线网（无论铁路公路）以外，最重要的，就是增加捷克本身的国防力量，使德军在战争开始的几星期中无法发展，然后等待苏俄的援军陆续开到。这个工具，自然是法俄的空军。假如法俄捷的空军在消极方面能够抵挡得住德国空军的压迫，保护得住捷克国内并俄捷的交通线，那末捷克的军事形势就会好转许多。假如能够更进一步，将德军的交通线轰炸掉，那德军的进展一定要大受打击而迟缓下来，同时捷克方面也算暂时松了一口气。因为此刻大家所钩心斗角的就是时间问题，不但一二星期差不得，甚至于一二天也会影响到全局。

不是苏俄年来正在建造大批巨型的运输机？据说此种飞机可以运输五十名全副武装的兵士。假如苏俄拥有五百架这类巨型机，那末一次就可运兵二万五千名，并且三四小时内可以达到捷克境内参加前线作战。不过前提仍在于法俄捷的空军于事变时能否迅速集中，先将捷克的领空控制住。假如这一点做不到，让德军的空军先将捷克的空军完全消灭掉，那捷克的地位恐怕会十分危险。

俾斯麦说过："谁能够支配波希米亚，就可以支配欧洲。"（波希米亚此刻属于捷克）大约希特勒始终没有忘记过这一句话。（完）

（1938.03.23《申报》）

德国国防军失势的解剖

一直到了奥国事变发生以后，我们方才渐渐明了一些月前德国政府改组的内幕。不过单由白伦堡上将辞职并国防军改组两件事看来，国社党人当时的计划似乎不限于德奥合并问题。大约因为国防军将领感到军事前途没有什么把握，曾竭力加以反对，反对既没有效果，于是乎大家才自动成者被动地先后相继辞职。

白伦堡上将辞职的理由，说是为了婚姻问题。当他此次结婚的时候，各方即谣传，德国将发生政变。后来他辞职的消息终于证实了。他的新婚夫人是他的女书记，照德国的惯例，平民女子不配作将军夫人，所以他们的结合就使白伦堡上将与前英王爱德华八世同成为二十世纪时代的恋爱疯狂者。表面上的理由如此，事实自然并不是这么单纯。

国社党统治德国已经五年多了。党中少壮派平时所感到的痛心现象，就是经过这么一个长期间的党治，而经济，军事，外交三部分的实权依然操在非党员手中。戈林上将出任四年计划总监一职以及沙赫特博士辞去经济部长职务，这批少壮派更增长了不少气焰。于是这批人的目光又移至国防军身上。原来国防军在德国一向自成一系，与国社党的冲突，由来已久。例如国社党主张以党治国，国防军中却不准士兵高谈主义。国社党老党员在国内到处获得优先权，但在国防军中却是一个起码的入伍新兵，要受严格训练。国社党少壮派对国防军当局的不满，在德国实行征兵制度以后，愈加明显。虽然，双方最无法调和的一点，却在于国防政策上面。

欧战时期德国的所以战败，许多人认为德军根本就不应采取东西两个战线的战略。欧战结束后，德国军事当局与苏俄红军接近，据说，最大的原因就在于避免重蹈覆辙。国社党提倡反俄反共政策的结果，使德国这批军事家十多年来的苦心经营付之流水，于是乎一切战时设备又须重返一九一四年以前的状态。年来国防军当局到处主张慎重，尤其对于德日防共协约并干涉西班牙内战问题，曾与国社党的整个对外政策发生严重的争执。至于白伦堡上将个人，正如英国泰晤士报的意见一样：“国社党人嫌他太军人化，国防军又嫌他太国社党化”，早已吃力不讨好，不过自从他去年代表德国参加英王加冕典礼乘便参观了许多英国军事机关以后，态度忽然一变，似乎已坚持国防军方面的观点。当时一部分人士已有这种预感：未来德国的主人翁的究竟是谁呢？国社党或者国防军？

此次去职的不止白伦堡上将，而素被认为国防军的主脑弗朗哥将军以及六七位干部人员也随之去职，甚至于后来国防军更被根本改组过。从此德国军队也要做到国社党化的地步，国社党执政五年后的今天，总算完成了党治的计划，这是说德国的全部结构都已清一色化。在宣传部长哥白尔司博士看来，真算了掉了一宗心愿。不过国防政策与政党主义结婚的结果，是否就算一个国家的幸福，那是另外一个问题。

国防军此次的失败，在于只有实力而缺乏政治组织。在政治方面没有领导的人物；弗朗哥将军等一去，实际上几乎变成“群龙无首”的状态。于是乎素与国防军接近的政治家也无法立足，外交部部长牛赖特的去职就是一个例。

本来此事的解决并不会这么简便，因为国防军在德国民间有广大的群众，一般人对于国防军的信仰就到了今日还没有动摇，但是国社党人凑巧又碰到一次幸运，德奥合并一事几乎就没有费过丝毫气力。国防军将领此刻恐怕也同我们大家一样要感到吃惊。在这种环境之下，好像事事都在帮助希特勒成功，国防军的失势还不是意中事吗？

（1938.03.24《申报》）

回忆维也纳（一）

——德国人与奥国人

“德奥兄弟之邦”，德国人这样说，奥国人也这样说。

一九三四年的夏天，记者应一个朋友的邀约，作过一次奥国旅行。将护照送到□城奥国领事馆去签字的时候，偶然看到一位办事人员面貌有点特别，问起他是否奥国人，他回答：“谢天谢地，我倒是一个货真价实的奥国人，难得的，不是么？奥国的公务人员素来是由别人包办，例如德国人、匈牙利人、捷克人、波兰人，特别是犹太人等等。”

这里有一个绝好的对照。记得德国现任外长李宾特洛甫去年曾任驻英大使，他把伦敦的德国大使馆修葺得变成世界上最大的一家大使馆。这一次工程不但全部工人由德国派送，就是所有的粮食也来自汉堡。这段故事曾传得几家英国报纸十分详细的叙述。

未赴奥以前，即承几位奥国朋友事先吩咐，决定取道多瑙河。当抵德奥交界的巴沙城时，经该城一个德国家庭挽留，就多住了一二日。忽然维也纳发生政变，传来陶尔斐斯被刺的消息，于是乎一住就是十几天。巴沙环山带水，算是德国风景区之一。在欧陆内地长久没有看到这种美丽的山水，看了更容易使人急切要认识多瑙河畔那个古老而又带传奇式的维也纳。

听过名曲“黄色的多瑙河”（原文如此，下文有勘误说明）的人，也许会以为多瑙河的水是黄色的，这一来可上了诗人的当。事实上多瑙河的水色不过略比长江的水色清淡一些而已。虽然，在欧洲许多水流中，又要推多瑙河第一。多瑙河最含诗意的一段，是从巴沙到奥国林兹城，这地方几乎是两岸皆山，而又无山不入画！

由于这位主人的提议，我们乘了他的自备汽车到奥国境内作过两三次小旅行。过德边界时，德国警察多少虽用严厉的眼光盘问一下，但奥国的警察却只高兴闲谈，不看护照的内容，他问你是否中国驻欧的外交界人物。

德奥虽说是一个民族，但性格上的差别，似乎无法令人相信。奥国人本来是北方的日耳曼种人，可是自从受了南国自然的熏染以后，刚强已变成了柔和。当初次见面时，奥国人总爱用这种套语“我十分荣幸得认识阁下”，对于妇女便是“吻你的手，尊贵的太太”，这简直更有点中古时代传奇式的风味了。至于德国青年却不爱这一套，他们只把两个脚跟碰得很响，带点军人的习惯，一面握手，一面说，“我很高兴认识阁下”。

从巴沙到林兹的途中，碰到了几个奥国的内卫团员。反德亲意的半法西（斯）武装组织，领袖为斯格亨堡亲王，由他们口中知道一些关于国社党在奥国活动的情形。他们虽说有点痛恨国社党人，不过所用的字眼却又并不特别难听。

到了维也纳，起初倒有点失望，因为这个名城的外观多少有点同维也纳的名字不大相配。但是几天以后又渐渐领略出她的优美。生活在维也纳是愉快的。音乐好，咖啡好，特别是人情好。同奥国人谈天很难得有争论到耳红面赤的地步。当陶尔斐斯死后还没有十几天，维也纳算是戒严，不过在我们外国人看来，简直不会觉得同平时有什么两样。在内卫团总部前面架着两挺机关枪，记者由传令兵领率之下，穿过了好几道戒严线，终于看到了该团在维也纳的负责人。不知什么缘故，心里总觉得好笑，奥国人生来不像军人，无论如何始终缺乏一种严重的空气。另外一次，当记者参观奥国内阁总理府时，承一位警察不厌求详地描画陶尔斐斯被刺的经过，忽然他低发问：“先生，你喜欢维也纳吗?”记者点点头。他再问：“先生，你觉得维也纳的女人怎样？不是‘顶括括’的了。”同时他还做了一个鬼脸，这个鬼脸同他的军装自然不相称，弄得大家发笑起来。

在维也纳时候认识了许多人，中间几乎三分之一都是原籍德国，尤其是文化界方面，弄到后来记者同人家见而时总得先设法明了他的国籍。否则谈起天来有时很容易“牛头不对马嘴”。

熟人M君是一位典型的奥国人，他是艺术家，喜欢音乐、戏剧、跳舞、喝酒……有一天他多喝了一点酒，忽然伤感起来，当众流下眼泪，座中一位德国人就对记者说："你瞧，这就是奥国人，别的都好，只是意志太弱一点……"

（1938.03.29《申报》）

回忆维也纳（二）

——陶尔斐斯的死

几天前维也纳传来消息，关于陶尔斐斯被刺案件国社党人准备替凶手□□□□□□昭雪。并且此事闻将牵连到副总理舒斯尼格同前奥总理费少校身上去。陶尔斐斯的死，自然是一个谜，但要说这与许费两氏有关而同国社党人无涉，那末这个谜恐怕永远就不会有水落石出的一天！

陶尔斐斯死在国社党人手中，那几乎是一宗无可否认的事实。暴动计划由国社党人主持，凶手是国社党员并且他们临别时候高呼希特勒万岁的口号，这全部人证物证，我们不知道要用什么方法来推翻？

说到陶尔斐斯被刺的内幕，有许多传说，至于实际情形自然同报纸上的记载很有出入。记者曾参观过他遇害难的房间，地板上依稀还可以看到一些血迹。后来将这个疑问请当时奥国政府中负宣传责任的亚丹上校解释（亚丹为陶氏亲信，此刻已被捕，变成国社党的阶下囚），为什么奥国当局事前会如此疏忽，不是只要有一排卫队，暴动党徒就无法攻入总理府？他承认事起仓促，措手不及。可是为什么事前不加严密戒备，这一点他始终没有提起。

由于另外一位某国驻奥外交家的口述，才知道此次事变原因，的确相当复杂。据说，自从希特勒获得政权以后，他就十分注意德奥合并问题。陶尔斐斯感到德国的压迫日趋严重，便以联意自保，维持奥国的独立地位。不过墨索里尼的侵略手段似乎并不在于希特勒之下，陶尔斐斯与意大利接触一多，又有摆脱无力的感觉。因之暗中便有与国社党人妥协的计划，以求造成苟安的局面。这位外交家曾说："陶尔斐斯所以有小拿破仑的称号，并不是由于他的才能，事实上只因为他的身材短小像拿破仑而已！"

当时暗中进行德奥谈判的奥方代表就是舒斯尼格。他在南德明兴城曾与希特勒拟订方案，连国社党员内阁一事也包括在内。不料事机不密，被内卫阁领袖斯塔亨堡亲王所探悉，由他通知墨索里尼，墨索里尼得到这消息后即由罗马直接通电话到维也纳，严词训斥陶尔斐斯一顿，迫他同德国断绝关系。陶尔斐斯虽然左右为难，但结果仍只好服从意方的命令。

陶尔斐斯对意的屈服，自然要引起国社党人的愤慨，认为这是一种背盟并欺骗时举动。当国社党人听到他们的领袖哈毕区由德来维也纳被拒而中途折回的消息，于是乎暴动就立刻发生。他们宣言，他们的目的在于向陶尔斐斯报复。所以事变突起，事前各方没有得到确实消息，而陶尔斐斯就在毫无戒备的状况下，变成了国社党的牺牲品。

记者在维也纳的时候也会将此事先后询问过有关系的各方面。各人的解释虽不同，但似乎以上述的一种说法比较近于情理。就年来舒斯尼格与希特勒屡次所举行谈判并此次德国并奥的事实看来，多少可以证明此说是相当可靠的。

勘误：前日“德国人与奥国人”一文中，手民误将“蓝色的多瑙河”排成“黄色的多瑙河”，特此更正。

（1938.03.31《申报》）

回忆维也纳（三）

——舒斯尼格的命运

据日来各报的记载，奥前总理舒斯尼格被捕以后，国社党人准备将他移至莱比锡德国最高法庭审讯，以叛国罪及杀人罪起诉，闻有被判死罪的可能。此说后来虽由维也纳当局，甚至于柏林当局相继加以否认，但对于舒氏今后将如何处置一层，却始终并未提及。因之大家都关心到这位政治家未来的命运。

舒斯尼格出身自贵族，是一位奥国将军的儿子。他的虔信天主教并深带保皇党的色彩，是使他在奥国政治上一帆风顺的一个原因。虽说他年轻时代唯一的梦想，却在于做大学教授，成为一个法律学专家，而不是政治家。他的加入政界几乎可以说是偶然的，等到大家一日发现了他的才能，他便步步高升，由教育部升而司法部长，终于陶尔斐斯遇害，就一跃继任内阁总理。一直到了德国此次用武力并奥以后，他才被捕。

陶尔斐斯在时，舒氏虽任一个不重要的部长职务，但一般人已公认他是陶尔斐斯的左右手，而获得智囊之称。不但陶氏的全部政策多半都由他一人计划，特别值得提起的，就是他事先早已组织好一个武装团体，天主教青年的挺进团，因此才得保留他的政治生命。陶尔斐斯遇难时，一半出自侥幸，他恰离开总理府，事变爆发后得到他的指挥，国社党人的暴动计划终告失败；但另一面也靠着这种本身力量，不但使他能与当时奥国实力派斯塔亨堡亲王并费少校造成鼎足而三的局面，甚至于还由他出面继任内阁总理。

在那种艰苦的局面下，他终于支持了奥国的独立几达四年，这种毅力，无论如何能得我们大家的钦佩。

其实奥国当时的局面，已经十分悲观。德意在外，国社党人与内卫团（后台老板是意大利）在内，而社会主义者对于现政府又不满，舒氏在四面夹攻之下。终还能够独力维持这种危局。据说，他继任奥总理以后，曾到罗马与墨索里尼接谈过，后来对人表示，假如他早知道意奥的关系已到如此田地，那他决不愿接受总理一职。他知道，他已变成一位意国的傀儡或者囚徒。

虽然，舒斯尼格最大的难关，仍是国内问题始终无法解决，奥国政府得不到人民的拥护，这是他此次悲剧最主要的原因。起初他希望得到英法的经济援助，但他这个计划失败了。于是他设法肃清内部，改组祖国阵线，打算由此稳固自己的势力，苟安于德意两国的勾心斗角中。虽说斯塔亨堡亲王并费少校先后失势，但舒斯尼格在奥国的地位却并没有加强。政府党背后始终没有百分之十以上的人民。一九三八年的奥国还同一九三四年的奥国一样，仍是国社党人和社会主义者的天下。

在维也纳的街道上，可以看到许多穿军装的各种团员，不过他是雇佣性质，多半都是支领月饷。这种人物能否效忠于舒斯尼格，当时已有人谈论到这个问题。后来终于事实证明了德军一临边境，奥国就无法抵抗。

这一切，并不是说舒斯尼格个人的能力不及，任何一位政治家都不能够挽回奥国这种命运，除非国际形势有另外一个局面。

（1938.04.05《申报》）

回忆维也纳（四）

——红色的维也纳

上次欧战结束以后，世界上就有两个地方变了颜色，一个是苏俄，另外一个便是红色的维也纳。

维也纳有两百万左右的市民，几占奥国全部人口三分之一，一向是奥国社会民主党的大本营。在一九三四年以前，维也纳市议会九十个议席中，社会民主党约占六十六席，基督教社会党（陶尔斐斯，舒尼斯格等即属于该党）占十九席，当时国社党的声势也不过占十五席，而共产党更连占一席的机会没有。但红色维也纳的缘故就在这里。说起奥国社会民主党人的红色，当然要比第二国际的正统派来得浓厚一些，不过共产党人始终仍说他们出卖了阶级的利益。欧战后匈牙利并德国南部拜扬邦两地苏维埃政权的失败，历来就归罪于他们不肯合作；但在右派人物眼中，他们又是一个地道的赤色暴徒，一种“挂羊头卖狗肉”的共产党！

不管各方怎样批评，但到过维也纳的人总得承认，过去维也纳工人的生活是全世界第一。只有在维也纳，我们才可看到那种新式高大八九层楼的建筑物中会住普通的工人。从一九一八年起，社会民主党人即着手建造这类工人的公共住房，并且几乎每一区就有一座。不但住房中的浴室、厨房、卧室以及水汀炉等等新式卫生设备，应有尽有，就房租的便宜也可以说是全世界第一。特别是儿童公园并图书室的布置，更是其余各国工人平时所羡慕的对象。维也纳是目前世界上唯一的城市，工人有居住新式房子的机会，小资产阶级以上的家庭反而过十九世纪时代的城市生活。同欧洲别的城市比较起来，这种反常的现象算是维也纳的一种特色。

记者曾参观过几家这类建筑物，例如马克思院、恩格斯院、歌德院等等。因为经过二月事变以后，墙壁上还可以看到许多步枪并机关枪子弹的痕迹。同几个工人家庭谈起他们的生活状况，大家都表示痛恨陶尔斐斯这派人的举动。他们说："从前房租可以不付，此刻不付房租就得搬家。陶氏把我们的武装解除掉，看现政府将来有什么方法对付希特勒?"

一九三四年二月事变，陶尔斐斯用武力解决了奥国社会民主党的保卫团，这是他生平一个大错。据说当时他以八千警察，七千内卫团，四千正式军队并无数坦克车大炮才消灭了根深蒂固的社会民主党势力，满以为自己的政权从此就可以更加稳固；但事实终于证明了他的政策错误，大部分社会民主党人不是变成了共产党便是报仇心切，索性加入国社党。后来维也纳副市长史□斯（陶氏亲信之一）看到情形不妙，曾有重组社会民主党的计划，也因各方反对无法实现。

这么一个有历史的奥国社会民主党，至此就算正式被消灭了！红色的维也纳自然也随之褪色。舒斯尼格继任以后，既不能挽回这种残局，而采取与德国谈判的政策，更间接助长国社党人的气焰。就在一九三四年时候，几位有政治常识的维也纳友人就预言过："明天的维也纳是棕色的"！总之，陶尔斐斯解除了社会民主党的武装，实际上就替希特勒制造了一个德国并奥的机会！

（1938.04.09《申报》）

回忆维也纳（五）

——棕色的维也纳

我们虽然不能够说奥国人都是一切听之自然的命运论者，但同德国人比较起来多少好像总缺乏一种紧张的空气，他们明白奥国危机的所在，不过正同一位维也纳的小商人告诉记者的话："奥国不会有什么前途的，还是让希特勒来试试看，也许可打破这个沉闷的局面！"在舒斯尼格奥国式独裁之下，似乎看不出维也纳有什么特别的变动，尤其是人民反对政府的态度几乎到处都可以遇到。奥国人生来又像个独裁者，他们那种闲散的神气是可爱的。虽然，希特勒恰恰又是一位奥国人！

同一位内卫团的某高级领袖谈起中欧问题，当时记者的确吃了一惊。内卫团的后台老板不就是墨索里尼？而这位先生却说，中欧事件不能够撇开德国，没有德国的参加，根本就无法解决多瑙河流域的种种复杂问题。这句话几乎要比国社党总部国外政治部部长卢森堡的话还要坚决，是不是一个谜？在两三个小时的谈话中，他引用了许多德国官方所发表的统计，后来记者倒有点忍耐不住，便问他意奥亲善的前途如何？起初他虽微笑不答，半晌以后却说："这种情形也许只是暂时的，奥意两国并没有传统的友谊存在"。这位先生假如不是原籍德国，那国社党在奥国势力早就无孔不入的了。

国社党的势力本来只限奥国外省各地，等到社会民主党被解散后，维也纳的国社党气势突然膨胀起来。陶尔斐斯一遇害，表面上国社党虽暂时消声灭迹，但暗中活动仍不遗余力。就当时记者个人观察所及，连公务人员中也有许多国社党同情的踪迹。德国并奥，真的只是一个时间问题而已。

希特勒此次的成功，显然由于利用奥国内部的弱点，以极敏捷的手段，使列强并奥国的反对派措手不及；但另外一个原因，也因为列强保护奥国的独立并不像希特勒并奥那么有决心。不是么，此日有谁愿意为这六百五十万奥国人的命运而流血！

维也纳此刻已经变成了棕色的了。受摧残以后的社会民主党自然也同舒斯格尼领导下的政府派一样，不会有什么抵抗的能力。目前维也纳的情形，我们可以想象得到，街头上的乞丐一定也要随着犹太人绝迹，失业工人被改编成“劳动服役队”，大批青年不用说早已当了入伍新兵去，十八岁以下的少男少女自然都要穿上制服而变为希特勒青年团团员，街头上卍字旗到处飘扬，咖啡馆中挂着希特勒的照片，遇着熟人时行希特勒敬礼，到处可以听到国社党的党歌，在无线电收音机中听希特勒并哥白耳司博士时演说，诸如此类，同柏林或者每一个德国城市根本不会有什么分别。维也纳的外观也许会比从前整洁一点，不过她原有的特性也随之俱去。

维也纳，这个富有传奇气味一向为整千整万青年人所恋慕的城市，也许从此只是一个历史上的名词。从文化的观点说来，维也纳变成什么颜色都好，只是棕色似乎太单调一点，这未免有负这个美丽的城市。（完）

（1938.04.10《申报》）

列山随笔（一）

——口头报纸

这几年来做新闻记者的人总算运气不好，到处都可以遇着倒霉的事情。不但民主国家的记者驻在独裁国度里，对于拍发电讯要特别小心，否则有被驱逐出境的危险；就是独裁国家驻民主国度的记者，在行动上也不像从前那么自由。去年秋天英国曾逐驱三位德国记者出境，而被迫离德的各国记者自然更多，前英泰晤士报并法哈瓦斯社的驻柏林访员就是其中的一个例。

记得前年在欧洲社交界中曾流行过一个笑话。有人问过一位新闻记者，到底德意苏俄三国境内那一家报纸销数最大？这位记者当时不明白问者言外之意，便会照实回答：德国要算柏林晨邮报，销数五六十万份；意大利要算米兰的晚邮报，销数也有六十万份；苏俄的两家大报是消息报与真理报，销数各达两百万份。当他说完以后，正在得意自己的记忆力不差，但旁听者已暗笑这位先生上当。后来大家告诉他，在这几个国家中销量最大的报纸并不是印刷的报纸，而是不花钱的口头报纸。他呆了一下只好也跟着大笑起来。

所谓口头纸报就是人民没有言论自由以后，在报纸上得不到事实的真相，才采用这种口头相传的方法。既没有编辑人也没有发行人，每天只这么一传十，十传百地把一宗新闻广布到民间去。在某种状况下，口头报纸的力量似乎远在印刷报纸之上，最少，人民是容易信任这种口头报纸的内容。假如我们要在上述的几个国家中找寻新闻材料，那末第一个不应该忽略的，便是这种口头报纸。

口头报纸同谣言自然不容易分别。不过口头报纸大部分不是产生自国内反对党人的宣传，便是人民在新闻检查政策下一种必然的反动。要消灭口头报纸，唯一的方法只有让人民得到言论自由。不是么，在英美等国中我们就难得看到这种现象。

虽然，在某种情形下，这类口头报纸又有提倡的必要。例如目前在敌军占据下的区域，口头报纸便是一个最有效的宣传工具。只要有计划地将当天的新闻广布出去，不但可以粉碎敌人的奴化宣伎俩，甚至于也容易使游击队与当地人民间取得进一步的联络。不过“编辑”这个口头报纸的人千万别忘记，口头报纸仍是一种报纸，第一，不能离题太远，抛开每日新闻的报告；其次，要特别注意到内容，使“读者”避免受到一种无谓的牺牲。

（1938.04.12《申报》）

列山随笔（二）

——战事新闻

在台儿庄的火线上几天前白崇禧将军第一次对于各国新闻记者发表一篇谈话。他指出第一期抗战中我军的战略方面有种种错误，后来“变更作战计划，放弃阵地战，采取运动战”，才获得目前台儿庄的大胜利。不用说，这就是此次第二期抗战的特色。

不但战略，就是战事新闻的刊载问题，过去我们的确也还无患着相类似的毛病。记得去年五月间一位德国记者在柏林日报上发表过一篇上海通讯，中间有一段说：……看到中国官方所发表的战事新闻，许多地方，只要在欧战时期稍为有些军事常识的人，总会觉得非摇头不可……日本方面有时也患着同样的毛病，不过比起中国来却比较少一点……

因为注意到这个问题，月来曾先后同几位外国“同行”闲谈起。他们也认为有时中国方面所发表的战事新闻比较缺些斟酌，许多地方还曾给日本人一些反证的机会。所以后来弄到大部分外国记者对于采取战事新闻都特别小心。他们举出六七个例子，对于这个例子我们听了的确感到无话可说。最后他们更表示大家都是同情中国，只希望能够得到近于事实的新闻，一切他们会解释，决不至于使中国吃亏。虽然，他们也承认，最近一二个月来在这方面中国也有长足的进步。

这种说法，并不是没有根据的。当我军去年苦战江湾一带的时候，有一时期形势曾十分紧急，英国各报在四五天前就预言中国军队的阵地必须向后移动。理由因为据军事专家的观察，江湾阵地不但没有固守的价值，甚至于应该早日放弃，愈早愈妙。而中国军队之所以始终要坚守的原因，却在于要向全世界人士证明，中国人真的在打仗，真的不惜牺牲。一二天以后再来一个消息，说是中国军队怎样的勇敢，在这种守无可守的局面下阵地依然丝毫不动摇。再过二三天我军退守到第二道战线，这时候英国各报就说："这完全按照中国军事当局的预定计划，并且退时极有秩序，十分难得。中国的军队真是世界上第一流的军队。"像这种说法不但同事实符合，并且读者也不会觉得有什么惊异。这里我们只有佩服英国记者的手法高明。

反过来，中国各报上就有不少地方露出这种弱点。不只文字过于公式化，有时内容也经不起读者的仔细推敲。例如，我们时常看到的一段新闻："某日某地敌机十架来袭，投弹百余枚，我无损伤。"像这类新闻都有商量的余地。投弹的数目与损伤的实际状况，似乎也不妨斟酌当地情形来发表，否则很容易变成一宗不近情理的新闻。

第二期抗战中的军事新闻，也同战略一样，有采取一种新方式的必要。此日中国人民早已认清敌人的凶暴面目，残酷的事实不但不足以使我们气馁，甚至于只有加强我们抗战的决心。经过八九个月来的血战，中华民族的自信力，已可以担受得起蒋委员所说"闻胜不骄，遇挫不馁"的一句话。

（1938.04.13《申报》）

列山随笔（三）

——国际宣传问题

去年卢沟桥事变起后，中国人民曾以最大的决心发动全面抗战。经过九个月来壮烈的牺牲，不但恢复了昔日中华民族的荣誉，另一面更博得全世界舆论的同情，甚至于连历来受日本人宣传所影响的一部分欧美人士，终于也逐渐能够看清事实。

许多日本人对于这种趋势的解释，几乎异口同声说是完全由于“支那虚伪宣传”的结果，一种口吻，正同解释此次不是“中日战争”而是“英日战争”一样的滑稽。虽说我们猜想得到野心家失败时处境的可怜，但事实上一向“支那‘不独没有过’虚伪宣传”，并且根本就连宣传也说不上。在这种地方敌人忽然看重了我们，倒未免有点使人感到“受之有愧”！

中国过去没有注意到国际宣传，于是乎多年来才给日本许多制造谣言的机会。至于此次国际人士所以比较认识一些远东的实际情形，那也并不是我们自己的功劳。许多爱护真理的人士到处替中国主持公道，这是一个原因；日本本身甘冒不韪愿成世界公敌，又是另外一个原因。

我们缺乏国际宣传，这是一宗事实。第一，我们没有一个直接对外宣传的机关，一个有国际性的大通讯社。中央社在国际间的力量不能波及海外，较之日本同盟社在国际间的活动的确相差太远。第二，中国官方所发表的新闻多半要比同盟社消息迟缓一二日，日人就常利用这一二日时间尽量发展他们颠倒是非黑白的伎俩。虽说有时我们还来得及更正，但更正并不见得就能够把读者的疑窦完全消灭掉。第三，宣传最有效的工具当推每日新闻，照片并电影三种。我们不但忽略了每日新闻，而一向对于照片并电影的运用几乎始终就没有注意到。第四，年来中国在国际宣传方面唯一的成绩，似乎只有许多公私团体印行了一大批中国文字的小册子。假如单把这种小册子算做是宣传妙法，那简直又是外行人的作风了。第五，既然说是国际宣传，对象自然是国际人士。不过各国人的观念不同，法国人所称许的事物未必就会博得到德国人的同情，连英美两国人士各人也有各人的看法。像这种地方非参照各国的国情特别注意到材料的内容，恐怕也只有事倍功半。而这一点我们实际上又不及日本人！

“事实胜于雄辩”，大约这就是我们可以用来解嘲并自慰的一句话。不过无论如何我们似乎总对不起同情我们的各国朋友。大家都在期待着我们供给材料，供给一些关于事实的真相，就这一件事我们直到此刻还没有做到。我们的敌人却说，一切不幸都由于“支那的虚伪宣传”！

（1938.04.16《申报》）

列山随笔（四）

——中国的外交家

“弱国无外交”，这是一句老话。不过话说转来，一个国家要等到变成了强国以后才有谈外交的资格，那不独外交家本身处于一种“因人成事”的地位，就由弱国到强国这个过程中，不是始终也看不见外交家的踪迹？历史上不少外交家都在本国国难最严重的时候奋斗成名，德国的俾斯麦就是一个例。正因为是弱国，所以特别需要有才能的外交家，强国呢，既然有枪炮，也许多少还可以看轻外交家一点！

做外交家难，因为在任何恶劣的环境下都得替本国在国际间创造一种新的局面；做外交家难，不说政治问题，甚至于连个人的一举一动也失态不得，因为他所代表的是一个国家。一个外家假如在积极方面没有什么贡献，退一万步说，笑话是闹不得的。理由：丢脸的不止他一个人，而是他所代表的那个国家。过去因为我国政治结构的不健全，不但外交组织等于虚设，正如外交界前辈颜惠庆博士的感慨一样：“咱们不是办什么革命外交，而是办外行外交！”甚至于，记得去年一家英国报纸曾登载过一宗新闻，说起我国驻欧某使馆竟连一本密电本子也失落掉。我们听到这类消息以后，真有点啼笑皆非！

历来各国都把外交官看作是一种名誉职，做外交官，赔钱是一种普遍的现象，发财却是一个难得的例外。所以担任大使公使的人选，都是本国的有钱人。最少，他们的生活不完全依靠他们的月俸。年来这种以财产为标准的制度虽说无形取消掉，大家都注意到“人才主义”，但各国政府却早又改良了外交官的待遇，使他们的活动不为金钱所限制。因为有时外交官想少花一个钱，结果就替自己的国家多出一点丑！

过去我国的外交官缺乏活动能力，政府时常欠薪是一个原因。他们过着一种“节衣缩食”的清苦生活，此日说起，我们尚觉同情。不过最近七八年来中国外交官的待遇早已恢复常态，至于他们的成绩如何，在欧美的侨胞间早有一种公论，记者似乎不必多说。

其实，我们中国人还是一个世界上最容易满足的民族。例如前年驻德程天放大使莅任时，在使馆中一次请客三百人，就一时传为佳话。去年驻英郭泰真大使乘孔祥熙特使来伦敦之便，也发帖请了一回客，连使馆中人员也眉开眼笑。至于旬日前郭大使欢宴孙科院长时，陪客达六百人，此举足以轰动伦敦，更绝对在我们意料之外。照理，宴客当是外交家的家常便饭，为什么我们大家竟认为是一种成绩，理由很难说，也许“物以稀为贵”吧！

熟人某君时常怀疑，大部分中国外交家这样深居简出的结果，在宴会中遇到外国的政治家时是否还需要别人介绍，似乎也是一个问题。这种说法，记者个人绝对不敢赞同。举一个例，记者虽说一向没有机会同英国首相张伯伦握过手，但是他的照片却时常在报纸上看到，所以见面时也不至于当面弄错。不但中国的外交官每日看报，甚至于连使馆中的门房一流人物也有这种习惯。只因为从前某使一时糊涂错认了某国的要人闹出笑话以后，竟对于别的外交家连这种地方也不信任，那倒未免有些太过了。

只有一点，他认为中国外交家的礼服通常要比外国外交家的礼服干净许多，对于这宗事实，记者的确无法否认。

（1938.04.29《申报》）

马奇诺防线

——与法国的国防政策

近一二十年来，法国国防政策最大的一个错误，就是只顾到法国政治家口中所时常提起的安全问题。所谓安全，自然是明指法国而言，而这个前提又只有使强邻德国永远无法翻身才可以做得到。一向法国患着对德恐怖病，可是压迫德国社会民主党及中央党政府的结果，间接却又替希特勒造成了一个上台的机会；后来为要对付国社党这怪物，便拉拢英、意、俄以求欧洲暂时苟安无事，不料希特勒反而利用了这种矛盾的局面，处处占着许多便宜。实际上法国此日的安全政策，只有消极的防卫意义，希特勒暂时既无意向法进攻，于是乎这个政策几本就失去效用。正如墨索里尼所说的一样："防守之道，莫善于攻"照法国年来在外交军事方面的布置看来，对德始终都是取一种守势，这就叫做"棋差一着"!

法国因为要实行安全政策，曾花了十万万元左右的费用，在德法边界上建筑了一道有名的马奇诺（应为"马其诺"，原文如此——责编注）防线。当时就有人觉得，这道防线的新式设备，固然可以使法国人民感到"高枕无忧"，但这种"安全"的感觉又只有加强法人对德的恐怖心理，似乎还是得不偿失。就各方先后对于马奇诺防线的观察看来，这道坚不可摧的防线几乎可以等于二千年前我国的万里长城，不但炮垒的坚固，不怕任何正面的攻击，甚至于更拥有地下铁道、升降机、防毒气的设备以及可以贮藏半年以上的军火并粮食。不过话说转来，第一，马奇诺防线虽说完成于一九三五年，但全部工程仍是十几年前的计划，能否抵挡得住现代空军的袭击，是一个疑问。第二，全部防线只限于法国境内，在比利时与瑞士两国间并没有这种设备，假如将来德军万一取道比利时或者瑞士，马奇诺防线便要失掉军事上的价值，第三，自从前年德军进驻莱茵河区域以后，法国曾集中五万大军在马奇诺防线内作过几星期的练习，结果成绩并不很美满，而此事已引起法国参谋本部的不安。并且，照日来德捷却交日趋严重的形势看来，万一战事爆发，法捷以同盟关系，法国必须出兵援助。届时法军对德取守势呢还是攻势？取攻势，那末马奇诺防线不是根本就用不着？。

据报载上月初曾有过一位德国国防军兵士由莱茵河德法交界地点秘密开驶了一辆铁甲车逃入法境。后来法国官方所发表的报告，该兵士是德国逃兵，他的铁甲车深入法境内约五公里即停，离马奇诺防线尚远。不过这种说法，曾引起许多人的怀疑，特别是比利时参谋本部的情报处不相信这个事实。他们认为这位逃兵就是德国的间谍，目的在于测验马奇诺防线守卫的力量到底如何！

照比利时参谋本部的看法，这位逃兵所以是间谍，有下列的几种理由：一，他所驾驶的并不是德国最新式的军用铁甲车。二，据说铁甲车所经过的道路都是在铁丝网之间而这一条路，只有法比两国的情报处人员知道。三，这位逃兵在德国境内曾驰了五六十公里的路程始终未被发觉，德国的边境警察似乎不至于如此疏忽。四，这位逃兵偷了一辆铁甲车，而德国军事当局并没有发出警报，也是一个疑问。总之，此事发生后，多少已给马奇诺防线以一种威胁！

今后法国的国防计划是否会由消极的防卫转取积极的政策，这与欧洲整个的命运有极大的关联。除非法国表示万分的决心，否则捷克始终是希特勒的囊中物。也许此刻要挽救这种危局，已经太迟了一点，不过照法国的军力看来，要采取一种积极的国防政策还是可能。

（1938.05.02《申报》）

列山随笔（五）

——日本的军用数学

据中外各报的记载，四月二十九日我空军在武汉天空一共击落敌机二十架。这个消息先后曾经外国通讯社，例如路透社，美联社，海通社等等证实。许多外国记者所发的电讯，也都根据本人当时目睹日机被击落的情形。人证物证俱在，此次似乎并不是“支那”又在“造谣”。虽然，在上海的日军当局仍又不惜发出一个通告，说是中国飞机被击落五十一架，而日本飞机的损失只有两架。原来“皇军每战必胜”已成为日本人的逻辑，所以在台儿庄败退的是中国军队，在武汉天空被击落的自然也是中国的飞机了！

虽说日本人缺乏创造能力，但日本军人近来最少已发明了一种日本的“军用数学”。大约在三个月以前，有一次一位美国记者问过上海的日本军发言人，中国的空军到底有多少架飞机？因为他根据日方从卢沟桥事变后所公布的数字计算起来，中国在过去几个月中一共已损失了三千多架飞机，所以发生这个疑问。这位发言人听了当时呆了一下，后来就吞吞吐吐地说出，原因只在于日军当局有一种另外计算法。

据他解释，日本空军的惯例，每一架飞机轰炸归来在飞机场上降落后，飞机门一开就有一位空军军官前来迎接。不过在这时候开口说话算是日本空军中的一种忌讳，因之每个飞行员于行了一个军礼后，立刻把右手伸出来报告此行的成绩。一个指头表示他击落中国飞机一架，全个手掌就是说明五架飞机。并且对于伸拳头出来一举，不但认为有失“皇军”的“尊严”，为日本兵士所不敢为，另一面也算是一种行军的禁忌，无人敢于尝试（此处令人费解，但原文如此。）结果呢，不独日本空军“每出必胜”，甚至于中国飞机被击落的数量也由此大大增加。譬如某次一队日本飞机二十架击落中国飞机一架，等到归队报告时已经变成中国损失了二十架飞机，这还算他们说了实话。历来日本官方就根据这种报告来发表消息。自然，没有人能够否认这不是最新式的日本军用数学！

不过此次日方所发表的数目，中国一共损失了五十一架飞机，就按照这种军用数学计算起来，我们始终还是莫名其妙。据各方所发表的消息，此次轰炸武汉的日机一共四十架，（日本官方说是五十架）假如半数“平安”归去，而每个飞行员伸出三个指头的话，那末中国就应损失六十架飞机。也许因为轰炸机的飞行员不受这种惯例所束缚，于是计算起来才恰得五十一架的数目。总之，我们是局外人，要完全猜破这种数学的奥妙，真是谈何容易！

（1938.05.03《申报》）

列山随笔（六）

——所答非所问

做外交家难，不但在社交场中需要一种说话的技术，就是关于仪式方面也要处处顾到，不应给人家一种口实。这种地方虽说只是一个常识问题，可是恰恰又最容易出毛病。历来就有过不少人物有意或者无意地不注重到外交上的礼节，终于变成了大家谈笑的中心。

记得两年前在柏林的时候，有几位德国外交家时常对记者提起前任驻德公使刘崇杰的好处。当时以为这只是外交家普通的礼貌，对中国人恭维中国的公使，不是一种近情近理的举动，又何况出自外交家口中，所以未加以注意。有一天，一位外交家请客，来了七八个人，记者也是其中的一个。席间大家无意中谈到新任□□□大使身上去。邻座一位先生说，他曾同□大使作过一次长谈。记者就顺便问起他所得的印象如何，老实说，原意希望他照外交客套来一下，替咱们中国增光增光。不料这位先生停了一停以后才回答："×大使的英文说得很不错"。这一来反而弄得记者当时无法下场，赶快把问题拉到别的地方去。

几天后，这位先生自己做东，请了一大批客人，有好几位太太小姐们在场。太太小姐们的好奇心要知道记者对于"第三帝国"有什么感想。问题虽大，不过记者想，这个机会不应该错过。

"各人有各人的看法，不过我个人的确最佩服戈林将军"。这是记者的回答。

"咦?"大家的眼睛都在望看记者，希望得到下文。

"实不相瞒，"记者说："戈林将军有许多值大家爱戴的理由，特别是我个人有同他相仿佛的脾气，喜欢军装与勋章。不是么，单说勋章，至今我一个也得不到，他却用之不尽，这就是为什么我在佩服他。"

大家听到了哄然大笑起来。主人自然明白记者说话的原意，他笑得格外起劲。

同这种情形相类似的，据说，有一位英国记者曾问过一位中国同学，伦敦的中国大使馆在什么地方?

这位中国同学不明白问话人的用意，因之来了一个反问："你是一位新闻记者，难道连这一点都不知道?"他忘记了伦敦电话簿子上就印有中国大使馆的地址。

这位英国记者用十分幽默的口吻回答："先生你想看，我哪里会知道呢，你们的使馆从来就没有请过客!"

平常外国外交家一流人物都有爱说笑话的脾气，因为大家见面时除了闲谈天气好坏以外，三句话不离本行，幽默的论调每次都缺少不得的。以希特勒的尊严，有时尚成为柏林外交界谈笑的对象，在民主各国中的政治家更不必说了。虽然，大部分笑话仍有分寸，不但雅俗共赏，并且说笑话的人多少总替对方留一点余地，有时言外之意只有使你想了以后才觉得好笑。特别是所答非所问的一种技术，他们运用得十分得体。(完)

(1938.05.06《申报》)

法国政局与西班牙问题（上）

此次法总理达拉第访问伦敦举行英法谈判的结果，似乎对于法国人民所最关心的问题，西班牙事件，仍没有根本的解决。英国方面只希望由于法意邦交改善的一条路，进而撤退在西班牙的各国志愿兵，换一句话，还是一种不了了之的办法。这里不管墨索里尼所开的价目，法国能否接受是一个问题，更困难的，法国一面即不愿西班牙人民阵线政府崩溃，另一面又找寻不出一个解决的方式，而维持目前这种割据的局面，不但双方妥协不易，并且佛兰戈（即佛朗哥，下同）将军的势力存在一天，俄法国就一天都不会有安全的感觉。

自从西班牙内战爆发后，特别到了几个星期以前，巴黎始终充满着沉闷的空气。不但国内政潮的起伏引起人心不安，更重要的，德国在中欧的活动并佛兰戈将军的军队节节胜利，使法国人民愈感到本身的危机。无论如何不能够让西班牙人民阵线政府倾覆，这不独法国左派各党有这种主张，就许多共和派的军事专家也有法国应立即结束西班牙内战的要求。万一佛兰戈将军由于德意两国的援助获得最后的胜利，西班牙变成了意制的法西（斯）国家，那时候法国自然要处于德意西三国包围之中，全部国防计划非根本更变不可。

此次西班牙内战有国际政治背景，这是人所共知的一宗事实。特别是法国人更明白本国处境的困难，因为说是西班牙问题，实际上也就是法国自己的问题。年来不独在外交上时受英国的钳制，行动不能自由，谣传目前法政府曾将以实力解决西班牙内战一事征求英国的同意，闻被拒绝，甚至于国内左右派间的意见始终也无法一致。例如不久以前右派的新闻报（L，Juro□l）就公开警告法国政府，倘若法国向西班牙进兵，他们将要□变；法国人民阵线政府当局所担心的就是一波未平一波又起，生怕设法去解决西班牙内战的时候，立刻会先引起

法国的内战，结果法国以海陆军干涉西班牙内战的计划，就这样“寿终正寝”。(未完)

(1938.05.16《申报》)

法国政局与西班牙问题（下）

于是乎另外一个问题发生了，法国应否尽量供给西班牙政府以军械，特别是飞机与大炮？这最少可以减少目前西班牙政府所处的困难地位。据说，关于此事，去年法国工会领袖曾向前内阁总理勃鲁姆提议过，巴黎钢铁业职工会会员每日愿意多做工作一小时，并且完全是义务性质，只要法国政府能够给他们一种保证，这批军火于扫数卖给西班牙人民阵线政府，但法国因为要顾虑到复杂的国际关系，始终不敢尝试。结果西班牙政府军虽陆续也由法国得到一批军械，可是数量上还不及德意的供给佛兰戈将军。目前佛兰戈军队的占优势，这算是一个主要的原因。

一般说来，目前法国人是一个爱好和平的民族。不但上次欧战所遗下的伤痕大家还不曾忘记，就是多年来法国政治家口中所常提起的安全问题，间接也使大部分青年日夕对于战争提心吊胆。特别是西班牙内战爆发以后，两国毗临，全部战争的残酷事迹更给法国人民留下一个极深刻的印象。除非德军临境，法国人民此日实不愿轻谈战争。这是目前法国内部最大的一个矛盾。一面既想帮助西班牙人民阵线政府，另一面又怕战事扩大连累到自己身上来。单为了西班牙问题而流血，最少得不到法国农民大众的同情。在这种心理影响之下，不但法国的外交政策时露动摇不定的痕迹，就是本国内部也呈一种纷乱的局面。

达拉第本人虽说是个过渡性质的人物，但他素以爱好采用强硬手腕见称，就最近几星期中法国政府的政策看来，似乎已引起各方相当的同情。法国能否打破年来这种苦闷的局势，即第一，还要看达拉第本人有没有调和法国内部左右派矛盾的能力；第二，法国人民会不会因为国际关系恶化的结果，对于和平产生另外一种观念。此刻一切自

然还很难说，不过在法国的一致政府没有产生以前，恐怕要解决西班牙问题暂时也无从谈起。（完）

（1938.05.17《申报》）

德意轴心的离合（上）

月来欧洲有两位政治家在钩心斗角，主演这一幕喜剧的人物就是张伯伦与希特勒。关于两月前德国并奥的危机，张伯伦自然早就得到消息，英意谈判的决定举行，固然是张伯伦准备拆散柏林——罗马轴心的一步棋，但另外一种意义，却在于保存奥国的独立，使德奥合并无法实现。不过此次他又慢了一步，不但让希特勒完成了多年来并奥的计划，甚至于柏林罗马轴心也并不为了英意谈判的成功而动摇。欧洲局面虽说由于英意、法意关系的好转暂得苟安一时，可是此之阵线与法西阵线的对立，根本并不消灭。

当时英意谈判所以急于进行，原意希望最少此举会给予本月初希特勒的访问罗马以一种打击。截至目前，希特勒与墨索里尼两人此次谈话的结果如何，固然不易猜测，不过德意关系不会比从前疏远，那又是一种可信的事实。不独德意官方曾发表过许多乐观的消息，就是这两位独裁者本人口中一提到德意邦交时，几乎全是“信誓旦旦”，好像俱是不作“卖友”勾当的君子。内幕是否真的如此光明堂皇了？例如捷克问题，墨索里尼会不会愿意替希特勒撑腰？这就是一个疑问，并且，万一第二次欧战爆发的话，意大利会不会站在德国这方面，那更是一个大疑问了！

目前德意轴心政策的不容易变化，有种种原因。第一，德意两国在外交方面各想做一笔大买卖，而双方交易的对手恰同是英国。意大利所以能够向英国讨价还价，最大的原因就由于手里有德国这一张牌。同样的，英国有向德国敷衍的必要，也因希特勒可以拿着意大利作一种威胁。德意两国一分离，立刻双方都要减去原来的价值，与英国谈判一定不会得到什么便宜。这是两国此刻不得不互相利用，或相依为命的缘故。希特勒与墨索里尼两人心里明白这一点。第二，德意两国此日的结合，并不是由于军事经济等等因素，实际上恰同他们自己所标榜的一样，因为主义相同。法西（斯）主义的国际化虽说是一种滑稽现象，但无论希特勒或者墨索里尼，总不愿由于两国间的矛盾而引起法西主义的总崩溃。并且，独裁者所最关心的，还是自己身后本国将采取何种政治制度的问题。他们痛恨民主政治，他们决不愿意自己的国家会有一天要重返这条道路上去。不只德意民间到处目前仍满布着民主主义的信从，甚至连意大利王室中人也感受独裁政治的苦痛，而希望意国有再见议会制度的一日。我们大家知道英王同英国政治没有什么影响，但意大利王呢，却连英王的地位都不如，独裁政治对于他的确并没有什么好处。(未完)

（1938.05.19《申报》）

德意轴心的离合（下）

虽然，德意轴心并不是一种牢不可破的结合，那又是人所尽知的事实。第一，他们间最重要的出发点只在于暂时的互相利用，假如英国肯让德国在东欧方面自由发展以及退还德旧属的殖民地，希特勒日前在意的全部演说都会自动取消；反过来，英国如肯将地中海上的霸权分让与意大利，那墨索里尼准定会恢复四年前的态度，又说意大利的兵力可以保障中欧平安无事。目前德意轴心所以依然能够继续存在，实际上还因为英国不顾付这么大的一笔代价。其次，无论由两国的历史上，或者民族性上说来，这种结合总是一个不自然的婚姻，并且直到今日，德意当局始终仍无法使两国人民相信这是一个合理的政策，特别在德国民间。再次，说到德意轴心，就在两位独裁者间也发生一种心理上的矛盾。独裁者一生所追求的憧憬，就是使自己变成一位万世流传的英雄。墨索里尼决不愿再见世界史上会有第二个墨索里尼，同样的，希特勒也有这种野心。目前为要应付环境关系，逼得两雄终于不但并立，甚至于宣告联手，然而这一点恰恰损伤了各人的自尊心。只要两人中的一个觉得自己的地位已经十分稳固，而所提倡的主义也不再受内政或外交的影响，那末这一天也就有使两人分手的可能。至于德意两国间不但利害不一致，甚至于更有不少互相冲突的地方，在中欧，在巴尔干半岛上都可以看到这个痕迹。不过正如他们自己所说的话，这些小事早都消灭在共同敌人的大前提下，暂时不用提起罢了。

许多人对于希特勒的访问罗马，估计太低，因之就有德意轴心行将动摇的猜测，这多少未免总嫌言之过早。几天前墨索里尼在热诺亚（即热那亚）的演说就是一种证明。全篇演说的要点有二：第一，表示意大利决不参加英法等国的反德阵线，德意轴心的政策将始终不变。第二，不放松干涉西班牙内战的一贯政策。墨索里尼认为法意冲突的焦点在于西班牙事件。理由在于法国希望西班牙政府军胜利，而意大利则希望佛兰戈将军胜利。受了这篇演说的影响，近日来法意邦交，突又紧张起来。至于墨索里尼此次是否真的在说明今后意大利对外的立场，或者只是一种讨价还价的手段，此时我们还无法证明；总之，这篇演说最少已证实了张伯伦的现实外交根本影响不了德意轴心。

德意轴心大约此刻还是一种政治上的结合，离军事同盟的阶段尚远。它起源于一九三三年希特勒登台时期，成熟于意侵阿的军事过程中西班牙内战爆发以后，德意的关系逐渐愈加密切。直到两月前德国实行并奥，一时两国间似乎又露出一些裂痕。不过这个裂痕，也许此次希特勒在罗马时已经设法消灭掉。自然，这里德国要给意大利一个交换的条件，赔偿意大利在德奥合并中所受的损失！

至于德意轴心还会维持多少时候，此刻无人敢作预言。不但我们不知道，甚至于连希特勒、墨索里尼本人也不知道。(完)

(1938.05.20《申报》)

旅行通讯（一）

——广九路上

在敌机狂炸广州声中，记者按照预定的旅行计划，乘车离港北上，第一个目的地当然仍是广州。

根据一部分消息灵通者的意见，恰在这个时候跑到广州去，显然是一宗既冒险而又不聪明的举动。不过，一走进九龙车站，立刻发觉似乎“不怕死”的人物依旧多得很，这一次乘车的旅客还是同从前一样的拥挤。由路局人员口中探悉，广九路上的一切交通设备并没有受到什么影响，敌机不但轰炸不断广州与香港间的交通，甚至于连在旅客们的脸部上也找不出一些恐怖的痕迹，要说唯一的例外现象，大约只有大家少带了几件行李。

车一开动，敌机轰炸广州问题便成为这批旅客的谈话中心。同车中各种口音都有，有北中国人（中国北方人，原文如此）说他初学的广东话，也有广东人在说普通话，而中间又以江浙两省的口音居多，例如“阿拉”这样那样，几乎到处都可以听到。日本军阀此次的冒险，不但使每个中国人变成了货真价实的爱国者，甚至于更因为难民的移动使中国民间产生一种前所未有的融洽现象。单听到这批旅客的谈话，我们已可以感到此次抗战在中国历史上的伟大意义！

车过深圳时，邻座一位广东旅客告诉记者，从深圳起以西各车站，几乎无站不被炸，甚至于每一个桥梁都是敌机的目的物。但随炸随修，数小时以内又通车，所以广九车至今通行无阻，就是这缘故。我们固然受到物质上的损失，但敌人的损失却比我们更大。一颗几百磅重量的炸弹值多少钱？有时只换到一座破房子，最多也不过一段路轨，平常连这一点都做不到，只在铁路附近的田间挖了一个大洞。到底谁的损失大？

因为夜色模糊，我们沿途只依稀看到许多被炸的痕迹。果然一部分炸弹都落在铁路轨旁边的田野间。后来夜色愈深，我们只能由车行的快慢来辨别，开慢车时，大家就知道这一段铁轨曾被炸过。平时广九路全程快车共三小时，目前需要四时三十分钟时间，日本空军的全部成绩只有这一点。

为的想知道一些关于敌机轰炸广九路的故事。曾问过一位年轻的护路宪兵。由年龄上看来，他最多也不过二十一二岁，健康，诚实而又带机警的姿势，是一个典型的新中国军人。他看了记者一眼从容回答："这种事情报纸上都有登载过，只要看报好了。"当时记者呆了一下，但随即告诉他，正是为了报纸而问的，等到他知道记者的职业后话匣子才打开。自然对于轰炸一事他早已司空见惯，不但明了敌机"下卵"的情形，并且更认为这是一宗平凡不过的事件。敌机狂炸我国各铁路线本来有两种作用，第一在物质上破坏我们的交通，其次在精神上动摇我们的民心。不过这两点，他们始终只有作拙心劳而已！据这位宪兵口述，敌机轰炸的初期，旅客因经验缺乏，维持秩序颇感困难，后来大家几乎天天碰到就渐渐习惯了许多，此刻一切已变成家常便饭，再也没有人把轰炸当做了不得的一回事！

到了石龙遇到由广州开来的客车，每一个车辆中都挤满了向香港逃难的难民，一种窘迫的态度，看了使人心痛。同车的几位江浙籍旅客知道记者会说几句广东话，嘱代为调查当天广州被炸的情形。由难民口中探悉，敌机不但投掷炸弹，甚至于更用机关枪扫射，这一来车中颇现紧张的空气。终于一位旅客开口了："我们管不了这许多，国难严重到这个地步，向那里逃难去？什么地方是安全地带？"

在军警严密戒备之下。火车终于平安进了广州车站。下车以后，第一个印象，就是万家灯火，而街道上更满布行人，广州依然是一个常态的大城市。因为轰炸关系，各大旅馆均告客满，这一夜记者便寄宿在一个友人的寓所。

（1938.06.20《申报》）

旅行通讯（二）

——敌机狂炸下的广州

由于友人的劝告，早晨七时一过立刻起床。自从五月二十八日敌机狂炸广州以来，事实上广州已变成另外一个世界，证实了现代战争没有前后方区别的理论。几乎每天总是照例地九时前后听到空袭警报，十时左右敌机就出现于广州市天空。从早晨四五时起，沙面附近即发现一大批逃难的人民，扶老携幼，街道上到处堆满了人群，并且大多数都是妇孺。看了这种景象，我们对于敌人的暴行只有愈加愤恨！

除了少数人民避难外地以外，目前广州市仍有七八十万人口。警报一到时，最少五分之二以上的人口都集中在沙面附近的街头并各种新式的建筑物中。大家都以最大的耐心与毅力来度过这样艰苦状况，一直等候到下午警报解除后才回家去。虽说空袭是可怕的一回事，但在他们的脸部上都找不出丝毫恐怖或者绝望的痕迹，万千大众只有一种同样的表情，这就是悲愤！

九时过后，果然警报来了，我们就雇了一辆汽车在长堤一带观察一下然后再向市中心驶去。沿途虽看出大批逃向沙面附近暂避的人群，但街道上除了军警以外，尚有许多行人，由他们安闲自在态度上看来，这批人根本并没有逃难的心思。甚至于连在被炸最剧烈的区域中，还有不少平民在门口吸烟或者饮茶，一部分店铺前更面站着几个或者几十个看“热闹”的人物。这种“临危不变”的精神，任何看了都会感动。敌机可以轰炸各种建筑物，可以屠杀中国的妇孺，但决不能够动摇这种大无畏的精神！

终于我们到达了东山某地点上，准备“观战”。所谓“观战”，正如一位友人的口吻，只眼睁睁地看敌机“下卵”而已。这一次我们一共看到七八架敌机，在市区中投下几颗炸弹。因为我军高射炮的回敬，敌机不敢低飞，所以损失并不大。一小时后警报解除，承另一位友人的好意，派车来迎接我们，顺便又在被炸的区域中参观了一次。这时候街道上一切已恢复常态，算是敌机狂炸以来最安静的一天。一位熟人告诉记者，广州市民日来已逐渐过惯了轰炸中的生活，只有敌机出现的一刹那在街头上驻足仰观而已，轰炸过后，又立刻照旧继续各人的工作。广东人民有这种精神，这值得我们大家的骄傲。

经过日来敌机的狂炸，广州市民不知道留下多少悲哀壮烈的故事。例如壮丁队队员在担任救护工作时，曾被敌机射杀多位，但大家却并不因此气馁。有一位队员曾对人说过，本来他可以不必参加的，但他既然当了壮丁队队员，责任所在，就没有退缩的理由。这里我们祝福他，这位不知姓名的爱国志士。继续为国家努力！

此次广州被炸，人民牺牲的惨重，详情已见各报每日的电讯。记者也参观过不少被炸的公共机关并人民住宅，几乎可以说是各地点全没有军事上的意义。敌人的疯狂心理无非想动摇我们的后方，但他们忽略了广东人民的性格，所以这个希望始终只是一个希望而已。目前广州不独没有纷乱的状态，甚至于一般人民对于抗战只有比从前更加有决心。远处很容易传闻失实，结果就要上了敌人的大当！

从国家的立场看来，广东人民是再好不过的人民。据说，我空军飞机每在广州天空出现一次，当天救国公债，就多销几万元，这纯粹是一种爱国精神的表现。目前唯一的弱点，就是防空常识尚未大众化，此外组织上似乎也有值得商量的地方。望粤省军政当局今后会注意到这个问题。

（1938.06.21《申报》）

旅行通讯（三）

——由轰炸说到防空

“广州市民是可爱的”，一位旅居广州多年的老友某君告诉记者：“在缺乏现代防空设备的条件下，连日让敌机任意狂炸，而人民居然在最残酷的牺牲下，能够保持镇静态度，始终没有动摇的倾向，这是那一种精神？半年来我先后旅行过不少城市，遭遇过多次敌机的袭击，恰因为有了这种实际的经验，使我对于广东人民愈加敬佩……”

只要此次到过广州的人，亲眼看了此次敌机轰炸的情形以后，就会明白在广东民间蕴藏了多少民族意识。大多数广州市民非被迫至万不得已的地步，都无意迁移，这并不是他们宁愿受敌机轰炸，不过大家有一个共同的观念，认为懦弱是一种耻辱。自然，这就是新中国人民的精神！

也许因为我们大家都是外行人的缘故，看到敌机此次无情的狂炸，于是乎对于广州市的防空设备问题，发生了许多感想。虽说广东人民有这种可钦佩的勇敢精神，但能够减轻若干可以避免的牺牲，为国家多保存一分元气，似乎总是一宗应该注意到的事情。

以飞机对付飞机，本来是现代唯一防空的有效方法，例如近来敌机不敢轻临武汉，就是一个最明显的例子；但在广州，这一层目前还谈不到，剩下只是关于消极方面如何减少无谓的牺牲而已！

广州市民直至最近大部分仍缺乏现代防空常识，这是一宗事实。例如警报到后，大家虽无狂奔并纷乱的状态，可是所选择的避难地点，事实上即发生问题。第一，大家几乎认为未被轰炸的区域就是安全地带，这种看法不用说是错误的。其次，缺乏有计划的指导，在一个避难的区域中往往集中数千数万的人数，挤得水泄不通，万一不幸遭遇敌机投掷一颗炸弹，结果将不堪设想。再次，一般人民对于危险地带的认识力不够。不但沿铁路公路线，就是公共机关，工厂以及文化，慈善机关等等的附近都含有较大的危险性。例如广州铁桥近旁的长堤一带一遇警报时大家就该立刻避开，不幸记者恰在那地方发见了一大批人群。这里记起一个故事，据说，几个月前某区遇轰炸时有人曾雇小艇至桥下暂避，还以为这是一种安全可靠的办法。防空常识不立刻加以大众化，由于抗战的前途上说来，难免是一宗很大的危机。

另外一种弱点，就是组织问题。在现代空战中纵有良好组织的大城市结果还难免遭受相当的牺牲，又何况忽略去这一点？譬如说，将广州市划分为若干区，每区的人民于警报到时在军警是指挥之下向附近指定的地点暂避，虽说这并不是根本的办法，不过多少似可以减轻一点民间的损失。再如避难地点的指定说来自然是一宗难事，但不妨斟酌当地的情形，郊外与市区内并用，将人民化整为零，最少此举可以使敌人的轰炸失去目标，炸弹的威力减少效能，同时这又是安定人心的一种方法。只要牺牲的程度减轻广州市民一定会不屈不挠使广州在空战中变成马德里第二，无论敌人用多少架飞机来轰炸！

敌机狂炸的目的在于扰乱我们的后方，动摇我们的人心，我们应付的方法，就应该针对这一点。

（1938.06.23《申报》）

欧洲危机与英德的冲突

一向以现实政策并绥靖政策相号召的张伯伦首相，终于在三月三十一日发表了对德的强硬宣言，说明英国决心给予波兰以一种保证。两天以后，张氏又发表一个补充的声明，态度比前更为明显，欧局至此已进入一个新的阶段，英德两国，由于幕后的斗争，进到直接冲突的地步。

其实英德两国最近几年来，已在暗中发动欧洲的争霸战，只要我们仔细研究欧洲政治的内幕，便立刻可以看出，所谓主角的国家只英德两国，其余的国家不过居于配角的地位，实际上都脱离不掉这两个国家的支配。

德国为什么要发动战争？并且为什么特别以英国为对象？（国社党人历来绝口不提起英国是他们的敌人，但恰因此愈显出两国间的矛盾）。这一点说来极明显，希特勒的最后目的在于先征服欧洲，进而征服全世界！同时一个强盛的德国，需要许多前提，这中间发展国内的工业更见重要，所以德国需要海外的市场，要求殖民地。目前世界上拥有殖民地最多的国家是英国，因此德国的再兴对于英国便是一种威胁，这一点恰是两国冲突的根本原因。过去因为英国政治家善于运用外交技术的缘故，大家反而误会了，以为英德间邦交上不恶劣，现在这一重内幕，总算已被张伯伦揭破。

在国社党方面，他们早认定英国是他们征服欧洲过程中大障碍，因为未来的德国所要求的，几乎就是现在英国所有的全部财产，照国社党人的看法，德国实必将继承大英帝国的一个国家，并且年来希特勒的重重布置，我们都可以认为最后的目的在对付英国的。有一部分国社党人甚至于主张德法亲善，他们认为欧陆上德法两民族如能切实联合，而在德国领导之下，不但欧洲问题可以根本解决，甚至于德国代替英国称霸世界的理想也完全可以实现。

希特勒种种野心，与英国的传统政策自然发生冲突，因为英国不能忍受欧陆有一个有领袖的强国存在。所以一向注重于保持欧陆各国间的均势，换一句话，英国决不让欧陆产生一个可以威胁英国的国家，关于这一类例子，我们真举不胜举，例如在一六五二——一六五四年，英国与西班牙的战争，一六六五——一六六七年英国与荷兰并法国的战争，以及一六八九——一八一九年历史上有名的英法二百年战争。这类战争发生最重要的原因，就是当时英国与上述诸国在作欧洲的争霸战。到了拿破仑失败以后，英国在欧陆的领袖地位渐趋稳固，但当英国一发现俄国的势力逐渐膨胀时，终于又有一八五三——一八五六年英法对的克林战争，俄国败后，欧洲才又是英国的世界。

十九世纪末叶法俄相继失败以后，德国就趁机崛起，同时德国是新兴的工业国，关于生产方法并生产能力处处都在英国之上，由于贸易竞争的结果，终于就引起第一次欧洲大战。战后德国的势力就一扫而空，所以英德邦交后来又恢复常态。等到希特勒登台以后，德国图霸欧洲的野心，又死灰复燃，虽说目前欧洲许多小国或被并吞，或受威胁，但德国最后的目的仍在英国身上，例如英国的海外殖民地并市场，都是希特勒垂涎的对象。因此大家就觉得是一个疑问，希特勒这种野心，会不会由于英国态度强硬以后便肯立刻打消？照我们的观察，日来欧洲一般的形势只是一种明松暗紧的状态，因为在英国主持下的和平阵线与德国领导下的侵略阵线的对垒业已全部完成，双方在军事上的布置却尚须时日。日前英法军事当局的会商，并德意两国军事领袖在前奥境内的谈话，内容当然都注意到今后作战的计划问题。因此表面上暂时缺乏紧张的空气，恰是暴风雨将来到以前的姿态。

不独目前欧洲各国备战态亟。加重这种战争的危机，例如最近张伯伦就公开承认，英国的海空军已完全入于战时状态，可应付任何突然的袭击；更重要的，双方已放弃了外交上直接谈判的方式，而改用军事同盟来作互相牵制的企图。在外交谈判未停止以前，战争爆发的可能性自然较少，但要我们当双方停止直接外交谈判以后，反而对于时局感到乐观，却未免又有些不近情理。并且希特勒此刻已到了不能束手待毙的局面，他必须挣扎，假如他对英国屈服，那么国社党在德国的命运也必从此终结，单这一点，就足以引起战争的危机，历史上许多政治，都为了内部问题无法解决时，然后才发展对外的战争，希特勒此刻，就站在这个危机前面，至于有人认为由于英国表示强硬态度以后，德国不敢轻举妄动，事实上，上次欧战发生时，威廉二世亦不愿战，可是战争终于爆发！

并且集权国家也正在欧洲与远东同时加紧作军事上的准备，而这计划的范围更时分广泛，在西欧方面希墨两人第一步对佛朗哥施以压力，促西班牙加入反共集团，使英法两国在地中海西部留下一个心腹之患。在地理上，西班牙不独可威胁法国，同时直布罗陀港更是地中海的西部门户，集权国家得此立刻有断绝英国本部与殖民地间交通的可能。其次，德意两国月来暗中已向意属利西亚增兵，目的在于由陆路威胁埃及，夺取苏伊士运河，动摇英国在地中海的门户。最近意军已向阿尔巴尼亚实施侵略，南斯拉夫已受德意匈各国三面包围，失去原有地理上的优势，又有变成波兰第二之可能，最后在远东方面，敌人最近已着手进行和平的阴谋。目的在于消灭我国抗战力量，然后以陆军牵制苏联，使苏联有东顾之忧，间接增强德国在西欧作战的实力；另一面以海军南下牵制英国远东舰队，使英国在地中海与远东方面同时告急，首尾不能兼顾。汪精卫此次突然又发表和平言论，这一点已完全反映出敌人全部阴谋的所在。总之集权国家准备对抗和平集团的计划，相当周密，而它们的反英工作也都从英国要害处下手，这不但证明希特勒没有悔过之心，相反的，德国今后的战略的方法必较从前更趋积极。照这种情形看来，也许双方布置尚未完成的时候，第二次世界大战已先爆发了（寄自香港）。

（《抗建》半月刊，1939 年第 2 期）

新闻学论文篇

德国新闻纸的研究

一

德国报纸有一种独特的性质，倘若我们将它与英美等国的报纸加以比较，就会觉得二者间完全各有不同的典型。这不单在报纸的外形方面，如大部分德报的纸张多是小巧玲珑，绝不似英美报的阔大；其次，每日出版的页数也不及英美报的量多，英伦《泰晤士报》的分量较之平常德报至少要多过三倍；而更重要的就是通常一家德报每日所销售的数目也远在英美法等过各大报之下。德国从来就没有过一家销数曾达到百万份的日报，算是德国销数最大的一家报纸《柏林晨邮报》最盛时期每日也不过销至六十几万份而已，到了现在，销数几乎又减少了一半左右。所以要在德国找出像英美法那几家百万大报相类似的报纸，是不会有的。由此，我们就可以看出德报与英美报根本的区分。

英美法等国的报纸业，自从十九世纪以来未受到其他意外的阻碍，故能够随着现代产业而发展，它们已经发达到了资本集中、大规模地托拉斯化的地步。这结果有两个现象，第一，全国报纸的数目渐次减少，各小报多受淘汰或归并合成一大报；其次，现存各大报的销数日渐增加，实行大量的生产。德国就不然，德报恰是站在一种相反的方向，各地方都有本地的报纸，他们的发展是普遍的、散开的形式，而且过半数的报纸业还是一种家庭的产业，这同拥有千百万资本的英美几家报纸大王及法国铁业委员会是无法相比拟的。例如，以伦敦报纸的势力来论，几乎就深入英国内地，它们实力的雄厚更可以根本动摇英国外省报纸的生存。相反的，柏林的报纸就并没有这种地位。

领导德国报纸的地点却不是柏林，而是佛兰福（即法兰克福）及克伦（即科隆）两城。德国有许多良好的报纸，始终无法打破读者一种地域的并政见的观念，而能够进一步发展。这种德报缺乏现代化的责任，德国的读者自然也要承担一部分的过失。另一个原因，也可以说是一中最重要的阻碍就是一般德报的售价过昂，原因在于德国的广告事业既不如英美的发达，而报界敲竹杠的风气又不像法国的流行。加之历来德国司法界对于此类案件也颇认真办理，结果德报唯一的出路只能够在读者身上着想。因之，德报的售价较之法报昂过五倍，较之英报也要超出两三倍以上。在这种条件严重束缚下，德报要走上托拉斯化而成为一种百万份的大报，事实上当然并不是很容易的。

德报之发展成了一种独特的性格，如上面所说的与德国民族性的地方观念实有极密切的关系。我们知道历史上的德国，名义虽被称为日耳曼神圣罗马帝国，而事实上根本并不是个统一的国家，皇帝不过是个名义，实际的权力却属于各邦的王侯，同时每邦又都有独立的性质，各个都无疑是个小国家。这不独在政治方面，各立门户、畛域之见甚深，就在经济方面从来也很少有合作的机会。德国的报纸就在这种地方主义的影响下，形成了一种格式，只要居民有一千以上数目的小城市几乎就会出版有一家日报。久而久之，人民也就习惯于这种地方报纸的制度，他们通常称他们当地的报纸为“我的报纸”。过去德国一般人民特别是农民与家庭的主妇们，对于国际新闻甚至与国家大事大半都是缺乏兴趣的。他们的要求却十分简单，就是要编辑先生尽量登载本地的新闻，不管是东家丧喜的事，只要是本地的消息就会受读者的欢迎。这点使德报的编者在编辑时感到分外的困难。

俾斯麦虽然是将德国统一了，但这只限于形式方面，至于德国人灵魂的深处，在北德国人与南德国人间仍有一道不能磨减的鸿沟。譬如南德国人时常总有意无意间要称呼柏林人做外国人，这就是一个明显的例。德国的报纸在俾斯麦以后，不过将每日新闻的范围稍微扩大一点，就是时常多登载些国内其他各城的消息而已。并且这种举动在读者的印象中也是十分模糊，根本的改革自然更谈不上。

为的读者坚持这种地方主义，结果德报的记载自然更是多含地方性质。因之销路也就狭窄，根据一九三二年的统计，在两千二百三十一家德报中（起初的报纸尚未调查）各报每日出版的数目如下：

五〇〇份以内	六九家
五〇〇——一〇〇〇份	一九五家
一〇〇〇——二〇〇〇份	四四八家
二〇〇〇——五〇〇〇份	七四〇家
五〇〇〇——一〇〇〇〇份	三五九家
一〇〇〇〇——二〇〇〇〇份	二〇五家
二〇〇〇〇——五〇〇〇〇份	一一九家
五〇〇〇〇——一〇〇〇〇〇份	三三家
一〇〇〇〇〇份以上	二三家

这就可以看出德报平均每家所销售的数额是如何的微小，全国超过十万份以上的报纸不过只有二十三家，其余各报却大半是在一千至五千份之间。德国一共有一七三六家报纸，就是说几乎半数报纸都在居民两万以下的地方出版。有十一个人口两万以下的城市，有九个人口一万以下的城市，还有两个只有四千左右居民的城市，这许多地方都同时出版有私家日报。同样的，四个人口不到四千的城市每个地方却有三家日报。此外，有十三个城市每个地方居民还没有两千，而同时出版有两家日报。这种小报的制度，是德国报纸的特色，而也是一个横在德国报纸业面前亟待解决的问题。

为的地方报纸的发达，据一九三二年的统计，德国的报纸计有三七二三家（副刊等未算在内）。倘若照德国人口六千五百万的比例，平均每一万七千居民中有一家报纸，德国报纸的密度在世界上占第三位。

德国报纸也历年来在数字方面的消长如下表：

一八九七年	三四〇五家
一九〇九年	三五七二家
一九一二年	三五三四家
一九一四年	四二〇〇家
一九一八年	二九三八家
一九二〇年	三五〇〇家

一九二五年	三一五一家
一九二八年	三三五六家
一九三〇年	三三五三家
一九三三年	三七二三家

由上表，我们可以看出，几十年来德国的小报制度根本无法消灭。只在上次世界大战期间，报纸业也受了战事的影响，经费支拙，因之关闭了一部分报馆；另一面因为对外作战的关系，在共同口号下德国人民才暂时跳出这种地方主义的范围，于是报纸业的数字才见锐减。可是战争一结束，却又见此回复旧日原有的状态。中间只在马克大跌价时期，报纸业曾再受过一次影响，可是不久以后一切又依然如旧。

除了地方主义以外，最值得注意的就是德国人的政见问题。在世界大战以前，德国的政党本来就很复杂。自然，这与地方主义是有相互因果的。各个政党为的是要获得广大的民众，于是便不得不在各地分设机关报，以资号召。这样一来，由于政党的力量固然打破了地方主义一部分，但同时却又另有一个缺点发生，就是将各地人民分成为无数个党派，而个人又要求在当地有与自己政见相合的报纸。这结果当然导致德国的报纸在数量上不但不见减少，反而又大见增加了。

据一九三二年的统计，德国共有三七二三家报纸，再加上各种无头报纸、副刊等等，约计四七〇三种，它们的政向如下：

纯粹政党的机关报	九七六种
有一定政党倾向的报纸	一二六七种
无党派的报纸	二〇二九种
政治态度未明者	四三一种

初看去，也许我们会惊奇，以为德国过半数的报纸都是没有党派的，其实并不如此。大部分德报也同法报一样，都有固定的政治背景的。要同英美一般只是一种纯粹营业性质的报纸在德国并不多见。在民社党尚未登台以前，德国的九七六家党报分属于下列的各党：

民族社会党	一二〇家
德意志国家民族党	三二家

德意志民族党	一七家
经济党	一〇家
中央党	六〇三家
德意志国家党	一〇家
社会民主党	一三五家
共产党	四九家

其他有一定政治方向倾向的报纸一二六七种，计右派各党占一〇七四种，左派各党占一九三种。总之，一九三二年是德国报纸业发达到最高顶点的时期，那时候，政党德国国内的党争十分剧烈，左派、右派中间派各党大家再互争政权，政潮起伏无定，人民受了政治的刺激，疯狂似地想探求每日政治上的新闻，另一面各党又不惜尽之所能，从事宣传。这结果遂使德国的报纸业有一种新兴的气氛。

虽然德国报纸业根本的弱点，正如前面所说的在经济方面缺乏托拉斯化，于是纵有良好的机会却也无法尽量发展。据一九二七年的调查，在三二六七家德报中，它们投资方式之百分率如下：

股份公司性质的报纸占	一．八二
股份有限公司的报纸占	七．〇三
其他占	九．四九
家庭资本性质的报纸	
（凡股份公司大部分股权在一家听手中时也归于此类以内）占	八一．六六
总计	一〇〇．〇〇

上表我们可以看出，德报几乎百分之八二都是一种家庭的产业，有现代性股份公司组织的报纸业，尚不及总数百分之十。德国报纸业中人，为的想补救这种缺点，也先后成立有不少具托拉斯性的“报纸集团”，最重要的两家是胡根堡集团及集合公司。它们所包括的范围很广泛，它们的会员并不止限于报馆，而是连通讯社、广告公司、出版业甚至于银行业都拉拢在一起。例如，胡根堡集团系统之下，除了一批德国右倾的报纸以外，计拥有一电报通讯社联合电报社、一大广告公司亚拉广告公司并著名的乌发影片公司。集合公司的情形也相仿，是由约两百家社会民主党的机关报并接近的报纸组织而成，它也有自

设的通讯社、广告公司等等。不过这两个集团与其说是经济的结合，倒不如说它是政治的结合，因为它们的组织趋重在政治上的路线，至于经济上每年的损益均由集团中各个本位自己负责的。这个原因就因集团中各个本位的股权，并不像英美等国的报纸集团一样，过半数均在一二个人手中。德国的集团与英美等国的报纸集团不同的地方就在这里。

此外，尚有其他各种小报的集团，叫做“无头报纸集团”。这是一种在某个区域内的一部分小报，为求经济上的便利起见联合起来，在中心地点出版一家共同的“无头报纸”。这种报纸是没有固定的名称的，例如在甲地称为甲地日报，在乙地又沿用乙地原来报纸的名称。不用说，只须（应为“需”，但原文如此）在无头报纸上添印自己的报名一切手续就算完成。这种办法，在编辑与印刷方面节省了不少费用，因为在十几家报纸联合之下，只须一家负责编辑、印刷就行了。而同时在同一的区域中，读者的要求也大体上相仿佛，于是在编辑上倒也并没有什么特别困难的地方。他们的一家负责编印的总报馆，是由各报共同出资设立的，虽说在法律上各报依然独立，但在经济上大家却已有极密切的休戚关系，这与胡根堡集团等单纯政治结合的性质不同。德国有不少这种类似的组织，例如在北德国有二十八家日报联合组成的“策诺集团”，在南德国术吞堡邦有二十一家有二十一家报纸联合而成的“费波集团”，以及更近托拉斯化性质的拜扬邦天主教报纸联合会。但比这种集团更进一步的组织，是以前共产党各报所组成的印刷公司“波化格”。波化格印刷局有不少分局分设于全德国，印行共产党各报，而直接属于德国共产党总部的管辖。

使德报不容易发展的另一个原因就是现代报纸所视为生命线的广告业。其实，要说德国的广告事业不发达那又不然，最少德国广告事业的发达仍在法国以上。但我们须注意到，一个国家拥有四千多家报纸，以有限的商业广告如何够分配？所以大部分德报免不了都要闹广告荒，结果广告的收入所给报纸业的助力就极有限的了。德国最大的两家广告公司是麾瑟广告公司，该公司在国内并国外一共有八九家分店，并一七四家代理处，又一家为亚拉广告公司，亚拉也拥有二八家分店并九七家代理处。因德报范围遍于全国，所以德国的广告事业也适应这个情形，散在各地。除了上述两大公司以外，尚有不少其他各种小广告公司的联合组织。中间最著名的是由一百多家广告业合组而成的德意志广告公司联合会。

德国宪法检查新闻的办法，大约正因为这种缘故，所以德报虽在恶劣的条件下，仍能够渐次进步，这情形一直到了民社党执政以后才产生了另一个方式。

二

自从一九三三年一月卅日民社党获得政权以后，德国的报纸正同德国的政治一样立刻变了颜色。社会民主党以及一部分左倾的报纸，数目不在两百家以下，为了政治的缘故，随着两党而全部被封闭了。中央党各报虽说一时还站得住，可是也在飘摇之中。尤其是编辑人地位的困难，因为新政府的命令要举国的言论一致，全部政策不准各报批评，于是侥幸犹得存在的各报就人人无不提心吊胆了。

希特勒在一九三三年四月间说："报纸头一件要被承认的，不是它本身是一种目的，而只是一种工具；报纸不会有别的目的，它的目的只是替国家做一般政治生存的争断。"这就等于说报纸不应当有自由，因为他只是一个代言机关而已。宣传部长戈培尔更进一步解释，假如个人的自由与国家并民族的自有冲突时，应牺牲去个人的自由。而报纸恰是处在一种媒介之地位，居于国家与人民之间，所以报纸应该负起他的应有责任，就是替国家指导人民。因之，结论就会变成，"言论自由"才是个不合理的见解了。虽然，戈培尔部长却声明爱护国家的好意批评是个例外，不过没有一个确定的标准，于是人家也就不敢轻易尝试了。

民社党人除了以国家利益的立场禁止言论自由以外，另一个理由就是领袖制度。他们既然认定领袖的神圣，并领袖的意志之不可侵犯，于是全国以内就不容许有反对者的意见存在。报纸的任务在他们看来，似乎只在宣扬领袖建国意旨于随从阶级中而已。其实，这也并不是一件容易的事情。要将政见最深的国报纸变成一党的清一色报，难处不在于运用权力去限制言论的自由而是在于这种办法施行以后，是否能够有预期的效果。民社党两年来的新闻政策，所实验之结果，对于这个问题显然并不能有个满意的答案。

在民社党执政以后，德报的数目仍然出入不多，因为虽有两百多家日报停刊，但一大半以上都经民社党人接收过来，改成该党的机关报。可是在报纸的销路方面，除了《佛兰福报》仍能够维持现状以外，其他各报无不大大底减，因之引起整个营业上的危机。两年来，德报先后受经济的影响而倒闭或转让与他人的，为数也不在数十家以下。最近连民社党党报《德意志报》竟也宣告结束，而转并到《攻击报》去。《德意志报》是一家销数达十余万份的大报，特别是在工人间占一部分势力，此次突然宣告合并，动机固然有政治作用，但与经济方面却也不无关系。这最少已表现目前德国报纸业不景气的程度之深刻化，连民社党的机关报受到影响以后也难于维持现状了！

德国新闻界最高的机关是“国家新闻协会”，这是联合十几种与新闻业有关的团体组织而成的，可是实际上最有权力的人却只是宣传部长戈培尔一人。他不但是民社党新闻政策的计划人，同时也是个执行人。说的浅白一点，他此日就是德国新闻事业的领袖。由于他不断的清除，果然在德报上再也看不出反动的言论的了。虽然，德报目前的衰落毛病却又恰恰在这上面。地方主义与政见的分歧固然是德报的弱点，使它无法变成一种大企业与托拉斯化，但也由此德报才能够生存而渐次发展，因为这种矛盾的现象，才是德报的特质。譬如说，在一九三〇年至一九三二年间，德国的党争十分剧烈，而同时一般人民每日几乎就订约两三种日报，原来读者充满着好奇心，要探究各党派不同的言论，而目前的德报就失掉了这种特性。不单是内容被统一了以后，因之读者每日便没有订购两三种日报的必要，而且更以记载的平凡，根本就引不起读者的好奇心，这是德报两年来销路锐减的原因之一。其次，检查新闻法的施行，使读者对于每日新闻的真实性发生怀疑，例如德国耶稣教内部冲突的剧烈，德报从来就不许登载，再如罗姆事件、陶尔斐斯的被刺，德报的记载与外国报纸出入甚多，于是德报在读者间的信用根本动摇。最近有一德国著名的反法西斯蒂主义者，在捷克首都为民社党人所暗杀，外国各报均有极详细的记载，而德报却只说："原因不明。"德国人民既然在本国报纸上得不到满足，因之就转而订阅外国报纸。据说，单瑞士三家被准许进口的德文报，全盛时期在德国销数就达一百万份，其他英法文的外国报纸尚不算在内。相反地，德报的销路日渐窄狭。民社党虽下令，公务人员并党员须订阅党报，反而只有更促其衰落。

民社党禁止言论自由的新闻政策，为的是怕反对党扰乱人心，动摇他目前的统治权，这原是独裁政治的结果。在理论上对不对，我们可以不必去管它，不过民社党人却忘记了另一宗事实，就是谣言产生自检查新闻制度之下。十几年来交通事业的发达，特别是无线电话的进步，国家大事如何能够瞒得住人民，此其一。其次，在不准公开的状况下，人民反易于相信道听途说的流言，而这种害处却较让人家自有批评为大。这是很显然的事实，德国人民即在本国报纸中得不到确实的消息，这种反感当然渐次会移至主持这种新闻政策的政府身上，这是一个危机。另一方面，外国报纸关于德国事件的记载真事也未必无假，而外报的多添油加酱却又"事出有因"的了。至此，民社党要人每于外报记载一事变以后加以声明，而这举动只有愈增加人民的怀疑。两年来，德国人民阅报的兴趣不知道减低了多少，平均起来各报的销数都降落一半至三分之一。目前民社党中有识之士，自己也都感到此路的不同了。

我们知道德国报纸在经济方面的来源，大部分是依靠读者。读者减少了一般，那就无异于宣告德报的死刑。加之，广告业的衰落比较从前更甚，于是全部德报此日就无不陷于经济恐慌的状态中。

广告业的衰落，最重要的原因自然为的德国一般购买力的减少，结果大半商家认为即多刊登广告于营业上也无多大效果，因之倒不如省却这笔费用。一部分商人既然不再刊登广告，其他商人也以缺乏竞争的对象，自动停止。此外，犹太商人素来为德报主要的广告顾客，民社党执政以后，犹太商家就不好明目张胆，德报的广告来源遂又失去了一大半。再次，因目前德国一切采取强迫支配的制度，于是找寻工作与招用职员的广告，无形中也渐次灭绝踪迹了。总之，德报此日十之八九都濒于破产的地步。戈培尔氏虽也有救济的计划，但不是从根本医治起，似乎仍然无法挽救目前的危机。

这两年来，德报之能继续发展的只有民社党的机关报。在一九三二年，民社党未执政以前，计拥有一二〇家左右的日报。自从获得政权以后，他们即不断地在各地添设报馆。从城市起至最小的乡村止，无不有民社党党报的踪迹。由于他们的计划，在每一重要的城市中，创立一家党报，这家党报又分为若干刊，每一刊是特别为了某个地方而出版的，同时在该刊上也多登载关于当地的消息，这办法是模仿自“无头报纸”的。截止一九三四年春天止，民社党报比一九三二年时期数目已增加至一倍以上。不过，这个发展是出自政治的结果，是人工的并不是一种自然的现象。另一方面，政党德国报纸业如此不景气的时日，影响所及连民社党的机关报，在营业上也十分难于维持，所以将来是否能够顺利发展，的确是个问题。

过去著名的德报，或因政治上的原因，或以经济上的缘故，或被封闭或自动停刊，数目颇不少，最著名的例如社会民主党的机关报《前进报》与《晚报》，共产党的机关报《红旗报》，Ullstein 公司出版的《伏锡报》，再如《柏林交易所专差报》《德意志报》的停刊，《拜扬专差报》的倒闭。此外，在各邦近年来陆续倒闭的报纸为数尚多。也许不久的将来，民社党人会再来一个新的新闻政策吧？

三

德国的重要报纸有下述几种：

（一）《民族观察报》

明兴与柏林，为民族社会党的重要机关报，出版处为该党中央书局。创办于一八八七年，原名为《明兴观察报》，在一九二〇年以后始改用今名，自从一九二七年起，始变成民社党的机关报。该报装置有新式的电传打字机于明兴、柏林两地。因之，每日同时能够在两地刊行一家内容相同的报纸，在明兴出版的称为《明兴刊》并《南德国刊》，在柏林出版的称为《柏林刊》并《北德国刊》。两地合计，据一九三五年一月的统计，每日销数南德国九一四九六份，北德国二五一〇四二份，合计三四二五三八份，已算德报销数最大的一家日报。该报的政治立场自然是依据民社党的政策，正因为这种缘故，所以在各方面特别受人家的注意，读者多半是该党党员并公务人员。因据民社党非正式的通告，国家官吏并党员须订阅该报。总编辑是民社党中著名的种族问题理论家罗森堡氏。

（二）《攻击报》

柏林，创刊于一九二七年，创办人为宣传部长戈培尔，出版处也是民社党的中央书局。该报最初为周刊，一九二九年改为每星期发行两次，一九三〇年以后始每日刊行晚刊一次，销数约六万份左右，算民社党的第二个重要党报。读者大部分也是该党党员，该报的政治言论较《民族观察报》更见激烈。

（三）《柏林晨邮报》

柏林，创刊于一八九九年，出版处为德国的主要出版业公司。每日刊行一次，销数三三七七七三份，读者大部分为柏林居民，该报是算得过最大的一家大众报，以前在政治上严守中立，而在编制上又类似英美的大众报，特别是举行一种小广告制度并订户订报可由一星期起码的办法，因之全盛时代该报销数曾达六十余万份，为德国一家最大的日报。自从民社党执政以后，言论多受限制，而该报无法严守中立，于是就不能适应读者的需要，结果销数跌落了一半。目前该报尚在挣扎中，但已不似从前易于发展的了。

（四）《柏林交易所报》

柏林，出版处柏林交易所报出版部，创办于一八五五年，每日出版晨刊晚刊两次，星期日并星期一日各一次，销数三一三九五份。该报注重于交易所、金融、商业方面的消息，政治立场从前是无党派，不过论调带国家主义的色彩，读者多半是工行也各界以及海陆军公务人员等，自从民社党执政以后，该报销路亦渐次减少。

（五）《柏林地方汇报》

柏林，出版者 August Scherl G . m. b. H.，创办于一八三三年，每日出版两次，星期日与星期一日各一次。销数全盛时代曾达二十万份，最近减至十七万份左右，该报的编辑方针，略与《柏林晨邮报》相仿佛。政治立场无党派，当初该报曾严守中立，后来即渐次右倾，读者大部分为柏林居民。

（六）《柏林图书晚报》

柏林，出版者 August Scherl G. m. b. H.，创刊于一九二二年，每晚刊行一次，销数一九〇六四三份。政治方针与《柏林地方汇报》相一致，这两家是算胡根堡集团中最重要的报纸。读者大部分也是柏林居民，该报以多幅图画并有趣味的叙述为读者所欢迎。

（七）《柏林日报》

柏林，出版者 Buch-und Tiefdruck G. m. b. H.，创刊于一八七一年，每日刊行两次，星期日与星期一日各一次，销数每期约七万五千份左右，政治方针主张民主制度，惟未与任何政党发生关系。

（八）《柏林民族报》

柏林，出版者亦 Buch-und Tiefdruck 公司，创刊于一八五二年，每日发行两次，星期日与星期一日各一次，销数十万份左右，读者大部分也是柏林居民。

（九）《柏林午报》

柏林，出版者 Ullstein A. G. 印刷公司，创刊于一九〇四年，是由一九七六年所刊行的《柏林报》改组而成。每日刊行一次，销数全盛时期曾达十六万份，目前不到十万份。该报无明显的政治立场，特别注重运动消息，关于运动一栏的编制，到了今日尚为其他德报所不及。

（十）《八时晚报》

柏林，出版处 Georg konig G. m. b. H.，创刊于一八四八年，当时称为《郭家堡》，每晚刊行一次，销数四一〇一七份，政治立场倾向于民主制度，但无党派。

（十一）《日耳曼尼亚报》

柏林，出版处日耳曼尼亚报馆，创刊于一八七〇年，每日发行两次，星期日并星期一日各一次，销数约三四万份，为从前德国中央党的重要机关报。政治立场代表天主教的利益。读者遍布全德国，特别在天主教的区域中，在白吕宁内阁时代，该报的言论曾被人认为德国政府的半官报。民社党执政后，势力遂大衰。

（十二）《佛兰福报》

佛兰福，出版处 Frankfurter Societatsdruckerei G. m. B. H.，创刊于一把五六年，初名为《佛兰福商业报》，一八五九年改为《新佛兰福报》，《佛兰福商业报》，一八六六年中改为《新德意志报》，终于采用今名。该报对于佛兰福城附近读者每日出版两次，对于德国其他区域每日一次，销数共一〇二七三一份。《佛兰福报》为德国第一家有世界声誉的日报，例如该报常称希特勒先生，这点曾受民社党各报的攻击，认为过于不敬。该报对于商业消息，编制得特别良好，不独超过其他德报，就与世界上任何名报相比较也无愧色。读者大半为政治工商业各界一般知识分子，销路遍及世界各国，在此日德报都闹不景气的情形中，只有《佛兰福报》是个例外，依然能够继续维持下去。该报过去的股权大部分在犹太人手中，自从希特勒登台后，据说股东已纯粹为德人。

（十三）《新闻汇报》

佛兰福，出版处 Fritz Stenernagel 印刷公司，创立于一八七六年，每日出刊以次，销数十万分左右，政治言论守中立，全盛时期销数曾达十五万份。

（十四）《维斯特化冷邦报》

红地、多特孟得，创刊于一八八七年，本名《新闻汇报》，当日政治立场，是无党派的和平主义者。全盛时期销数曾达二十五万份，为柏林以外德国最大的日报。民社党得政以后，被改组成民社党机关报，并采用今名。每日出版一次，分为各种不同的地方刊，目前合计销数尚在十九万份左右，读者大部都是莱茵河一带工业区域的居民。

（十五）《克伦民族报》

克伦，出版处克伦民族报馆。创刊于一八六〇年，每日出版一次，销数约两万份，该报原为中央党的机关报，全盛时代每日曾出刊两次，读者不独遍及全国，而且更直达海外。自从民社党执政后，势力日衰，目前只能勉强维持现状而已。

（十六）《克伦报》

克伦，出版人为 M. Du Mont-Schauberg 家庭。创刊于一八〇五年，该报其原意一六五一年克伦所出版的《邮报》，一七六二年《邮报》改名为《皇家邮局报》，后来在改名为《邮局报》，终于在一八〇五年采用本名。每日出版正刊一次，克伦城刊两次，销数供给十万〇五千份左右。该报原是自由主义者，前与德意志民族党接近，读者多半也是莱茵河附近居民。

（十七）《莱比锡新消息报》

莱比锡，出版处 Fdgar Herfurth&Co.，创刊于一八六一年，初名《莱比锡消息报》，一八九二年始改用今名。每日出刊一次，销数从前曾达二十万份，目前只剩十五万份左右。政治立场是国家主义，读者大部分是莱比锡城附近居民并德国各地的工商业中人。

（十八）《杜塞尔多夫消息报》

杜塞尔多夫，出版者 W. Girardet&Co.，创刊于一八七六年，每日发刊两次，一星期即十三次。销数与其他副刊合计十七万三千份左右，政治立场历来中立，无党派色彩。

（十九）《汉堡汇报》

汉堡，出版者 Girardet&Co.，创刊于一八八八年，一九二二年后与《新汉堡报》合并，改为今名。每日出版一次，销数一四六一三一份，政治上倾向于自由主义，读者多为汉堡附近居民。

（二十）《汉堡消息报》

汉堡，出版者 Hermann's Erben Inh. Dr. Hermann Hartmeyer.，改造创刊于一七九二年，于一八一四年合并了在一家汉堡最老的报纸，一九三四年又合并了一家汉堡著名的报纸。每日出版一次，计分为七种刊，销数合计共九万份左右。

（二十一）《汉堡旅客报》

汉堡，出版者 Broschek&Co.，创刊于一八二八年，分为三种刊，每日个出版一次，销数合计一一三一二六份，从前全盛时期曾达十五万份，读者颇普遍。

（二十二）《明兴新消息报》

明兴，出版处 Knorr und Hirth G．m. b. H.，创立于一八四八年，每日出版一次，销数一二六五〇四份，全盛时期曾达十五万份，为南德国一家重要报纸。政治立场为右派，读者大半是明兴城附近居民。

（二十三）《明兴报》

明兴，出版者明兴报馆，创刊于一八九二年，每日出版一次，销数约十一万份。政治立场无党派，惟倾向于国家主义，读者大半也为明兴城附近居民。

（二十四）《哈诺威汇报》

哈挪威，出版者 A. Madsack&Co.，创刊于一八九三年，每日发刊一次，销数全盛时代曾达十二万份，现只剩八万五千份不到。政治上无党派，读者大部分为哈挪威近居民。（一九三五年，一月）

（《东方杂志》1935 年第 32 卷第 22 号）

美国新闻业的研究

一

美国的报纸业正同美国的工业一样，是这个时代的宠儿。它不但是已经追上了欧洲，以报纸业的发达夸耀全世界，甚至于连守旧的国家像英国一样，也不能不放弃原有的成见尽量美国化。“大众报纸”是发源自美国的，广告事业的发达美国更可为全世界的模范。至于原因，自然为的美国工业的发达已经成为世界上资本主义化国家的典型。另一方面，美国是个移民的国家，由于欧洲各个风俗不同的民族混合而成，于是在他们间就缺乏一种共同的旧习惯，这就是说，不像普通欧洲人般充满着一种顽固的保守性。有了这两种原因，所以美国的报纸业关于新闻消息的传递与组织上，仍然使欧洲各国报纸望尘莫及。

当十七世纪的时候，美国的报纸也尚困难到几乎无法生存。十八世纪以来，美国的政党报纸用尽全力，也只能够维持现状。可是一到了十九世纪初期，却就有现代报纸的先锋报在美国出现了。一八三三年，戴秉耶敏氏（即本杰明·戴，Benjamin Day）在纽约创立《太阳报》。《太阳报》当时已具有现代报纸的雏形，在政治方面严守中立，不与任何政党发生关系，在新闻方面力求其通俗化，并将定价减为一便士，希望在群众当中获得大批读者。这种新试验立刻得到意外的收获，因为《太阳报》的发达，于是不出两年与《太阳报》竞争的报纸也就产生了。一八三五年秉尼特（即贝内特，James Gordon Bennett）创办了与《太阳报》性质相仿的《纽约先驱报》。接着一八四一年割裂莱（即霍勒斯·格里利，Horace Greely）成立了《纽约论坛报》，方向也是相同。虽然美国的现代大众报纸的完成，却要归功到一八八三年毕力策氏（即普利策，Joseph Pulitzer）将《世界报》购买过来，及一八九五年赫斯特从旧金山到纽约来接办了《纽约新闻报》。毕赫两氏不但在每日新闻的技术并组织方面替报纸业开辟一条新的道路，而特别在通俗化这一点上，使报纸深入一般平民群众中，才创立了现代式的大众报纸。由于他们建的相互竞争，于是种种刺激读者的方法就层出不穷，因之引起读者阅报的绝大兴趣。在他们的手中，报纸第一次才有广大的传布。另一方面，他们又将广告业发展的几乎使人不能够相信的地步。广告业变成了报纸的主要收入，为了要获得多量的广告、竞求读者，为了要争得多数读者，才迎合一般人的心理登载社会新闻。这是美国大众报纸的根本态度，报纸也至此变成了广告业的附庸，变为完全商业性质的一种企业。许多人常拿这一点来非难美国的报纸，说是他们眼中所有的只是拜金主义，而忘记了报纸最主要的文化责任，拼命为社会上的特点作有效的宣传。

一般人都爱好新奇的新闻，不过美国的读者这种癖性更特别浓厚。美国记者们制造社会新闻本领的高妙，不但是这一行业的开山祖，而编辑法的含煽动性更能够使读者的趣味连续不断，现在仍是世界这一型报纸的模范。因之，美国人产生了另一种新闻的观念。例如赫斯特集团中的名记者勃列司本氏对于新闻的解释有过下列的说话："假如大街上有一只狗咬了一个小孩，这不是一件新闻；可是一个小孩咬了一只狗——那就是一件新闻了!"由于美国报界中人的看法，所谓新闻无非是一种罕见的社会事件，他们所以记载它的缘故，原因却在于它能够刺激读者，广大营业的范围。他们的宗旨是抱定："饵只要鱼觉得香就行，对于钓者本身是无所谓的。"这是美国报界出版人的态度。

举一个最明显的例子，美国著名飞行家林白的幼孩被强盗绑了去撕票，这件新闻曾轰动全国，闹得满城风雨，各报每日均以第一张最重要的篇幅不厌其详地刊登这种消息。而同时（一九三二年五月），在美国国会中正在讨论改革赋税一案，这个议案的重要性对于美国内政是有及密切的关系的，可是各报却把这种消息登在一个令人注意不到的地方。照理，美国是个议院制度的国家，就在平时国会的消息也应该比其他任何社会新闻重要，不过在美国却另有一种特殊的现象。假如有一个傻瓜式的出版人真的按照学理来办报，那么他的报纸马上就会关门大吉，因为“饵”是要“鱼”觉得香才行的！

美国盗匪的横行，论者都归咎到美国报纸业身上去，说是由于他们含煽动性的记载遂使社会上流行了一种空气，认盗匪是英雄式的人物。例如林白夫人第二次怀孕时，美国各报就竞载这种消息，他们不断地登载关于林白夫妇的日常生活，而希望这个未来的孩子别再被强盗邦去，这是何等美国式的口调！

正因为美国报纸只以趣味为中心，目的在于获得读者，所以对于政治大部分都没有一种鲜明的主张。有一部分报纸碰到某个政治问题非说几句话不行的时候，那么他们的社论就处一种“对同时也不对”的态度，使各方读了以后都不会有一种反感，而静待政治上的变化。假如有一家不识时务的报纸事先有一种主张，倘若不幸失败，那么他的读者就会给别家报纸抢去的，这种小心的态度差不多已成为美报的惯例。只有一次是个例外，当上次罗斯福与胡佛竞选总统是时，赫斯特集团各报开始即站在罗斯福这方面，写一面倒的论调，当时被人家认为奇闻。自然，赫斯特氏有锐利的眼光，深切认识美国一般人民的趋向，所以才肯这么冒险。

一部分美国报纸固然也不无一种政治的主张，但与某个政党发生密切关系或索性成为某个政党的机关报，这种报纸在美国却不多。原因不外在营业上面着想，生怕读者的范围缩小。例如有一家报纸，事实上是属于民主党的或共和党的报纸，但它的论调总不肯用坚决的口吻，而且一面更竭力声明它是一家无党派的报纸。像《纽约时报》明明是民主党的主要机关报，《纽约先驱论坛报》谁也知道是共和党的报纸，而它们却屡次声明他们是一家无党派的报纸，这很可以充分表明美国政党报纸的性格。另一个例子，美国著名的社会学者李勃曼是多年来就替从前民主党的机关报《世界报》写社论文章，等到一九三一年《世界报》与《电文报》合并成为《世界电文报》，归并与共和党的《先驱论坛报》出版部出版时，曾订立合同李勃曼氏得以民主党的立场，继续写社论文章。于是在罗斯福与胡佛竞选总统时，李氏却在共和党的报纸上写民主党的文章，这是一个美国党报最大的矛盾。直到一九三四年春间，美国各报的政治方向，约如下表：

无党派的报纸	八〇二
共和党报纸	三二八
民主党报纸	三二七
“无党派”的共和党报纸	二二三
“无党派”的民主党报纸	一五五

由上表我们可以看出，无党派的报纸，几乎占美国全部报纸半数。这话总报纸的特色，并不是说他们不注意政治上的事件，而是说他们对于美国两大政党从来都加以同等的待遇。在每次政争或选举时，各报均以同样的地位、同样的态度对待两党，并不做左右袒护。此外，最值得注意的美国各报无论政党机关报或非政党的报纸，对于政治消息多半能就客观的事实加以叙述，而将政治主张让社论记者来发表意见，以代表该报的根本态度。所以说到每日的政治新闻，美国报纸倒有就事叙事的态度，含色彩的记载比较不多。也许这正因为美国各报以全力注意于社会新闻方面，专心在读者的趣味上打算盘，于是对于干燥乏味的政治新闻就不这么认真的了。例如说，当林白小孩事件发生以后，不日间有几家报纸就靠这家新闻销路突然增加了四分之一，这岂不是一宗很好的买卖？

二

美国大众报纸的发达，本在欧洲各国之先。欧战以来，早已有良好的成绩，但欧战以后，却仍不断地进步。虽然两三年来受了经济恐慌的影响，报纸业在销路上未免减退了一部分，尤其是广告业的衰落，以一九三三年三月为例，美国报纸的全部广告收入，只及过去五年间平均书百分之五十三左右，幸而过后又渐次增加。倘若我们以美国目前失业人数的众多，并广告收入比例上的减少，而再去观察美国报纸的销路方面，那么我们一定会觉得美国报纸业组织的完备，所以能够在十分困难的状况下，依然会维持一种最低度的损失。

十余年来美国报纸的发达如下表：

普通日报的种类及销数：

	年份	一九二一	一九二四	一九二六	一九二八	一九二九	一九三〇	一九三一	一九三二	一九三三
普通日报的种类及数目	晨刊	四二七	四二九	四二五	三九七	三八一	三八八	三八四	三八〇	三七八
	晚刊	一六〇一	一五八五	一五七六	一五四二	一五六三	一五五四	一五三九	一五三三	一五三三
	共计	二〇二八	二〇一四	二〇〇一	一九三九	一九四四	一九四二	一九二三	一九一三	一九一一
每日销数（单位：百万份）	晨刊	一〇一	一二三	一三三	一三九	一四四	一四四	一四三	一三七	一三二
	晚刊	一八二	二〇六	二二六	二三九	二五一	二五一	二四四	二二七	二一九
	共计	二八三	三二九	三五九	三七八	三九五	三九五	三八七	三六四	三五一

星期日报的数目与每日销数：

年份	一九二一	一九二四	一九二六	一九二八	一九二九	一九三〇	一九三一	一九三二	一九三三
数目（家）	五四五	五三九	五四五	五二二	五二八	五二一	五一三	五一八	五〇六
销数（百万份）	一九〇	二二三	二四四	二五七	二六八	二六九	二五七	二四六	二四〇

由上表，我们可以看出美国报纸的全盛时期是一九三〇年，此后即逐渐衰落。当时全部销数为三千九百五十万份，至一九三四年减为三千五百万份左右。但拿这数字与失业的人数并广告的收入相比较之下，就会觉得这是一个很有限的数目了。另一方面，又何况自一九三〇年至一九三四年间，报馆又减少了三十一家。所以全盘说来，在量方面美报年来所受的损失并不大，特别是星期日报。星期日报在美国是一种独立的组织，因各报多于星期日停版，所以有这种需要，星期日报的销数较平常的日报为大。

美国报纸业从一九二一年以来，报馆数目由二〇二八家减为一九一一家，而销数中间虽从一九三〇年以后低减，但仍从二千八百三十完份跃至三千五百万份左右，这已可以表示托拉斯化的成绩。此日的美国报纸大王是赫斯特报纸集团，并司列斯·好瓦特报纸集团并克列斯·好瓦特报纸集团。不过美国报纸业的托拉斯组织，有点特殊的情形，与托拉斯的名称似乎不大符合，他们叫它做Chains. 意思是说一种支店制度的组织。美报从一九二七年至一九三一年，数年间归于报纸集团支配下的报纸数目由二三〇家增至三一〇家，销数约占全部百分之四十。

赫斯特集团系统下，除了星期日报不计外，有二十二家日报。所谓支店制度就是说一个报纸集团统治了一大批大小报纸，固然在组织上并政治的方针都取同一的步骤，但各报却仍独立存在，并不像英国的报纸业托拉斯合并的结果只剩下几家大报，这是美国报纸业集团的特点。截止一九三四年止，赫斯特集团拥有下列的各报：

赫斯特集团属下各报：

名称	出版地点	种类	政治方向	销数（份）
阿美利加报	纽约	晨刊	无党派	三三七二三八份
星期日刊	纽约	星期日刊	同上	一〇一三二一九
新闻报	纽约	晚刊	同上	六〇〇五三九
阿美利加报	波斯顿	晚刊	同上	二四一九七九
星期日报	波斯顿	星期日刊	同上	四一七四九三
先驱研究报	芝加哥	晨刊	同上	三一五八三二
星期日刊	芝加哥	星期日刊	同上	八六〇五六五
阿美利加报	芝加哥	晚刊	同上	一六四〇〇七
星期日刊	同上	星期日刊	同上	三六四六二一
呼声报	同上	晚刊	同上	一一六五七四
先驱快报	天使城	晚刊	同上	二六三五七三
研究报	同上	晨刊	同上	一八一二三一
星期日刊	同上	星期日刊	同上	四一七四三四

续表

名称	出版地点	种类	政治方向	销数（份）
访问邮报	奥克兰	晚刊	同上	五三〇七二
邮报	西雅图	晨刊	同上	八六八五三
星期日刊	同上	星期日刊	同上	一四八九三二
乔治亚报	亚特兰大	晚刊	同上	七六一三九
阿美利亚星期报	同上	星期日刊	同上	一四三九一〇
先驱报	华盛顿	晨刊	同上	九四二五〇
星期日刊	同上	星期日刊	同上	一四七一一五
时报	华盛顿	晚刊	同上	一〇六二二六
新闻纸	Baltimore	晚刊	同上	一四五九〇六
阿美利加星期报	同上	星期日刊	同上	一九八六四五
联合时报	奥尔巴尼	晚刊	同上	三八〇八五
星期日刊	同上	星期日刊	同上	四九二二七
光明报	圣安多尼俄	晚刊	同上	四五一二一
星期日刊	同上	星期日刊	同上	七二五〇一
时报	底得律	晚刊	同上	二三九〇一九
星期日刊	同上	星期日刊	同上	二八五一一六
新闻纸	Bochester	晚刊	同上	四六〇三七
阿美利加星期报	同上	星期日刊	同上	六五五四七
新闻报	Syracuse	晚刊	同上	六〇三四二
阿美利加星期报	同上	星期日刊	同上	九四一二五
太阳电闻报	匹兹堡	晚刊	同上	一三五六九二
星期日刊	同上	星期日刊	同上	三〇六〇五六
蜂报	Ohama	晨刊	同上	四六七九三
		晚刊	同上	四五一九六
星期日刊	同上	星期日刊	同上	一〇一六五八

情形与赫斯特相仿佛的是司克列·好瓦特集团，它除了是星期日

报不算外，计拥有日报二十五家，可是势力的雄厚却在赫斯特集团之下。

司克列·好瓦特集团属下各报：

名称	出版地点	种类	政治方向	销数（份）
纽约世界电闻	纽约	晚刊	无党派	三九五六八九
日报	克利夫兰	晚刊	同上	一八一六一五
日报	匹兹堡	晚刊	同上	一四六四七七
星期日刊	同上	星期日刊	同上	二一七〇六六
邮报	辛辛那提	晚刊	同上	一五七七一六
公民报	哥命布	晚刊	同上	七六五四二
邮报	Baltimore	晚刊	同上	七二一四四
时报	布法罗	晚刊	同上	七〇〇六二
星期日刊	同上	星期日刊	同上	九九一四九
消息报	旧金山	晚刊	同上	八〇八三四
消息报	华盛顿	同上	同上	六七〇八三
时报	印第安纳波里	晚刊	同上	六八〇二五
消息报	俄克拉荷马城	晚刊	同上	六二七五四
星期日刊	同上	星期日刊	同上	四〇八八〇
蜂报	托洛陀	晚刊	同上	五八〇六二
哨兵报	Knoxville	晚刊	同上	三五八一四
星期日刊	同上	星期日刊	同上	三七一四〇
太阳报	San Diego	晚刊	同上	一七四一〇
肯塔基邮报	Covington	晚刊	同上	三一八〇八
时事日报	Akron	晚刊	同上	三四一一九
星期日刊	同上	星期日刊	同上	三七七三六
邮报	北明翰	晚刊	同上	五四六一〇
新闻曲剑	孟斐斯	晚刊	同上	九三七五六
日报	Houston	晚刊	同上	四六〇二六

续表

名称	出版地点	种类	政治方向	销数（份）
电闻报	Youngstown	晚刊	同上	四六〇二六
日报	Fort Worth	晚刊	同上	三八九〇五
落机（应为“洛基”，但原文如此）山新闻	丹佛	晨刊	同上	三三八七二
星期日刊	同上	星期日刊	同上	四〇六五七
日报	Evansville	晚刊	同上	一九八六〇
星期日刊	同上	星期日刊	同上	二〇二四二
先驱邮报	El Paso	晚刊	同上	二五一八六
国家论坛报	Albuquerque	晚刊	同上	一三〇〇八

这两个集团除了日报以外，尚自设有通讯社，赫斯特为对抗联合通讯社于一九〇九年创办了国际新闻通讯社并替晚报服务的公共通讯社。除供给赫斯特集团各报外，尚供给其他美国的六百家报纸以当日电讯。司克列斯·好瓦特集团则于一九〇七年创立了合众通讯社，该社与联合通讯社并国际新闻通讯社，为美国三大电报通讯社。除斯克列斯·好瓦特本集团报纸以外，该社尚直接供给四十二国以当日的电讯，应用了二十种文字，该社目前国内外的主顾约共一二五〇家。

这两个集团既然拥有大批报纸并电报通讯社，虽说为了营业着想，对于政治问题本来多作中立。但后来以事业发达的结果，所谓报纸大王就免不了有政治上的野心，不过他们报纸的政治论调却又不与任何政党发生关系，而是只服从报纸大王个人的指挥。例如赫斯特集团各报年来竭力反对法国，并在末次总统选举时全力帮助罗斯福，这举动自然全是赫斯特个人的意见。

三

正如上面所说过的一样，美国报纸的特色是大众化，所以在报纸的题材方面就尽量求其通俗，避免去枯燥的政治文章。根据在六十三家美国重要的报纸，从一八九九年至一九二三年所分析结果，内容的变迁如下：

社论文章减少了百分之六十七

致编者的信减少了百分之八十四

一般社会新闻减少了百分之六十六

另一方面下列各种部内却渐次增加：

一般政治新闻增加了百分之一

商业消息增加了百分之四

国际新闻增加了百分之九

运动消息增加了百分之四十七

刑事新闻增加了百分之五十八

广告增加了百分之四十七

图书增加了百分之八十四

由此我们可以看出美国报纸题材的逐渐大众化，凡是可以引起读者兴趣的消息，美报就特别注重。因之，美报编辑部的组织法与其他各国不同。据说，美国报纸的编辑人从来就没有自己动手用笔来写过稿子，全部稿子都由打字员打成的。当人家走进编辑部时，还会觉得好像走进了一家工厂，打字机、电报机、电传打字机等的声音，是嘈杂到了万分，几乎使人家不会相信每天的报纸会生产自这个地方。这是美国极其发达的结果，连用脑的人也达到了机械化的地步：

一家报馆的组织，通常在各国大半都只分为三部分：出版部、印刷部、编辑部。在美国就不然，普通美国报多分为七部分，各部都直属于总经理指挥之下，计：

（一）社论与新闻部

（二）广告部

（三）出版部

（四）营业部

（五）宣传部

（六）会计部

（七）管理部

美国有一家大报，他的组织如下图（略）

这里值得注意的就是美报的新闻部与社论部分开，新闻部专管理并编辑当日各地的电讯，它的职务在于求新闻的迅速、确实，只客观地记载，不加以主观的叙述并批评。至于一家报纸对于每次所发生的事件之态度如何这是社论部的责任，社论记者的立场同时也就是该报的立场。新闻部属下分为两部：地方编辑与电讯编辑。当驻外记者与当地访员将每日新闻材料送达地方编辑并电讯编辑时，第一步该项材料尚须经过一种编辑员的修改并编制成合于日报的格式，然后第二步再由校阅编辑员加以审查，校阅编辑员才是报纸真正的编辑，他不独又决定每日新闻在题材上最后的大权，而特别重要的就是每段新闻的标题，也出于这类编辑员的手中。标题是被现代化报纸认为一种最重要的工作的，倘若能够运用得当，适应于读者的心理，那么对于销路方面就有极大的作用。当电讯编辑与地方编辑将当日新闻编制完毕以后，就交于新闻部主任，于是由新闻部主任与社论部主任并事务部主任在总经理或副总经理主席之下开一个编辑会议，当日报纸的产生就决定在这个会议中。

美国报纸虽说是现代大众报纸的先锋，但达到两百万份的日报像英国的《每日邮报》《每日先驱报》并法国的《小巴黎人报》等却没有。美国最大的日报是《每日新闻报》，平日销数一百四十万份，星期日刊达一百八十万份，其次是纽约的《每日竞报》每日销数约六十万份，再次是赫斯特集团的《纽约阿美利亚报》，平日销数三十余万份，星期日刊达一百万份。同样的《纽约时报》平日约四十万份，星期日刊计七十余万份。其余各家纽约大报销数多在三四十万份之间，例如《世界电闻》《先驱论坛报》《太阳报》等等。在芝加哥最大的一家日报《芝加哥论坛报》曾自称为世界最大的报纸，每日销数平均达八十万份。至于其余各地的报纸，大半多在十万份左右。虽说美国有一家最小的日报，每日销数只有五百分，但在千分以下的日报在美国是不常见的。

一九一二年八月二十四日美国邮局有个规定，各报须将每日出版的详细数目例如多少订户、购阅、交换并零售等合计若干份向邮局登记，倘若有一家报纸不肯实行，邮局就不准该报享受挂号的利益。而滥报数目又要受罚，于是美国报纸实际上的销数若干就无不公布出来。一九一四年美国各报纸定期刊物广告公司等团体联合组成一“出版物销数稽查所”，这个稽查所的任务在于确查各种出版物的销数，予以公布，一面并有介绍广告的责任。此日几乎大部分美国报纸并定期刊物都加入这个稽查所中，因为出版物所视为生命线的广告几乎全数都集中在这个地方。

截止一九二九年止，稽查所的会员有下列的各种团体：

广告公司	一五四家
地方广告公司	五一家
广告代表所	一八二家
日报	一〇四〇家
周报	二五家
杂志	一九三家
农业刊物	七三家
专门刊物	二六二家
其他	一家
合计	一九八一家

美国报纸也营业上的收入并不是依靠读者，而大部分都来源自广告。例如在一九二九年，美国报纸也的全部收入计一〇六四二一六六八七美金，而广告项下即占七九一五四一九二八美金，报纸卖出的数目不过二七二六七四七五九美金而已。这是说读者方面只占到全部收入三分之一。所以各报的竞争读者目的在于以广大的销数来号召，因之获得大批广告。不过年来为的世界经济恐慌的程度愈加深刻，美国广告事业就不大如从前，于是美国报纸业在表面上销数虽然减少不多，但实际上的获利就无法与从前相比拟的了。美国广告业的全盛时代是一九二九年。

美国报纸销售的方法大众报纸特别是图书日报，大部分都由报贩在街头上兜售。至于其余各报，尤其是纽约以外的报纸多半都有固定的订户。此外，值得注意的就是美国报纸页数之多也为他国所不及。特别是纽约的几家大报，平常每日都在六十页以上，星期日刊连各种副刊在内有时竟达到一二百页。这点，也是美国报可以向全世界夸耀的地方。

四

美国的重要报纸：

（一）《每日新闻报》

纽约，出版处：新闻联合公司，创刊于一九二〇年，每日发行晨刊一次，平日销数为一四二八九〇八份，星期日刊则达一百八十三万份左右。是算美国销数最大的一家日报，同时也算是美国的大众报采取图书日报的形式而得到意外成功的报纸。为的是大众报，所以在政治上无党派，而在每日新闻上特别注意刑事消息，用生动的描述以博得广大的读者。该报除自派有各地的通讯员外，每日电讯尚由联合社并合众社以及芝加哥论坛报等供给，读者范围极普遍。

（二）《纽约阿美利加报》

纽约，出版处：纽约阿美利加报馆，是算国内最大的报纸集团赫斯特集团中的第一家日报。创刊于一八八二年，每日发行晨刊一次，日销数三三七二三八份，星期日刊则达一百万份以上，在政治上守中立。该报自称为是一家美国人民的报纸，读者大半都是纽约城并其附近的居民。关于每日电讯，该报除利用联合社并公共通讯社以外尚由自设的国际新闻通讯社及摄影通讯社。此外，该报的驻外访员也遍及全世界各国的重要城市。

（三）《纽约先驱论坛报》

纽约，出版处：纽约先驱论坛报馆。该报是由在一八四一年创立的《论坛报》于一九二四年时购进了在一八三五年所刊行的《先驱报》合并而成。每日发行晨刊一次，平日销数三一七六九七份，星期日刊几达四十三万份。该报是美国共和党最主要的机关报，读者大部分为纽约居民，但销路范围也广及全国。关于每日电讯该报由联合社与合众社并司丹达特新闻社供给，该报在上海有特派访员 Visitor Keen 君。

（四）《纽约时报》

纽约，出版处：纽约时报馆。创刊于一八五一年，每日发行晨刊，日销数四五六九六六份，星期日刊在七十万分以上。该报是美国民主党最重要的机关报。读者多纽约居民，但也遍销全国并旁及海外。关于每日电讯系由联合社并北美报纸同盟供给，该报在上还有特派记者 Hallett Abend 君。

（五）《太阳报》

纽约，出版处：太阳报馆出版部。该报创办于一八三三年，初为晨刊，自从一九二〇年以后改为晚报。每日发行晚刊一次，销数二九一〇一〇份。该报本为美国大众报的始祖，但后来性质已大变更，此日成为美国商业街的主要日报。该报也是共和党机关报之一，读者大半为纽约金融界商业界中人，以及全国的工商界人士。关于每日电讯有联合社、合众社并司丹达特新闻社等供给，该报在中国有驻北平记者 Edward Hunter 君，驻上海记者 Edgar Snow 君。

（六）《世界电闻》

纽约，出版处：世界电文报馆，是属于司克列斯·好瓦特集团中最大的一家日报。该报系由于在一八六七年所刊行的《电闻报》在一九三一年时合并了《世界报》而成，每日发行晚刊一次，销数为三九五六八九份。该报在表面上虽无党派，而实际上却也为共和党机关报之一。关于每日电讯，该报一面采用合众社的电讯而同时又是联合社会员之一。

（七）《纽约晚邮报》

纽约，出版处：纽约晚邮报馆。创刊八〇一年，为纽约最老的一家报纸，每日刊行一次，销数在九万份左右。该报也属于“无党派”的共和党机关报之一，读者大部分为知识分子，在美国报纸中虽说销路不大，但仍颇受各方的注意。该报的每日电讯由联合社并司丹达特新闻社供给。

（八）《商务日报》

纽约，出版处：商务日报馆。属于另一个美国报纸集团列德兄弟团的系统，创刊于一八二七年，每日发行晨刊一次，销数几达二十万份。该报是一家关于商业方面的报纸，对于政治完全中立。读者几乎全书都是美国的工商界中人。

（九）《芝加哥每日论坛报》

芝加哥，出版处：论坛报馆。成立于一八四七年，初名《新闻论坛报》，再改版为《芝加哥新闻论坛报》，最后始采用今名。每日发行晨刊一次，日销数七七以一九〇份，星期日刊达八十二万份左右。该报也是“无党派”的共和党机关报，读者多为芝加哥城并其附近周围三百公里以内的居民。该报在芝加哥的广布，平日全芝加哥城有百分之六十三的家庭阅读该报，星期日刊甚至于达到百分之六十八，可见该报实力的雄厚。关于每日电讯，该报由联合社合众社并纽约时报等供给。该报在中国有特派记者二人，北京为Charles Daily君，上海为John Powell君。

（十）《芝加哥每日新闻》

芝加哥，出版处：芝加哥每日新闻报馆。该报创刊于一八七七年，每日发行晚刊一次，销数在四十万份左右，为芝加哥的第二家大报。政治上无党派，但微带共和党色彩，读者大部分也为芝加哥城及其附近的居民。该报的每日电讯由联合社并合众社供给，在上海有特派记者Reginald Sweetland君。

（十一）《旧金山汇报》

旧金山，出版处：汇报馆，创刊于一八六五年，每日发行晨刊一次，平日销数九四八〇九份，星期日刊约达一十三万五千分的数目。是一家“无党派”的共和党报纸，同时也算美国西部沿海一带最负盛誉的一家日报，读者大部分为旧金山附近居民。每日电讯大部分有联合社供给，此外，Consolidated Press也常供给电讯。

（十二）《研究报》

旧金山，出版处为研究报馆，是属于赫斯特集团下的一家日报。每日发行晨刊一次，销数平日一六四〇〇七份，星期日刊几乎达到三十六万五千份。在政治上也同赫斯特系其他报纸一样无固定的立场。关于每日电讯有合众社、公共通讯社并国际新闻通讯社供给。

（十三）《华盛顿邮报》

华盛顿，出版处：华盛顿邮报馆。创刊于一八七一年，每日出版晨刊一次，平日销数五万余份，星期日刊约六万份左右，是算华盛顿一家最大的晨报。政治上无党派，每日电报有联合社并合众社供给。

（十四）《晚星报》

华盛顿，出版处：晚星报馆。创刊于一八五二年，每日刊行晚刊一次，平日销数一一二三二四份，星期日刊达十二万份，是美国首都最重要的一家晚报。政治上论调多处中立态度。每日电讯有联合社并纽约先驱论坛报以及北美报纸同盟等供给。

（十五）《基督教学术监督报》

波士顿，出版处：基督教学术监督报馆。创刊于一九〇八年，每日发行晚刊一次，销数一一二四五四份。该报在政治上处中立态度，记载谨严，与美国其他报纸不同，为基督教学术运动同盟的机关报，读者不但遍及全美国甚至于直达海外。至于每日电讯由联合社并合众社供给。

（十六）《底得罗消息报》

底德罗，出版处：底德罗晚报馆。创刊于一八七三年，每日发行晚刊，平日销数二四九七七〇份，星期日刊约二十七万份左右。政治上无党派，每日电讯由联合社、合众社并北美报纸同盟等供给。

（十七）《自由日报》

底德罗，出版处：自由日报馆。每日发行晚刊一次，每日销数一八八四〇八份，惟星期日刊数目反较低减数千份。该报为“无党派”的共和党机关报。关于每日电讯，由联合社、合众社并 Consolidated Press 等供给。

（十八）《圣路易邮快报》

圣路易，出版处：毕力策书店。创刊于一把七八年，每日发行晚刊一次，平日销数二二二一二三份，星期日刊达二十四万五千份。为无党派自由主义者的报纸。该报为联合社的会员，每日电讯全由该社供给。

（十九）《环球民主报》

圣路易，出版者：环球民主报馆。每日发行晨刊一次，平日销数二二六〇八一份，星期日刊减为只一十八万份左右。政治上无党派，关于每日电讯，由联合社、北美报纸同盟并纽约时报等供给。

（二十）《堪萨斯城明星报》

堪萨斯，出版处：堪萨斯城明星报馆。创刊于一八八〇年。该报每日出版晚刊一份，名为明星报，销数二九三九三六份，晨刊一份名为时报，销数二九〇八四九份，星期日刊计三〇四四三二份。是“无党派”的共和党报纸。关于每日电讯，由联合社并北美报纸同盟以及国际新闻通讯社、Consolidated Press 等供给。

（二十一）《邮报》

波士顿，出版处：邮报馆。每日发行晨刊一次，平日销数二九〇一〇三份。星期日刊则几达三十五万份。该报是“无党派”的民主党机关报。读者在波士顿城附近颇为普遍。关于每日电讯由联合社、合众社、芝加哥每日论坛报、纽约先驱论坛报等供给。

（二十二）《邮报》

匹兹堡，出版处：邮报馆。每日发行晨刊一次，销数计一七三〇份，是挂着“无党派”招牌的共和党报纸，读者大部分都是当地附近的居民。关于每日电讯，由联合社、合众社并公共通讯社等供给。

（二十三）《太阳电闻报》

匹兹堡，出版处：匹兹堡书局。每日发行晚刊，平日销数一三五六九二份。星期日刊达三十余万份。在政治上无党派立场。每日电讯采用自国际新闻通讯社、公共新闻通讯社并联合社。（一九三五年二月于德国）

（《东方杂志》1935 年第 32 卷第 11 号）

法国新闻事业的现状

一

正因为法国人带着活泼而好辩论的性格，无论对于任何事物，大家都喜欢发表自己的见解，尤其对于政治与文学方面，个人的论争素来是各不相让的。所以反映在法国的报纸上也是这种鲜明的倾向，激烈的辩论几乎成了一种风气，这恰同英国的报纸故意表示毫无“门户之见”的情形相反。法国的报纸大部分都是有一定的立场的，是一种“意见报纸”，虽然全数报纸也都含着营业的性质，可是正也为此，更不能趋向于迎合读者的心理以获得广大的销路。例如巴黎的几家大报，今天会跟泰狄欧反对赫里欧，过了几天又会反过来帮助赫里欧反对泰狄欧了。这种作用，纯粹在读者身上打算盘。法国的报纸所以成为在世界上含文学性最重要的报纸，原因也不外乎在于这一点上面。出版商人的目的在于牟利，而结果却创成了法国报纸独特的性格。

法国报纸的实数到底多少，目前尚无十分精确的统计。据一九三〇年的报告，用法文出版的报纸一共有五七六八八家，其中二千三百家在巴黎，二五四二家在法国境内并殖民地上，而九二六家泽在国外，可是这个数目是连杂志都统计在内的。据专家的估计，目前在法国境内最多也不过一千五百家左右的日报，与法国人口的比例，约二万七千人中有一家报纸。在欧洲，除了瑞士、德国、丹麦以外，法国算是一个拥有较多量报纸的国家。

法国的报纸可以分为两个大集团：巴黎报纸与外省报纸。巴黎报纸所代表的是法国对外的政治方针，例如国际政治经济消息以及法国的外交政策等等，市场都流露在巴黎各报上面的。相反的，外省报纸对于法国国内政治却占着一种绝对的势力，因为法国是个议会制度的国家，而外省包治对于所在地的选民常发生一种直接的作用。所以我们假如单认巴黎报纸是代表法国的报纸，这是一个错误。

巴黎一共约有七十家左右的报纸，严格地加以区分，有两种典型："消息报纸"与"意见报纸"。消息报纸的态度是以报告新闻消息为主，没有固定的政治立场，在可能范围内还要避免去批评的，这格式约仿佛于英国的几家百万大报并美国的大众报纸。大家的注意力都集中于社会新闻，以新奇的消息，用动人的标题来号召读者，有时甚至于不惜用最下流的文句去记载。巴黎的几家消息报纸虽没有一定的政治主张，但却常是拥护现政府的，无论政权在右派或中间派手中。至于其余的巴黎各报，尤其是外省报纸，几乎全数是"意见报纸"，有时他们因为限于政治的主张，读者范围并不广泛。

巴黎最大的一家消息报纸便是《小巴黎人报》，平常每日销路有一百七十万份，有时也达到两百万份。其次便是《新闻报》《晨报》《小新闻报》等，销路自五六十万至百万份不等。《巴黎回声报》虽是属于国家主义派军人的报纸，但人家却把它算在大报之内，与《小巴黎人报》等合称巴黎五大报。《巴黎回声报》销路每期虽只有四十万份，但在法国报纸中却占一个极重要的地位。《激进报》是五大报以外在巴黎比较最占势力的晚报，每期销路也达四五十万份，特别注重文艺栏，尤其对于戏剧电影的记载，深得读者的欢迎。此外，尚有棉业大王波鲁勿司特所创办的两家《巴黎午报》与《巴黎晚报》，因为也没有固定的政治方向，可以归纳到"消息报纸"中去的。

"意见报纸"的分类，依照法国各政党的组织约可以划分为左右两大集团，代表右派集团的报纸包括国家主义派以及资产阶级所代表的各政党，左派集团是从稍左倾的急进社会党起，包括社会民主党、共产党等的机关报。除此两大集团以外，特别值得注意的是一家保皇党的报纸《法兰西行动报》及法西斯蒂的机关报《自由报》，《法兰西行动报》是在都德并毛拉两氏指挥之下，主张恢复帝制、竭力反对共和制度的。该报读者大部分为昔日的贵族阶级，并农民及一部分大学生，全盛时期销数几及十万份左右，目前却只剩四五万份了。《自由报》的政治立场完全是法西斯蒂主义，销数约在十万份上下。与这两家报纸相仿佛的是以前在香水大王古推氏所管理下的各报，例如《费加罗报》在古推氏支配之下，渐次变成法西斯蒂主义的报纸，丧失了一部分《费加罗报》旧有的面目。自从一九三四年初归新主以后，情形尚无多大变更。《人民之友》是古推氏于一九二八年所创办的，销数在一九三〇年曾达一百万份，以后渐次减少。古推氏也有英国已故的报纸大王诺绥克斯夫氏的雄心，想在法国报界上做一番惊人的事业，但是法国报纸的定价本低廉，而广告收入又不如英国的丰厚。古推氏将《人民之友》之售价定为十生丁（约合国币两分），比其他各报廉至一半以上，可惜他时运不通，《人民之友》虽获得白万左右的读者，而同时却也赔累了几百万佛郎（即法郎），结果逼得他只好与一九三四年二月间将该报出卖掉。不久以后，古推氏也随之物故。

右派集团的报纸，最重要的就是上述的《巴黎回声报》，他的政治主张是以反对百里安政策著名的，是一种军人、地主、资本家的联合报纸。其次，便是《时报》，《时报》是模仿英国的《泰晤士报》的，所以多少也带写庄严的气象，常作法国政府对外的喉舌。因之无形中便被人家人做法国的第一家报纸，虽说每期销路还不上十万份。《时报》的另一个特色，就是该报以前的编辑后来不少变成法国政府中的人员，法国目前著名的政治家泰狄欧，出身自《时报》即其一例。因为利用同事的资格，《时报》的记者在法国政府各部中，特别是外交部中得到不少便利。于是发表法国政府的文件之优先权便被《时报》所得，久之变成了一种惯例。但事实上，《时报》并不是法国政府的机关报。再次，便是《雄辩日报》，该报是算法国知识阶级的读物，尤其在政界中传布得很普遍，每日销路虽只三万五千份，但它的地位却只次于《时报》，常是被人重视的。最后这里须提起的，就是法国天主教的中央机关报《十字报》，该报是代表天主教的利益，编辑人员大部分也是由教士担任，销数约在七十五万左右，读者多是天主教徒。《十字报》是法国一家订户最多的报纸。

左派集团的第一家重要报纸是接近急进社会党的《劳动报》，该报的股权在急进社会党党人托勒氏及哈瓦斯通讯社等手中，每期销数在十万份以内，读者大部分是左派的小资产阶级分子。相类似的是《时代新闻》，该报历来是百里安氏的代言机关，自百里安故后，变成赫里欧氏的报纸了，销数约几万份，主要股东并经理为家卜里欧，读者为巴黎及其附近一般知识分子。其次，在农业部长亭乃西氏投资下的《每日报》，该报创办于一九二三年，也算是接近于急进社会党的一家报纸，每期销数约十万份，读者多是小学教员并小职员等。再次，便是法国社会民主党的机关报《平民报》，该报的经理并总编辑是由该党领袖勃伦氏兼任，政治方针是，依据社会民主党的党纲，每期销数约达二十万份，读者大半是该党党员以及一部分工人并一般中产阶级份子等。最后便是在一九〇四年由社会主义者毓勒氏所创办的《人道报》，而后来变成法国共产党的机关报，每日销数约十五万份，读者大部分是工人阶级并法国全国的政治家与新闻记者。

在法国国内的地位说来，外省报纸对于议院的影响是远在巴黎各报以上的。例如《都鲁士快报》是执外省各报的牛耳，影响所及较之巴黎各大报并无愧色，该报是急进社会党的机关报，该党能够在法国议院获得多数席位得力自《都鲁士快报》的助力至多。每日销数约在五十万份左右，读者遍及法国西南、南部以及中部。在巴黎与都鲁士之间，该报自己装设有电线，编辑部则设立在巴黎，每日由电报中直接办理编辑事务。其次，在法国北部有《北方回声报》，是以前劳工部长鲁楚的机关报，每日销数约达二十四万份，读者大半是法国北部工商业界中人，政治主张是共和制度的保守派。地位略次于《北方回声报》的是《北方警钟报》，也是急进社会党的报纸，不过态度似更左倾一些，每日销数约有十八万份，读者为法国北部的急进社会党党人并社会主义者。在法国西部最大的报纸是《西方闪电报》，该报并自设有一制纸厂，每日可出产纸十七吨。政治方针是代表天主教的利益的，每日销数三十五万份，读者大部分使法国西部的天主教徒，总编辑部也设立于巴黎。其次，在西部并西南部尚有两家重要的报纸《不勒斯特西方快报》是代表轮船公司并海军方面的言论机关，每日销数六七万份；以及《波尔多西南法兰西报》，该报的政治立场是共和主义的左派，每日销数达二十三万六千份左右，政治立场是共和主义的左派，拥护现政府，读者大部分是工商业界中人。其次是《小普洛温沙报》，该报与《小马赛人报》同一股东，政治方向也相仿佛，每期销路约二十三万份，并自设有一制纸厂。在利昂则有《利昂新闻记者》，是天主教的报纸，每期销数约有二十五万份左右，并急进社会党的《利昂进步报》，每期销数约二十七万份，是赫里欧氏的机关报。法国重要的报纸几乎全部在此。

法国的报纸并不像英国的报纸一样，分成为几个集团，统治于几个报纸大王的手中。法国的大部分重要报纸，无论间接地或直接的都在铁业委员会支配之下。铁业委员会是法国军火工业的大联合，董事长是军火大王薛乃实军火制造厂的主人薛乃实氏，同时也算是今日法国政府事实上的幕后主人。因为铁业委员会不单在军火工业并在各种工业方面占势力，就是法国的报纸业并银行业也归在他统治之下。此外，法国对外的投资就是特别在小协约国并波兰方面，几乎也全由该会主持。薛氏本人便是法国此日的“无冠之王”！

在巴黎，五家大报，铁业委员会统治其四，其他如重要的报纸《时报》以及从右派的报纸《自由报》起直到左派的报纸《劳动报》，在外省重要的报纸如《都鲁士快报》等无不直接或间接受该会的支配。而最重要的，该会还把握住哈瓦斯通讯社，哈瓦斯社对于法国报纸的权威并不只在于该社供给各报以每日新闻，而主要的是各报的广告部分也受制于该社。加之贩卖报纸的总机关 Messageries Hachette 也与该社有密切的关系，至此各报想独立或反抗铁业委员会，那简直是一种梦想。这就是法国目前舆论界的真面目，新闻记者笔下所描写的是代表军火商人的利益的。

法国的报纸业受军火资本家的统治，我们可以用个实例来证明。当东北事件发生以后，薛氏军火制造厂接受了日本的大批军火订单，薛氏所报答日本的礼物，就是法国的报纸一致袒护日本攻击中国（虽然，中国也从薛氏厂购买了不少军火，可惜数目过小，大约使薛氏无从应酬起）。一九三二年春天，对于此事有急进社会党议员古特氏就公开地说，薛氏厂收到了日本大批的订单，虽然这批订单对于日本在中日战争上简直是毫无必要的，日本订购这批军火的真正用意无非想得到薛氏集团的帮助，在日内瓦会议上对于满洲问题会得到一个有效的结果。这种言论出自法国人自己的口中，我们就不难猜想到实际的情形的大半了。

欧洲大战的结果，遭祸的自然只是一般平民。薛氏获得的利益就是取了德国克虏伯厂的地位而代之，变成了欧洲军火业的领袖。在薛氏领导下之铁业委员会的活动更是百管其下，例如经过十余年来的努力，法国的重要各报便悉数归入他们的手中。这中间，自然别的资本家看得眼红，想也来分享一些利益，可是谁能够动摇薛氏铁一般的地位？

香水大王古推也是这批人中间的一个，他利用他由香水业所赚得的百万家私，想加入新闻业中与薛氏平分天下。他在一九二八年着手创办《人民之友》，将定价底减到比其他各报一半以上，于是不一年间《人民之友》的销路便达到百万份。一面他又出自将《费加罗报》购买过来，可是这对于薛氏的独裁局面是有很大的威胁的，因之一个报纸战争在薛氏集团与古推间就开始了。薛氏方面由于他的代表人哈瓦斯社经理勒尼挨指导之下，先着手向古推属下报纸进攻，第一步哈瓦斯社对于《人民之友》等报实行“杯葛”运动，停止一切车站售报处并报贩商人，兼售《人民之友》等报。古推氏的答复，第一步出资另创立一电报通讯社，并特别组织一街头卖报队以维持所属各报纸存在。古推氏虽然受了一部分损失，但居然也能够渡过难关，最后经过一次诉讼以后和平了结。但古推氏终于缺乏办报纸才能，《人民之友》等报接着就每况愈下，销路渐次减少，甚至于时有不能维持的倾向。结果于一九三四年春天，古推氏先后将《人民之友》与《费加罗报》专卖于别人，古推氏的报纸生涯就从此告了结束。

二

我们研究法国的报纸业，第一个感觉就会觉得他特殊的组织法，实际上法国报纸带着营业的成分较少，像在英美一样为了牟利而办报的出版家是很少见的。他们出版一家报纸，目的却希望由于报纸的影响得到有在政治上活动的地位，譬如说议员呀、市长呀、部长呀等等，都是出版家的最后目的物。所以法国的报纸虽也是一种营业，但却与别的国家大有分别。另一方面，自然也因为法国的广告业既不似英国的发达，而报纸售价有时十分便宜，于是出版家为维持它的报纸起见不得不另寻一条出路。虽说出版家的目的不在乎分得多量的纯利，但亏本究竟也是不合于生意经的。

法国的大部分报纸特别是巴黎的各报，老实说干净的程度是很不可靠的。尤其是那几家大报的经理先生们，几乎整天在那里打算盘，怎样好去“择肥而噬”，敲竹杠的天才，绝在一般人以上。例如十几年前经过苏俄政府所发表帝俄政府与巴黎报界的勾结黑幕，就是一个明证。这批文件是从旧档案中选出，大半是拉化路味区教授与帝俄政府的内阁总理、外交部长、财政部长等等的往返信札。自从此事发表以后，因为证据确实，巴黎报界的声誉就大受损失。

那几乎是没有例外的，巴黎各报常年得到帝俄政府的津贴，替俄国在法宣传，当每次帝俄政府在发借债时各报馆经历先生们的腰包便更加重一次。据说，当时巴黎各报所得到帝俄政府每月津贴费如下：

《新闻报》	四千佛郎（即法郎，下同）
《小巴黎人报》	三千佛郎
《时报》	三千佛郎
《巴黎回声报》	三千佛郎
哈瓦斯社	两千佛郎

其余各报每月一千或数百佛郎不等，当日俄战争时代，帝俄政府在法所费的黑款如下表：

	一九〇四年	一九〇五年
直接津贴各报	七二五〇〇〇佛郎	一七八二七〇〇佛郎
广告宣传费	一五一二一〇佛郎	一四八五〇〇佛郎
晨报		三五〇〇〇佛郎
其余各杂志	五九五七五佛郎	八二九六一佛郎
总数	九三五七八五佛郎	二〇一四一六一佛郎

在一九〇四年帝俄政府所费的上一百万佛郎不到，到了一九〇五年，就超过两百万佛郎了。《巴黎晨报》从前因为说价还价未妥，所以在一九〇四年该报没有领导津贴，但在一九〇五年就也得到三万五千佛郎。帝俄政府与巴黎报纸间这种关系，一直维持到苏俄革命成功以

后始终断。例如《时报》在一九一四年间尚与帝俄政府订约，每年由该报出俄国画报专号两次，材料完全由帝俄政府供给，《时报》所得到的利益是每年一十五万佛朗。这种过去的历史所以值得我们注意的，就因为自从东北事变以后，日人在法国报纸上活动异常，一参照这个史料我们就不难一目了然的了。

除此以外，法国报纸生财的门路还多得很。例如从前巴拿马运河公司所供给巴黎各报的宣传费数目就大得惊人的。据说，该公司所支给法国议员并报纸的黑款，供给达一万五千万佛朗。再如蒙脱·卡罗（即蒙特卡洛）的赌博公司每年供给巴黎各报的津贴费也有八十万佛郎，条件是各报不得登载蒙脱·卡罗有人自杀或下雨天气。诸如此类的事情，还多得很，但是这仍不能算是一种主要的收入。

巴黎各报的惯例就是找到一个政治家或某个有钱而又有野心的议员作为它的主顾，从此这一家报纸便成为那个政治家或议员的机关报，替他捧场。自然，这笔费用数目是不小的。越著名的报纸所得就越多，这叫做“整售”。可是除了“整售”以外，尚有“零售”，“零售”的办法种类也极复杂。例如法国各大工商业常年对于各报都有一定额的津贴费，他们所购买的并不是刊登出来了的部分，而是在纸篓里埋存了的消息。其次，各报也常将经济栏与交易所或某个信托公司订立特别合同，全部消息又该交易所或信托公司直接支配，报纸的编辑人无权过问。此外，尚有社论出售，价格每行一百佛郎，稍微昂贵一点，但是很得力。因为在那社论中会把你捧得叫人家不能够不相信的程度。据说，比利时的名作家梅特林克还是一个无名的青年时，他的父亲曾花了六千佛郎买得《费加罗报》的一篇社论，从此他才一路顺风。这类事情，在法国似乎已经变成了家常便饭，毫不足奇的了。

法国报纸的组织法，有几点也是很特别的，例如总编辑先生在法国并不是一个实际的负责人，他是一个法国的名流，某家报馆为了他的声誉特地聘来个做招牌的。他不但每天不到馆中办事，就是他的社论文章也要劳邮局寄递。实际上，总编辑对于自家的报纸还是一个陌生路人。报馆中占最重要的位置的，自然是经理，他是掌管馆中的全部事物，接见客人、拜访部长、知会并支配访员、与其他商家订立营业上的合同，终日都在社交界中活动，许多“外款”就是由于他的活动的结果。另一种要人就是实际上出资的大股东先生，他们对于报纸的影响是很大的，因为他们本身利益的立场常足以左右经理的行动。例如甲股东是个重工业的实业家，那么他的希望就是设法获得政府的大批订单，乙股东是个大金融家，他希望怎样才能够减轻他的所得税，丙股东却像在政界中活动，希冀当选为议员，经理先生非先顾全这些人的利益不可。第三种重要人物是事业部管理人，他的位置因为营业尚需要正确的主持，所以对于一家报纸的生存也有极度密切的关系。例如当天售价尚值一百佛郎的报纸，过了二十四小时以后却只能当废纸售出，价仅四佛郎而已，所以他不能通盘筹划。就是说，报纸印刷的数目与销售的数目的差额不应过大，致报馆无形中要受大量的损失。

编辑部人员均有一定的职务，例如整理每日各地所发来的电讯，修改各地访员的新闻报告等等，然后将各种文稿交与编辑部秘书负责编制。这位秘书先生事实上就等于总编辑，他从晚上起一直工作到次日早晨四时，他从不接见客人，就与编辑部其他人员来往也用信札，他一个人就是法国报纸的灵魂，只有他有绝对的权力支配每日的新闻，因为谁还有精神于深夜中同他去争执呢。自然，不能够违反经理所指示的路线，这也是很显然的。这种个人独裁式的编辑法可以说是法国报纸一种独特的制度。

此外，另一个特色就是哈瓦斯社组织法的完善，几乎是法国全数报纸成为他的附庸，现代报纸的两个生命线，消息与广告，都掌握在该社手中。哈瓦斯社在法国境内有极健全的发展，比较路透社在英国还要出色得多，同时也正因此，法国的报纸事业表面上虽是五光十色，骨子里不过是代表一部分人的言论机关而已。

三

法国重要的各报：

（一）《小巴黎人报》

巴黎，股份有限公司的组织，股权在名义上虽为字彼家庭所有，但实际上却在铁业委员会军火资本家手中。该报创办于一八七八年，创办人是字彼氏，每日出版晨刊一次，目前销数共一百七十万份，是算法国销路最大的一家报纸。对于政治方面没有固定的主张，不过所发的论调常与现政府的政策相符合，编辑法略同于英国的《每日邮报》，特别是以短篇小说栏并每日新闻汇刊部分不无许多新奇的材料，足以吸引大批读者。阅者几乎是各界阶级人士，范围从巴黎一直到了外省。每星期附有一图画周报。

（二）《新闻报》

巴黎，主要股权在铁业委员会并哈瓦斯社手中。创办于一八八九年，每日出版一次，销数约达一百万份左右，因为也属于“消息报纸”类，所以政治方向与《小巴黎人报》相仿佛，就是编辑法也与《小巴黎人报》大同小异。《新闻报》的销数大部分得力于目前法国的名记者务特耳氏，务氏替该报每天写些小文章，在题目《我的写真》下链接着登载，他的轻松的文笔极受一般读者的欢迎，他是《新闻报》唯一的台柱。

（三）《晨报》

巴黎，股份公司的组织，大股东是 Maurice 并 Philippe Bunan-Varilla 两人，然而实际上又是铁业委员会的产业。创立于一八八四年，创办人本为一英记者 A. Charles Edwards 氏，至一八九六年始为 M. Bunan-Varilla 氏购买过去。每日出版一次，销数约七十五万份，读者也散在全社会各阶级间，政治上自然是奉承军火商人的意旨的。不过该报所表示的似乎比其他各报为露骨，它竭力鼓吹在右派各党间成立一联合战线，反对共产党，并且主张压迫弱小民族甚力。

（四）《小新闻报》

巴黎，股份公司的组织，自从一九三三年春以后全部股权均落在哈瓦斯社手中，而实际上的主人翁不用说，就是铁业委员会这批军火业资本家。该报创办于一八六三年，算是法国通俗报的开山始祖，它曾应用过夸张的态度登载社会新闻，因之销路大增。每日出版一次，年来销数渐减，目前只余三十万份左右。读者多半是城市的小市民阶级，但也部分地旁及乡村的农民。该报有固定的订户六万左右，这个预定的数目，在法国已算是不易见得了，政治方针与其他三大报大体相同。

（五）《巴黎回声报》

巴黎，股份公司的组织，主要股权在西蒙一家人手中，该报创立于一八八四年，创办人为西蒙氏。每日出版一次，销数约四十万份，读者多是军政工商业各界一般知识分子，创办人西蒙氏曾给予该报一个最大的特色，就是尽量在文学方面发展。所以以前曾替该报写作的作家，例如都德等等都是一时知名之士。等到西蒙氏死后，他的儿子便忽略去文学部门，而把政治当成该报的主要任务，因之此日才变成右派集团中最主要的政治报纸，而特别是在于军人方面传布最广。对于政府的态度，因有固定的政治立场，自不及前四家大报的善意。闻最近关于文学部分又有重新恢复过来的举动。

（六）《急进报》

巴黎，股份公司的组织，主要股东为银行家莱孚氏，但与铁业委员会也有关系，是巴黎一家很有实力的晚刊。创立于一八一八年，销数约在六十万份左右，读者是巴黎各界人士。该报特别注重运动消息，以及文艺栏、戏剧栏、电影等，编制颇得法，受读者的欢迎，没有固定的政治立场。

（七）《巴黎午报》

巴黎，股份公司的组织，股权在法国北部工业界集团手中，在棉业大王波鲁勿司特氏领导之下，创办于一九一〇年，每日中午出版一次，销数每期约十五万份。在政治上没有一定的主张，只带一种普通报告新闻的态度，因之有时反回转过来迎合读者的心理而写文章，读者大部分是小市民阶级。

（八）《巴黎晚报》

巴黎，与《巴黎午报》同样的组织，也属于波鲁勿司特氏管理之下，而成为一双姊妹报纸。创办于一九二四年，每日出版一次，年来进步极其迅速，闻目前每期销数已达百万份以上，是近年来法国一家最值得注意的报纸。读者范围包括得很广泛，特别是各种职业的雇员。

（九）《法兰西行动报》

巴黎，股份公司的组织，在保皇党都德并毛拉两氏的领导之下，鼓吹恢复帝制，创办于一九〇八年，每日出版一次，销数约四五万份，自从一九二六年以后，该报势力渐次衰弱，政治主张是极端的国家主义。

（十）《自由报》

巴黎，股权大半也在铁业委员会手中，是法西斯蒂团体“青年爱国团”的机关报，接近于泰狄欧氏。该报创立于一八九五年，每日出版晚刊一次，销数约在五万份左右。政治主张是提倡法西斯蒂主义，读者大半是巴黎的商界并一部分上流社会人物。

（十一）《费加罗》

巴黎，股份公司，于一九二〇年为古推氏所购去，在与哈瓦斯社等竞争时受很大的损失，终于无法维持，一九三四年春天卖与 Rene Wertheimer 氏。该报成立于一八二六年，每日出版一次，销数约在五万至十万份之间。政治方面是保守主义，读者多属于旧日的贵族阶层，所谓巴黎的十万上流社会人物，也属于保皇党的报纸之一。

（十二）《人民之友》

巴黎，创办人是香水大王古推氏，创立于一九二八年，同时并刊行《人民之友晚刊》。每日早晚出版两次，销数在一九三〇年，晨刊一百万份，晚刊二十五万份，最重要的原因就是定价比其他各报低廉至一半以上，因之才获得这个数目。但年来该报亏折甚多，而销路也锐减，黄金时代已成过去。不得已于一九三四年二月间以三百余万佛郎的价格售与 Societe Generale de la Presse。新股东中，哈瓦斯社也居之其一。自然，该报又落在铁业委员会手中了。政治上无一定的主张，古推氏以香水所获得的金钱，想一尝试报纸大王的滋味，终以遭当今法国报纸大王的代表人勒尼挨氏之忌，结果古推氏屈服，他的损失共计两百余万佛郎。《人民之友》目前的销数尚不及五十万份。

（十三）《时报》

巴黎，股份公司的组织，大股东仍是铁业委员会。该报是算右派政客的报纸，而往往被人家误认作法国政府的机关报。成立于一八六一年，当时是由大学教授 Nefftzer 氏模仿英国《泰晤士报》而创办的。每日发行晚刊一次，销数约在九万份左右。读者大半是上层社会人物，例如政治界、外交界、工商界等等人士。《时报》是法国第一家有世界声誉的报纸，地位约次于英伦《泰晤士报》，不独在国际间受人重视，就在法国境内该报文字也常被外省报纸照样转载。《时报》的政治立场是一种保守派的国家主义，与法西斯蒂运动颇有类默契的倾向。而另一方面，也是右派官僚的出身场所，例如泰狄欧氏从前就是该报的编辑，该报事实上并非法国政府或法国外交部的机关报，因为该报有一批从前的编辑后来转任职于法国政府各部中，以私人关系该报获得政府中消息比其他各报早一步，于是无形中一直就成了个惯例。

（十四）《雄辩日报》

巴黎，股份公司的组织，主要股东为 Etieme de Naleche 氏，然而幕后却由法国大事业家主持，特别是铁业委员会。该报成立于一七九八年，每日发行晚刊一次，销数三万五千份，是一家在法国资格最老，而到了今日犹存在的报纸，读者大部分是上流社会人物，特别是普遍于政界与金融界。《雄辩日报》在法国的声望仅次于《时报》，政治立场是自由主义反对社会主义甚烈。

（十五）《十字报》

巴黎，股份公司的组织，是法国天主教的重要机关报。创立于一八八三年，每日出版一次，销数约七十五万份，编辑人员大半均由教士充任，该报在法国外省刊行有一〇四处的地方特刊，因之读者几遍及全国。政治主张在天主教利益的立场上，拥护共和制。

（十六）《劳动报》

巴黎，股份公司的组织，主要股东为托勒氏并哈瓦斯社，成立于一九〇四年，最初本为杂志，至一九一五年始改为日报，每日出版一次，销数在十万份以上。政治方面是代表法国急进社会党的，读者多半是左倾的知识分子。该报尚有一特色，每日刊登由于名记者福差地埃氏所写作的小文章，他是与在《新闻报》上务特耳氏的文字齐名，这两位名记者在巴黎最受读者的欢迎。

（十七）《时代新闻》

巴黎，股份公司的组织，主要股东兼经理为卜里欧氏。创立于一九一七年，每日出版一次，销数约在两三万份之间，政治方向是代表急进社会党的，该报以前曾为百里安氏的机关报，现属于赫里欧，阅者多为知识分子。

（十八）《每日报》

巴黎，股份公司，主要股东为亭乃四氏，创立于一九二三年，每日刊行一次，销数约十万份。政治立场本是代表急进社会党，后因亭乃四氏另组一新党“国家社会党”，于是稍有所变更，读者多为各业小职员并小学教员等。

（十九）《平民报》

巴黎，股份公司，股权属于法国社会民主党，创办于一九一七年，每日刊行一次，销数渐渐达二十万份，政治方针是代表第二国际。阅读者多半是工人，主持者是该党领袖勃伦氏。对于中日冲突，有公道的言论。

（二十）《人道报》

巴黎，股份公司，使法国共产党的机关报，创立于一九〇四年，创办人为社会主义者毓勒氏。每日出版一次，年来销数增加已达十五万份，政治主张是立足于共产主义、反帝国主义、反对战争甚力。读者多是工人阶级及有政治兴趣的人物。

（二十一）《都鲁士快报》

都鲁士，股份公司，主要股东为沙洛特家庭并铁业委员会，创立于一八七〇年，每日刊行一次，销数达五十万份，读者范围遍布于南法国二十四县内。该报是急进社会党的机关报，历次国会选举中该报屡占一重要的地位。在巴黎与都鲁士间该报自备有电线，总编辑部设在巴黎用电报处理整个编辑事务，是一家外省最大的报纸。

（二十二）《北方回声报》

里埃，股份公司，主要股东为费勒，是前劳工部长鲁楚的机关报。创办于一八一九年，每日出版两次，销数约达二十四万份。政治方针比较趋向于保守，读者多是北法国工商界中人。

（二十三）《北方警钟报》

里埃，股份公司，创立于一八八九年，每日出版一次，销数约一十八万份。是算法国北部第二家大报，政治方向代表法国急进社会党。读者多为急进社会党党人，并社会主义者。

（二十四）《西方闪电报》

任内，股份公司，创立于一八九九年，创办人兼经理为 Emmanuel Dessgrees du lou 氏。每日出版一次，销数每期达三十五万份，该报并自设有一制纸厂，日产纸张十七吨，是算外省第二家大报。政治方向代表天主教的利益，读者多是天主教徒。

（二十五）《不勒斯特西方快报》

布勒斯特，股份公司，主要股东 Perrot 氏，后台老板法国航业资本家。创立于一八八六年，每日出版一次，销数约六七万份，没有固定的政治方向，特色是注重与行业界并海军方面各种消息，读者多半是海岸居民与航业特别有关系者。

（二十六）《波尔多西南法兰西报》

波尔多，股份公司，大股东兼经理 Pierre Gastier。创立于一八八七年，每日刊行一次，销数约二十四万份，政治立场共和主义的左派，读者多半是法国西南部的上流社会人物。

（二十七）《小马赛人报》

马赛，股份公司，主要股东为 G. Bourrangeas 并 J. B. Samatt。创立于一八六八年，每日出版一次，销数三十五万份左右，政治方向拥护共和制，对于先政府处一种友好的态度，读者范围遍及法国东南部，尤其在工商业界中占势力。

（二十八）《小普罗温沙报》

马赛，大部分股权也属于 G. Bourrangeas，与《小马赛人报》为一双姊妹报。创立于一八七六年，每日出版一次，销数约二十三万份，政治方针略同与《小马赛人报》，读者范围也极普遍。并自设有一制纸厂。

（二十九）《利昂新闻记者》

利昂，股份公司，创立于一八七九年，每日刊行一次，销数约二十五万份，政治立场，天主教的保守派，读者多半是法国东西部一般天主教徒。

（三十）《利昂进步报》

利昂，股份公司，创立于一八六〇年，股权在于创办人 Delaroche 一家人手中。每日刊行一次，销数约二十七万份。政治方向是代表急进社会党，为赫里欧氏的机关报，读者大半是一般法国东南部的小资产阶级。

（三十一）《黎明报》

巴黎，股份公司，股权在 Blond Gay 公司手中，创立于一九三二年，每日刊行晨刊一次，销数闻有四十万份，政治立场是代表天主教的利益的，与《十字报》为姊妹报。

（三十二）《通讯》

巴黎，股份公司，创办于一八九九年，每日出版一次，销数二十万份，是法国金融界的言论机关报。趋重于商业方面的消息，对于政治处中立的态度，执笔者多是政界中知名人士，读者遍及全法国的金融界，甚至于在国外也获得不少读者。

（三十三）《工业日报》

巴黎，股份公司，股权在铁业委员会手中，成立于一九一八年，每日出版一次，销数每期约六万份，该报是法国工业家的代言机关，读者多半是与工业有关系的各方面人物。

（三十四）《日报》

创办人为 Leon Bailby，成立于一九三三年十月间，自从 Bailby 氏推出激进报后即创办此报。每日出版一次，虽在短时间内但进步极速，闻销数也达二十余万份，为一家前途颇有希望的报纸，读者多半是中产阶级分子。

（《东方杂志》1935 年第 32 卷第 13 号）

英国的报纸概观

一

英国新闻事业是起源自“新闻书信”，这是一种为了当时住在外省别墅中一批贵族的便利起见，用书信体裁报告皇家生活并日常伦敦等处的政治消息的。后来这书信的应用渐大，阅读者多，几乎变成了一种手抄的报纸。“News Letter”与报纸关系的密切，我们此日上可以由北爱尔兰一家老报看出，它的名字便是 Belfast News Letter，这是一个证明。

英国第一次报纸的出现是在十七世纪的时候，最初无非类似小册子、传单等类的格式。但在这个萌芽时期，即开始受到摧残，全英国报纸与 1632 年 11 月间俱遭禁止，这是英国新闻界第一次受到压迫。一直到了 1693 年检查新闻法整个取消了以后，英国报纸才正式获得法律上的言论自由。接着再经过两个世纪不断的奋进，英国新闻事业就奠定下稳固的基础。

在这初期新闻事业不独不受人家的注意，而最主要的原因，大家是把报纸当做发表意见的地方，并不认为是一种企业。这到了英国产业革命成功了以后，海外商场扩大，实业家、银行家以及各种商人都要求对于海外市场一种迅速而翔实的消息，至此，新闻就变成商品，报纸也变成为一种实业了。为适应这种新倾向起见，1855 年英国政府终于把报纸的赋税取消掉，而 1870 年英国强迫教育的制度又实行，在这两个有利的条件下，新闻事业也随着有长足的进步。

英国的新闻事业走进现代的一阶段是在报纸大王诺斯克利夫

(Lord Northcliffe，1865—1922）主持下的《每日邮报》的诞生，英国报纸划分了一个新时代。

英国人素来是以绅士态度著名的。尤其是他们浓厚的保守观念，常足为进步的妨碍。例如鼎鼎大名的《泰晤士报》，到了今日谁都会感到那种编辑法的陈旧，但该报恰像卖古玩似的，倚老卖老。《每日邮报》产生以前，英国只有所谓严正的议论报，那是专供上流社会人物的阅读的，这我们不妨叫它做绅士报。诺斯克利夫氏出来，便以他商人式锐利的眼光从事于开辟另一条道路。《每日邮报》的态度便与其他各种报纸不同，文字通俗，售价低廉，这就使它成为“百万报”的开山始祖。《每日邮报》的发展如下：1896年创办，1898年每日销售四十三万九千四百九十九份，1899年超出六十万份，1900年即达九十九万份以上，成为百万份的大报了。

绅士报的典型，自然要推全世界文明的《泰晤士报》。《泰晤士报》是大英帝国对外对内的代言人，该报前总编辑威廉氏说得好：“我们（该报）并不是一家报纸，而是一家保护英国国家利益的机关。”所以英国人自己承认，他们在全世界各国首都有两个公使，一个是皇家政府的代表，另一个便是《泰晤士报》驻在该地的访员。例如，今年三月间一个保守党议员在下院中演说时对于《泰晤士报》没有访员驻在莫斯科便表示不满，这就是一个证明。《泰晤士报》每日销路虽只十八万份左右，但它在政治上地位的重要，却远在其他各报以上。尤其是政治社论，与英国外交方针恰相符合，因此更引起国际间的重视。《泰晤士报》编辑新闻的见解是宁愿发表迟而确实，不肯求迅速而至于滥登。因之，《泰晤士报》错误的即在要比其他报纸来的少，但这不过是在不妨碍大英帝国利益范围以内而言。《泰晤士报》自1785年创立起一直到了现在为止，常能够维持领导英国报纸的地位，它的严肃而带有绅士气味的记载，缺乏传奇式的新闻，自然不合一般平民的胃口。虽然，在1908年间，因为经济困难的关系致落在报纸大王诺斯克利夫手中，但诺氏始终不过是个暴发户，不是出身自贵族，他是另外一种人，他只配办通俗报，对于这个森严格式的《泰晤士报》自然没有方法对付。自从1922年诺氏死后，《泰晤士报》重回旧主瓦耳德家庭即亚司底少佐手中，又再恢复昔日的面目。

说到通俗报，这与诺斯克利夫氏便有及密切的关系。诺氏生于1865年7月15日，父亲是一个英国小律师，他的原名是汉斯华绥，幼年也经过种种艰苦的生活，后来试办报纸，居然得到意外的成绩。到了一八九六年，他就将以往的经验以全力来创办《每日邮报》。诺氏来自民间，十分了解一般读者的心理，当时他的办理《每日邮报》上，便有大批社会新闻出现，恋爱、金钱、强盗、运动等等动人听闻的消息，这一类新闻又正是一般平民所愿意阅读的。于是《每日邮报》便深入城市小商人、工人、公务人员等家庭中，成为大众茶余酒后谈话的资料。《每日邮报》当时国外各地的通讯尚不及其他各报，但诺氏却有补救的办法，就是把得到的消息加以铺张，他是宁可失之"过分"而不愿意"不及"的。他是要使读者在《每日邮报》找到其他各报所没有的新闻，他的秘诀就是不肯让读者有一天安静的，他认为一个新闻记者对于读者的影响，应该像每天投一块石头在池中。他是以一种实业家的看法，读者为什么要看报呢？为的是想得到新奇的消息，目的在于消遣。因此，他就认定报纸的编者必须把握住读者这种心理，而制造一种每日谈论的中心，把读者训练成每日非看报不可的习惯。诺氏自从实行了这种办法以后，果然受到意外的效果，不数年间就变成百万富翁了。他一方面固然为英国报纸开辟了一条新路，但另一方面却将英国报纸变成美国化，特别是他只求目的不择手段的办法，为英国报纸留下一个恶例。

诺氏以《每日邮报》的成功，进而与1903年有创办一妇女日报《每日镜报》。起初销路极坏，几乎使他的整个事业动摇，但后来他又发明了以一个新法将《每日镜报》又轰动一时，销路突增，与《每日邮报》成为姊妹报纸。诺氏至此，报纸大王的地位就确定了。他既然只以牟利为目的，而前后不及十年间便手握这么大的舆论机关，于是就进一步想以制造舆论的方法来支配政治，这是诺氏一生最受人家批评的地方。

因为诺氏的成功，自然利之所在，便有许多人来效仿。1900年，便有《每日快报》的出现，内容与《每日邮报》相仿佛，1904年《新闻汇报》继起。于是通俗的气势大盛，这结果就迫得连《泰晤士报》也日趋于衰落，终于被诺氏购买过去。

通俗报纸的销路既然超出百万份以上，于是广告部分的收入便大可观。然正为此，各报间相争斗更烈，这与其说是大家互相争读者，倒不如说是互争广告。因为，哪一家报纸销路大，同时广告就多，而收入也就要丰厚，这就是几十年来英国报纸发达最重要的一点。我们试举《每日邮报》为例，在1928年该报每日印刷有两百一十五万份，而实售数目两百万份，当年的营业收支如下：

付出

纸张 1700000

贩卖费用 400000

印刷 700000

编辑部费用 200000

广告回佣 150000

宣传 75000

一般杂费 175000

纯利 1150000

共计 4550000 镑

收入

报纸 1550000

广告 3000000

共计 4550000 镑

这很显然地证明单报纸卖出的收入并不足以付偿纸张的费用，另一方面，广告收入数目之大，几乎比报纸卖出全数多过一倍。那么我们就会了然为什么英国通俗报纸天天在找寻新读者的缘故了，这是现代报纸的一个典型。

他们间竞争的宣传方法，这里也是值得一提的。英国最大的私家通俗报是《每日邮报》《每日快报》《新闻汇报》，并在1912年成立的工党机关报《每日先驱报》。他们除了定价低廉以外，还愿举行赠送，替订户人寿保险、猜谜、奖金等等。总之，他们在力求得到最高数的销路。例如《每日快报》自1933年3月至6月间，单赠送读者这一项共花去十五万七千多镑，平均起来在每个读者身上需要八点二五先令。据专家的推测，这四家大报每星期为读者化了的费用最少在五万镑左右。那么，每年便需二百五十万镑了。此外，再加上四家大报替他们的定户并报贩等所设的人寿保险，这最少每年也要一百万英镑。自然，这样互争的结果，《每日快报》与《每日先驱报》在 1933 年 6 月间每日销路均达到两百万份。1934 年 1 月《每日快报》销路稍降落，共计一百七十五万五千份。这因为受世界经济恐慌的影响，广告减少，于是各报负担不起“赠送”并“人寿保险”等等的损失。因之，相继加以取消，接着自然丧失不少订户，遂使各报的发展暂时处于停滞的状态。

二

一般英国的报纸虽然各有各的立场不同，但大约因为绅士气味过重的缘故，无论绅士报或通俗报便面上总带着超然的色彩。除去工党的机关报《每日先驱报》并共产党的机关报《劳工日报》以外，英国并没有其他正式的党报。加入我们要加以分类的话，那么英国报纸十分之一是接近与自由主义的，百分之十七是倾向于保守的，百分之六十九算是中立派，是一种完全商业性质的报纸。

由于一九三三年的统计，在英国本部并包括爱尔兰自由邦在居民五千四百多万数目之下，只有一百五十八家日报。这中间晨刊占六十四家，晚报占九十四家，每日出版的总数在一九一四年只有一千万份左右，在一九三二年即达二千九百万份，两年来销路更有继续增高的倾向。

英国报纸与其他各国不同的地方，就是各报每天只出版一次，晨刊兼晚报的例子在英国是看不到的。正因为这缘故，所以各报均保留一种独特的个性。例如晨刊上所登载的，比较倾向与政治、经济等类问题，晚报恰是相反，大部分以趣味新闻为中心。所以英国的读者同时阅读两三分日报也并不觉得重复。

同样特别值得注意的是，英国的“星期日报”制度。大部分英国日报都于星期日停刊，各报的编辑部与星期五晚上编印完星期六日报以后，须至星期日晚上才再继续编辑下星期一日报，有了这一个空位，于是星期日报就应运而生。英国一共有十四家星期日报，每次销售共计一千七百万份。因为是星期日，邮局缩短办公的时间，于是在交通上不能不另备专为运送星期日报用的火车、轮船、汽车等等，这也是英国新闻事业特殊的地方。此外，尚有多量的周报，在质在量方面都颇可取，而且销路也很广。

现代报纸出版人的心目中，报纸并不是一宗文化事业而是一行实业，与汽车工厂、钢铁工厂等相同，目的是在于牟利，所以只有广告才是他们唯一的上帝。现代报纸是在这种畸形之下发展的。例如《每日邮报》广告部分就占全部十分之四，广告与小说新闻合起来就占全报四分之三，文化与政治部分合计起来反不及运动消息之多。只要投合读者的心理，能够博得广大的销路，老板的荷包里会长满了金钱，便算心满意足。至于读者大众所受到的影响如何，这一层是没有人顾到的。就以各报所附的图书来论，在题材方面，也无非以迎合群众为唯一的对象。《每日邮报》平时每日约刊登二十一张照片，而电影明星与女人就占三分之一，百分之二十一是运动，百分之十二关于政治方面，剩下的地位才让给其他各种新闻照片。这种美国化的倾向，渐次成为一种风气，连《泰晤士报》的守旧，却也不能不打破格式，加入一些时髦的照片。

英国的晚报大部分与晨刊都有联络，特别是他们的编辑部都有“互通”的。例如《晚报》与《每日邮报》同一集团，《标准晚报》与《每日快报》另一集团，于是在三大托拉斯以外的《明星晚报》便同《新闻汇报》结合起来了。这三家晚报得到三大报帮助的地方不少，特别是三大报巨量的当日电讯。

伦敦，那是英国新闻业的圣地，全英国重要的报纸也几乎都集中在那个地方。报纸也正同别的实业一样，经过自由竞争的结果，大报吞并小报，在由于资本集中的结果，无形中伦敦报纸就落在少数人手中，于是所谓报纸大王就由此产生。另一方面，一直到欧战时止，伦敦是世界新闻的中心，这是由于当时英国殖民地遍满全球，电报公司并路透通讯社在国外占着惊人的势力之缘故。战后无线电报日加进步，伦敦在世界上便失去了这个作用。不过在英国之内，伦敦仍始终是个中心点，全部消息先至伦敦集中，然后再分送至内地。伦敦报纸便能够在外省获得多量的读者，而间接对于外省各报加以压迫。于是英国报纸变成了一面倒的形势，外省报纸的每日销数与伦敦各报是无法比拟的。但这种局面，两位伦敦报纸托拉斯主人罗特梅耳氏并伯雷氏却仍认为不满足，当他们的势力在伦敦已发展到无可在发展时，他们便伸张他们的势力到外省去。据一九三一年的报告，但在罗特梅耳氏管辖下的外省晚报，每日合计有五十五万份，这种伦敦报纸托拉斯的势力向外省侵略，引起外省报纸的反对。例如有三十家外省的自由主义者的报纸，便联合成一托拉斯以相对抗。至最近止，罗伯两氏尚无满意的结果。

这是一种自然的趋势，英国报纸的渐次托拉斯化。直到一九三〇年止，一部分报纸尚能够维持其独立的地位外，其余各报均落在托拉斯集团中。目前在英国共有三个大托拉斯集团，计拥有资本金四千万英镑，势力的雄厚足以摧毁其余一切孤立的各报的。

英国报纸托拉斯

罗特梅耳系

所属公司：

每日邮报托拉斯

联合新闻纸有限公司

每日镜报馆有限公司

星期画报有限公司

诺克斯利夫新闻纸公司

营业范围：

报纸并制纸业

重要报纸并杂志：

《每日邮报》《晚报》《每日镜报》《星期快报》《星期画报》

（二）伯雷系

所属各公司：

联盟新闻纸有限公司

合群印书馆有限公司

金融时报有限公司

开莱团有限公司

四方邮报有限公司

营业范围：

报纸杂志（单合群印书馆有限公司就出版有一百多种杂志）

并制纸业（伯雷氏是英国最大的制纸实业家）

重要报纸并杂志：

《每日电闻》《星期时报》《金融时报》《每日简报》《星期图画报》《星期汇报》《每日快报》《皇家新闻》《晚汇报》《回音报》《世界拾〇》《家庭琐报》

毕佛勃洛克系

所属各公司：

伦敦快报馆有限公司

此外并经营电影事业，例如：地方影戏院有限公司，百代兄弟电影公司，第一国家公司

营业范围：

报纸，摄制电影并经营影戏院

重要报纸并杂志：

《每日快报》《星期快报》《标准晚报》

这三个托拉斯集团，几乎就完全支配英国的新闻事业，虽说大家立于竞争的地位，例如关于罗特梅耳系的每日邮报托拉斯，就参加有毕佛勃洛克的股本，而关于毕佛勃洛克集团下的伦敦快报馆有限公司，罗特梅耳的股本却估计有百分的四十九。再如合群印书馆有限公司是由罗特梅耳所创办的，而目前却又归在伯雷集团管理之下。

罗特梅耳是报纸大王诺斯克利夫的兄弟，诺氏死后大部分遗产全归入他手中。他此日是英国报纸大王之一，罗氏也与他的已故的兄弟

一样有政治的野心，可惜他举棋不定，所以到了今日尚无惊人的成就。近年来他又趋向于法西斯蒂主义的倾向，到了本年一月间，他更正式与英国蓝衫党首领摩斯等氏合作，虽然有它的报纸集团作法西斯蒂运动的后盾，但到了今日却又仍没有什么特殊的成绩。

与罗氏立在敌对地位的，是另一报纸大王毕佛勒洛克，他们俩人在英国是被人家称作两位“恶叔叔”的。他们的举动可以由代表他们两家报纸《每日邮报》与《每日快报》中分别出来。《每日邮报》是读者的奴隶，它没有固定的见解，一切只随读者而转移。《每日快报》便不然，是有一定的政治方向的。毕氏是以大英帝国的利益为前提的一个人，是一个顽固的保守主义者，尤其他永远拥护英国光荣的“孤立”政策。一般说来，毕氏似较罗氏更得一般英国人的同情，他们两位同时也是他们集团报纸的太上编辑，他们的意志就是他们报纸的言论。《每日快报》的编辑部人员天天就提心吊胆，生怕所编的报纸得不到毕氏的满意，好像两百万左右的读者反而无足轻重。只有伯雷氏是完全商人性质，他不愿意干预政治，只将报纸交给编辑部负责。并且，他自己也从不在他自己集团下的报纸上露面。

现在英国的报纸已经掌握在少数人的手中，舆论机关也采用了独裁的办法，这是一个最大的危机。英国报纸虽然由于美国化的结果，几十年才得到意外的进步，但同时又种下一个不轻的祸根，因为表面上所谓中立的舆论根本并不是那么一回事的。

英国既是一个殖民地最大的帝国主义者，同时又是一个传统观念顶深的民族，全部报纸几乎全握于右派人物手中，所以对外主张侵略甚力（所谓维持大英帝国的利益!），对于我们中国，自然也不会忘了他们本来的立场，所以一向没有什么好感。加之一般驻华新闻记者多是“死硬派”一流人物，当然更不会替我们散布谣言呢。在英国，也同在别的国家一样，只有左派的报纸不是金钱所能动，于是又是对于我们才有公道的言论，可惜英国这类报纸并不多。

工党机关报《每日先驱报》是属于这一类的报纸，创立于一九一二年，大约当初只趋重理论，缺乏趣味的缘故，所以销路极有限。到了一九三〇年，自由主义的奥地翰印书馆接办以后，内容加以刷新，并且模仿《每日邮报》的办法登载种种趣味新闻，这一来就引起工人群众的兴趣。因为大家在《每日邮报》的上所要求的，全部也能够于《每日先驱报》中得到，因之读者接踵而来，不两三年间由二十多万份的日报一跃成为两百万份的大报，打破历来报纸进步的记录。《每日先驱报》销数的徒增如下表：

一九三〇年	三月十五日	250000 份
	三月二十九日	1058000 份
一九三一年	十二月	1400000 份
一九三二年		1500000 份
一九三三年	六月	2000000 份

这真实一个奇迹。不过《每日先驱报》在主义方面，因为老板的资本关系色彩已不如从前的浓厚了！

此外，尚有共产党的机关报《劳工日报》，创立于一九三〇年，因为销路只在十万分以内，所以影响尚不大。

为的英国尚是一个民主政治制度的国家，所以言论方面尚可自由。英国并没有检查新闻的机关，舆论自由在英国是一般人公认的原则，不过并没有法律上明文的规定。因为实际上英国也没有什么特别的新闻法，通常关于新闻方面的纠纷都只引用普通法律而已，这对于英国新闻事业的促进也是一个很重要的原因。

三

英国重要的报纸举要如后：

《泰晤士报》

伦敦，出版者泰晤士报出版部，业主亚斯托少佐并瓦尔特，成立于一七八五年，每日出版一次，计 185000 份，为一般英国上流社会人物以及政治家、新闻记者等所爱读，是英国领袖报纸。驻外访员遍布全世界各地，每日有三篇以上的社论，对于国内政治常处超然的态度，虽然多半仍替保守派说话。对外则以大英帝国的利益为前提，主张侵略殖民地，与英国外交部一鼻孔出气。加之又以学者的举动作为护符，却能表达英国的绅士态度，所以更受各方的欢迎。自从一九〇八年至一九二二年在前报纸大王诺斯克利夫管理之下，颇失去绅士气概不少，因之引起英国一般上流人物的不满。恰诺氏死后，经一部分全国的著名人物和组以委员会审查并选择未来官吏该报的人物。他们认为《泰晤士报》并不只是营业性质，而是有关于英国的学术，英国人时常是以《泰晤士报》夸耀于全世界的。此外，尚另出版有一图书星期周刊，附以重要新闻并各种特别材料，专门供给外国读者。

《晨邮报》

伦敦，出版者晨邮报有限公司，资本计三十万英镑，属于在保守党中佩特氏所领导下的一派，成立于一七七二年，每日出版一次，计134000份。《晨邮报》是一家伦敦最老的报纸，与英国的贵族并海军省有关系，也是属于上流阶级的报纸，地位仅次于《泰晤士报》，是保守党的右翼，是英国一家“死硬派”的报纸，论调以反对苏俄并压迫殖民地著名。

《每日电闻》

伦敦，出版者每日电闻有限公司，是一九八二年由伯雷等用两百万镑的价格所购来，现属于伯雷托拉斯集团管辖之下。创立于一八五五年，每日出版一次，计350000份。读者比较普遍，是算在英国《泰晤士报》以外最好的一家政治日报，特别是它的外交通讯兵大量的广告吸引不少读者。自从一九三〇年将售价两便士减为一便士以后，销数几乎突增至三倍左右，该报态度是属于保守党一类的，如《泰晤士报》国家主义的色彩极浓。

《新闻汇报》

伦敦，出版者威斯敏斯特报馆并合众新闻纸公司（二者各占股本的半数）。成立于一八四六年，该报是由三家报纸《每日新闻》《威斯敏斯特报》（二者于一九二八年即合并）并《每日汇报》与一九三〇年联合而成，并改用今名。每日出版一次，共1280122份，也算是伦敦大报之一，不过格式则属于《泰晤士报》与《每日邮报》之间，为半通俗报，是自由党人在伦敦唯一的报纸（读者大部分为伦敦并英国各地的自由党人，反对保守党甚烈）。

《曼彻斯特导报》

出版者曼彻斯特导报馆有限公司，成立于一八二一年，是与《新闻汇报》同为英国自由党人的著名报纸。每日出版一次，特别注重于工商业方面，读者几乎尽是工商业界中人，是英国最好的一家商业报纸，而且也是英国除了伦敦以外唯一获得世界声誉的外省报纸。

《每日邮报》

伦敦，出版者联合新闻纸有限公司，是属于罗特梅耳集团下最重要的日报，创立于一八九六年，每日出版一次，共1770000份。为英国通俗报的始祖，并伦敦四大通俗报之一。《每日邮报》完全受罗氏个人的支配，论调倾向于保守党方面。所登载的趋重于趣味新闻，体裁约类于《上海时报》。自从罗氏赞成英国法西斯蒂运动以后，该报事实上已成为英国蓝衫党的机关报，读者多为一般英国中流阶级，传布范围颇广遍。

《每日镜报》

伦敦，出版者每日镜报馆有限公司，是一种半图书的日报，每日刊载的照片甚多，也属于罗特梅耳集团管辖之下，与《每日邮报》为一双姊妹报。每日出版一次，约1200000份。读者范围亦甚广泛，尤其以妇女为多，报纸态度同于《每日邮报》。

《晚报》

伦敦，出版者联合新闻纸有限公司，也同样属于罗特梅耳集团管辖之下，每日出晚刊一次，月700000份。有广大的读者，对于政治方面自然与罗氏有一系列宗旨相符合，就是极端的帝国主义，竭力反对社会主义并苏俄，可以说是《每日邮报》的晚刊。

《星期快报》

伦敦，出版者联合新闻纸有限公司，也在罗氏管理之下，成立于一八〇一年，每星期日出版一次，约1000000份，可以说是《每日邮报》的星期日报，同时也是英国最著名的星期日报。

《每日快报》

伦敦，出版者伦敦快报馆有限公司，约有资本金两百万镑，是属于毕佛勃洛克集团管辖之下。创立于一九〇〇年，每日出版一次，印刷有2000000份，实际销数1775000份。读者范围极广泛，特别是一般中产阶级。《每日快报》与《每日邮报》曾经过不断的互争，终于《每日快报》由于宣传方法的适当，颇有“后来居上”的形势。论调完全处于国家主义的立场，竭力鼓吹拥护大英帝国的利益，反对战争，不过有个范围就是反对帝国主义者内部的战争而已。

《标准晚报》

伦敦，出版者标准晚报有限公司，在毕氏管理之下，是《每日快报》的晚刊。创立于一八二七年，每日出晚刊，销数约400000份左右。政治态度自然也与《每日快报》相仿佛，因为关于文学部分编制得特别出色，所以阅读者多半是知识分子，《标准晚报》每人家认为是伦敦最好的晚刊。

《星期快报》

伦敦，出版者伦敦快报馆有限公司，是《每日快报》的星期日刊，创立于一九一八年，每星期日出版一次，销路一百一十万份，阅读者多中产阶级分子。

《每日简报》伦敦，出版者每日简报与星期图书报馆有限公司，在伯雷集团管理之下。创立于一九〇九年，每日出版一次，销数一百二十万份，是一种极通俗的图书日报，方法是模仿自《每日镜报》，不过已做到“青出于蓝”的地步。

《星期时报》

伦敦，出版者联盟新闻纸有限公司，资本计五十万镑，与《晨邮报》同为伦敦的少数未被报纸托拉斯所吞并的报纸。每星期日出版一次，计213000份，是保守党右派的报纸，在星期日报中，与《星期时报》齐名，阅读者多上流社会人物，以文学政治部分编得最出色。

《每日先驱报》

伦敦，出版者奥地翰印书馆有限公司，资本金一百五十万镑，创立一一九一二年，原先是工党的机关报，于一九三〇年由奥地翰印书馆接办，销数已由三十万分以内突增至两百万份。阅读者多是工人阶级并中产阶级分子，是唯一英国工党的报纸，论调对于国内政治与工党政策相符，对外拥护国际联盟并主张和平主义。《每日先驱报》自从移至新主人手中以后，原有主张受牺牲了不少，虽说在名义上仍是社会主义者的日报。

《人民报》

伦敦，出版者 Long Acre Press，Ltd. 是属于奥地翰印书馆的管辖，创办于一八八一年，每星期日出版一次，销路超出三百万份以上，是《每日先驱报》的星期日刊。读者多是工人阶级并中产分子，编辑方法略似《每日先驱报》，也算是社会主义的报纸。

《劳工日报》

伦敦，出版者劳动者印书馆，是英国共产党的机关报，创立于一九二〇年一月一日，每日出版一次，销数约在五万分以上。读者即完全是工人阶级，特别在英国南部，主要的口号是：反对目前得英国政府，反对苏联运动，反对压迫殖民地各民族，并反对第二次世界大战，是英国最左倾的报纸。

参考书举要：

Tracey Herbert：The British Press，London，1928.

Von Stutterheim Kurt：Die Englische Press，Blerlin ，1933.

Dr. Bomer Karl：Internationale Bibliographie Des Zeitungswesens，Leipzig，1932.

Dr. Bomer Karl：Handbuch der Weltpresse，Belin，Ⅱ Auflage，1934.

Mayer Norhert：Gegenwortsfragen der Englischen Press，in：Zeitschrift Z . V . M. —Nachrichten Blatt，Munchen，1934.

注：这统计的数字，是友人麦尔君所搜集研究的结果，本文得他的助力不少，谨此致谢。（一九三四年，十二月七日，德国。）

（《东方杂志》1935 年第 32 卷第 8 号）

编辑口头报纸不能离题太远

所谓口头报纸就是人民没有言论自由以后，在报纸上得不到事实真相，才采用这种口头相传的方法。既没有编辑人也没有发行人，每天可这么一传十，十传百地把一宗新闻广布到民间去。在某种状况下，口头报纸的力量似乎远在印刷报纸之上，最少，人民是容易信任这种口头报纸的内容。假如我们要在独裁的德意俄国家中找寻新闻材料，那么第一个不应该忽略的，便是这种口头报纸。

口头报纸同谣言自然不容易分别。不过口头报纸大部分不是产生自国内反对党人的宣传，便是人民在新闻检查政策下一种必然的反动。要消灭口头报纸，唯一的方法只有给人民得到言论自由。不是么，在英美等国中我们就难得看到这种现象。

虽然，在某种情形下，这类口头报纸又有提倡的必要。例如目前在敌军占据下的区域，口头报纸便是一个最有效的宣传工具。只要有计划地将当天的新闻广布出去，不但可以粉碎敌人的奴化宣传伎俩，甚至也容易使游击队与当地人民间取得进一步的联络。不过“编辑”这个口头报纸的人，千万别忘记，口头报纸仍是一种报纸，第一，不能离题太远，抛开每日新闻的报告；其次，要特别注意到内容，使“读者”避免受到一种无谓的牺牲。（列山）

（《流声机》1938 年第 3 期）

新闻学之理论与实用

新闻学乃一新兴科学，为现代报业发达以后的产物。十九世纪末叶，报纸即具通俗化的面目，业已接近大众，成为一般平民日常最主要的读物。一部分新闻界人士逐渐认识到此种事实的重要性，知报纸的优劣良莠，足以影响整个社会与国家，曾陆续提出改进报纸的意见，此项意见即为创设新闻学的先声。迨至二十世纪初期，参加讨论报纸问题的人士愈众，其目标亦由改进报纸转为研究报纸的本质，新闻学遂告诞生。最近十余年来，再由于新闻事业的扩展，新闻学的涵义随之演变，已非一种纯粹研究报纸的科学；其范围，出报纸杂志以外，复包括及无线电广播、电影、宣传等等。此种本质上的变动，又使新闻学的理论与之焕然一新。

虽然，新闻学研究属初创的科学，全部历史前后不过数十年，理论体系既不及其他科学的完整，同时各学者间更感派别分歧，立论互异，德国新闻学者眼中的新闻学与英美新闻学教授的主张几如二物，有无纵贯通之感。是以何为新闻学？多读新闻学的书籍以后，反而疑问更多，因一般的解答，非失之偏狭（应为“褊狭”，原文如此），即嫌笼统含糊；尤其新闻学的重心所在及功用问题，一向缺乏明确的规定，无有系统的论述，此层致使一般人至今对于新闻学的概念依然模糊不清。

新闻学一语，本为英文 journalism 的中译，原文含有“报纸杂志事业”与“新闻记者职业”二义，在德文则为 Zeitungswisscnschaft，含义恰等于报学，单从语义解释，亦可证明初期的新闻学实从研究报纸杂志而来。我问多数论者即依据此种观点，汇集十余年前大部分欧美新闻学者的意见，兼收并蓄，演为新闻学的定义。事实上，目前此种定义不独残缺不全，且亦陈旧而失掉时代性。十余年前，新闻学或仅为研究报纸杂志的科学，然在今日，报纸杂志决不能再包括新闻学的全体。例如新兴的新闻事业中，无线电广播与电影二者，即均与报纸同具有新闻性质，同负传达新闻的使命，自应同属于新闻的范围。再就舆论的意义而言，报纸杂志固为反应舆论的主要机构，但与舆论本身关系最密切者实莫如宣传，且历史上任何新闻事业始终不能脱离宣传的影响，广义言之，亦均为宣传的工具，故宣传在新闻学领域中必须占一席重要地位。新闻学的范围经过一再扩展以后，遂产生新旧之分，因之原有新闻学的理论便需重新确定，俾能适应此新形态。并且历来多数新闻学书籍中尚有另一缺点，即一般内容侧重报纸技术部分的检讨，致愈加缩小新闻学的范围，同时对于新闻事业与新闻记者的任务又多被忽略，终于新闻学与报纸技术研究二者混为一谈，使人误解研究报纸技术原理即为研究新闻学。报纸技术原理在新闻学中本有其地位，然而并非新闻学，正如“白马非马”，此中有一鲜明的界限存在。

其实，远在二十余年前，欧洲一部分新闻学者对于此层已有解释，认为报纸最重要的使命乃反映舆论、宣扬文化，非在经营商业，所以新闻学应注重者亦首为舆论与文化因素，不宜专谈商业有关的技术问题。所以美国新闻学教授所提倡的新闻学一项即因此受人指摘，足见在二十年前，报纸技术原理早有不能代表新闻学的趋势。一如戈公振氏于所著《中国报学史》一书中曾称新闻学为“报学”，命名颇见恰当，因初期的新闻学仅以报纸杂志为对象。今则随时代演进举凡新闻事业及于舆论有关的部门，几无不被其包括，虽其新理论体系欧美各国新闻学者一直在热心研究之中，目前尚无具体的意见足供我们参考，惟新闻学的轮廓确已逐渐鲜明。如加分类，最少可得下列的各部门：

第一类关于纯理论性质者

例如研究新闻学的人物及范围，新闻事业与社会、国家的关系，新闻学与其他科学的联系，舆论的性质及其历史的发展，宣传问题，报纸、杂志、电影、无线电广播的历史以及新闻记者的职业道德等项。

第二类为新闻事业的技术原理

此类包括报纸有关的全部技术，例如文化部门内的新闻与言论两方面，即研究探访、写作、编辑等问题，商业部门内的广告、发行及报馆管理，技术部门内则有印刷、摄影，并传达新闻所必需的各种交通工具（如电报、电话、无线电传真等）。此外，电影与无线电广播的技术部分亦应列入。

第三类如实用问题

本来凡属科学，其本身均含有使用之目的，新闻学亦非例外，故新闻学的最终目的，自须求理论的能实际应用。虽然实用最重要的前提在于实际经验的积集，又为一技巧的熟练问题。新闻学固可在学理方面列举各种技术原则及有关的例证，采用实习的方法，借使初学者能触类旁通，惟此中究有限度。新闻事业乃一专门性质的社会事业，社会事物种类千万、错综复杂，端赖随机应变，难求定例，所以新闻学亦仅能指示原则与方法，而不能传授技巧。因此新闻学中的实习方法，虽注重理论与实用的合一，但终为事实所限，不能使修读新闻学的学生，一出校门便成名记者。是故新闻记者欲完成其技巧，必须等待就业以后，将所学的原理应用于实际，在日常的职业生活中，经过不断的锻炼，方可达到技巧熟练的地步。此种情形恰与医学与医生或工程学与工程师相似，以为一生的经历除须学习医学原理并经过临床实习的阶段外，尚需要有多年的实际行医经验，方能成为名医。自然科学尚且如此，又况富有社会性的新闻学。

新闻学之目的，即在培植未来的新闻记者，则对新闻记者的理想及职业道德，便不可无一确切的规定，作为人人同遵守的准绳。新闻事业与普通商业不同，除含商业的意义外，尚有社会、文化、政治各种意义，所以无论以传达新闻的方式向公众报道，或以广集舆情，演成言论的方式反映民意，均直接或间接与社会大众的福利有关。新闻记者的需要理想及职业道德，即因新闻事业能否完成其对社会所负的使命，全视负主持责任的新闻记者是否意识。是以不独新闻记者的职业责任远较其他自由职业者繁重，而另一方面，新闻学与新闻记者间关系的复杂，亦非其他科学所可比拟。譬如当一医生为庸医时，被害者尚属社会上少数病人，或一工程师的建筑技术拙劣，所受影响的范围亦非社会全体，只有新闻记者一旦不能称职，便足以妨害及社会与国家。新闻事业既具有此特质，因之新闻记者的职业亦含特殊的社会意义，而此层实即为新闻学的重心。

根据上述的观点，足见新闻学主要任务并非如一部分人士的见解，以为只须传授未来新闻记者以职业上所必需的各种技术知识，便能达到目的。事实恰同此相反，在近代史上，新闻事业与社会的进步无不息息相关，而此中最重要的因素乃新闻记者的思想与道德，并非技术。并且像如此关系重大的舆论机构，一旦付托非人，对于社会国家实含极大的危险性。是以新闻学的主要任务，应在阐述新闻事业与社会国家的关系，使未来的新闻记者明了其职责所在。使人人均知以献身社会，迨由此“社会公仆”为己任的自觉以后，新闻事业方成为促进社会进步的机构，新闻学的使命方可完成。此层正同我们欲求国家强盛政治修明，非政治家备人人先有“国民公仆”的自觉不可。所以站在新闻学的立场言，新闻记者的标准，实应道德重于文章，思想重于技术。倘若新闻学不能把握此要义，仅注重纯技术性原则的传授，忽略新闻记者职业德性上的培养与启迪，则未来的新闻记者既不了解其职业的精神意义，便无异使新闻事业失去重中心，此种新闻学有无存在的价值，殊一疑问。

其次，技术部分虽为新闻记者职业上不可缺少的工具，惟与德性比较，二者之间究有轻重之分。例如一德性完整而技术略差的新闻记者，虽非第一流的新闻记者，然究竟尚无害社会的流弊。反之，当一新闻记者缺乏德性时，平日故不能为社会的表率，一旦遭遇紧要关头，更罕能洁身自爱，而免于自误误人。再就积极的意义言，新闻记者富有发展新闻事业，为社会人群谋福利的责任，其理想与信念实与真正的宗教相同，须具有坚定不移的意志。此二者间的分别，仅宗教家的理想乃属于出世型，而新闻记者乃入世型而已，至于态度的严肃以及牺牲自我为社会服务的精神，则彼此完全一致。目前新闻学中，遂尚无新闻哲学及伦理学，然就新闻事业与社会的关系言，其需要显已十分迫切。因欲促进新闻事业，事实上提高新闻记者的理想与道德，即为不可缺少的前提，同时欲完成新闻学亦非先创立新闻学与伦理学不可。自然关于此种学理的研究，非数言可尽，惟新闻记者的人生理想，在于服务社会国家，欲借新闻事业的力量，创造未来的光明世界，对于此种理想加以有系统的阐述便可成为新闻哲学。再如认识改进新闻事业的前提，在于培植新闻记者的德性，则规定此种德性的标准，便是新闻伦理学。

新闻学自创立以来，前后虽仅数十年，但亦类似其他科学的初创时期，会经历无数苦难，尤以在大学中设立新闻学院一举，更遭受各方的猛力攻击。而反对的论调多来自新闻界，且均为当时欧美的一代名记者。综合反对的理由，约有二：第一，新闻学与新闻学院根本无创立之必要，因报馆乃新闻记者学习所在，新闻记者无需另进学校，其学校即报馆，其学业即报纸本身；其次，历史上名记者的成功，均出自个人的天才，此层殊无原则与方法可求，所以“教”既无用，“学”亦无效，新闻学仅为一种纸上空谈，绝无实际效果可言。此类新闻学的否定论，年来显渐销声匿迹，因新闻学的功用，现在正日益显明，新时代的新闻记者，也已脱离手工艺式师徒相授的阶段，非学理与经验并重，殊不足以胜任此一社会公仆的重任。

（1935年1月）（《时代生活》1943年创刊号）

什么是新闻学?

一、新闻学与报纸史

“新闻学”，英语是 journalism，原意含“报纸杂志业”及“新闻记者职业”两种意义；德文是 Zeitungswisscnschaft，指研究报业的科学，直译可用“报学”一语。从语源上说，报业与新闻学不但有密切的联系，同时新闻学的诞生也由研究报纸而来。所以要了解新闻学的含义，先要明白什么是报纸，以及报纸史上的演进情形。

什么是报纸？最简单的解释，报纸是广布新闻的一种机构。虽说报纸的言论一直受人注重，会被称作“人民的喉舌”，并且，提起舆论，几乎报纸就是舆论的象征。但依照报纸的性质论，毕竟新闻是主体，新闻不独是构成报纸的泉源，报纸的诞生及其成长这一部历史，应完全归功于新闻，甚至言论的根据也是新闻。例如读者读完每一段新闻后，常发生两种疑问：一面对新闻事件本身一时间不能全部明瞭，需要另行解释；另一面，新闻事件可能给予社会的影响如何，无法下一判断，也希望能够听到他人的意见，以供自己参考。为了满足读者这种要求，社论就代表每家报纸的言论，阐述每家报纸对于每宗重大事件的看法，同时在新闻报道中还渗入了不少解释说明的成分，使读者由此更易于了解。严格说来，社论及这些解释说明，实际上恰等于一种新闻的补充资料，所以认报纸为广布新闻的机构，与事实并无不合。

报纸主要的任务既在于广布新闻，而新闻的存在又可以追溯到人类原始时期，所以研究报纸发展史时，就要遭遇到一个难题，即报纸的历史应从何时开始？这里有三种不同的见解：第一派主张，报纸的先驱者是“口头报纸”；第二派主张，报纸发源自“新闻书信”；第三派则以为，报纸的历史干脆就是从印刷报纸算起。

第一、口头报纸

根据这部分学者的见解，报纸的本质是在广布新闻，但凡具有广布新闻条件能使众人周知的事物，不论其采用的工具为文字或语言，都应该属于报纸的范围，成为新闻事业的一环。现代广播业的性质与报业相近，因此大家公认广播业为新闻事业，就是一例。由此类推，则口头上能广布新闻时，最少也具有近于报纸之意义，似不能单为了应用语言传达的缘故，就一笔抹杀。是以报纸的最初姿态是口头报纸。还在人类原始时期即有此型报纸存在，每遇部落中发生重大事件，即用语言互相传递消息，其传递消息的迅速与范围的广泛，论效果几与报纸对于现代社会相同。所以这派学者认为，报纸实发源自古代的口头报纸，其历史尚远在人类发明文字以前。口头报纸论者更认为，口头报纸之存在是一宗事实，例如，现代独裁政治的家中，报道新闻虽受到严密的统制，但许多幕后消息依然流传民间，执政者却始终无法禁绝。这一层就是口头报纸曾在的证明。

第二、新闻书信

这部分学者认为，报纸之前身是抄写报纸，而抄写报纸却又由新闻书信演变而来。所以只要研究新闻书信的起源，便能把握到报纸历史的开端。新闻书信最初不过是政治家及商人辈私人间的普通信札，信中往往附述一些当地的各种消息，在发信人的原意，只告诉收信人本人。可是收信人接读之后，却当作新闻，让其亲友传诵，于是辗转抄写，获得一般人的欢迎，竟成为沟通两地消息的媒介物。最后，就有人为适应这种社会上的需要，将函中附述的消息使之独立，叙述方法也比前更详，成为一种附述的信札。同时并以这种报道消息为副业，向读者收取相当的代价。新闻书信遂告诞生。从此以后，读者的范围愈见广展。尤其每经过一次战争，读者的数量必会随之增加，终至副业式的新闻书信不足以应付读者的要求时，遂逐渐演成专业化。专业化以后，新闻书信不但内容较前进步，同时形式方面亦具报纸的雏形。结果除一般副业式的新闻书信无形中受淘汰外，本身复进一步成为抄写报纸，即后来印刷报纸的前身。其分别只在于一为印刷，一为抄写而已。

第三、印刷报纸

这部分学者主张，研究报纸的起源，应就报纸现有的史料及报纸本身的定义着手，不应越出范围。报纸既是印刷术发明以后的产物，所以追溯报纸的历史，也到印刷报纸为止。同时凡属报纸，就必须严格具备下列三点特质：（一）报道最新的消息；（二）最短期内继续定期出版；（三）读者范围没有限制。

上诉三个条件，乃一种辨别报纸之标准，依照这派学者的说法，不独口头报纸，古代罗马的报纸 Acta Diurna、我国的《京报》不能称为报纸，甚至新闻书信、抄写报纸以及初期的印刷报纸，都没有被称作报纸的资格。于是报纸的历史只好从十七（当时原文如此）世纪初叶的周刊开始，因为在此以前印刷报纸尚缺乏定期性，周刊虽非每日出版，可是在当时交通困难的情况下，总算与“最短期内继续定期出版”的原则相符。

关于这一报纸历史的争论，到底哪一派的见解正确，事实上并不很重要，因为前期报纸的史料根本十分贫乏。目前大家的研究对象，反正都是侧重十七世纪以后的报纸，所以我们也不妨以这个时期作为起点。

二、近代报纸与现代报纸

就在初期的报纸史上，许多人已近看出报纸潜藏的威力。因为报纸能将事实的正相公布于人民面前，使统治者的愚民政策受到阻碍。

所以从定期周刊出现以后，报纸一直就成为统治者厌恨的对象，并且这对立的形势迄今还是存在。统治者对报纸所运用的压力，虽说在形式上随着时代有所更变，而彼此间的矛盾由于已根深蒂固，总感无法消除。定期刊物曾遭受过种种不同方式的摧残，从印刷、发行到刊载新闻等等，统治者都加上层层束缚，不独没有新闻自由，甚至印刷商与出版人概须经过政府特许，否则发行报纸便属违法。所以终十七世纪之时，定期周刊虽已战胜了恶劣的环境，由周刊演进为三日刊及日报，可是直到十八世纪末叶，报业的基础仍十分脆弱，不是受政治的压迫便是受经济的影响，罕有能维持书面以上寿命的报纸。报纸史上第一个成功的报纸是伦敦《泰晤士报》，《泰晤士报》之所以能够在历史上站如此重要的地位，乃因该报出版后替报业开通了一个新天地。

《泰晤士报》创刊于一七八五年，初期该报并无特色，到了一八一七年名记者巴恩斯（Tomas Barues，1785－1841）接任主笔以后，始扶摇直上，一跃为当时英国及全世界的领袖报纸。《泰晤士报》，也可说是巴恩斯本人，是报业史上第一功臣，因为在这位伟大的记者手中，确定了报纸的舆论权力，使统治者不敢再施暴力对付报社。在此以前，报纸的生存几乎全部操诸政府，执政者可以任意封闭报社或拘捕记者，甚至可以滥施刑罚。巴恩斯主持的《泰晤士报》，以强烈而严正的论调配合当时英国的民主政治运动，不但使英国政府不敢冒险施用压力，反之，当时每次英国内阁的更迭，常受《泰晤士报》的影响。故巴恩斯会被誉为十九世纪初叶数十年间，英国政治上最有权力的幕后人物。这种成就，一方面是世人对于报纸的地位重新加以估计，承认报纸在舆论上所应负的使命；另一方面，更给予民主政治一个有力的保证，因为新闻自由与言论自由乃政治自由之先决前提。

由于时代环境的演变，报业至此逐渐露出一个光明的前途。第一，经过许多报界战士长期的斗争后，《泰晤士报》的成就已成为报纸胜利的象征，政治上的压力渐次松懈，言论自由也成为神圣不可侵犯的事物，一般执政者都不敢独犯众怒，假借口实来摧残报纸。其次，受民主政治革命的影响，民意伸张，一般人开始关心政治，结果阅读报纸的人数遂空前大大增加。由此客观的优越条件，除《泰晤士报》外，当时英国尚有不少报纸亦能乘机雄起，并且各报都由于报份增加的缘故，营业日有起色，印刷技术也随之进步，结果造成报业史上第一次的繁荣时期。这期间前后约达七八十年，乃政治型报纸——也就是所谓舆论报纸（Opinion Press 或 Class Paper）之“黄金时代”。我们称这时期为近代报纸时期。

近代报纸的兴盛，政治的原因自然为一重要因素，可是其没落却又由于政治。这因为：第一，此型报纸多数未免偏重于政治，一旦民主政治运动成功以后，一般人民关心政治的热情渐次降低，政治已失去刺激性，再不能引起众人的兴趣。第二，多数报纸内容的水准过高，文字格调艰深，不是受过普通教育的平民所能了解。结果报纸无法深入社会，读者的数量便逐渐减少，因为报份缩减的影响，报业自然也要随之不振。所以到了十九世纪末叶，报业又面临一个艰苦的阶段。

在报业史上，十九世纪末叶又是一个新时代。这新时代的诞生，一面归功于产业革命的结果，每年有大批农村人口不断向工业城市迁移，现代化的大城市遂相继出现，终于这些大城市中产生了无数读者后备军。另一方面，欧美各国先后推行义务教育制度，扫除文盲运动大收成效，短期间内社会上增加无数识字的新人。这批新人自然也希望读报，无形中给予报业一个极大的刺激。虽然这批新读者大众由于直接来自民间，过去既无读报的经验，而所受的教育及生活习惯又与报纸原有的上层阶级读者完全不同，所以他们对于侧重政治的近代报纸，开头便不曾发生兴趣。并且说到读报的态度，他们无非在工作中假借报纸来消磨时间。换言之，其出发点根本为着娱乐与消遣，不在于寻求知识。因此，他们不但要求报纸刊载富有刺激性的趣味故事，就是文字方面，也希望能够流利轻松，适合于他们的知识水准。

这种时代的要求，不久便为少数报纸出版家所发现，英国已故报业巨子北岩爵士（Lord Northcliffe，1865—1922）就是其中著名的一人。为求适应新读者大众的心理，结果许多新刊行的报纸即完全以这批读者为对象，除新闻报道以趣味为主，文字通俗浅显外，甚至不惜故意铺张渲染，增加故事的刺激性，使一宗新闻会立刻轰动整个社会。这型报纸的作风，恰同近代言论报纸相反，一般称为大众报纸（Mass Press 或 Popular Paper）。

大众报纸的另一特色就是售价低廉，适合于一般平民的购买力，几乎人人都可以购阅一份报纸。至于报社的经济方面，却依靠广大的销数来换取大数读者，得到大众普遍的欢迎；在短期内即有一二家报纸突破日销百万份之记录，皆成报业史上空前的繁荣现象。报业发展到了这个阶段，性质上已发生巨变，不再是纯文化性的社会事业，而变成一种现代化的企业，同时广告与销数二者间如影之随形，均在不断增加，许多大报都由此奠定下经济的基础。

总之，从经营报业的观点论，在英美等工商业发达的国度中，办报的艰苦时期可说已成过去，报业早于其他各种企业并列，成为现代投资对象的一种。例如近数十年来，各国报界贬称胜过不少报业大王与报业托拉斯组织，而办报恰同创办其他工商业一样，前提是需要巨额的资本。自十九世纪末叶到今天，这种情形始终未变，我们称这时期为中代报纸时期。

三、新闻学的对象

报业的发展情形约如上述，近代报纸的政治意义与现代报纸的经济意义都足以提高报纸的地位。虽然，远在十九世纪以前，就有过少数学者注意到报纸问题，但其研究报纸的动机只在于如何运用报纸，使其发挥更大的力量，成为改革政治与社会的手段而已。迨十九世纪终叶时，近代言论报纸光芒万丈，以至于领导舆论的地位，足以左右一个国家的政策及转移社会风气。于是一部分学者继起，开始研究报纸的本质与性能，逐渐注意到同报纸有关的各种因素。

十九世纪末叶，大众报纸出现，报纸事实上已成为人民日常生活必需品之一，而其传布的普遍更远非其他出版物可及，于是报纸对于社会所负的使命也较前愈见繁重。例如在近代报纸时期，报纸对于政治虽曾发挥过威力，但当时的销数有限，一家报纸的新闻与言论是否完全公正、符合事实，所影响的范围究竟不十分广泛。其次，一批读者多半又是上层阶级的知识分子，本身辨别是非的能力较强，绝非普通掩耳盗铃式的宣传所能收效，故无论官方如何散放烟幕，却丝毫动摇不到民间的一果，任何一段新闻都能传布至全社会；另一方面，多数读者又属一般平民，他们为生活经验所限制，不但缺乏判断的能力，并且感情易受激动，常会直接受到新闻报道的影响。例如大众报纸追求刺激性新闻的作风，无形中即等于夸大，甚至赞扬社会的犯罪行为，像这种记载在读者的心理上，就难免不产生恶劣的后果。所以一家报纸的态度是否严肃，往往能影响及社会风气，见解牵涉到社会道德问题。再由报纸本身论，经过不断地扩展以后，规模愈大，分工愈细，成为一个极其复杂的机构，从采访、编辑到印刷、发行每一部门都需要有专门的知识及技能，如果不把这些知识与技术整理出一个系统，则改进报业，还是属于空谈。

由于客观及主观两方面的要求，所以十九世纪末叶有一部分学者热心倡导，正式提出建立一种以报纸为研究对象的科学——报学。同时这批学者为灌输自己的主张，更倡议在各大学中创办新闻教育。他们的目的，就是针对报业本身所应负的社会使命，企图靠新闻学及新闻教育的力量，培植一批未来的新闻记者，让这批新人再来完成改进报业的课题。这种努力，几经挫折，终至二十世纪初叶，在美、德两国少数大学中获得初步的胜利，先后正式成立新闻学讲座既新闻学院，为新闻教育的先锋。虽然这两国学者治学的方法并不一致，有偏重理论及实用之分，但大家都已研究报业为新闻教育的中心问题，所以初期的新闻学——报学，得以建立。最近十余年来，新闻教育的范围始逐渐扩展，例如与报纸性质相近的姊妹事业——广播级电影相继出现，这两业不但进步甚速，也常与报纸做剧烈的竞争。从前提起新闻事业一语几乎等于报业的别名，但此刻报业却不能再代表新闻事业。因所谓新闻事业，最少已包括广播、电影等在内。这种领域扩广的结果，新闻学及新闻教育的对象，也随之演变，终于由报学时期发展成现阶段的新闻学时期。

新闻的对象既在新闻事业，所谓新闻事业顾名思义，当然以新闻为主，就是凡具备新闻性质的事业，都应加以包括。新闻本身含有两大因素，一为新闻，另一为言论，正如上面所述。新闻是社会上所发生的事实，而言论乃对这种事实的批判及意见，足见二者间关系十分密切，同是新闻事业的骨干，不容分隔。因此，我们对于新闻事业范围的规定，也应以新闻、言论二者为标准，所以报纸、广播、电影三业即以经营新闻及言论为业务，属于新闻事业，同时杂志、宣传学也以言论及新闻为主体，自然不能说不是新闻事业。新闻学的任务，即将新闻事业每一部门分别加以检讨，从纵的方面，但求其历史上演进的历程，并在每一时代中对于社会的影响及贡献；从横的方面，检讨期限性的机构与组织管理各方法，由比较利弊得失中，设法归纳出一个定律，作为改进该业的法则。

虽然，新闻学除研究新闻事业本身外，尚有一个更积极的课题，就是阐明新闻事业与社会政治、文化各方面的相互关系，再从这种关系中，加以指出新闻事业理想境界之所在。这一层的所以重要，因为新闻事业能够获得健全的发展，前提实在于新闻记者本身是否具有这种理想，而一个记者的能否称职、不负社会托付的使命，又全视其个人对于新闻事业的神圣任务有无深刻的认识及有无奋斗的意志。例如有了生命可以牺牲，信念绝对不可动摇的决心，这才是一个理想的新闻战士。

新闻学与新闻教育果能基于上述这一点出发，对于新闻事业及新闻记者职业两方面的最高境界加以阐述，使成功一个有系统的理论，则新闻学的目的及新闻教育的功用便可以得到圆满的结论，同时新闻学才不愧称为一门独立的科学。关于解释新闻事业理想的部分，是新闻哲学，解释新闻记者职业的部分，是新闻伦理学，从学术的立场言，这二者在新闻学中应占一席最重要的地位。我们因为遗憾的，就是历来有关新闻学的著作，对于上述二部门，多半不加以重视，尤其新闻事业与社会、政治、文化各方面的关系，几乎始终未被正式提出讨论过。至于一般学者，不是注重报纸技术的研究，便是提供新闻记者所需要的智识或是追述个人以往的经验。固然，我们不能否认这类论著本身应有的价值，可是总不能说这可以包括新闻学的全部。因为新闻的主要任务，既不是单独研究报纸，更不该限于报纸技术问题上面！

四、什么是新闻学？

其轮廓及内容如何，当然需要一个简略地描画。如果仿照其他科学的分类方法，那新闻学也应该有理论与实用两部门，换言之，即理论新闻学与实用新闻学。同时依据二者的性质，约有下列的区分。

一、理论新闻学：新闻哲学、新闻伦理、比较新闻学、新闻法、舆论研究、言论原理、新闻原理、报业史、杂志史、广播史、宣传学、新闻政策、出版业史、时事分析。

二、实用新闻学：探访、新闻写作、编辑、社论、报业管理、广告、印刷、电讯、杂志业、广播业。

这种区分，可能给我们一种概念，就是理论新闻学所注重的，为史实及学理上的探讨，目的在建立一种科学的原则；而实用新闻学则在研究技术问题，由于引证实例及经过实习的阶段后，可以实际应用。至于进一步的研究有需要将上列各科目中，再实行分类，例如报业史一项，不独应该以每一国为单位，独立研究，甚至每一国的报业史，尚可做时代的分割。因为报业在每一时代中均有其特殊的背景，受当时一般经济、政治、社会等制度及时代思想潮流的影响，而另一方面，报纸有能反映并发扬这种时代的思潮。这中间彼此的关系即错综复杂，同时又互为因果，所以在表面现象与潜藏的因素间也往往不容易使人一目了然，自然格外有应用科学方法加以检讨的价值。如果依照这种方法分类，几乎每一科目中都可以分出无数部门来，这一点有足以说明新闻学所包括的范围是如何广泛，而建立这么一门完整的科学，又是如何的迫切。

总之，理论新闻学的使命，在使我们理解新闻事业的本质与性能及新闻记者职业的任务；实用新闻学的作用，却等于一种工具，使我们明白技术原理并应用方法作为就业以前的准备。新闻学与新闻教育虽然经过二三十年的奋斗，迄今尚无显著的成绩，不能令人满意，时常遭受指责这也是事实，毋庸辩解。不过多数人的责难，仅认为新闻教育没有效用，无法训练出一批出色的记者，于是便说新闻学无用，故又有加以解释的必要。

本来，凡属科学都具有实用之目的，世无不可应用之科学，当然新闻学不能例外。不过说到实用，前提在于技术的熟练与否，而这一点优势实际经验的积集。所谓熟能生巧，是一个技巧问题，并非单熟读理论书籍或了解技术的原理原则便能够运用自如。在实用新闻学的范围中，固然也列举许多有关技术部分的例证，甚至在新闻教育的过程中，多采取实习方式，几乎处处都加以反复说明，希望初学者能触类旁通，逐渐了解技巧的运用。不过此举的效果又有其限度。第一，新闻事业本身是一种专门性质的社会事业，社会事务种类何止万千，同时其现象又变幻无常，表面上好像常有类似的事实出现，然幕后因故却多彼此互异。所以我们不能够寻求一个不变的定例，用这个定例去应付一切问题。第二，新闻学书籍所引用的例证，都是指一般原则而言，目的在使初学者心领神会，可是每宗新闻都有其特殊性，最少含有人物、时间、地点等几种不同的因素，倘若不进一步探究客观的许多因素，则所学的例证有时反足成为一种阻碍，故实用新闻学的功用仅提供一般技术的原理及方法，绝不作传授技巧。至于此项技巧的完成，只有经过职业生活不断地锻炼及体验，然后方能随机应变。

因此，以为新闻记者的成功历程，必然有两个阶段，最初是学习时期，从新闻教育中接受新闻学的理论与技术原理，然后应用学理上的所得，从事新闻记者的职业生活，使自己的技术达到纯熟的地步。历来反对新闻学及新闻教育论者，不幸都集中在这点上攻击，认为新闻教育与新闻记者职业脱节，花费去数年大学教育时间，依然无法培养一批成功、甚至于合用的新闻记者，所以无疑证实新闻学及新闻教育业已失败。其实，这种论调的根据，并无充分的理由，新闻记者的关系，最多也不过像医学与医生，从研究学理到实际应用的过程中本有鲜明的界限存在。一个医生的经历可不知道需要多少年的临床经验，指导医术能够得心应手时，方能获得社会的信任，可见名医乃医学理论与医术经验二者的配合。新闻记者的地位，在表面上固然不像医生那样会关系到病人生命的安危，但如果我们进一步分析，又可以发现庸医只可能伤害少数病人，而不良的新闻记者却可能损害社会全体。故以一生成功的经历作为新闻记者成功的注解，绝对不是一种过分的比喻。总之，新闻学是一门科学，其功用问题，也应该与其他科学一样，在这一点上面，我们不能提出例外的要求。

（《报学杂志》1948 年第 1 卷第 5 期）

新闻读法

如果单论新闻报道的表面，读报自然不能算是一难题，因为新闻本身不外人类社会生活的记录，所有叙述多属业已发生的事迹，绝非抽象或艰深的学理；所以在内容方面，始终受到现实的限制，并未越出一般人的常识范围。但报纸的记载是一件事，而记载的内容是否符合事件的真相，又是另外一件事。现在报纸最大的不幸，恰是新闻报道并非完全根据事实的一点，最多，所报道的也只事实的一部分；至于所谓内幕情节，不是被掩盖或歪曲，便是零星散见已往有关的记载中。是故读者读报，不独需要在字里行间寻求言外之意，甚至必须随时随地，事事留心，加以不断的对照比较，方能领悟出一宗新闻的全貌。一个有经验的读者，恰同一个有经验的记者一样，本身有辨别新闻，判断新闻的能力。因为任何新闻事件，总有来龙去脉的踪迹可觅，如果平时的修养与认识足够，自己早就胸有成竹，而对于当日报纸的新闻报道，仅视为参考证明的资料，决不至于人云亦云，为宣传所左右，甚至有不少的读者读报，更眼光如炬，时常受了片言只字的引触，竟能心领神悟，忖度得出新闻幕后的全部真相。反之，大多数读者却缺乏这种读报技巧，读完当日报纸新闻以后，依旧有不得要领之感，结果往往勾引起更多的疑问。一般报纸的社论及分析时事的论文，虽说可以替读者解答一部分疑问，不过各报的立场不同，所提供的观点也未必能够全部符合事实；终至判断每一宗新闻，最可靠的还是读者自己本人的经验与见解。是故读者读报的前提，在于设法透过每宗片段式的新闻，从许多复杂矛盾的报道与研论中，自行整理出一个系统来，使新闻与事实发生联系，然后才说的上认识了实际的情形，真正读懂了新闻报道。

新闻的不容易了解，一方面由于新闻乃社会现象的反映，社会现象既形错综复杂，新闻本身自然随之包罗万象。另一方面，又因新闻具有宣传威力，足以影响一般读者大众的观念，终于就有一部分人在设法利用或限制新闻的传布，藉以完成自己的企图。从第一点说，每日新闻的数量，绝对不是普通报纸的篇幅所能容纳，故必须经过编辑的阶段。所谓编辑，即编辑人从无数新闻原稿中，加以选择，决定何者应去，何者应留，然后将所剩余的部分发表于报端。自然，这种取舍的标准各报不同，而事实上也只能代表每家报纸编辑人的见解，一般读者自会另有不同的看法；又何况新闻复受时间与空间的限制，通常新闻报道总是断片式的，仅将已发生的事件加以叙述，最多不过对于未来的可能发展，稍予暗示，绝无法追溯本源，事事都作详细地记载。是以凡属报上新闻，总缺乏必要的背景资料，而这种粗枝大叶式的叙述，读者往往会顾彼失此，感到毫无头绪，不知如何运用自己的判断力，几能造成一个有系统的感观。由于第二点的影响，新闻便成为政治、经济、社会各类实力所争取的对象。因为这批人物的生存与权力，完全依靠其个人在社会上的信誉，新闻报道既是制造或破坏信誉的武器，大家就不得不将有关的新闻故意渲染歪曲，只要能够蒙蔽得了读者，便算全部达到目的。结果新闻不独与宣传，甚至与广告也混为一谈。不过单在新闻上染些颜色，或加改装，虽说影响了新闻的真实性，但到底仍有蛛丝马迹可循；在正反各方相互对照之下，明眼人固不难一目了然，并且时日一久，连一般读者也有拆穿西洋镜的可能。为要避免一点，许多人竟采用直截了当的封锁政策，要根本上杜绝新闻的传布；换言之，索性不露任何痕迹，等于不给读者一个猜测的机会。这么一来，新闻本身便分成两类：一种是报端刊载的消息，另一种是被粉碎未发表的新闻；如果依照性质而论，后者自然远较前者为重要。

不过对封锁政策也不见得完全有效，因为喜欢打听秘密与喜欢泄露秘密，几乎属于人类的生性；封锁得越严密，越能引起一般人打听秘闻的好奇心，一人传百人，暗中交头接耳，结果就演成“口头报纸”。“口头报纸”一出现，不但封锁线要被冲破，同时口头互传之下更难免不以讹传讹，终至各种格式的谣言随之产生，往往促使封锁政策得到相反的结局。所以聪明的政治家们，对于封锁政策都一直不敢硬性使用，万不得已时，也事前要预作若干暗示，先埋伏一笔，只语句含糊，一般读者不能领悟而已；等到时间发展之际，读者感触所及，自能恍然大悟，其实际作用，便在于防止谣言的发生。总之，新闻本身的数量既多，而来源方面又受种种的限制。及渗入不少可疑成分；报纸编辑人每天面对这如此复杂的问题，一方面要顾虑到所处的环境，另一方面复受个人思想与生活的影响，无意中也难免要用自己的角度处理新闻；纵说个人有求真理的志愿，结果取舍之间，仍未必能尽如人意。故就刊载出来的新闻论，到底个含有多少宣传成分，同时何者为事实，何者为伪造，非以最冷静的头脑，仔细加以推敲，实不易分辨。这一层，不独对于一般读者是个难题，甚至一个记者自问能否尽职，也应以此为试金石。我们所谓读者技巧，便是要剔除这类表面烟幕，辨别其中的真伪成分，使事实重归于事实，而宣传部分能够自行暴露。假如一般读者都具有这两种技巧，不独可以帮助记者解除许多良心不安的烦恼，甚至间接也可促成政治家一流人物改变观念与作风，从赌博的方式进步到下棋的方式；因为将来再遇到为难的新闻事件，大家几乎可以毋须全部明言，彼此业已心照不宣，论此情景，纵非新闻事业的理想境界，但我们相信，也是相距不远。

注：以下部分与第 409 页《新闻读法》主要内容相同，详见第 409 页内容。

（1948 年 9 月 2 日《大公报》）

报纸与舆论

一、舆论与民主政治

就广义来说，舆论是指一般人民的公意。当人民大众对某宗事物有着共同的意见时，社会上便产生一种“公是公非”的论调。由于这论调能够代表公意，所以称为舆论。

依照中文字义：舆指众人，论即言论，原意本应解释做众人的言论。例如《国语》记载：“晋惠公入而背外内之赂，舆人诵之”；《左传》也有“晋侯听舆人之诵”一语；这里所谓舆人，就是指一般平民大众。至于众人之语实与众人之论的意义相同。《晋书·王沈传》：“自古圣贤，乐闻诽谤之言，听舆人之论。”《梁书·武帝记》：“行能藏否，或素定怀抱，或得之舆论。”可见舆论乃舆人之论的简称，直接来自民间，故能反映一般人民的公意。

重视民意，特别重视一般平民的意见，可说是中国古代政治哲学的一项特色。不但《左传》称：“国终兴，听于民；终亡，听于神。”承认民为国之本；甚至孟子更直接指出：“民为贵，社稷次之，君为轻。”把君王统治的成功或失败，前提系于本身的是否尊重民意。《汉书·郦食其传》有言：“王者以民为天”。在中国古人的观念中，天是代表最高的权力，“唯天为大”；既然把人民比拟做天，无异说明天命、天意等语可以由民命、民意来替代。尽管这“民为贵”的政治观念只是一种理想，并未促使民主政治制度正式产生；不过中国历代王朝的兴亡，关键却始终在于民心的向背。至少，获得民意的支持已成为争取政权的先决条件。连《水浒传》里的宋江都得标榜“代天行道”这个名目，便是最明显的例证。

欧洲的情形，刚好和中国相反，在政治演变上，人民的公意，却一直未受到重视。部落酋长和古代的君王专制政体不必说了；就是希腊各城市国家，名为实行民主政治制度，实际的政权却掌握在占人口中极少数的公民手里。据历史记录，当时一般城市国家的公民人数，通常还不到一万人，至于大多数人民都是丧失掉自由权的奴隶。连希腊尚缺乏平民政治的观念，可见在现代民主政治的呼声未出现以前，欧洲体也有过类似舆论的名称，但民意始终并未构成一种政治的力量，使得执政者感觉到非加以争取不可。

原来舆论，英文叫做“Public Opinion”，在欧洲，这是十七世纪以后才诞生的新名词，跟现代民主政治运动有着不可分割的联系。因为民主政治的基本方式是选举制度，即人民投票选举议员，成立议会；再由议会组织政府，代表人民行使政权。据说此举所完成的仅为一种代议制度，并非人民直接参政；但通过选举的定期举行，却又具有两项意义：第一，投票权就是国家主权属于人民的表示，人民有权作最后的决定。第二，采取秘密投票方式，提供人民自由选择的机会，只有众望所归的人方能获选。这是说，选举的胜负完全系于民意，故争取人民广泛的支持，便成为竞选工作的唯一目标。当政治的基础转移至民意以后，任何执政的人物或政党都得以民意为依归，再也不敢拂逆舆情，致自毁政治的前途。所以在民主政治制度下，舆论能够充分发挥威力，直接表达人民的愿望。

舆论既是人民的公意，代表人民的一种共同愿望，可见本身属于集体的性质，已经脱离众论纷纭的阶段，才能够获得大部分人民的竭力支持。换句话说，舆论的影响，就是社会上各种不同的意见经过交流作用以后，终于逐渐演变而成。

二、从言论发展到舆论

原来在日常生活中，人们跟周围的事物发生接触时，照例会有一种反应，也即个人对于事物所下的判断。如果这反应只藏在心里，那是个人的感想；一旦用语言或者文字向别人公开表示时，这项个人的意见便成为言论。再基于各人有各人的看法，彼此的观点往往互异；所以言论诞生之际已带来先天性的矛盾：要排斥他人的见解，竭力替自己的主张辩护。换句话说，言论一开头就具有斗争的特质。例如许多人经常为着一些小事争论不休，非等到一方表示退让，或双方闹到不欢而散的地步，始行停止，可为明证。

不过言论本身又不是一种信仰，或者为社会公认的一项真理。不但真理用不着辩论，甚至信仰也多半已成定型，有着一贯的看法，不会受到外来的影响所动摇。言论的情形刚好相反，至少发表言论的人，内心方面缺乏一种自信力，对于自己的主张没有绝对把握的信心。这因为发表言论的动机，无非在于争取他人的同情，希望对方相信自己提出的见解正确，会正面予以支持。假如机缘正巧，听到对方居然表示同感；这么一来，发表言论的人便增加信心，会进一步再去说服其他的人群。要是开头遭人反驳，不免立刻随之展开一场舌战。表面上，发表言论的人这时候不独据理力争，口气愈来愈坚决；但实际上，慢慢就会发觉自己的理由好像不够充分，最后甚至连自己都感到怀疑起来。这是说，究竟自己的看法是否完全合理，有没有必要采取对方某一部分的优点。尽管许多人在这关头要意气用事，强辩到底，不愿表示屈服；惟这种无义气的争论不足以说服对方，却为显而易见的事实。

就由于言论只是个人暂时的一种假定，缺乏坚定不移的基础，随时会发生动摇、转变；于是发表言论的人唯恐他人不肯置信，或者他人的主张更有理由，结果反而格外努力替自己的观点辩护，惟在言论斗争过程中，这种主观的成分不久会逐渐消除。譬如说，两个人经过一场辩论后，不是一方面的主张改变，便是双方互相让步，截长补短，另产生一项新的看法。所以言论是一宗未成型的事物，长成于不断演变的气氛中，连发表言论的人都无法保证，到了明天自己还会不会坚持今天的同样见解。不过这中间变化愈多，言论的内容愈趋充实，影响的范围愈见广大，最后也愈容易为人民大众所接受。故当社会公众大多数赞同某一种言论时，言论的任务便告完成。因为获得人民支持的言论，即具有集体的意义，不再称为言论，而是真正代表民意的舆论。

另一方面，舆论的意义，虽应该解释做众人共同的意见，也即所谓人民的公意；但一按实际情形，社会上却根本没有全体人民一致的公意存在。不独由于生活环境、年龄、职业、教育等等的不同，造成各人意见分歧的现象，无从加以统一；确使有方法把所有个人的意见全部消减掉，构成一种全社会性的舆论，结果也非直接牺牲民主和自由的原则不可。所以舆论所反映的人民公意是一种相对性的，并非绝对的整体。像家庭和社会团体内部都有意见分歧存在，不易协调，不必说了；甚至当一个国家遭遇外国人入侵之际，国内全体人民的意见依然不会有百分之百的一致。因为有主战派，也有主和派；有爱国壮士，也有勾结敌人的卖国贼，彼此的观点还是不同。故舆论不可能代表全体人民一致的公意，恰同民主政治制度一样，只根据多数人的原则，凡获得多数人支持的意见，就可以称为舆论。

可是为着舆论本身缺乏绝对的一致性，同时又没有一个公认的标准作为根据；无形中任何人都可以利用舆论的名义来号召，说是自己的见解能够代表民意。现代国家中，几乎每一个政党派系，甚至私人团体，动辄以舆论的代表人或保证人自居，就是例证。最令人感到迷惑的，譬如说，甲乙两党势均力敌，彼此都宣称所采取的政策依据人民的公意，也即代表舆论；这时候究竟应该如何加以评判，立刻成为个难题。我们既不能同时承认双方都有权代表舆论，又不能只承认一方抹煞另一方的存在；更没有方法禁止大家勿直接滥用代表舆论这项名义。结果天下滔滔，到处都有舆论代表的踪迹出现，而真正的舆论藏身何处，一般人反而弄得无法明白。

三、舆论的基本条件

其次，舆论的构成却有几个基本条件，并非不可捉摸的事物。根据下述几点来估量，便不难看出舆论的本质：

1. 协调性

舆论的第一个条件，必须全体人民的目标一致，彼此协调，没有内部的基本矛盾存在才行。譬如说，一个国家内部有着宗教或种族问题的纠纷，民间演成两个对立的集团时，便无法产生一项为人民所能共同接受的舆论。因为一部分人民的立场与另一部分人民完全相反，即缺乏一种协调性，致使舆论失掉生存的根据。

2. 多数性

舆论虽同民主政治一样，也以多数人的意见为依归；但舆论的多数性却微有不同，就是不能应用投票方式，由众数的多寡来断定。因为舆论的构成必须通过公开辩论及相互斗争的方式，其成败往往跟主张的是否坚决相连。例如全体人民中只有百分之四十九赞成某一件事，但由于态度积极的关系，声势所及，反而使比较占多数而主张不坚决的人民相形见绌，进一步成为一种舆论。同样，有着严密组织及对问题有深刻认识的一方，在公开辩论的过程中，也会产生较大的影响力量。原来当辩论之际，个人的坚强信念是一个主要因素，往往能够直接打击犹疑不决的对方，至少，可以迫使对方屈服或者缄默，不再继续辩论下去。所以舆论的多数性并非指必须在人数上占绝对的大多数，同时还得看民间支持者信念的强弱，才作最后的决定。相有关社会道德问题，大多数人民都无所谓，只有少数人表示热心；结果少数人的意见就成为舆论。

3. 理智性

舆论虽通过斗争的阶段，但本身却充满理智的成分，跟一时情感冲动的言论完全不同。不独涉及的每项论题都关系到公众的利益，更重要的，从各方提出解决的方案中，人民已作选择性的采纳。这是说，为着争取人民的支持，各方总得尽量向社会提供有利己方的事实与观点；于是人民就有机会认识。不管这项抉择是单独接受某一方的主张，或者兼容各方面的见解，都算是社会公众通过理性思考后所得的结论。

4. 争执性

舆论的争执性十分明显，为的任何问题都得经过公开辩论的阶段，最后人民才从许多不同的意见中，自行选择一种。因此，凡不会引起争执的问题，或者抽象到无法获得结论的问题，都不属于舆论的范围。而且这项争执性尤限于与公众的利益有关，不包括私人生活在内。以饮食为例，爱酸爱甜，人有所好，即使彼此发生争执，也不足以产生舆论。可是缺粮食或者糖价的突告增加，这一类的争执就跟公众有利害切身关系，不用说，会演变成为舆论的。

四、舆论的产生过程

舆论的对象，本来不限于争执与政治部门，举凡和人民生活有关的任何事物，只要大多数人民感觉到有随兴应随废的必要，因而达致共同意见的时候，都应该称为舆论。至于舆论的产生过程，前后计有三个阶段。

第一个阶段是日常言论。在日常生活中，社会上照例总会有少数人对于某种现行制度或现象表示不满，发出批评，甚至改革的呼声。这类意见最初可能仅属私人谈话的资料，纵使偶尔公开发表，也不外社会上无数言论中的一种，引不起公众人士的注意。因为社会现象复杂，见仁见智，人人都有不同的观感。再加上各人的主张一多，彼此间复互相矛盾，难还有耐心去认识计较！所以日常言论总时起时灭，不断发生变化，缺乏一种固定的形态。

这一层，自然跟一般人民的态度有关。当许多人开始听到日常言论时，不是随口附和，人云亦云；便是表示异议，加以反驳。不过这种赞成或反对，全属流动的性质；为的大家今天以为是的见解，明天可能又以为非，前后自相矛盾。故日常言论一方面直接反映社会生活的情况，另一方面，却也是舆论最初的酝酿时期。

第二阶段是集体言论。日常言论经过相当长时日的淘汰以后，不但民间对于某种问题渐有认识，凡不合理的意见一一随之消灭，同时所剩下的几种不同主张也显得比较具体，能够自圆其说，终于获得一部分人民的同情与支持。这时候，日常言论的个人意见已成为一部分人的共同主张或信仰。因为这一部分人基于志同道合的缘故，并结成政党或团体，为此共同的主张从事先传并争取群众。历来所有的政治及社会运动，无不在这种情形下展开斗争，算是构成舆论过程中最具火药气味的阶段。

这个阶段的特征，就是为了意见的分歧，社会已分成无数对立的壁垒，彼此阵线分明。既有激进派、保守派，也有温和派，彼此各以本身的一套理论体系来分析现实问题，并提供解决的方案。至于所牵涉的事项更十分广泛，从政治、经济、社会到宗教、哲学，几乎无不包括在内。试以家庭制度为例，父代与子代的冲突；甚至还有青年男女间的恋爱、结婚、离婚这一类问题，经常都成为各方政治的焦点。自然，这中间关系最大的，首推政治。因为每个政党都希望所推出的主张，受到人民群众的支持，构成一种舆论，将来进一步取得政权。所以在集团舆论的时间，各方要倾向全力作战，不放弃任何一个可以打败敌对势力争取人民同情己方的机会。现代政党政治的五光十色，连极小的事件都会掀起一场大风波，关键就在这里。

第三阶段是社会基本言论，乃舆论的成熟时期，也即由集团言论演变为人民公意的最后阶段。因为经过激烈的斗争后，迟早总有一天人民必须做个抉择，表示支持那一方的主张。尽管选举制度能够从投票中反映出民意，但选举有定期，并非随时可以举行；故除选举外，人民还需要有机会自由表达愿望。这是说，通过平日的集团言论斗争，人民经常采取赞成或反对的立场，使得在朝和在野的政党随时有所畏惧，不敢直接反民意。此举对于政党有着切身的利害关系，为得不到舆论的拥护，任何强大的政党都会显出孤立，在下一届选举中非遭遇惨败不可。

当集团言论演变成为社会基本言论时，另一特征即具有固定的形态，原来有斗争的性质也随之消灭。换句话说，本身已成为社会生活的一种定律。一般人民不但感觉必须加以遵守，而且认为是天经地义的事物，不容别人再有异议。社会上许多新的制度或观念，可是在大多数人民支持的声势下，谁也不敢公然表示反对。因此，反映在社会方面，舆论可以说就是风俗习惯及社会道德观念；反映在政治方面，就是政治制度；反映在文化生活方面，就是时代的思潮等等。可见从日常言论到社会基本言论发展过程中，曾经历无数次的淘汰、演变，终于才获得大多数人民的拥护，被公认为是一种理想的生活方式，遂成为最后的结论。

不过舆论还具有另一因素，即时代性，并非永久不变的事物。当舆论完成任务以后，经若干时日，社会上又有少数人开始怀疑这现行制度或观念的价值，重新提出改革的意见，于是日常言论随之产生。跟着再由日常言论发展为集团言论，最后构成一种新的舆论，促使社会又进入另一个新的时代。如此周而复始，循环不已，终于无形中舆论成为推动社会进步的动力。所以在任何事项的革新计划，都得先从舆论入手；也可以说，舆论是一切制度或概念的基础。舆论一有演变，整个社会必然会随之发生演变。

五、报纸的任务

从日常言论到成为舆论的演变过程，能够充分记录下来并直接加以反映的，这是报纸。因为报纸的报道新闻或者发表言论，这两者都与舆论的形成有着密切关系。报纸上的新闻是日常言论的主要泉源。同时报纸又综合民间大多数人民的意见，作进一步分析，构成本身的言论。原则上，报纸言论唯一根据是公众利益，必须一方面以客观的态度来分别是非，澄清日常言论的纷乱局面，排除一切不合理的论调。同时另一方面，更需要从各种不同的意见中，寻出彼此的共同点，促成舆论的早日实现。不过在日常言论的阶段中，报纸往往无法完成这项任务。

这里有两层阻力：第一，人类有个最难克服的弱点，就是容易相信道听途说，及好以耳代目。像这种先入为主和感情用事的情形，非经过比较长期间公开讨论，短期间内很难获得一种结论。第二，这时候，一般人本身也没有坚定的见解，一切看法总是摇摆不定；今天可以赞成某项主张，到了明天也许又回头过来加以反对。再加上日常言论的内容粗糙，不够具体与缺乏完整的系统，格外不可能马上获得多数人民的支持。

到了集团言论时期，社会上一般议论纷纷的形势虽告消灭，只剩下上述强有力的对立舆论；但这些舆论却充满主观及情感冲动的成分，长于攻击，及排斥异己，而不善于协调。因为每一个政治或其他性质的集团都相信，只要能够打击对方，使人民不信任对方的言论，自己的言论便可获得大多数人民的支持，变成为人民的公意，直接可以以舆论的姿态出现。现代政治所以特别错综复杂，同时敌对政党必须相互攻击，甚至彼此丝毫不留余地，目标就是要争取舆论的领导权。再鉴于集团言论中又有宣传技术的配合，大家只求目的，不择手段；结果此中千变万化，虚虚实实，人民究竟应该如何抉择，实际上并不是一宗易事。

在这种言论斗争的漩涡中，报纸除忠实地报道各方的论调外，还得发表言论，反映大多数人民的意见，借以促成舆论的早日产生。惟就报纸的处境来说，不免又要面对下述几项不易解决的困难：

第一，各种集团言论不但互相攻击，彼此没有妥协的余地；更重要的，就是大家都有一套完整的说法。这几乎从人生哲学起到社会、经济政策止，无不样样齐全，所以集团言论的要求十分直截了当：人民必须作全盘性的接受，不容从中加以挑选。但报纸基于客观的立场，只能就事论事；于是所发表的言论，今天可能跟甲方的主张相同，明天恰恰相反，有配合乙方的看法。表面上，报纸的言论好像前后自相矛盾，缺乏一贯的观点，事实上，这正是报纸的基本立场，以独立的态度来反映民意，不作任何集团言论的应声虫。同时也因此，在剧烈的言论斗争中，报纸不免处于夹缝中的地位，四方八面，全部讨好。

第二，每个集团言论的存在，都基于已获得一部分人民的支持，即拥有一批基本群众，同时，这批群众却又是报纸的读者。对于读者大众，报纸必须一视同仁，不能够为着迎合某一部分读者的心理，直接去开罪另一部分读者。再加当言论斗争展开之际，民间又受集团言论的影响，同样分成无数鲜明的壁垒，彼此各持己见，互不相让。虽说依照人口论，参加言论斗争的人民究属少数，而大多数人民始终还是没有成见；但就是这少数人也已足够使报纸感觉为难，一不小心，便直接引起误会，以为报纸在做左右袒。基本上，报纸言论的性质跟集团言论不同，因为报纸的目标只在于服务人民，完成舆论，并不是企图争取政权。以前曾有过一个时期，报纸言论充满战斗的精神，那是为着民主政治及言论自由而战。等到民主政治制度实现后，报纸的作风就随之改变，即集中促进舆论上面，希望通过舆论来保护言论自由。所以报纸言论是综合性的，照例用理智的眼光对各方的意见加以兼收并蓄，也即具备舆论的一种雏形。可是报纸这种调和性质的论调，和充满斗争情绪的集团言论比较起来，自然要发生格格不入的现象。

综合上述各点，可见在构成舆论过程中，报纸的任务特别繁重，为了公众的利益，必须四方八面兼顾，以极大的容忍精神来完成舆论的大业。幸亏舆论的性质和集团言论不同，是一个时代中社会最后的结论。因此，不管舆论本身是否采纳某个集团的言论的全部主张，或者兼容其他方面的见解，届时都已经算是人民的公意，谁都不得以舆论的化身自居，认为自己可以直接代表舆论。故当舆论成熟之日，所有争论自随之消灭，时代又向前迈进一步。只要报纸坚守岗位，不屈不挠地从事奋斗，其实并不难获得大多数人民的信任与支持，而完成任务不外一个时间问题而已。

（《南洋商报》1965 年 1 月 1 日元旦特刊）

新闻学著作篇《新闻讲话》

自 序

说起来已经是二十年前的旧事了。当时我正在欧陆准备结束学业，已故的戈公振先生曾远迢迢的寄来好几封信，不断鼓励我多写些关于新闻学的文章，说是国内新闻界十分需要这一类新的学理，要我别放弃责任。跟着我也一鼓作气地接连写了几篇介绍欧美各国新闻事业的文字，先后发表在当时的《东方杂志》上。戈先生对于这几篇论文，特别发生好感，并认为难得；可是我自己重读了一遍，却立刻失掉继续写下去的勇气。原来那几篇东西，根本说不上成熟，充其量也不过是一批外文书籍的抄译，岂可冒称作论著？

那时候，摆在我跟前的，有两条路好走。一条路，所幸继续研究新闻，等到有了心得后再去当新闻记者。另一条路，先过记者生活，当他十年八年记者，回过头来再整理学理。在这二者之间，我徘徊了好几个月，终于决定先当了新闻记者再说。决定以后，又在欧洲新闻界圈子里混了两三年，但当我回转时，不幸戈先生已经先行逝世了。本来人生变幻无常，死算是最后的一个归宿，非人力所能挽回；不过我的全部研究计划却来不及面告这位毕生从事新闻事业，和一直在钻研新闻学学理的戈先生，这不能不说是平生的一宗大憾事。

依据原定的计划，我要先写一本《新闻学通论》，准备从原理说到技术，包罗万象。第二本就是《世界报业概观》，等于一种手册，可供新闻界同仁参考。第三步是《新闻伦理》与《新闻哲学》，打算对新闻事业和记者职业二者，建立一种纯学理的根据。不料十多年来，连经变乱，不独生活不能安定，甚至参考书籍也早已失散各地；只在任教的五六年间断断续续写下六七十万字而已。这里关于《新闻学通论》方面，约四十万字，《世界报业概论》约十多万字，还有一些却是研究“新闻”及“言论”的论文，事实上这是等于没有一本书已经搞成。尽管这中间承蒙好几个出版家邀约，准备替我出版，但自己一直总觉得所写的内容尚缺乏体系，最好等到时间比较充裕时，先续成全书，再做几度修改，才免得书印出来后还连要懊悔也来不及。至于《新闻伦理》和《新闻哲学》两书，材料虽陆续改进了不少，究竟这两个问题太大，先后不知道修改了多少次，直到今天还是没有写好。目下的出版业情况，自然和过去益发不同，哪一位出版家情愿赔钱来印行我这一类研究性质的书籍？可是想不到在原定计划之外，却于无意间先出版了这一本《新闻讲话》。

写《新闻讲话》的动机，也有一段故事。七八年前，我在燕京大学新闻学系任教，当时有一批三四年级的同学，觉得离校在即，一般参考书都比较生硬，和实际的情形有点衔接不上。生怕毕业后跑到新闻界去，样样不在行，给人家笑话。他们大家商量的结果，便磨着我替他们做一个有系统的课外演讲，说是传授一点“秘诀”。起初我怕麻烦，因为要特别花费一些时间去准备，这间接会影响自己的研究工作；但经不起他们来了一批又一批，一次又一次，终于只好硬着头皮答应下来，每星期演讲两次。由于我比较了解学生在课堂里上课的情形，我就把这个“课外演讲”完全改变一种方式，采取闲谈的口气；当时跟他们一起到郊外，或者上茶馆去，讲得很轻松随便，根本没有任何拘束。这样讲了两个学期，显然大家都十分愉快，我自己的所得，便是这本书的底稿。

两三年前，我开始整理这部“底稿”，把前后的次序重新布置一番，并增删了许多部分。最初还以为这项工作十分容易，不料认真去做时，竟觉得相当吃力，简直等于整个重新写过。恰好《南洋商报》和《南洋月报》都需要稿件，于是我写好一篇，送去一篇；出于自己的意料，这未全部整理完毕，却已经差不多有近二十万字了。我正在打算有空的时候，将已发表的和未发表，全部再加修改一番，编印成册；这件事给熊希龄先生听到，他竟立刻愿意发行这么一本不会赚钱的册子。他的好意我当然十分感谢，终于在花费了一个多月时间重行整理一次，《新闻讲话》就这样能够和读者相见了。

由于《新闻讲话》的“完稿”，并不是板起脸孔来在研究学术，相反的，为的要引起那批燕大同学们的兴趣，我还用了不少引譬取喻和故事，往往使得他们哈哈大笑。特别在开头“新闻原理”那一篇中，我只把他们当做一般阅报的读者看待，力求浅白，遂专门的术语都故意省去。虽说后来重写的时候，自己不免受了传统的文章观念的影响，改用比较严肃的态度，不得不连删带改，致和“底稿”颇有出入，但整个说来，无论内容或文字上始终还算通俗，绝对不是一种学术气味很浓厚的著作。至于另一篇《新闻读法》的情形，也是相仿佛。

除了上述两篇外，《新闻讲话》尚包括有：政治新闻、经济新闻、社会新闻、文艺新闻四篇。这中间只有文艺一门是我以前在国内大学求学时代的证实学科，经济一门是我在欧陆时期的选修学科，其余的都是为了要研究新闻学，要当新闻记者，和后来要写社论、专论，被迫采取阅读参考书籍，或请教学有专长的一批朋友们，积年累月，自己总算勉勉强强对于各方面有一些涉猎。如果以任何部门的专家学者的眼光来批评本书，自然价值有限，不会有什么学理上的阐明，不过如果站在阅读报纸的立场，要认识每日新闻的状态及其来龙去脉，则我相信，本书还可以胜任。因为读了《新闻讲话》以后，再去阅读报纸，每一位读者多少必会有一个自己的尺度；阅读这个尺度说来恰同新闻事业及人类社会未来的进步互相关联。

学术的必须大众化，本来是一个无可争论的问题；现在所剩下需要研究的，只是表达的方法，如何求其“深入浅出”，让读者大众容易了解而已。在《新闻讲话》中，我正朝着这个目标尝试，假如这一条路走得通的话，那肯定会继续努力下去的。

一九五一年十月三十一日作者

新闻原理

一

历来对于新闻的定义，大家总有各种不同的解释，这从学者的严肃观点到近乎开玩笑的比喻，形形色色齐备。不过许多定义间又有一个共同的缺点，就是所有的说明照例缺乏鲜明的轮廓，不是过于抽象，便是根本失掉学术的意义。过去虽曾有人综合了各种类的见解，以为采用兼容并蓄方式，新闻当然不会再越出这个范围，殊不知定义本身无法包罗万象，所以表面上尽管琳琅满目，结果依旧不能够帮助我们获得完整的概念。原来各种定义间早有不可调和的矛盾存在，无从面面俱到达到自圆其说的地步。譬如说，新闻是有趣的事实，与新闻是记录最新发生的社会事件，即判然（原文如此）两件事，或者新闻是第一流记者凭其智慧和经验所作的报道，与新闻是能够满足大多数读者要求的事物，彼此的出发点也完全不同。诸如此类，我们纵全部加以包括，最后对于新闻的观念，还是照样要感到模糊。所以要了解新闻，与其单独去追求新闻的定义，倒不如先设法明了新闻的性质。

什么是新闻？多年来在英美最流行的说法莫过于“狗咬人不是新闻，人咬狗才是新闻”这句话。一般人提到新闻时，往往特别喜欢引用这句“名言”，这多少不无因其滑稽可笑，像“人咬狗”岂不是社会上一宗不可想象的事件？单凭这一点所含的刺激性意味，就是以轰动全社会。本来凡违反社会习惯或自然律的现象，对于读者都具有吸引力，都可以使读者感到惊奇；不过我们当真以“人咬狗”的标准来判别新闻，那就没有一家报纸的新闻能够完全符合条件。因为这一类反常现象也只能算是一种“奇文”，绝对不是正常的新闻。自然，所谓“人咬狗”的原意，不外泛指社会上一般的变态现象，可报纸每日所刊载的新闻，其中大部分究竟属于社会的常态现象；从气候报告到市场消息、政治新闻、甚至社会新闻，大抵都是我们普通人的日常生活。这种最平凡不过的事件，恰属于“狗咬人”的一类型，可是却同样具有新闻价值。

据“人咬狗”说法的新闻观念，美国记者贝斯田氏（George C·Bastian）发明了一种新闻计算法，他用加减方式来证明每宗新闻事件的意义，兹略引数条如下：

（一个常人）加（一个平凡的生活）等于零；

（一个常人）加（一个不平凡的生活）等于新闻；

（一个丈夫）加（一个太太）等于零；

（一个丈夫）加（三个太太）等于新闻；

（一个丈夫）加（一个太太）加（吵骂）加（诉讼）等于新闻；

（一个银行出纳）加（一个太太）加（七个孩子）等于零；

（一个银行出纳）减（一万美金）等于新闻；

（一个歌女）加（一个银行家）减（十万美金）等于新闻；

（一个常人）加（一个七十九年平凡生活）等于零；

（一个常人）加（一个一百年平凡生活）等于新闻；

在这新闻数学中，尚有不少妙论，如果累积起来，很可能成功一部新闻学数典。只可惜贝氏花费了许多功夫，始终仍不能道破新闻的本质。譬如一个常人，尽管终生过着平凡的生活，但我们并没有理由就断定他绝对不是新闻人物，因为他既可能是某种社会、某种职业或某一阶层生活的典型代表，成为旅行游记等类新闻报道的对象；同时也可能由于平凡的生活，故他的意见反能象征人民的公意，格外值得我们重视。总之，贝氏一流人物的新闻看法，仅以能轰动社会为目标，注重社会变态现象的一面，遂有反常事件才是新闻的结论。像这种观点，正充分反映现代大众社会报纸的作风。大众报纸为营业计，往往不惜采取任何手段，以求大大增加销数的目的，因此凡属新闻，必须符合有趣味，有刺激性的条件，最好，真实有一天会发生“人咬狗”

的故事，让读者震惊社会的神奇怪异并佩服这一家报纸的本领！

自从大众报纸发达以后，风气所趋，各报竞以趣味故事相号召，其中一部分报纸变本加厉，流于低级趣味，遂被称为“黄色报纸”（Yellow Paper），新闻到了黄色报纸手中，也毋须乎再讨论什么原理与定义了！

针对黄色报纸一流的新闻观念，一位美国教士说：“什么是新闻？罪恶就是新闻，新闻就是罪恶！”这是宗教国家的口吻，同时也是现代报纸所激起的反响。不过这位教士专去责备报纸，而忽略了读者这一方面的要求，显仍未了解病源的所在。本来在人类生性中有一种弱点，即大家总喜欢喜欢听闻他人的隐私和过失，并且乐为宣扬，就是语所谓“好事不出门，恶事传千里”的道理。由于有此弱点存在，所以有关罪恶的新闻，无论如何总要比提倡伦理道德的新闻，容易博得广大读者群的欢迎。现在报纸出版家即视报纸为商品，说到商品自然需要推广销路，而罪恶新闻恰是增加报纸份最可靠的法宝，新闻报道要变成社会犯罪行为的记录，也是势所必然。这中间，报纸出版家与读者双方，有一种互为因果的关系，既可以说是报纸问题，同时也可以说是社会问题，所以寻觅挽救的途径，也绝不是普通的治标方法所能生效。例如美国某城有一家报纸，为要提高新闻道德水准起见，有一次特约当地著名的人物数位，担任该报的临时编辑，事先并声明，授予处置稿件的全权。不料第二天该报的面目竟依然如旧，第一版的新闻照样满载抢劫、离婚、桃色案件等不名誉的新闻。事后其中一位教士宣称：“新闻究竟是新闻，连我们这种人处在临时编辑的地位，也不得不先顾到事实。”这个实例证明，单纯治标，是无法解决新闻道德问题的。虽然话说回来，倘若新闻直接解释做罪恶，也未免同样失之过偏，因为大部分新闻根本就与罪恶无关，并没有不道德的成分在内。

二

什么是新闻？真是众论纷纭，莫衷一是。而且每一个人总从自己所站的角度看去，说来好像都很有根据，好像都已经将新闻把握住。

但我们进一步分析，便不难发现各人所把握的只是新闻的一点一线，始终不是全面。实际上，新闻乃一宗最变幻无常不易捉摸的事物，尤其是用定义加以规范，永远是顾彼失此，最终依然毫无所获。所以要了解新闻，最妥当的方法莫如先从新闻产生的过程入手。只要将全部过程分为若干必经的阶段，然后再分段加以研究，寻求其因果关系；我们纵得不到一个确切的定义，但对于新闻的本质及其轮廓，定可以明了一些梗概。

新闻的产生过程有四：

必须是社会上最新发生的事件。

经过第三者——新闻记者的报道。

运用最迅速的交通工具传达。

经过编辑程序，然后公开发表。

以上所举，是每宗新闻必经的历程，缺一不可。这里又引起另一问题，就是社会上每天发生的大小事件，何止千千万万，为什么新闻记者只报道某一类事件，使其成为新闻，而对另一类事件却不提及？在这种何种应取何种应弃之间，到底根据哪一种标准？同时这标准又由哪一方面来规定，是直接决定于新闻记者个人的观念，还是间接受读者大众要求的影响？只要我们能够明白这个标准，照理也就不难了解新闻的性质。

说到新闻的性质，首先值得注意的，即新闻乃即在人与人间、或者人与自然界所接触发生的事实。所以凡属个人的生活，如果不影响他人对社会无利害关联时，就不应有新闻的意义。因为新闻属于公共性质的事物，与个人的私生活绝对不可混为一谈。至于所谓私生活，又并不是指个人孤独的生活，由于人类不能脱离社会，故任何人都需要经常与周围人群保持接触，倘若这种接触只是一种普通的方式，例如为了职业、亲属、友朋等关系，同时又不牵涉到他人时，依旧属于私生活的范围。像这类社会上日常生活现象，假如需要一一加以记载，便绝对不是报纸的篇幅所能容许。反过来说，当任何事件超出这个标准，只要直接或间接会影响一部分人的生活，当然不再是私生活而是新闻。总之，连新闻价值的大小，也是依据这种尺度。这是说，每宗事件与社会利害关系的深浅，乃决定新闻价值大小的前提。故大而言之，柴米油盐的市价也是新闻，因为这市价会影响到人民的日常生活。由此类推，刑事案件是新闻，因其关系社会的公众秩序；娱乐及运动也是新闻，因其关心人民心声的健康；甚至婚丧喜庆等类，同样也可能是新闻，虽说这类新闻价值因人而异，多半对于一般读者并无重大意义，惟在当事人的亲友及其所属的社会范围中，却又可能是一宗大事。从上述各点加以归纳，便不难发现新闻有一个共同点，就是**社会性**，换言之，凡是新闻总直接或间接与社会全体或一部分人有密切的利害关系。

从新闻的起源上说，这种社会性反映得格外鲜明，所以新闻的本质，这是人类生存竞争中不可缺少的武器。例如远在人类原始时期，即有报告新闻的方法存在，当一个部落遭遇敌人或猛兽侵入时，即常用口头或铁鼓以及其他工具，发出各种不同的声音。某种声音代表的约定的某种警告信号，让部落全体居民闻声有所准备，或群体抵抗，或迅速趋避。像这类等于战时的通讯组织，不独见于原始人类，甚至蚂蚁与蜜蜂的生活情形也是如此。因此，新闻是集体生活的一种产物，也是对于集体生活的一种保障。就在现代人类生活中，这种特性依然存在，不过有些新闻反应得比较明显，有些新闻比较模糊而已。像一九三七年七月七日抗战爆发，及一九四五年八月十一日日本宣布无条件投降的两宗新闻，不但都是隔夜之间轰动全国，使人人发生国家安危的感觉。同是一种反应的情绪，事实上，与原始部落人听到敌人来侵或已被击退的情景，也可以说是完全相同。因为当这新闻传布的时候，社会中的每一个个体便会随之消减，人人都为一种不可抵抗的力量所感召，以集体——国家或部落——的利益为前提，这里就充分发挥新闻的性能。再如市场变动的消息，有时对于某一行工商业家固然具有决定命运的意义，但对一般消费者却常是利害切身，所以经济新闻格外显其重要性。此外，天灾及时疫等类突发的报道，对于这区域的全体居民，更属生命安全与否的严重问题。是故凡是新闻，或明或暗，多少与人类集体生活有所牵连，甚至就是娱乐消息，我们只要注意其对于国民文化及心身健康方面的影响，也不难明白此种的要领。像这类表面上几乎无足轻重的新闻，同样有其重大的意义。其他新闻的有社会性，故更属理所必然。

三

不过，上面所引述的，都是直接的、有形的新闻，社会性比较明显，也比较容易了解。此外尚有间接性的新闻，却需要读者去体验，从读者心情的反应中，才显露出一种潜藏的社会性。这一层，就因为人类的生活不能脱离社会，所以属于社会中一员的个人，平时对于周围人群的际遇以及环境事物的变迁，纵使与自己本身毫无利害关系仍莫不处处表示关心。这种关心，表面上有时单纯为了好奇，有时又完全以同情他人的姿态出现，即所谓“正义感”。不过事实上，无论同情的方式如何，其出发点却基于以自我为中心，仅借他人的不幸境遇来勾引自己的感慨，故往往会不知不觉中先为了同情他人，最后竟唤起对自己的“自我同情”。这种“自我同情”，在优秀的文学作品中极容易寻出例证。譬如，一篇小说，只要故事的结构紧张，主人翁的悲欢离合情节动人，对于读者便富有感染性，如果这位主人翁是一种悲剧式的人物，更可能使读者流泪。自然，像这样的眼泪，我们与其说是为作品中的主人翁所流，倒不如说，读者受故事的感触，无形中进入设身处地的境界，终于引起自己身世之感，发生一种自卑自怜的情绪。

不少新闻对于读者的影响也能如此，使读者发生与读文学作品相似的反应，尤其社会新闻常具有同样的特质，故格外受到广大读者群的欢迎。本来依照这类新闻的性质论，并未直接含有社会性，但因其能够激发读者的“自我同情”，让读者从新闻中体验到“个人”在如何与社会自然环境奋斗挣扎，最后这个个人无论是成功或失败，是悲剧或戏剧，他的遭遇不是引起读者的共鸣，就会使读者发生恐惧的感觉，间接可以增加读者的人生经验。换言之，也就含有社会性的意义。现代大众报纸的作风即在无限度利用读者这种同情心。以铺张的叙述手法，必要时甚至不惜侵犯到个人的私生活，只求能够得到读者大众的欢迎。论态度，这种方式自然不可原谅，可是依照读者热烈欢迎的情形来说，恰又证明这种新闻所以能够存在，还是由于本身含有社会性的缘故。

关于决定新闻的标准，大体已如上述，新闻记者无非根据这种观念从许多事实中加以挑选而已。至于挑选得是否得当，此层牵涉到新闻记者个人的学识及经验，同新闻本身无关。因新闻既不是单纯有兴趣的事实，更不是第一流记者凭其智慧所作的报道。像经济新闻的一大堆数目字，不但毫无趣味，并且也毋须出自第一流记者的笔下，而我们却没有理由否认这一类新闻的价值！

其次，在新闻产生的过程中，何以首先必须是社会上最新发生的事件？这一层，一般人虽说不明了新闻的性质，可是用语习惯上也知道，新闻总要新鲜。并不是说全部都是新的事物，例如旧事重提，有时也同样具有新鲜的意义，所以这里最重要的还是应设法了解新闻的形态。新闻的形态近于历史或故事，都是即在变动中的事迹，不是描写一种静止状态中的事物，分别指在与历史或故事，乃追求一宗业已告一段落的实事，新闻则报道正在变化发展中的实事而已。同时也因此，新闻最具现实的意义，凡旧的事物或现象演变成新的事物或现象时，这个演变的过程就是新闻报道的对象，也就是新闻所需要的变动性。我国旧小说中，有时也能适当应用新闻这一语，例如《红楼梦》一书就有数次提到，有一次当贾宝玉听到林黛玉的病好了些，随口说出阿弥陀佛，林黛玉的丫头紫鹃就对宝玉说："你也念起佛来，真是新闻！"因为贾宝玉分明是十足公子哥儿的个性，平时绝对不会念佛，一旦突然改变常态念起佛来，所以便是新闻。这个例子说明，一个人的生活习惯有了变动，可能成为新闻，同样社会的风俗习惯或者人与人间的关系发生变动，必然也是新闻。

新闻的所以需要含有变动性，一方面因为有了变动才产生事实，另一方面也因为凡属变动的一种现象本身富有戏剧意味，情节能够动人，容易满足读者的要求及好奇心。好奇心本身是人类的一种天性，当儿童时期，这种心理的反映最为明显。等到成年以后，一般人由于见闻逐渐丰富，生活经验不断积集的结果，好奇心方受到压制。不过所谓压制，也仅指对于常态的实物而言，如果一旦遇到前此所未见未闻的事物，任何人都会失掉控制力，重新引起好奇的意念，总求明白一个究竟。新闻所报道的是变动中的事物，对于读者就具有这种吸引的力量。好奇心的上者，发展为求知欲望，以了解天下事为快乐。例如："唐孙处立常恨天下无书，以广新闻。王右军十七帖，每问蜀中古迹，云'为欲广异闻，大抵闻见新'，是古人第一乐"。（见陈继儒著：《太平清话》）。近代报纸，在这方面也颇有成就，近数十年来，许多报纸会不断将自然科学、社会科学等作为报纸写作题材，以浅白动人的文笔，或用通俗讲座方式，或用故事的结构，普遍介绍给读者，满足了一般人的求知欲。好奇心的下者，却单纯为爱好新奇的故事或传说，目的在获得一种心理上的刺激与满足。一句心理学家的解释，潜藏人类的狭义始终，本有各种变态心理，所谓野蛮性的遗留，例如抢劫杀人等项以及其他种类的幻觉。所以罪犯的行刑能够吸引大量的观众，同样形势新闻与怪异传说也可以迷惑大多数读者。并且就是这一种好奇心，曾经帮助过报纸的发展。当印刷报纸在十七世纪前后开始流行时，一般几乎无不以刊载怪异新闻来号召。像天变、人妖、海怪及宗教上的各种天堂、地狱等等传说，同时复附以插图，加强读者的注意力，其情形与现代画报相仿佛。三百年后的今日，现代报纸的作风还是没有脱离这个原则！

新闻既必须是社会上最新发生的事件，这一点当然要受事件的限制。换言之，即应在公众对于此事尚未获悉内容之前，否则一失去时效便不能再称为新闻。有人曾说过，新闻是人间最容易腐坏的物品，如果不及时登载，转瞬之间就成废物。由于由此前提，所以每家报纸但为其营业计，绝对不能让自己的新闻报道比人家落后，因为受影响的并不止于长期的销数及报纸的信誉，甚至由于偶然一次的疏忽，当天的报份也可能就发生问题。从营业观点来说，凡已经印刷无法发卖的报纸，照例只好当做旧报纸论重量出售，这在成本上须受到极大的损失。尤其英美等国报纸的销路，几全靠报贩在街头叫卖。于是一条重要新闻的有无遗漏，往往是直接决定当天报份多少的因素。基于上述的理由，故新闻必须争取时间，新闻记者的报道新闻，既要使用最迅速的交通工具来传达，同时由编辑到印刷、发行也无不处处同时间在比赛，为的就是不愿使新闻变成了"旧闻"。

其实，一部报纸发达史，就是等于一部为新闻争取时间与空间的奋斗史。就传递新闻的工具说，几乎每一时代中技术上所能有的交通工具，报纸必首先加以采用，也是总以力求迅速为目标，由信鸽、轮船、火车、飞机、到电报、无线电广播，无不如此。并且配合这种传递新闻的敏捷情形，出版方面也在不断改进，从手摇到印刷机、平板机发展到新式滚筒机，同时为适应卷筒机的需要，复发明卷筒纸，以及发行时尽量应用现代式交通工具等等。上述的一切完全根据新闻必须迅速传达的一点，如果一家报纸在报道新闻的速率上无法与人竞争，这家报纸的遭受淘汰，当然只是一个时间问题。

四

新闻的另一种特征，就是经过第三者——新闻记者的报道。本来新闻的性质，虽说同故事相近，但其中究有分别。故事可以从第三者起，互相辗转传述，不受时间与空间的限制。新闻却是新闻记者本人在场目睹，或根据其他目睹着所供给的资料而写成的记录。这里需要有可靠的时间、地点、人物，换言之，新闻记者在职业道德上负有一种责任所报道的内容绝对翔实，绝非虚构。因为新闻记者是第三者，于是便发生两个问题，第一，是否所有的新闻报道都绝对正确可靠，不会含有错误，甚至有虚构的成分？第二，旧新闻记者的职业道德论，最重要的一条，显在于遵守客观独立的报道，不过一个最忠实的记者在新闻中是否能够排除任何主观的成分，丝毫不渗入一些个人的成见？照理，这两个答案都应该是正面的，但可惜事实上并非如此。

关于第一点，新闻的需要正确，本属天经地义，凡一个稍知自爱的新闻记者，也绝不愿故意以假新闻来欺骗读者。不过问题并不全在新闻记者本身，因往往新闻的来源上而先行变质，新闻记者不及察觉，终至有时竟以最忠实的态度代人报道伪造的新闻。自从第一次世界大战以来，不独军事、政治已同宣传结下不解之缘，就是社会一般人士，例如政治家、艺术家、电影明星、运动员、歌女以及工商百业厂家大老板，大家都要争取“名”，声明愈广收获才愈大。至于说到宣传的技术，正面广告的效用却远不及侧面新闻报道中的轻描淡写。大家既懂得这个原理，于是便竞争设法掌握住新闻处或新闻的来源，用精致的新闻原料供给报纸，以求达到宣传的目的。所以目前世界各国，从政府机关到工商私人团体，甚至于一部分私人，都有新闻处或新闻联络员的设置，作用即在于控制新闻来源，要当新闻未披露以前加以改头换面，是对自己不利的事实不易泄露，对自己有利的资料尽量宣扬。像这种宣传方式，可以说是配合现代人类生活的实际情形。因为由于社会需要新闻，报纸及其他各种新闻事业也需要新闻，陈旧的新闻检查制度，已经失掉了时代性，任何消极性封锁及统制新闻的方法，都只有反面的结果。故大家以新闻处来代替新闻检查机关，用透过新闻记者笔下的方式，企图在新闻来源上根本发生作用，此点算是现代统制技术一个最巧妙的发明，但不幸新闻事业却因此遭受到不可估计的损害。例如，最近三四十年间，报纸的地位就在不断降低，一般读者对于报上新闻已逐渐缺乏信心，当十九世纪时期，大多数读者会无条件相信报纸揭载的正确，此刻几乎大家都要怀疑每种新闻的真实性，都要猜测新闻中到底有百分之几才是事实。

自然，这中间，大众报纸之作风也应负大半责任，由于过分的夸张，欲寻求刺激性的新闻，终至毫无严肃的态度，也会引起读者鄙视报纸的心理。再从新闻记者本身说，在采访的过程中，无论如何小心仔细，错误也在所难免。故假定一种新闻发生时，新闻记者恰在场目睹（虽说这种机会并不是常有），亲见全部经过情形，照理这种报道应该有绝对正确的可能。可是事实上并不然，因为新闻记者不是一架摄影机，叙述事物时总要受个人记忆力与观察力的限制，所以两个新闻记者同时目睹一宗事件，由于记忆力与观察力的不同以及偶然的疏忽，等到写出来后可能变成两种不同的新闻，这是第一点。其次，新闻记者的采访新闻，多半都在事件业已发生以后，于是主要工作乃向有关证人收集资料，在收集资料的过程中，往往由于各证人的观察记忆不同，能否与原来的事实相符亦属疑问。再加上这中间更可能偶因语言上的误会、误听等情，都会使新闻离开事实。此外，因为又必须在极短的时间内刊出，故写作、排印以及校对上的各种错误也不能全免。并且这些错误、虽说可能所查不过一两字，但有时也同样可以影响到新闻的真实性。总之，新闻是应该正确的，但绝对的正确报道，事实上却不可能。

关于第二点，新闻记者能否作完全客观的报道，这一层也不能得到全面的答案。固然有人说，新闻记者的责任在于有闻必录，言外之意，显指有闻必录便是绝对客观的态度。更有人认为，成见是新闻记者最大的敌人，所以不但成见，甚至个人好恶的心理，即任何主观的成分都不应深入新闻报道中。理论上，这些见解是无可辩驳的，但问题却在于所谓主观的成分并不是容易删除。本来依照新闻记者的工作论，采访所得的消息只是新闻原料，而这原料本身总是多半错综复杂、毫无头绪，又必须经过一度精密的选择与整理才能够构成一篇有系统的新闻。当新闻记者在整理原料的过程中，何者应去何者应留，就在这取舍之间，无论如何也难免混入一些个人主观的成分在内。我们不相信，事件会有绝对客观的新闻报道存在，因为新闻记者只是普通的一个人，本身不能不受理智与情感两方面的支配；理智使他知道如何辨别是非，情感使他发生好恶的意念，这里任何职业上的训练，都无法根本消减这两者。于是这种潜伏的主观，往往就会不知不觉中流露在新闻里面。所以有言论自由的前提，各报间不会有统一的意见，同样有新闻自由的前提，各报也不会有统一的新闻。原因就在于每一个新闻记者的看法不同，这不同的看法，即说明完全由于个人主观不同的缘故。以伦敦各报为例，几乎每家大报都有其独特的风格，凡是同样的事实，由于表达方法各记者观点的互异，居然能够写成彼此不相雷同的新闻报道，最少也总会给予读者以不同的印象。这一层，自然也因为每篇新闻中所记载的纯粹事实，究竟有限，甚至许多政治大事如果按照实际所发生的实际来说，通常也寥寥数语可尽。故一般长篇新闻，只要我们加以分析，便不难发现，其中大部分都属于一种解释性质的文字，目的在于帮助读者明了事实的经过，像这类解释的文字，当然更不能脱离新闻记者的主观色彩。

五

就新闻记者的工作说，本有外勤与内勤之分。外勤访员所写的新闻稿件，尚需经过内勤编辑的选择删改、添置标题，然后才发稿如付排。这种选择删改，即时新闻必经的编辑程序，也是完成一宗新闻最后的阶段。依照报社的惯例，除少数名记者的稿件无需删改外，通常一般编辑总掌握着删改新闻稿件的大权，决定每宗新闻的命运。英美两国报界，更在访员与编辑之间，设置一种新闻编撰，这批人的职务，就在编辑主任指导之下，根据外勤访员所供给的新闻材料，重新加以编写，所谓编写，即材料虽为访员的原稿，但格调语气以及字数的多少均非原来的面貌。甚至有时访员只做口头报告，根本整篇新闻就由新闻编撰动笔。编撰制度的目的，在于每篇新闻都能符合该报的一贯作风，尤其能使文字格调统一调和，便利于读者阅读。同时英美各报每家所以能够保持自己独特的风格，主要的原因也在此。

至于说到有关编辑问题，可以从两方面研究，一为编辑技术，另一为报纸的编辑政策。编辑技术比较单纯，常有编辑主任自行决定，只有遇到重要的新闻时才请示主笔或总编辑。这程序，第一步就是审查驻外记者、访员及通讯社的新闻稿，依其性质的重要与否决定采用或舍弃；第二步将采用的稿件再分别加以研究，用新闻记者的经验与眼光，权衡每一篇新闻的价值，然后规定刊登的地位以及字数；第三步动手改写原稿，不但事实的经过次序，往往需要加以变动，例如访员认为主要的事实可能反成为次要。同时一般报纸更重视穿插，而这些添加的穿插，多半都可能是临时搜集而成，只要能使新闻生动，至于是否牵强或颠倒事实却在所不计。此外，就是报纸受篇幅的限制，只许写成两百字的一条新闻，经过这种缩写以后，原来的事实也可能直接受到影响。所以有不少人，一旦成为新闻人物立刻便对报纸及新闻记者表示不满，因为第二天看报时连自己都会吓了一跳，为什么报上所刊载的话差不多一半根本自己就没有说过？这是编辑技术上的秘密，需要穿插仅作平淡无奇的报道。当每一篇新闻都期望能够震动读者的时候，为了迎合读者自然新闻的就不容易完全符合实际的事实。

至于报纸的编辑政策，通常每家报纸总有自己一贯立场，就是没有政党联系的报纸对于政治、社会、文化等问题也有一种固定的主张。甚至连大众报纸，还需表示该报的基本态度借以博取读者的同情。虽说这种立场及主张，习惯是以社论来代表，同时各报更异口同声说是在新闻部分系采取自由报道的精神，绝不加干涉，不过，事实上大部分报纸对于新闻的态度既不放任，更非根本不认任何新闻的性质一概予以同等刊载的机会。反之，每家报纸都以事实来迁就自己的标准，或用自己的标准去选择新闻，有些报纸更意愿“削足适履”，而不肯发表与该报主张相矛盾的消息。并且许多报纸由于拥有某阶层读者群的缘故，刊载新闻都有一定的范围，在这范围外的新闻就多半从略，不愿详细记载，例如偏重政治的报纸中，极少有社会新闻的踪迹。同样，一般大众报纸对于政治消息也不十分重视。所以从时间的发生到正式发表在报纸上变成新闻时，这一段过程是既曲折又有复杂，尤其在编辑的阶段中，所受的影响更大。任何一位优秀的新闻记者，以其最大的小心从事新闻工作，也不敢保证自己能够做到绝对的客观地步。因为新闻报道只是工艺的制品，不是用机械在生产，不独无法求其一致，甚至或多或少总与原来的事实不完全相同。

以上所说的新闻，都是社会上业已发生或正在发展的事实。这些事实的有无新闻价值及应否变成新闻，虽说由新闻记者依据新闻原则选择决定，但最后读者大众的意见有不可忽略。换言之，一篇新闻能够引起读者注意时方有新闻价值，如果读者除加以注意以外，复自动将新闻的内容向人转述，这价值就更大。如果一般读者不独在辗转传述，甚至大家竟将这篇新闻当做谈论的资料时，价值当然最大。由此可见，新闻价值的大小，前提还在于能够在社会传布及传布范围的宽狭为标准。而新闻的理想境界，就在能引起一般读者的关心，使人人热烈参加讨论新闻所涉及的问题。

根据此一点来说，则新闻有时也毋须乎一定是社会上某宗有形的事实，例如必须有时间、地点、人物等项的记载。反之，只要某种问题会引起读者广泛的注意与谈论，便不问这是对原有新闻所发表的意见，或者是空提出一个问题，都应同样具有新闻的价值。因此，新闻显然尚有另一特征，即**问题性**。这类属于问题性的新闻，往往并非社会上自然发生的事件，乃新闻记者凭其锐利的眼光从社会现象中提出一个为公众或社会感兴趣的问题。像访问记、特写之类，或者社会上知名的人物，他们有时对政治、经济、社会各方面所发表的意见，虽说这些意见可能同当日的新闻并无关联，但因他们个人的地位、或见解的特殊，依然能够轰动社会，成为报纸上一篇重要新闻。目前各国政府首脑人物，尤其是各国的政治家，几乎每次的公开演说或谈话都含有新闻意义，就是一个例证。现代大众报纸的作风也是根据这个原理，处处设法迎合读者的心理，例如有新闻时便在新闻报道本身加以穿插、渲染吸引读者阅读，没有新闻时，却采用提出问题的方式来制造新闻。这是说，大众报纸不愿读者一天没有谈论的题目，同时也就利用这一点来维持报纸的销路。黄色报纸的方法，自然更进一步，从不让读者有一天安宁。如果接连数日社会上不发生一件够有刺激性的新闻时，这时候出版家就会愁眉苦脸，千方百计设法制造新闻。也许由于偶然的机会，譬如说看到一件妇女的新式服装在街头出现，服装的长短与当时一般流行的格式不同，这位出版家会立刻心血来潮，可能让第二天的报纸发表一篇新闻报道当做一宗大事件。接着，便将这宗新闻去征询许多社会名流的意见，最好自然是一批女名流，同时并请他们各就自己的主张写成一二千字的文章，陆续在改报上发表，题目不外“从审美观点论女子服装”、“短服与健康美”、“长衣裳——女性优雅风度的寄托”，或者“我的意见”等类。于是彼此互相辩论，引起一场论战，终于在这种热闹声中，报纸求销路的目的便完全达到。等到读者开始感觉厌倦时，又再换上另外一个题目，重新制造。事实上，这个故事也确曾发生过，好像还是第一次世界大战前数年，伦敦《每日邮报》即采用过一次。依据在《诺妥克里夫勋爵的日记》一书所载，诺氏当时对此方法表示十分满意，仅对其中某女名流的一篇文章认为太长，他说：“这篇文章写得很好，但可惜太长了一点，正同女性穿过长的衣裳一样。”从此以后，一般大众报纸的出版家，都念念不忘这个手法，竞相相仿遂变成最流行的一种办报秘诀。自然，我们可以责备大众报纸这种做法的不正当，手段近于耍把戏，在欺骗读者。可是只要在适当的时间中提出适当的问题，不独可以成为新闻，有是一宗不可否认的事实。

新闻的性质，正如上述，不管内容对于读者是利害切身问题，或者仅仅满足读者的好奇心，其前提总在于要配合读者实际的要求，才具备生存的条件。当一般读者既有这种需要以后，自然会产生以供给新闻为营业的机构——报纸，以及供给新闻为职业的人物——新闻记者。同时复由于社会的进步，新闻已成现代人类生活必需品之一，市场范围既日益扩大，大家便竞相贩卖，视新闻有如商品，于是报纸才能够渐次发展，成为一种现代式的企业。报纸在这方面的成就，不独有商业意气，同时也影响到人类的社会生活与文化，甚至连报纸的姐妹事业如广播、电影两业也能在短期内突飞猛进，同报纸鼎足，同为传布新闻的主要机构。自然，一家报纸的力量究竟有限，新闻的范围过于广泛，任何一家日报都无法独立采集全部新闻而不会遗漏。为了要弥补这个缺憾，结果在报纸与新闻来源间又产生一种居中的事业——新闻通讯社，有了通讯社这种组织，全世界各地当天的重要新闻才可能全部集中，同时也可能再普遍供应各地的报纸应用。新闻事业发展到这阶段时，新闻的供求问题始告完全解决。

注：本文曾以《新闻的意义》为题发表在《民主论坛》1947 年第 1 卷第 2 期。

新闻读法

一

报纸同现代人类的生活，已经打成了一片。作为一个现代人，可以享受的事物尽管很多；但大家每晨醒来，第一件事却还是看报。以前俗语所赠“秀才不出门，能知天下事”，这句话现在根本算不了什么“奇迹”；只要认识一些字，懂得看报，简直人人都可以称作“秀才”。至于一般人看报的原因，是否出自个人的兴趣或者需要，这一层毋须计较；值得注意的，却是现代人确已养成了一种每日读报的习惯，到时非去翻阅一遍不可。一部现代报纸的发展史，事实上也正是建筑在读者大众这种读报的习惯上面。

虽说人人喜欢读报，也会读报；但读报本身依然是一项技术，并不像表面上看上所显露的那么单纯。从报纸的内容来说，新闻当然不外人类社会生活的记录，所叙述的多半都属于业已发生的事迹；既没有越出一般人的尝试范围，更非抽象或艰深的学理，似不应有难懂的理由。再从文字上说，历来报章文体比较浅近通俗，始终以便利人人阅读为原则，也从不采用生硬怪僻的字句。例如现代各国报纸所流行的文字，便无不力求浅白通俗，甚至一字一语的运用，各报还另行规定，特别编印成册，专供报纸记者写作时参考。此举的作用，一方面，每家报纸总希望文体上能具有一种独特的风格，显出与众不同，藉使读者养成爱读这份报纸的习惯；可是另一方面，其最初的动机，却完全为了便利一般读者大众的阅读而来。所以新闻文字的通俗化，目标另有所在，倒与用字造句的是否优美无关。再依据报纸的立场言，争取销路本属一项最重要的前提，单为增加报份计，任何一家报纸也不愿在内容或文字上面给予读者一些困难，致使报纸本身丧失掉普遍传布的机会。所以报纸的读者群，理论上显属广大无边，不应有所限制；单就这一点推论，读报当然不能算是一个难题。举凡受过普通教育的人，似乎都可能运用他所认识的简单字句，望文生义的来了解当天的报上新闻。

不过我们进一步分析，则所谓人人都会读报的说法，与实际的情形并不相符合。因为现代报纸所已经解决的一点，只是文字工具问题。由于新闻文字的通俗，一般读者得到了阅读上的便利，大家看得懂所刊载的新闻报道，这一层固是事实，但能否了解报纸的记载是一回事，至于新闻本身是否全部符合事件的真相，却又是另外一回事。原来任何事件总不免要有表里两面，同时在表面现象与内中情节间，也绝不会完全丝毫不差。现代报纸最大的不幸，恰由于新闻报道所根据的多半只属于表面的现象；而这些现象就说是事实，也只能算是事实的一部分，并非事实的整体。反之，内幕的实际情况，大部分不是被掩盖或歪曲，便是零星散间前后许多有关的记录中；复因为新闻乃断片式的故事，益发不可能作有系统的叙述。是故读者阅报，除天天注意，事事关心，自己随时加以不断地互相对照比较外，更需要在当天新闻的字里行间，自行设法寻求言外之意，方能领悟得出一宗新闻的全貌。因此，表面上所谓读报的机会人人相等，究其实，对于每宗新闻的理解程度，读者间会有极大的差别，并无人人相同的可能。一个有经验的读者，正同一个有经验的记者一样，无论时间怎样变化，其本身却始终具有辨别新闻、判断正误的能力。原来任何新闻事件，照理总有来龙去脉的线索可以察觉，也就是潜伏有所谓内在的因果关系。假如一个人平时的认识充分，对于每一事件的演变，早已胸有成竹，则报上的新闻报道，通常不过视为一种参考证明的资料，绝不至于人云亦云，直接受到宣传的影响。故有些读者读报眼光如炬，能够从烟幕重重的现象中，把握得住事实。或者受片言只语的引触，竟心领神悟，触类旁通，明了新闻幕后的全部真相。到了这种地步，当然可说得到最高的读报技术了。

自然，大多数读者所缺乏的，正是这种读报技术，所以大家读完当天的报纸后，不但常有得不到要领之感，反而无形中要勾引起更多的疑问。譬如说，像第二次世界大战后英美与苏联的关系，便处于一种似乎绝望又非绝望的微妙状态中，多少人读报，便会为了这一层感到不安。因为每次国际会议席上，东西集团的代表们，照例总要产生各类各式的争执与辩驳，于是反映在时局上面就显出时紧时松，使人无从捉摸。正由于这一松一紧的形势，终至一般读者对于单纯报道表面动态的消息，决计不会满足；而且这一类问题的新闻报道，不独不能够解释疑问、甚至大家还故意节外生枝，从这一事件牵涉到另一事件去，用借题发挥的方式来掩藏真意，把读者的目光转移至他处，使无从了解实际的情形。所以当读者读完每一段新闻后，所得到的老是模糊的印象，不易把握着清晰的轮廓。因此，遇事大家都亟欲明白一个究竟，这事件的后果何在？为什么会发生这类情节等等？一般报纸的社论及分析时事的论文，虽说有时能够替读者解答一部分疑问；不过各报的立场不同，所提供的观点也未必全部符合事实，结果判断每一宗新闻，最后还是要依靠读者本人的经验和见解。是故读报的前提，只为读者自行设法透过每宗片段式的新闻，从许多复杂矛盾的报道与言论中，直接整理出一个系统来。这样才能够使新闻事实产生联系，也才说得上认识了实际的清醒，真正读懂了新闻报道。

二

新闻的不容易了解，一方面由于新闻乃社会现象的反映，社会现象既艰深复杂，新闻本身自然也随之包罗万象。另一方面，却因新闻具有宣传的威力，足以影响一般读者大众的观念，见解可以制造舆论；终于就有一部分人要设法利用或限制新闻的传布，藉以完成自己的企图。从第一点说，每日新闻的数量，已绝不是普通报纸的篇幅所能容纳，故必须经过编辑的阶段；即编辑从无数新闻原稿中加以选择，决定何者应去，何者应留，然后将剩余的部分发表于报纸。正因为这取舍的标准各报不同，终于各报所发表的新闻，也只能代表每家报纸编辑人的见解，说不上有绝对正确性，更不能够勉强一般读者全部接受。

再加上新闻本身复受时间与空间的严格限制，通常新闻报道不外采取断片的格式；换一句话说，及仅将业已发生的事件加以叙述，至多也不过对于未来的可能发展，稍予暗示，绝对无法追溯本源，事事都做详细记载。所以凡属报上的新闻报道，照例缺乏必要的背景资料；同时这种粗枝大叶式的叙述，读者往往也顾彼失此，感到毫无头绪，不知如何去运用自己的判断力，才可能造成一个有系统的观感。从第二点的影响说，新闻便成为政治、经济、社会各种势力所争取的对象；因为世界上有一种人的生存与权力，从不依赖自己的生活技能，却生活于个人在社会上的信誉。新闻既是制造或毁坏信誉的武器，大家就不得不将有关的新闻，故意渲染或歪曲；只求保存得住这个信誉，蒙蔽得了读者，便算全部达到目的。结果新闻不但与宣传，甚至与广告也经常混为一谈。不过单在新闻上面渲染颜色，或加改装，虽说影响了新闻的真实性，但到底仍有蛛丝马迹可寻：并且在正反各方面互相对照之下，明眼人固不难一目了然，只要时日一久，连一般读者也有拆穿西洋镜的可能。为要避免这一个漏洞，于是有些人竟采用直截了当的封锁政策，企图根本杜绝新闻的传布。换一句话说，他们索性不让事件露出任何痕迹，也就等于根本不给读者一个猜测的机会。这么一来，新闻本身便要分成两类：一种是刊载在报端的消息，另一类是被封锁住不能发表的新闻。如果依照性质论，后者显然远较前者更见重要。

不过对封锁政策也不见得时常有效。因为喜欢打听利害与喜欢泄露秘密，几乎属于人类的天性；封锁得越严密，便愈能引起一般人打听秘密的好奇心，语所谓禁果好喫，就是这个道理。起初一人传百人，这只暗中交头接耳；等到愈传愈广，变无形中演成了“口头报纸”。“口头报纸”一旦出现，不但对封锁线会被冲破，同时在口头互传之下，更难免以讹传讹，终至各种格式的谣言都会随之产生，往往使封锁政策得到相反的结局。所以聪明的政治家辈，对于封锁政策一直不敢硬性运用，便到万不得已时，也要实现预作若干暗示，先埋伏下一笔，仅所用的语句比较含蓄，使一般读者不易立刻领悟而已。但当事件继续发展之际，读者感触所及，记起前言，届时无不恍然大悟，其实际作用，便在于防止谣言的发生。例如在第二次世界大战期间，英国首相丘吉尔对于战局的演说，即曾不断地暗示危机，几乎每篇都在发挥这种技巧，故屡能得到预期的效果，是个明证。总之，新闻本身的数量即多，二来源方面又受重重的限制，及渗入不少可疑的成分；报纸的编辑人天天面对着如此复杂的问题，一方面要顾虑到所处的环境，另一方面多少又受个人思想与生活的影响，终于无意中也难免要用自己的角度来处理新闻。据说这中间，记者个人有求真理的志愿，惟取舍之际，事出仓促，仍未必可能尽如人意。所以但论刊载报道的新闻，到底其中含有多少宣传成分，同时何者为事实，何者为伪造，非用最冷静的头脑仔细加以推敲，实在不易分别。并且这一层，不独对于一般读者是个难题，甚至记者自问能否尽职，也应以此为试金石。这里所谓新闻读法，便以剔除这类表面烟幕，辨别其中的真伪成分，使事实重归于事实，让所有的宣传部分自行暴露为目标。假如一般读者都具有这种技术，不独可以帮助记者解除许多良心上感觉不安的烦恼；甚至间接也可以使政治家一流人物改变现有的观念与作风，至少，会使他们从赌博的方式演进到下棋的方式，使政治斗争成为一种艺术。因为将来再遇到为难的新闻事件时，大家毋须再花费掩饰与欺骗的工作；尽管表面上尚未全部明言，其实读者大家早已心照不宣。论这情景，纵非新闻事实的理想境界，但我们相信，也应该算是已经相去不远了。

正因为新闻的范围过于广泛，产生的历程又十分复杂，中间复渗入许多宣传的因素，终于新闻报道就无法充分反映事实。同时真伪难辨的结果，必然又会迫得读者感到疑惑；所以新闻报道往往容易成为一个谜，需要另行解释。近年来报道内幕新闻的所以流行，能够得到社会的普遍欢迎，原因恰在这一点。至于一般新闻报道的不完整，例如始终还让许多内幕新闻存在，这固是一种对于现代新闻事业的讽刺，但一般读者平时未留意新闻事件的发展与演变，时常会为了某一种突然而来的消息，感到惊奇与意外，却算是一个主要的原因。假如读者大众事前认识了事件的潜藏因素，当一旦消息泛滥，心理上便处于先有准备的状态，自不至于再觉得无可解释。其实，任何一宗新闻事件的发生，难得出于偶然，甚至天灾人祸，也都有潜伏的客观因素存在。语云无风不起浪，每一件事多少总包含有远因和近因，只要注意其中的因果关系，不断研究其背景线索，等到明了全部以往的历史后，不独能够了解当时的状况，甚至还可以预测未来的发展。因为时间本身多半有脉络相承，互为因果，至于所谓偶然的例外，究属有限。譬如近年来即有过不少名记者与名政论家，常以预言的方式来分析国际政治问题；他们的看法，有时竟能料事如神，数年前的语言同数年后发生的事实，几乎一一符合，因此会博得无数读者的喜欢。当然此举需要专门的学识及经验，还要经过不断地潜心研究，方可下个结果，自非一朝一夕所能生效。理论与案例，却又并非神秘，不过以过去的事实来比较现在，再由现在预测未来而已。像这种研究方法，尽管属于专家的范围，不是一般读者所能胜任，但懂了原则，实际上又无异已经获得了最基本的工具。如果一个读者自己肯耐心学习，只要经过相当时日，似也不难发现杂乱无章的新闻报道中，还是处处有线索可寻，绝非什么神秘的事物。至少，有了这个方法后，自己对于新闻事件会养成另外一套看法，既可不受外来的影响所动摇，也能够体会得出记者采访及编辑新闻时所布置的苦心。总之，一个有系统的读报方法，不但属于读者，就是对于记者也同样重要；这是读者与记者间发生真正关系的一个方法，同时也是使新闻事业关于社会能够发挥功用的一条大道！

三

所谓新闻读法，简言之，即完全站在读者的立场，做一种有计划的读报；目的在于把杂乱无章的新闻，直接整理出一个系统来，使读者容易了解真相的方法。从技术上说，有下列的几个步骤：

第一，易处入手。由于新闻种类的复杂，一般人读报的第一个印象，通常总感觉五光十色，应接不暇，不知道这应从何处入手，方能把握住各种新闻的要点。这一面，固然为了每日新闻的分量过多，另一面却也因为读者的时间有限，所以无从仔细推敲起。本来现代一般人的读报，多半怀着走马看花的心情，对于新闻本身，既没有事事关心研究的意识，同时大家实际上确也缺乏这种闲暇工夫。故除少数比较有趣味、比较有刺激性的新闻故事外，通常总是看过就算，随读随忘，从来没人肯特别认真计较。读者这种不事深究、不求甚解的态度，遂不免造成遇事容易遗忘的现象。譬如说，两三个月前轰动社会的大事件，两三个月以后，大多数读者不仅记不起事件的情节，甚至连故事主角的姓名也早忘记的一干二净。这种健忘的现象，虽说给予记者不少便利，像同样或者类似的故事，只要隔开一些时日，便不妨再度在报纸上刊载，读者多半会不嫌重复，照样感觉新奇与趣味。但这中间直接受惠的，却是政治家与职业宣传家一流人物；他们这批人，就利用读者有健忘这弱点，才敢于大胆从事宣传工作。因为他们知道既毋须履行诺言，也不必顾忌言行上的前后矛盾，而历来的确也没有人为了这一点受到读者的严重责备过，可为明证。自然，要读者从浩如烟海的日常新闻中，将各种事实一一牢记，或记住每件重要事实的梗概；这不是不可能，便是由于困难太大，无人愿意尝试。要不然，我们相信像一般政治家那种不能兑现的高调，也绝对不敢随便说说，丝毫不考虑到责任问题。不过懂得应用新闻读法，肯按部就班，不断地实行自我调整；其实要养成一种辨别新闻真伪，判断事件趋势的能力，却又并非不可能。这是一种技术与工具的问题，读者只要有了工具，同时再配合以恒心，那么揭开新闻的伪装，也不是一宗难事。

新闻读法，首先应从易处入手。所谓易处入手，即不必普遍注意各种类新闻，只先选择一两宗与自己兴趣相近，或者研究有素的部门，加以细心阅读。在这范围狭隘的目标下，去研求新闻的变化，其意义等于化繁为简，一个人就容易集中精神与兴趣，自然可能达到深入的地步。本来每一个人都会有自己特别关心的问题，当人家提起这类问题时，自己往往会感受到兴趣特别浓厚，连理解力与记忆力也会突然增强。并且许多人也只有在这个时候，才发觉自己的世界以及人生的意义。所以兴趣不但能够提高研究的情绪，而无形中也等于减少了研究的困难，恰符合费时最少收效最大的原则。当读者按照自己的兴趣选定新闻种类以后，第二步便逐日将有关的新闻分门别类，写成简单的笔记。当然，笔记的范围，除报纸上新闻外，尚须尽量搜集几个方面的记载，诸如书籍杂志上有关的文字，也应记录其大意，俾逐渐整理成一个有系统的资料。有了这种资料做研究的基础，然后再进一步比较实际的情形，以后里的事实去证明自己事前的判断，经过数度的对照，似乎并不难达到运用自如的境界。譬如说，我们关心民主政治，但民主政治绝非空洞的理论或口号，而是有其实际的根据的，这根据便是一个国家的宪法。宪法的条文固然重要，但条文只是一种文字的约束，引用时尚有技术空隙，全视施行之际是否公允，及能否符合兴趣而定。所以要测验一个国家的民主政治制度，大可不必注意政治家的演说或文告，却应从这个国家的选举过程中，看看人民有无充分表达意愿的机会。除了选举以外，他们有关司法行政的资料，也是有力的旁证，可以帮助我们对于整个问题的认证。经过这种不断的搜索与分析，民主政治的真谛自会显明，再去阅读这种新闻，自己便有直接下个判断的能力。等到一项问题自信已有充分的把握时，再行逐渐扩大范围，旁及其他部门。这种自我练习的方式，渐次由浅入深，由简而繁，一旦技巧纯熟，自然对于任何事物都会先具有一个概念，这时候，不独片面的宣传无所施其伎俩，甚至每宗新闻本身的变化及其因果联系，也不难一目了然，不用说可能连随读随忘的现象，也都会随着绝迹！

第二，提纲挈领。不管表面上一宗性质多么严重的新闻事件，只要我们留心分析，将复杂的情节逐段分开来研究；也不难发现属于纯粹事实的报道，亦即构成故事主干的字句，通常不外寥寥数语。至于其余十之八九，却全属记者个人对这个故事所加的解释，亦即新闻所必须的陪衬、穿插等各种资料。所以新闻报道，常在一种“喧宾夺主”的姿态下出现，而真正的事实本文反多被掩盖住。结果一般读者先受记者叙述方法的影响，只将注意力集中到穿插、陪衬的描写上面，无形中只顾及情节的离奇与趣味，根本忽略去寻求事件的本来面目。故读者对于新闻故事的看法，多少总根据记者个人深入新闻中的观念，往往易为记者的同情或反感所转移，不能运用客观的态度来把握事实，下一个自己的判断。所以读报的第二个前提，就必须设法先去掉新闻报道中非事实的成分，然后加以提纲挈领，让事实完全显现出来。换一句话说，不管记者的文笔如何生动美妙，穿插的资料如何轻松有趣，都应认为这一切概属题外文章，并非事实，更不可视为新闻的主体。同时题外的一切，目的也仅在便利读者阅读，以及引起读者继续阅读的兴趣；至多也只能算是一种新闻写作的技巧，与新闻本身无关。对于希望了解新闻真相的读者言，最重要的，就是事实本身，不是穿插陪衬的一类资料。

为什么新闻不能做到纯粹报道事实的地步？这里可以分两方面来解释：一方面，因事实总比较简单，有时甚至枯燥乏味。例如每日报上的气候报告、物价行情等类消息，就像流水账簿的记载一般；虽说社会需要这类新闻，可是大多数读者除必要时始翻开外，大家平常对此根本不会发生兴趣。原来单纯报道事实，没有其他的引证或说明，读者照例不会加以欢迎。因为读者所希望了解的，绝不止片段式的一段新闻，而是希望能够将这宗事件发生的原因及经过，原原本本说出。最好还要将有关的各项问题，也一一附带提及，使大家一读就立刻明白其中的因果关系，才会感到满意。故新闻报道中必须包括解释及说明的成分，纯属适应读者这种要求。至于另一方面，新闻一有了穿插与陪衬，无论结构或叙述都会格外生动，可以当做故事来阅读。而故事的格式，不但很容易阅读，甚至无形中还会提高读者的兴趣，所以一般新闻的外貌，总要经过一度人工改造的手术，轻则情节有所变动，重则根本改头换面；至少，要加入一些夸张渲染的色彩，也在所难免。又何况世间不会有一个记者，愿意自己的写作平淡无奇，因此，大家努力追求的目标，恰恰不是平铺直叙的方式，却是竞求如何能够做到“语出惊人”的地步，是以通常每篇新闻的主要事实，至多不过数十字就可以叙述完毕；但一到记者手中，为求加强报道的生动性，便往往要写成数百字甚至数千字的一篇新闻。这一层，算是新闻写作技巧的关键，记者又不能不加以夸张的苦心；但读者如果能够懂得通过这种技巧，将无关事实的枝节问题一一加以剔除，其实并不难看出新闻的本来面目。不过如何辨别每篇新闻中所含的各种成分，例如哪一种是事实，哪一种是穿插，哪一种属新闻写作技巧的渲染，哪一种竟是一部分或全部歪曲事实的宣传，这中间错综复杂，不是依照其性质相加分解，再经过提炼的阶段，却不容易得到一种正确的认识。最简便的方法，即同时阅读几份立场不同的报纸，在同一事件的新闻中检讨每家报纸所采取的报道方法及观点，只要比较得出彼此间的矛盾及个人的所谓“是”与“非”，多少总可能揣摩得到事实的真相。一旦把握住事实的真相，读者所剩下的，只是决定自己对于这宗事件的态度而已。

五（应为“四”，但原文如此）

第三，小处留心。新闻报道，除了写作技巧的外衣以外，尚有不少难题，其中要算宣传的烟幕作用，最容易使读者感到迷惑。这种烟幕因素，几乎到处都有潜伏，明显一点便毋须解释，只要点破新闻的来源，大家仔细一想，都会明白此中所含的宣传成分。例如官方的文告，或者党报纸的记载一类，如果读者平时对于这一政党或政府所标榜的主义、党纲、政策有所了研究，其实在未预读之先，早已了解发表新闻者的一贯主张。再用这个线索去分析每一宗新闻，当然不难自行判断，哪一种人必然曾有哪一种说法或见解，绝不可能遭受蒙蔽。反过来说，另有不少新闻报道，表面上却统统以第三者的姿态出现，好像本身丝毫不含宣传气氛或成见；等到我们一看内容，细加思索以后，方才恍然大悟，那又正是出自宣传家巧妙的设计。大多数读者遇上这种情形，稍一疏忽，便看不透此举真意的所在；假如不留心推敲，更可能立刻堕其术中。故预防政党的直接宣传，尚非苦难；但要到处指破见解潜藏的宣传因素，让事实的真相完全暴露出来，却不是一宗易事。

历来一般比较有经验的政治家及宣传家，对于新闻所采用的宣传技巧，多半没有什么固定不变的方式。通常总以随机应变为主，因为变化愈多，愈令人不易捉摸，也愈能显现出宣传的妙用。除在政治斗争的高潮期间，他们不得不正面采用直接的方式外，平时这批人照理将自己躲在幕后，或装作局外人；目的即在不愿被读者识破，减低其影响群众的力量。勉强加以归纳，这类常用的方法有二：一种是进攻式。所谓进攻式，即集中全力供给政敌或帝国的某种弱点，藉以造成一个在公众面前毫无辩驳余地的优越地位。原来只要正面的论据能够成立，获得了大多数人的同情，届时自己无形中就可以变成公理的化身，好像一切为的都是替大众争是非、谋福利，丝毫未提人与人的成见。当读者的情感一被激动以后，再也不会又能疑心到提出这个问题的人究竟动机何在？到底有什么企图？这不是一下子就容容易易的将读者瞒过。所谓防御式，是替自己辩护的一种宣传方式，乃被他人供给后所采取的一种守势战略。这中间，否认一件事，或者承认一件事，关系往往十分微妙，时常可以看得出宣传家技巧的高低。如果遇事总口口声声加以极力否认，这便是一个最拙笨的宣传家，其效果之多也不过等于“此地无银三百两，隔壁小二未曾偷”，无人会如此天真，肯相信这么一回事。反之，高明的宣传家就从不会出此下策，他们多以类似诚恳的态度，照例开头立即先承认问题中不重要的一部分事实。这种近于坦白的口吻，反而能够直接打击一般读者的疑问，然后再接着得到另外一种印象，可能大家反过来寄以同情。至少，此举可抵消对方的宣传攻势，造成对自己有利的舆论空气。虽然，不同宣传家的技术如何巧妙，说起来总脱离不掉一个避重就轻的原则。换言之，凡对于彼方有利的争执焦点，对于此方必形不利，故彼方所特别重视，往往会针对这对方的弱点来扩大自己的论据。自然，一般宣传家在宣传战争中，表面上的理由总是冠冕堂皇，绝不会有多大破绽；纵退一步说，也必然自始至终能够自圆其说，所谓“言之有故，持之成理”。但任何一位天才宣传家，要掩盖住全部真相，使其丝毫不露出漏洞，事实上却又无此可能性；通常不是由于无可奈何的形式，便是由于偶然的疏忽，总不免要在一二处不经意的地方露出马脚来。为了这种马脚既非有意造成，所以只隐约地见于无心的语句或小动作中；读者如果不仔细推敲，运用编辑方法逐段分析，求出新闻本身内在的小矛盾，也极可能轻易就被宣传家瞒过。例如多年来，民主的呼声遍及全世界，无论贤与不肖，大家几乎异口同声，齐喊民主。但同是民主，彼此的解释却往往各异，妙在相差于丝毫之间，竟显出完全相反的意义。像这一类现象，就需要读者自己用最大的耐心，从小处观察，把握住每一个小矛盾，加以追究，加以推论，然后才可能领悟出实际所产生的情形。同时也只有在这个前提下，才有机会揭穿新闻里面所潜伏的烟幕。

六（应为“五”，但原文如此）

第四，旁敲侧击。读者读报，论目的，自然在求获悉事件真相的全貌。新闻报道本身即如上述，受尽各方面的牵制，不能满足此项要求；故在读者方面言，便非另觅途径不可。这中间，旁敲侧击也算是读报方法的一种。所谓旁敲侧击，即读者对于某宗新闻事件感到怀疑，而一时又不易明白个中实情，结果就需要从旁面寻求其他证据，藉以探求出事件的本来面目。通常可以应用的方式有二：一由新闻报道本文中揣摩出反面潜伏的意义，另一乃搜集其他事件的记载，作为推论此事的根据，证明这一事件本来应有的情形。当然，旁敲侧击本身带有几分忖度的意味，并非绝对可靠，更非万无一失的法宝，不过在新闻政策如此流行的今日，如果读者再不斟酌应用这个方法，那么辨别新闻真伪的可能性，便要愈渐减少了。

关于这一点，一般而言，新闻报道本身常潜藏有反面的意义。尤其有关国际问题出自外交家口中时，往往格外含蓄，于是也就格外耐人寻味。譬如说，每次国际会议期间逐日所发表的公报，我们就不能只从正面去读，结果让自己去上当。假如这一批政治家、外交家辈告诉我们，他们在极愉快的气氛中达到协议；其实，不但极愉快的情形不可深信，甚至是否获得协议，都属疑问。假如他们仅说，在友好的商议中，彼此的意见业已完全一致；这至今说明，会议过程中，彼此的观点恰恰相反，甚至曾经发生过剧烈的争执与摩擦。假如他们公开声明，会议的进行已有效果，与会各国代表彼此均已互相了解对方的立场云云；这便无异承认大家确在吵骂，互不相让，结果已不欢而散。如果中间有异国代表再发表谈话，劝告大众不必悲观。前途仍极有希望等话，那无异等于正式宣告，这个会议业已全部失败，非另觅途径不可。相类似这种性质的新闻报道，以前在我国报纸上同样也非罕见。过去一般要人的去职，本身可能顽健如牛，但总要宣称与健康有关。至于出洋考察，多半更是失意期间的一幕，表面上却要说是奉命遣派，体面依然。只要我们平时肯特别留心，此类意义相反，指鹿为马的语句，在报纸上面真实不胜列举。此外，尚有由于礼貌关系，例如名人在欢迎会上的演说：或由于政治斗争，例如政党领袖的公开讲话等等，都可能让事实来迁就环境，多少不免要言不由衷。所以从新闻报道中揣摩出相反的意义来，虽说不无一些冒险，非有相当的经验配合不可；可是时至今日，实际上仍不失为一个值得重视的读报技术。

关于第二点，却需要从新闻报道本题以外去收集资料，所谓“他山之石，可以攻玉”，有时也是一种有力的旁证。这种方法，多半用于性质比较复杂的事件上面，固有关资料的搜集更非容易，当要煞费苦心，依靠平日随时随地细心观察，才会有所收获。所以遇到每一可能当做象征的事件，就应该陆续记下，经过一点一滴的收集，再让这一连串表面上似乎毫不相干的小问题发生联系，使其自成一个系统，然后作为推论与判断的根据。本来我们日常读报，照例会碰到许多好像无关紧要、其实不无意义的消息。这类消息一时虽不可解，但与其他新闻一相配合，却立刻显出竟是一种补充说明的极好资料。能将不可解释的大问题，陪衬成一副轮廓鲜明的图画，使我们间接容易推论出事物的真面目。像这类资料，可以分为无形的与有形的两种。例如两国邦交一向亲善，使节往返甚密，忽然有一期间双方或一方的新闻报道突然冷淡，这里面便有文章存在。正如一个叱咤风云的人物，忽然报上无名，都是无形中供给我们的上等新闻资料。说道有形方面，重点却在于推论，譬如说，甲乙两国的关系如何，我们绝对不能只听两国政治家或外交家的演说，最好是从多方面观察二者对待其他国家，尤其对待近邻各国的态度及政策，来间接加以判断。这一方面，既可以比较出这一个国家与其他国家如何相处的情形，另一方面也不难明白，目前彼此间的关系究竟到了什么程度。总之，前事不忘，后事之师，借鉴他人，不但是做人的道理，就是国与国间的关系，也可以此类推，不应有所例外。所以用彼一事来做此一事的例证，始终算是读报的一种良法；并且恰恰由于这缘故，我们绝不可为一宗新闻本身平淡无奇，就轻易放过，不肯细加研究。须知有时以小论大所得到的答案，反而更见正确可靠。原来旁证的重要，并不在一宗事件本身的意义大小，最重要的，即由这一件事可能间接影响或证明另一件事的演变，终于推论得出当时的实际情形。因此，许多新闻的小节，例如当事人一时无心的说话，或处理事件时的小动作，尽管本身没有什么大意义，但往往无意中却会把大事件的真相泄露出来。

七（应为“六”，但原文如此）

除了上述各点外，一般读者平日最感觉到困难的，因各报立场互异，彼此常用不同的观点来报道，致使读者大众没有无所适从之感。本来在理论上，报纸只应该替大众服务，不容再采取另外的立场；可是自从政党政治得势以来，党争已成为无可避免的社会现象，要报纸于这种情况下维持完全的独立的报道，显属艰难，这是第一点。其次，各报记者每一个人总有个人的见解，同时大家处理新闻的方法又彼此不能一致，结果，同一事件也会有两个的报道。故从报纸本身去求统一，要使各报新闻完全相同，这不但此路不通，甚至反而违背了新闻自由的原则，结果新闻报道的有歧义现象存在，乃一不可避免的事实，既毋须直接加以消除，更不必有所畏惧。因为问题的焦点，即读者大众乃最可靠的公正（应为“证”，但原文如此）人，而且也是最后的公正（应为“证”，但原文如此）人，只要读者大众懂得阅读新闻的方法，了解分别真伪，便不问各报的新闻报道如何分歧，依旧不能算是一种阻碍。

原来读者大众的对于新闻，其情景恰犹如法官的审问案件，一般而言，大家最初绝不会存有什么成见。其实，单为要避免发生“先入为主”的现象，报纸就不应只供给“一面之词”；反过来说，必须将正反各方的消息及意见全部公开，让读者有机会自行比较，然后读者才可能同法官一样，自己下个公正不偏的判断。是故从读者的立场言，各报新闻报道的不划一，不但无害，甚至正是一个认识各方不同观点的良机。虽说当议论纷纭之际，任何人都会感觉到辨别是非的不容易；可是事实经过各种角度的对照以后，却又愈加鲜明，愈易认识。俗语说的好：“不怕不识货，只怕货比货”，世间任何事物一有了比较，往往真伪立显，简直毋须再另行说明。假如一个人在这种场合下能够不以情感来替代理智，肯用冷静地头脑来观察，来分析，实不难在矛盾分歧中领悟出真相。

本来现代报纸的缺陷，同时也可以说是现代报纸的根本危机，即在于新闻报道不能够全完符合事实的一点。更不幸的，这里牵涉的问题过于复杂，从新闻统制到新闻政策，几乎处处都是新闻自由的陷阱，而且这些多半都不是报纸本身的力量所能抗拒。举个例来说，现代国家的应付报纸，不但有明文或习惯上的处理办法，随时可以运用法律的力量；同时还有类似情报部或新闻处的机构，雇佣一大批人员，整天在研究新闻的漏洞问题。所以像官方的文告以及政界里要人的演说原稿，事先总照例经过这类专家们的一再推敲，直到大家认为百无一失的时候，才予正式发表。当然，在这么严密的布置下，新闻可能出毛病的机会一方面既愈见减少；另一方面，就是偶尔不小心泄露了一些真相，事后他们也依旧想得出办法来补救。因为读者无心，幕后设计者有意，以“有意”对付“无心”，自然绰有余裕。虽然，这中间更重要的一点，即新闻来源复全部操纵在这批人物手中，许多消息都经过他们改头换面以后，才交给记者披露；结果所谓是非黑白，连记者本身一时间也未必能够探究得出。此外，宣传家们除控制新闻来源以外，他们还经常懂得不断的在争取时间。原来任何事件只要发展到最高峰的一刹那能够平安渡过，实际上便等于告一段落，事后一般读者必然认为时过境迁，再也不会有人还来认真计较。这一着，关系十分重大，历来政治家辈每遇危机所以终于能够平安渡过，也可以说完全依靠这个技巧！

正由于新闻报道缺乏充分自由的结果，影响所及，事件的真相多被掩盖，而新闻与事实必然随之宣告脱节，终致社会上公正的舆论也就无从产生。关于这一层，既不是记者单方面的努力可以收效，也不是报纸一个机构能够扭转乾坤；除非有那么一天，读者大众人人都具有辨别新闻真伪的能力，足使任何宣传伎俩无所施展，否则新闻的真实性问题始终仍继续存在，绝不会有解决的可能。须知正面的新闻统制还比较容易克服，但新闻统制之外，却又有变化多端的新闻政策；只要新闻政策存在的一日，谁都不敢保证，究竟哪一篇新闻中有没有宣传的成分。总之，为读者大众的利益计，也为新闻事业及社会的利益计，每个读者正应该同每个记者一样，大家必须共同担负起这个求真实的重任！

政治新闻

一

现代报纸中受人责难最多的，莫过于黄色报纸。因为这一类报纸的作风，根本不顾新闻的社会意义和事实，只要能够刺激读者，轰动社会，任何低级趣味事件都会成为报纸上的绝好资料。同时表现新闻的方法，唯一标准在于销路，为求报份的增加，遇事更照例要加以渲染、夸张，甚至故意歪曲。使报纸记载与事件实际所发生的情况，往往背道而驰。不过，依照新闻道德的观点说，该受责备的，显然不止黄色报纸这一型；举凡不能忠实报道，致读者遭受蒙蔽，或有意颠倒是非，指鹿为马，让一个社会罪人摇身一变成为群众崇拜的偶像时，都算同样违背职业应有的道德。倘用这个尺度去测量，则现代报业的病态现象，除黄色报纸的一套手法外，经常出毛病最多的，恐怕还是政治新闻。

政治新闻系报道一般政治事件的动态，从国家大事起到地方性的社会生活止，凡稍带有政治意味的现象，都可以包括在内。提起政治，这不但是人间关系最复杂，纠纷最多的事物，就是辨别一件事到底有无政治性，也同样并非易事。譬如说一个政治家的日常举动固然是政治，但一个平民所发表的意见，只要能够影响到社会上另一部分人时，又何曾不是政治；本来政治的特征不在于事件或者政治上面，一切总决定于民意的反响；所以所谓政治斗争，实际上无非在于争取民意这一点。历来政治圈内人物大都“只求目的，不择手段”，甚至不惜运用阴谋诡计，企图制造一种对于自己有利的舆论，关键也即完全在此。

不过政治虽受人诟病，一方面既是人间最高权力的象征，多少人为了满足个人的野心，非取得此项权力，无法做到“人上人”的地步；而另一方面，究竟又属解决社会问题的枢纽，政治一日不上轨道，人类的社会生活便一日不会有可靠的保障；终至连古今中外许多哲人也抱着悲天悯人的救世思想，直接献身政治。至于参加政治的动机，不独因人而异，就是处理政治问题的方式，也人各不同。历史上一般政治家对于治国之道，几乎每一个人都有自己的一套方案，当所提的方案能够适合时代需要时，便极容易得到人民的拥护，一切政治纠纷都随之迎刃而解，造成“太平盛世的局面”；否则纷乱局势依然，即所谓“乱世”。这一治一乱，表面上虽属一种政治现象，其实也可以说是人类悲剧的泉源。没有政治，人类社会生活的情景固然不可想象；可是一有了政治，在人与人间却不免有统治者与被统治者的对立。有时由于统治者的开明，像史上“贤明”的君主专制时期，以及像在现代的民主政治制度下，这个对立，最少还可以避免公开采取武力斗争的危险；可是要解除这种内在的矛盾，仍非从根本处先消灭掉统治者与被统治者的壁垒不可。自然，政治的演变，并不止发生在一个国家境界之内，古代为了“子女玉帛”，近代了为了土地富源，现代为了商品商场，凡一个国家的实力达到某种程度时，必然转向国外发展，或藉以解决内部危机，或企图增加本国的强盛。这么一来，政治就变成国际纠纷的导火线，最后不免引起了侵略与自卫的军事行动。所以从好的方面说，政治固是人类社会秩序以及生存的一种保障；不过从坏的方面说，恰又是人类生活幸福中残酷的破坏者。因为以往的一部历史，实际上所记载的，就等于一部人类为了政治纠纷互相残杀的记录！

解释一般有关政治的现象，有政治学这一门科学；不过政治学的主要对象是国家，既以国家为研究的出发点，也以国家为研究的终止点，并非包括所有的政治问题。由于国家乃一个抽象的事物，其具体的表现在于政府的组织，故政治学的研究对象又侧重在政府上面；例如组织政府的原理，即所谓政治制度问题，以及处理政务的方法，即所谓行政管理问题等类。其实，像这类问题，不外一般原则的性质，多属于政治的表面现象；与变幻莫测、表里两面的实际政治，已经不能完全吻合。又何况这中间，政治事件的演变往往复有内部的因果关系存在；譬如说，政治总经常脱离不掉经济的影响，假如忽略去经济的因素，许多政治现象便无可解释，这是第一点。其次，每一个民族都有其历史及地理环境所造成的民族性；如果民族性彼此不同，尽管采取同样的政治制度，结果所反映的政治作风也必然互异，这在各国的政治史上早有过不少先例。例如近百年来，英法两国同是民主政治制度的国家，但一个缓进，一个急进，一个两党政治，一个政党林立，几乎从立法到行政，处处总有鲜明的区别，可为证明。再次，单纯研究一个国家内政问题，尚容易了解；可是当政治越出国家边界时，以外交及军事的姿态出现，情形就不免愈趋于错综复杂。这中间，一方面是外交上的纵横捭阖，互相牵制；另一方面复弱肉强食，各国竞相以武力作后盾；终致每一个国家为了本国的利益，无不勾心斗角，演成遇事必争的形势。当然大家所说出来的理由，冠冕堂皇，毋可非议，不外为着"和平"、"公理"、"正义"、"人类幸福"以及各种的动人口号；至于骨子里却始终脱离不了本身的利害关系，又是事实。总之，现实政治就是这么一套，在表面现象与幕后实际情况之间，永远潜藏着这个扮演的痕迹。政治新闻的任务即在报道政治事件的真相。因此对于幕后经过的检讨探究，让每一政治事件内在的因果关系能够全部显露在读者大众跟前，这才算尽了记者的天职。自然，要记者经常直接揭开政治的内幕，不但事非容易，同时也势如玩火，至其所得的资料及所下的判断有无错误，尚属另一问题。不过一个记者假如为了职业关系非向政治新闻方面尽力不可，则关于政治原理与政治技术两部门，却应该先有充分的认识，这算是职业上的必要前提！

所谓政治原理，简言之，即有关政治的各种知识，约可分下列三部分：

第一，政治基本知识

这里像政治学、经济学、社会学、历史、地理以及哲学、逻辑学等，都是研究政治的基本工具。因为要了解政治的本质，只有从政治思想史及政治制度的演变中寻求出政治现象的一般法则，把握了这个法则，才不至于白费心力。

第二，认识现代政治

现代政治的特征，就是政党政治。要了解这一点，则关于各种政党的组织及其所提倡的主义，连带所有的党纲、政策等等，概须加以精密的研究。政党本身虽然重要，但领导的是否得人，往往又关系一个政党的前途，故现代一般政治家的生平及其思想这些事物，也同样值得注意。

第三，国际问题

国与国间的关系，通常以经济利益为主，其次方是政治制度的异同问题。不过一个民族能否与其邻国和平相处，还有另一层关系，这便是这个民族的气量。故民族性及每一个国家以往的外交史料，也可作为国际复杂关系中的一个线索。

所谓政治技术，在现实政治的演变过程中，比起原理来更要重要。一般人常把政治比作变戏法，就是指运用政治技术之际，往往虚虚实实，每件事即未必全真也未必全假，多半总在可真可假之间，所以愈加使人不易捉摸。这一层，约有下述几个原因：

首先值得注意的，即政治本身乃关系权力得失的现实问题。一般政治家为要争取权力及保持已得的权益，无不竭尽智能，运用一切可能的方法去争斗，绝不肯自动放松一步。是故许多人一旦陷入政治漩涡，都是有进无退，感觉到抽身不易，便是这个道理。其次，政治不但关系得失，同时更是生死存亡的决斗场所。通常政治斗争不是两大势力的对立，便三五势力的交互混战，胜利者即成统治者，失败者即遭受淘汰，甚至有时连要求作为一个平民都不可得，古今中外处置敌对党人的残酷手段，便是明证。再次，政治上的成败，唯一前提在于人心的向背，于是争取人心遂成为政治家的主要目的。理论上说，要取信于人本来必须诚实；但搞政治恰如演戏，倘若演技高明，情景能够逼真，人民一时也无法辨别真假。而且政治不同于宗教，没有戒打诳语的信条，所以一般人更认好像行军一样，所谓“兵不厌诈”，谁都不去引用道德的尺度来加以批判。总之，实际政治，绝非我们所想象的那么单纯，每一个政治家或政治集团都会利用时机及群众心理，制造一种对自己有利的局势；其中一举一动，概含深意，或在打击对方，或为自己辩护，重点决不在于是非问题，而在于利害关系。如果事先不明白这一层，那末对于这种政治技术，谁都会感觉到眼光缭乱，不知从何解释起！

政治新闻的所以充满矛盾性，今天的消息会同昨天冲突，明天更可能另有一种说法；而同一事件往往同时会有两种或两种以上的报道，矛盾到简直无异两宗事实；原因就在于政治本质错综复杂，变化无常的缘故。所以要报道和了解政治新闻，只有先设法了解政治这一条途径。

二

现代政治的特征，是政党政治。所谓政党政治，即以政党为单位，不是以个人为单位，由许多信仰相同的人互相结合组成一个政党；再由政党规定了党纲与政策，作为全体党员共同行动的信条。政党的最后目的在于取得政权，当争取政权过程中，不管所标榜的主义如何，唤起人民的同情却属先决的前提。因为没有大部分或一部分人民的拥护，无论采用选举方式也好，武力方式也好，总不容易造成攫取政权的机会。至于如何使人民发生信仰，扩大自己政党的群众，不受政敌宣传所引诱；这中间单提出政治性的问题或口号，自然远是不够，非具有整套生活方式的观念，实不足以长久羁服人心。所以现代政党无不特别注重精神方面的灌注，换一句话说，从物质生活到精神生活，每一个政党都有制好的一副模型；只须照模翻印，信仰的人数愈多，这个政党的力量便愈大，并不希望有人对此还来一个“别出心裁”，表示什么个人的意见。政党政治的不幸，也许恰在这一点，譬如说，同情某一个政党，便须全盘加以接受，否则无形中又等于站在反对的另一方面。这不但说没有挑选及修正的自由，甚至由于壁垒过于森严，终于人与人间凭空反而增加了无数“政见不同”的纠纷。如果说，人是政治的动物，那只有在现代政党政治的斗争中，这句话才名实相符。

现代政党对于争取政权及稳固政权的方式，简言之，不外两大体系：一种要从竞选中获得胜利，执政以后照样让所有的反对党自由存在，公开竞争，不利用武力来维持政权。另一种则必要时不惜采用武力推翻原有的政府，而一旦得到政权便立刻宣布一党专政，禁止任何反对党人从事政治活动。这是各种政党所采取的政治制度不同，作风互异之故，倒并非思想或主义上必须产生此种分野的现象。一般而言，前者叫做多党式的民主政治制度，由人民用投票方式来选举议员，组织议会，再由议会中占议员席数最多的政党出面组织政府，因此又称代议制度。民主政治的特色有四：第一，国家主权属于人民的一句话，并非空谈，因为人民每次在选举的过程中，都有机会自由选择任何政党当政。第二，有宪法来限制政府的权力，使政府不敢滥用职权。第三，政治斗争的武器仅限于语言文字，不会为了政争发动内战。第四，言论自由等也获有比较充分的保障，任何政党当权都不敢公然加以侵害，否则定会因此丧失人心，终于这个政党的寿命不久就要完结。但缺点也无可避免，即政治常受经济势力集团的操纵，为了少数人的利益，往往使一般人民的利益遭受牺牲。至于后者与前者对立，叫做一党专政制度。这种现代式的一党专政制度，同历史上的个人独裁不同，有其整套的政治理想；从政治、经济起到生活方式止，形成一个完整的系统。所谓专政，其实也不外达到这个理想的手段而已。在一党专政的过程中，本身也有优点：第一，政治设施上不但有理想，兼又有全盘计划，比起漫无目标的政治制度，易见功效。第二，权力集中，容易推行政令，可以使落后的国家在短期间内赶上先进国。第三，一党专政多属一个新兴的力量，充满朝气，这个朝气更是立国的重要前提。可是从政治新闻的观点来说，仍有不少弱点存在：第一，人民无法发挥选举权的力量，因为缺乏反对党人的竞选，大家没有自由选择的机会。第二，执政党所组成的政府，无论权力或任期方面，即可不受宪法的限制，更可不受舆论的约束，万一施政失败时，也不能应用投票方式使其自动让出政权。第三，新闻与言论常受官方的严密管制，结果政府的施政有无错误，民间便无从直接加以纠正。虽然，话说回来，政治制度本身仅是一个手段，并非目的，如果我们肯平心静气观察，则任何政党所标榜的主义，全部未必会有许多大漏洞。所以主义是一回事，政治制度又是另一回事，大可不必将二者混为一谈，更不该单从政治制度上去批判各个政党的优劣。不过为了报道政治事件的真相，让读者大众了解实际情形，那每一个记者总希望各个政党肯打开新闻之门；这中间，民主政治制度的方式比较有利于记者的报道工作，却又是一宗事实。固然，就在民主政治制度下，新闻来源也大有问题，世间决不会有一个政党或政治家情愿报纸刊载对于自己不利的消息；但由于正反各方面的新闻具备，纵欲设法加以掩盖，结果经过一度互相对照以后，一般读者仍有可能了解的机会。反过来说，一党专政的情况下，自由报道之门先受限制，终致新闻只有一个来源，也只容许发表一种言论，记者遇到这种场合，虽欲报道事实，反映民意，当然要感“心有余而力不足”了。

本来政治新闻是一个谜，就是普通政治事件，内中总不免有一番曲折的经过；任何一种政治制度都未必会减轻报道事实的困难，也未必会完全掩饰得住新闻原有的面目。从统制新闻到新闻政策，差别无非彼此的方法不同，倘论存心，想瞒过人民的耳目，实无二致。了解政治新闻的困难，不但事件本身的实情多被隐藏或歪曲，同时更重要的，即全靠有关方面的说明及解释，大家方有机会明白个中的因果关系。至于辨别所加解释的真伪，也全靠正反各方面的比较，一般读者才可能自行判断。历来统制新闻的所以不容易生效，因为只有一种解释；这在民间看去，就多少等于片面的理由，自然不愿深信，定要加以猜测，终至谣言也就随之产生。民主制度却不同，由于人人有同等宣传的机会，于是大家都得小心，非多靠近一些事实，多运用一些技巧不可。并且有时恰为的轻微的变动，反更容易使一般人民堕其术中；所以为政治家计，其实采用民主政治制度，并无多少害处的。

民主政治制度的重心在于**议会**，议会乃一切政治活动的主要场所，也是各政党决斗的战地。这里不独是产生政府的地点，同时有关国家大事及施政事宜，政府的负责人员既须在此公开报告，等到议会通过以后，才正式成为国家的法令政令。议会的另一特色，乃采取公开辩论方式，从外交到内政，几乎事无大小，都可以自由提出质问及讨论；而这种经过的情形，复经报纸刊载，让全国人民明白此举的意义，这更无异等于在测验民意的反响。因此不问是政府党或反对党，对于每一政策所采取的态度，概须慎重，必须具有充分的理由，才有获得人民拥护的可能。民意的所以重要，即由于人民拥有选举权，任何执政党只要一不小心，失去民望，等到下一届选举时，都立刻可能从在朝的多数党变成为在野的少数党。一般政治家及政党不敢在议会制度下拂逆民意，作冒险的措施，原因也即在此。

议会乃政治新闻的泉源，不但讨论国内政治，经常还要讨论到国际问题。例如近百年来，英国对于世界政治的影响，英国下院就始终是个神经中枢。在议会中，无论政府党或反对党议员，都可以自由发表意见，不受任何干涉；有时便牵涉到其他国家，也照样抨击，可以毫无顾忌。依据民主政治的传统观念，议员是人民的代表，受了人民的付托，凡关系公众利益的事项，都有提出讨论的责任。这一层，对于政府的施政，固然有所牵制，但也有不少便利；例如内政外交上一旦遭遇困难时，间接就会得到民意的支持。

至于对政治新闻言，来源一有了中心，便不至于单凭官方发表的公报，所以资料自比较可靠。再加上议会制度同新闻事业二者的兴衰又有其连带关系；议会乃政治新闻自由报道的一个保证，没有这个自由，新闻事业便无从进步；而新闻事业的衰落，同样要影响到民意，间接又使议会制度的基础发生动摇。一般人多以为，只须刊登一些有刺激性的新闻，能够吸引大量读者，报纸即有“领导”舆论的力量，殊不知报纸的销数与言论的作用并不是正比例的公式。像英国《泰晤士报》日销仅二十多万份，但其影响力量却绝非日销三百七八十万份的《每日快报（Daily Express）》所能比拟，可见报纸与舆论的关系，主要的还是政治新闻。本来依照新闻的性质论，政治新闻也与公众有利害切身的关系，人类社会生活既脱离不了政治，则政治新闻在报纸上要占最重要的地位及最多的篇幅，自属势所必然。

三

不问任何政治制度，各政党的总部及其有关新闻的机构，像政党的宣传处、通讯社、机关报等，照例也是政治新闻的主要来源。我们要记住，现代政治乃政党政治，就是议会，事实上仍是政党斗争的舞台，幕后策动及指挥的人物，几全属各个政党的首脑。由于政党只有集体行动的纪律，没有党员个人的政见自由，于是党的政策决定一切；如果这个党的势力在议会中占优势，当议员任期以内，这个党的地位就绝不至于动摇。譬如说，英国内阁常由议会中的第一个党组织，英人传统习惯赞成两党制度，结果政府党的议员人数往往可能占议席的半数以上，当然任何一个问题一经表决，胜利总属于政府党，所以阁潮不容易爆发。反之，法国是多党制度，大小政党林立，而没有一个政党的力量可以单独控制议会；因此，每次概须组织两个政党以上的联合政府，当联合政府各党间发生意见分歧时，内阁就立刻宣告解体。历来法国阁潮之多，冠于全世界各国，就是这个理由。

政府的力量既受**政党**的控制，则任何政治动态总脱离不掉政党幕后牵线的痕迹。自然一般政党所宣传的主义，可以说都是无懈可击，至少，也代表一种理想的政治境界，着重于为人类谋福利；不过政党的实际表现并非主义本身，却在于所采取的政策。政策的根据乃现实环境，照例以大多数人需要为转移；虽说政党多以一部分人或一个阶层的利益或观点为立场，可是在争取政权的关头，往往又不惜随机应变，作九十度的转弯，求能得到群众的拥护。是故政策的本质，比起主义还要复杂，许多政党尽管主义上彼此互相矛盾，惟所运用的政策反而极端相似，便是例证。正由于政策必须适应环境，于是各政党间的斗争，每视能否把握住时机，分别胜负；这中间，因时、因地、因事件本身的意义而异，并无固定不变的方式。像政党这种追随现实的斗争策略，固然会使政治现象愈趋错综复杂，惟对报道新闻上却又不无帮助；第一，只要把握住当前的客观环境，便不难预料到各个政党所将采取的步骤。第二，此一政党所提出的主张虽必为另一政党所反对，但处境一变，彼此却又如出一辙；由这类似的矛盾中，就可以比较得出政治事件的真相。第三，凡政党政策的演变，不久总会影响到政府的施政方针，这不管是正面或反面，一种反应却照例无可避免。所以了解政党政策及其应变情形，事实上已等于了解实际政治的一半。

虽然政党的指挥政治，只算是站在幕后的一个机构，表面上施政权力，还是属于**政府**。政府本身有其独立的组织系统，例如现代国家的文官制度，把官吏视做技术人员，给予充分的职业保障，即其一例。并且，无论议会的议决案或政党的政策，总是粗枝大叶的大纲性质，一到执行之际，细则常居于举足轻重的地位；有时毫厘之差，便不难使大纲为之变质，这是第一点。其次，文官制度下的官吏，又有传统的国家观念与技术观点，除非一党专政摧毁了原有的制度，由党员来担任官吏职务，否则这一贯的独立作风，短期内实不容易突变。以英美两国为例，任何政党执政，政府对外的方式总是依旧，甚至连英国工党照样无法使英国政府的面目改观，更是一个有力的证明。总之，这批执行国家政策的政府官吏，多半重视现实，较少空想，他们绝不会单为主义上的矛盾，凭空就放弃掉国家的利害立场。尤其有关外交问题，大家始终懂得避重就轻，迁就现实，直到无可再维持之际，才让军事来决定个胜负。如果没有这批政治专家，军队政党的政策，尚可明白一般政治的趋势；有了这种人物存在，政治不但是一种技术，有时更会成为一种艺术，实可谓极尽表里两面的能事！

各国政府的行政机构，在组织上大体相同，都是依靠政务的性质分部，由各部负责处理有关每一单位的事宜。例如外交部主持外交，财政部管理财务，军政部或国防部主持军政，内政部管理国内治安，参谋本部计划军事作战等等。至于每一部门平日的施政方针，固然大原则须根据内阁的指示，不过实际负责的人，却是中下级的主管人员。因每一部门的政务有其特殊性，需要专门的知识与经验，绝不是普通的政治家所能应付；所以像英美法等国内阁更迭，每部也无非更换部长及一个次长，至于其余的全体官吏从不加以变动，就是这个原因。同时，国家的明文法令也总比较简单，许多日常政务几乎全靠以往的成例来加以解释；成例自然无法划一，往往因人的引用不同而发生歧异。结果每一部门都无异等于一个特殊的领域，像军事、外交、财政以及政党运动等等，固非专家不可，且不必说；就是一般行政管理，又何尝不属于专门性质的问题？政治新闻既是政治现象的反映，报道时自必须依照这种分类格式，不能另起炉灶。当然，一个记者不管个人的才具如何，面对着这么繁杂的事项，定无法四面八方兼顾，样样通晓，所以也势非实行分工不可。分工的需要，既因为政党含有专门性，不独各部门不同，甚至同一部门，彼此间性质有时仍见互异。譬如说，关于军事便有海陆空之分，这三者的基本知识已大有区别：如果再提到现代性的立体战，则所谓海陆空配合作战的战略问题，更属一种参谋人员的专门学问，不是内行专家，如何下笔？在平时的状态下，军事新闻尚比较有限，仅海陆空军事当局发表一些消息，参谋本部照例缄默。同时这类消息又多属零星断片，没有一个系统，假如照样刊载，便不能够满足一般读者的要求。于是各报只好另约退伍军官一流人物来担任军事记者，专门报道及分析国内外的军事形势。一到了战时，军事新闻当然占着报纸上最重要的地位，不独统帅部要每日披露公报，同时前线各将领也随时发表消息；再加上整个战局不断演变，各交战国间彼此力量的消长等等，问题的繁多以及时机的急迫，不是具有充分军事学识的人，定感无术应付。军事新闻不过是许多政治新闻中的一个例证，其他各部门的情形虽未必如此复杂，可是大致也相仿佛。所以当记者本身还没有深刻了解某一部门以前，如果不自量力，遽作报道，至多也无非“人云亦云”，绝对把握不住其中的要点。所以在变化多端的政治斗争中，不是内行人，步步留心，只要偶然的疏忽，说不定便可能替别人做一次义务的宣传！

以上所述，系指中央政府方面。但行政制度必有分支机构，除全国性以外，尚有**地方性的组织**。例如类似议会性质，各地就有省市县等参议员；类似中央政府，各地也照样有地方政府及其所属的各行政单位。这类地方性的政治机构，虽说所影响的范围只限于当地一个区域，没有全国性的意义，可是对于当地人民却常有利害切身的感觉；因此地方政权的斗争，其剧烈情况也不在于中央政府之下。又何况现代政党政治，首重基层组织，而取得地方政权恰是争取全国政权的一个关键与保障。是故现代政治战的重心并不限于国都一处，几乎全国各地都具有同等的重要意义。例如在民主政治制度的全国总选过程中，往往一区选民票数的得失，无不间接关系到全局，即其明证。

自然，地方政治的性质，远不如国家政治的复杂，举凡重大的施政方针都必须依据中央政府的法令和政令，不能自由伸缩，所以局面要单纯得多。不过地方范围较窄，活动于政治圈内的人物有限，多少事件纵未经报纸刊载，民间也可以辗转从私人口头上得到消息，如果新闻中稍有错误，便很可能被大部分读者所发现，结果又要影响到报纸的信誉。总之，政治事件的表面，不问是复杂或单纯，其内中总有一番曲折的经过，非以专家的研究态度从旁观察，分析每一事件的因果关系，轻易找寻不出事实的真相。同时政治的每一部门，几乎又等于一行专业，记者本人事前倘尚未具备所需要的基本知识，滥竽充数，单从职业的观点说，便非失败不可。

四

现代政治的不容易解释，主要的因素有二，一为政党问题，其错综复杂情形，已见前述；另一就是国际问题。国际问题虽可分为两部分，即本国对外的邦交关系，及各国间的互相关系；但由于现代工商业与交通工具的进步，所谓国际问题业已名实相符，实具有普遍的世界性。换言之，不独任何一国对外的政治措施经常影响及全世界，甚至有时连内政上的变动，也会间接牵涉到国际形势。因为国与国间的关系与私人间的关系不同；这里，既有经济上的利害冲突，也有政治思想上的分野，复有民族生活方式的互异以及地理、历史、文化等等因素。一般而言，邦交的前提，在于要问两国间有无利害的共同点，和有无假想的共同敌国而定，绝非像私人交友一般，根据什么情感与道义。所以历来有不少国家，先为盟友，后成敌国，或者今日互相攻击，明天又大谈敦睦邦交。固然彼一时，此一时，政治也是早晚时价不同；可是动机所在，决非一般政治家、外交家辈口头上所说明的理由，却属显而易见。这类邦交关系的演变，与其单去研究表面的外交辞令，倒不如脚踏实地，先分析两国间的政治和经济关系，以及此中是否有第三国已成为共同的假想敌人等点，比较容易寻觅出线索。至于了解国际问题的所以（原文如此）要比了解一国的内政更见艰难，这因为第一：国际关系乃以国家的利益为单位，当国与国间发生根本的利益冲突时，便不管文化及种族上有无多少渊源，例如同种同文；或者政治思想上是否同一体系，例如相同的政体；甚至连素称“兄弟之邦”到此无可调和的关头，都不惜以兵戎相见，其他更不必说了。

所谓国家的利益，即一个民族赖以生存及强盛的前提，这点就远在政党利益之上；历来从没有过一个政党或政治家敢于放弃这种利益的立场，藉以讨好“友邦”，结局还能够维持得住自己在本国的政权。是故从内政上看去，各个政党的面目，尽管五光十色，彼此互异；但一提到国际关系，中间只所采取的方法有激烈与温和之分，在本质上去并无区别。第二，政治斗争本不择手段，尤其国际关系的微妙，大家只顾利害，更根本无谓亲疏厚薄。多少政治家，在私人道德方面都是社会上的标准人物，可是一旦牵涉到外交政策的运用，立刻判若两人。例如有史以来，不但政治家对外的诺言不可靠，就是国际间所签订的条约，往往总是时过境迁，何尝有人视为神圣？因此，国际问题的千变万化，始终跟随现实形势而转移，既得者必竭力维持现状，其余的动作概属作为藉口的表面文章，没有值得重视的价值。第三，国际问题真相的所以隐晦不明，这一面固然由于各国都在运用新闻政策，常使宣传与事实二者混为一谈，终致读者大众一时无法辨别；但另一面，就记者本人说，当提及国际关系时，无形中多少又要受国家观念的影响；不是考虑到本国的利益，便无形中为爱国热情所支配，不容易做到纯粹客观报道及分析的地步。本来一宗事件的是非，实际上所差不过毫厘，如果用不同的角度看去，经常都可以发生相反的解释。譬如说，杀死一个人，叫做凶手，杀死一群人，当然罪恶更大，可是为了国家，这种人反而常被誉为英雄，就是一个例。是故在国家的边界未根本消除以前，国际问题的复杂性会一直存在，无从简化起！

国际问题的表面现象，通常反映在国际新闻上面。国际新闻的来源，大部分乃各国官方所发表及供给的消息，只有极小部分是记者个人活动得来的新闻。提起官方人物，像一般政治家、外交家辈，不独个个都具有丰富的政治经验，懂得应付环境：并且一种小心谨慎已成习惯，连每说一句话总要几经考虑，认为不会发生恶劣反响时方行出口。外交家的擅长辞令，更不必说了，纵处境万分困难，他们也能够避重就轻，把话说得不卑不亢，似有似无，不会给人留下一些把柄。在技巧如此纯熟，戒备如此森严的情况下，要希望这种人物自动透露出秘密来，真是谈何容易！但是政治家辈依旧感觉得不放心，知道容易泄露消息的所在，就是新闻事业。如果用消极方法加以管制，这一来可能惹起民间的反感，倒不如采取釜底抽薪计策，先掌握住供应新闻的机构，间接就等于控制了整个新闻事业。所以通讯社首先被官方注意，继之即广播事业，现在各国这两种事业早落入官方手中，与新闻处成为鼎足而三，同为官方的代言机关。通讯社的重要，可以不必解释，报业愈发达，通讯社的影响便愈巨大；现代各国报纸，除极少数大规模的日报外，差不多一离开了通讯社都无法独立生存。像这种表面上不露痕迹的作用，自非统制新闻所能比拟。至于广播台的威力，也同样不可轻视，每日按时不断将新闻供给听众，所谓“绳锯木断，水滴石穿”，只要时间久，工夫（原文如此）深，所宣传的目的，多少总能够达到。本来这类工作，最初仅为国内政治斗争而准备，后来国际形势一年比一年复杂，大家遂用来对外；终于使国际关系在外交、军事两条途径以外，复添一道新闻政策的活跃。

如果国际问题单用军事可以解决，或者大家都肯遵循外交的途径，则彼此之间，不是由于实力悬殊，不敢立刻应用武力，便是受条约的限制，暂时也可相安无事。不料自从新闻政策，也就是宣传政策加入后，国与国间即处于宣传战的状态，一直就没有过安宁的一天。由于宣传所根据的，必须是现实的资料，于是甲国为了本身的利益，对于某一宗事非严守秘密不可，而乙国为了本身的利益，却又非加以揭发不可；这“有此事”及“无此事”之争，已够人不胜其烦。当然，更令人困惑的，便是每一宗事同时必有两种以上的说法，到底孰是孰非，简直无从辨别起！

各国政治家一流人物，不独在国际政治有关的问题上表示意见，甚至经常还要对于新闻事件本身干预一手。一般惯例比较重要的新闻，总由负责的主管人员亲自过目，然后才把资料交给记者发表。此中勾（应为“钩”，但原文如此）心斗角，由内容到文字都要费去无数心思，非平稳不出毛病，从不肯放手。就新闻的本质言，这已无异等于经过一度人工制造，不是原有的面目，自在意料之中。等到每一个国家完全采取同样的方法时，不但国际新闻业已变质，而另一面，举凡敌对的国家又必千方百计找寻对方的漏洞，企图突破这一道新闻防线。于是一来一往，大家争相暴露及辩护的结果，终至连新闻本身更离开了事实。近二十年来世界政治局面的演变，就是一个显明的例证；只要国际间有对立的集团存在，双方总要互相攻击，不遗余力。在甲集团的新闻报道中，乙集团的一切措施当然毫无是处，甚至有时连生活习惯及个人的脸部表情，可能都是罪状，其他与新闻有关的事物，更不必说了。至于乙集团对付甲集团的手段也相仿佛，同样无所不用其极。所谓诚实与礼貌一类字眼，在这国际政治斗争中，早已销声匿迹，再不受人重视。其实，宣传的为物，既可同军事配合，也可同外交配合；换一句话说，用于和平或者用于战争，全系于宣传者的一念。并且，当国际承平时期，各国并未处于军事状态，何必锣鼓喧张，闹成势不两立之势，使世界风云愈加紧急？武力如果可以解决国际问题，则目前所有国家的边界，也许早已消灭，不然，为什么大家不设法避免这种人类的悲剧？

就在这大批政治家导演之下，当前的国际问题不但复杂，而且经常还要显出性质的严重。国际间每次发生大事件，固足令人提心吊胆；可是即遇小纠纷，大家又何尝不谈虎色变？因此，一提起国际问题，无形中人人都感觉到一种不安的威胁，好像潜伏的灾祸，正在等待时机爆发似的。倘若各国人民能够完全明白病源的所在，也许可能运用舆论的力量来消除这个不安的现象，但谁愿意让人民明白全部国际政治的真相？整个问题的焦点就在这里！

五

报道政治新闻的困难，即由于政治本身乃一种以权力为目标的斗争；不管是国内或国际的政治新闻，总有这种斗争的痕迹，同时也是这种斗争的产物。政党与政党的对立以及国与国间的对立，几已成为现代人类生活的习惯；像对于这类问题，用人道主义的观点来加以劝告，甚至于调解，都不会有生效的希望。因为政治是最现实的事物，大家要生存，要过一种自己所理想的生活方式；这中间，谁还肯自动让步？没有让步的结果，就是对立愈加深刻，终于成见与狂热交织，更非始终坚持自己的见解不可。许多人把政治比做漩涡，即由于一个人被卷入了以后，便会失去自觉；只有对敌人的仇恨，再也不会设身处地来研究对方的处境。政治新闻本身既充满这种憎与恨的因素，当然每一件事发表以后，必有一部分人反对，也必有另一部分人同情，绝对无法做到每一个已有政治立场的人皆大欢喜。虽然，一般人民所希望的，却在于明白政治事件的实际情形，并非政治性的宣传。记者这个职业，恰生存在如此矛盾的状态中，为了个人的信仰，一个记者固然不妨赞同甲种主义或者乙种政治见解；可是为了读者大众的利益及忠实于自己的职务，显又不该连自身也卷入这种漩涡。语所谓“当局者迷，旁观者清”，如果一个人身是圈内人物，这无论如何总摆脱不掉不把成见渗入新闻中去。这么一来，不但直接会损害到客观报道的信条，同时间接更可能引起读者大众的反感。所以在这个场合里，一个“独立”的报道，不为成见所左右，算是澄清政治新闻困难的唯一方式！

所谓“独立”自然不是“中立”。“中立”的意义，乃对于冲突的双方不表示意见，置身事外；或者所采取的主张，模棱两可，规避左右袒的嫌疑。惟报纸的职责，遇事绝对无法缄默，假如不照实报道，即等于欺骗读者；所以不能守“中立”，也无法守“中立”。至于“独立”的意义，却是就事论事，没有预存的成见，不问事件与政党派系的关系如何，始终只注意事件本身及其对于人民大众的影响。换一句话说，“独立”的新闻报道，既不会去迎合任何政党，也不会去反对任何政党，除了新闻本身以外，根本不考虑到其他节外生枝的问题。这一层，看去好像艰难，其实还是容易。譬如说，今天有某一个政党的政策及措施，确能配合时代的需要，对于人民大众有利；或者与该政党有关的某一事件，如果将实情公布以后，无形中等于宣扬这一个政党；但记者却应该毫不迟疑地照实报道。因为所报道的是实际上所发生的事实，并不是因此就赞成这一个政党的主张，直接加以拥护。反过来说，隔一天可能另有一件事，情形恰恰相反，记者也尽可据实刊载，既不必畏惧新闻之前后矛盾，更不是说便等于反对这一个政党。其实在记者心目中，只知辨别事实的真伪，及所给予一般人民的影响如何而已，对于政党本身根本毫无成见。原来社会上类似政党的对立现象尚多，例如宗教信仰不同和生活习惯风俗互异等，这些已经可以引起无数纠纷；如果再依照社会阶层加以分析，则在劳工与资本家，农民与地主，平民与官吏之间，更处处潜伏有矛盾的因果。倘记者对于这类问题不采取一种超然的态度，遇事不问事实，立刻先站在一方面，最后恐怕连自己也要分别不清所有事件的是非真假。这里恰是全局的关键，往往失之毫厘，差之千里，丝毫大意不得！

并且，“独立”的意义，不仅与态度有关，同时更与方法有关。任何一种政治新闻，单凭一方面的说法，不参酌双方情形，定会失之过偏。譬如说，一个国家的内政如何，官方公布的消息总与实际情况有所出入，就是到了生灵涂炭的境地，表面上还在继续粉饰太平；只要政权维持得住一天，政治家口头上总永远是一个太平世界，人民照例能够安居乐业。反之，反对党人又必千方百计，专事揭穿政府的弱点，将一切社会病态现象全部归罪于官方。像这种站在一面的看法，如果不加细察，即行发表，不独使记载与事实不符，同时无意中也要代人受过，直接欺骗读者。所以报道政治新闻时，最忌事前存有先入为主的成见，所以必须把所发生的事件当作研究资料，依照性质分类，然后才进一步分析其中的因果关系。这里比较可以应用的方法，约有下述几点：

第一，听取正反两方的意见

任何政治事件的影响，必有正反两面，例如对于甲党有利，对于乙党自属不利；所以同时也应向反对党人收集资料，并设法了解反对党人的看法。只有比较正反两方的观点，才能够把握住事实的真相。

第二，听取专家的意见

一般专门人才多半不会带着政党气味。他们分析时事的态度，自然也比较客观。虽说有时专家的看法可能呆板，不像政治家那么容易动听；但事实是事实，记者这个职业，最重要的还是要首先顾到事实。

第三，以人民的利益为依据

记者的唯一立场，就是读者大众的利益，绝不是个人的政见；所以每次报道政治事件时，所应注意的，即事实本身对于大多数人民的利益有无影响。因此，遇事便需要常向民间征求意见，及观察其反应如何，不可任凭自己的见解进行判断。固然对于政治事件的批评，本来属于报纸的言论部分，同新闻报道无关，不容记者直接在报道中透露出个人的意见；不过人总是人，无论如何仔细，下笔之际，一种好恶的情感也要无意间被渗入多少。为了这种主观上可能发生的过失，倒不如事事以人民的利益为中心，只要对于人民有利，大多数人民觉得满意，记者也同样应该觉得满意，便不至于丧失掉职业的立场。

自然，在一般新闻中，要算政治新闻最缺乏真实性。由于所牵涉的因素过多，关系太复杂，每一方面都有可以解释的理由；所以不但实情不容易辨别，有时连记者为要顾全政治环境或国家利益的缘故，纵有所知，也不得不暂行放弃，于是真相愈加可能从此埋没。其实每日政治新闻，仅是业已发生的许多政治事件中的一部分，经常还算是不重要的一总分；至于最重要的幕后因果关系，不是局内人或研究有素的观察家，照例无从了解。内幕新闻的受人欢迎，同时一直容许有内幕新闻存在，这已足够表明政治性质的复杂及其表里两面的情形。一般政治家与政党为了争取权力、应付环境，既须掩盖事实，就不得不运用政治压力或者策略加诸报纸，藉使新闻报道成为他们的传声筒。事势如此，一个记者假如感觉积极性的抗争无效时，只好注重消极方面的方法间接加以补救。譬如说，在报道中点破新闻的来源，让读者会意；或者把正反各方面的报道合编，给予读者一个比较完整的印象；甚至迫不得已，用文字来轻描淡写，于紧要关头上埋伏一笔，暗示此处尚有漏洞；读者慧心，定会从字里行间明白这宗事件的真相，原来并非如此。能够达到这个境界，则任凭政治环境如何复杂，记者仍可能完成其神圣的使命！

经济新闻

一

如果依照读者的兴趣说，一份报纸当中最容易使人感到枯燥乏味的，恐怕要算经济新闻这一类；不过同人类日常生活关系最密切的，却同样又是经济新闻。这类新闻给予读者第一个不快的印象，就是物价行情表，因为行情中差不多整版全是数目字，其唯一的作用，只反映出一大堆各种各类的商品价格。而且这些消息即零星散漫，单调到毫无刺激性；同时格式呆板，复千篇一律，在物价正常的状态下，无非天天照例刊载一遍，难得有所变动。像这一种沉闷缺乏变化的气氛，使经济新闻得不到读者大众的欢迎，算是一宗事实；但人类生活脱离不掉经济，需要知道有关的各项消息，又是另外一宗事实。原来现代经济制度早非物物交换时期，生产者与消费者之间并无直接联系，于是乎每天关门七件事就完全依赖市场的供应；结果关于衣食住行的任何一个变动，都直接可以影响到我们的生活。所以人生中亟待解决的一件事，说是生活问题，实际上所指的，也正是经济问题。我们别以为，那一条似乎无足轻重的数目字，本身不会有什么价值，须知数目字正是测量现实生活的尺度；不但整个经济动态及产销情形，由此研究得出，甚至于我们要知道个人每月的生活费用所需要的正确数额，除此以外，也别无其他途径。所以没有这类数目字，除整个经济组织会受到影响外，同样连个人的生活也都不可能有一种预算。当一个人不明白自己每月是否收支相抵，抑或入不敷出，及有无一些盈余时；事前便无从实战一种通变计划，挹彼注此，安定个人的经济生活。是故物价行情表的意义，决不止单纯报道物价的涨落；更重要的作用，还在于从涨落的消息中透露出一些未来的景况，使人人知所戒备，因此就成为每个家庭的生活顾问及警钟。也许农业社会中，这种需要还不十分明显；可是在现代工商业化的城市里，简直一丝一缕全靠市场供应，谁能够说物价的波动不就等于个人生活的波动？现代报纸肯以巨大的篇幅来刊登物价行情表，单这一点已足够证明社会需要这些数目字的殷切！

自然，经济新闻并不止物价行情表一项。所谓物价行情表，实际上也仅算是一种资料的性质，虽说可供一般消费者的参考，究竟属于消极性的报道，没有积极性的意义。因为读者大众所关心的，除物价涨落情形外，更希望对此有一个详细的解释，及切实的趋避方法，否则依旧不会感到满足。本来社会上除少数的富豪以外，其余大多数人一年到头都要为着经济问题发愁。大家平日的所以不惜千辛万苦克勤克俭者，即一方面希望以勤俭的方式来渡过眼前的生活；另一方面却希望能够由于多积集一些储蓄，用来保障以后的生活不至于再感受困难。不过等到有了一些积蓄时，连带又会发生另一问题，就是这些资金究竟应该如何运用才告安全，不会遭受到意外的损失。这是一般人烦恼的所在，如果对于自己血汗的所积无法处置，一旦遭遇风波，岂非使一生的心血都等于白费？当然，问题的焦点恰在于储蓄的数目不够大，不符合资本社会的投资原则。譬如说，把这些资金购置房产业吧，款额太小，存在银行里利息又太低，从事投机免不了风险，付托他人经营又不见得可靠；总之，诸如此类，大家费尽心机，依旧找不到一条比较安全的出路。这说是一个经济问题，实际上却正是一个社会问题。而历来一般经济专家者流，多半总不愿从此处着眼，替这批小市民设计；相反的，理想较高的一部分人，目标便离不开经济制度，以为只要国民经济有办法，所谓“利国利民”之术已尽在其中，何必再节外生枝。至于下焉者，不是盘算个人的利益，即帮助工商业家聚集更多的财富，更永远不会为大多数人的处境着想。因此，手头上拥有些积蓄的社会大众，不独自己不能运用，也不知如何运用起；于是大家积少成多地变成一宗巨量的“社会游资”，投入资本市场，以供工商业家的吸取。等到一旦经济恐慌来临，首先遭受牺牲的，自然也就是这批“社会游资”！

单从经济现象说，本身已经是一个复杂的问题；再加上现代政治同经济的关系一直互为因果，就不免格外显出五光十色，自非普通人轻易所能够完全了解。试以物价波动一事为例，大家固然都知道行情在起落，这件事直接或间接要影响到各人的生活；但是为什么物价会有忽起忽落的现象？潜伏的因素究竟何在？有没有预防及补救的方法？却始终算是一个疑问，并非人人可能自行解答得出。他如所谓“经济恐慌”、“通货膨胀”、“外汇政策”、“资本市场”以及生产力与购买力的关系等类专门术语，大家看来总觉得意义模糊，似懂非懂。由于缺乏一种明晰概念的缘故，对于经济现象便愈加感觉迷惑，终至人人只好“听天由命”，让自己的生活去碰运气。譬如说，在农民的眼中，荒年受苦尚可以直接归罪于天灾，还算不成问题；可是丰年又要“谷贱伤农”，这一点究竟应该怎么解释？或者世界上甲国在闹饥荒，人民辗转于饥寒交迫之中；但乙国却有农产品过剩，要大批直接加以销毁才能够维持得住原来的市价，也就是说才有利润可获。像这种矛盾现象是否符合经济学的原理？或者某甲在银行里有一笔存款，本来足供全家一年的使用，可是一到通货膨胀期间，提了出来竟不够求一日的温饱；这类表面上数额未变，实际价值却会不翼而飞，又是什么道理？上述的一些例子，就不是单凭物价行情表的数目字所能够解释得清楚，非进一步从经济动态的根本原因上作有系统的分析及说明，大家绝对无法完全明白。社会既有这种需要，于是物价行情表以外，经济新闻尚须连带解释一般经济动态的内在因果关系。

现代经济组织的特点：第一，就是间接生产制度。这是说生产者并不为自己的消费，或者为交换其他的生活必需品，而是以获取交换媒介物——货币为目标。第二，由于经营生产事业的动机完全在于利润，于是利之所在，大家便要作无限度的扩大生产；终至整个生产事业陷入无政府的状态，使生产与消费二者间得不到平衡的发展。第三，为了要争取市场，推广销路，大家竞相从减低成本入手；而减低成本的途径，只有发展技术，使生产合理化，结果遂产生一种分业或分工制度。经济事业到了这个阶段，不但生产力激增，同时财富也不断集中，终于在每一种事业中都发生独占与垄断的现象。第四，配合这种庞大的生产机构，商品的交换与供应，即所谓交易或贸易行为，也随着扩展，成为现代经济范围内一个主要的部门。例如同这交易行为有关的，像货币的收付，商品的流通以及物资的供求问题等，无不有长足的进步；于是又构成了现代金融业、交通业并其他各种商业的服务。总之，从生产到消费过程中的一切活动，都属于经济的现象；研究这种现象的原理和制度乃经济学的任务，报道和解释这有关的全部动态，便是**经济新闻**。

二

从经济新闻的性质说，如果要加以分类，可以分为：一般物价行情、工商百业新闻、金融市场消息以及与政治有关的经济政策等四大类。这类新闻正同其他新闻一样，即本身具有新闻与言论两种因素；记者一方面在报道消息，另一方面又必须对于消息加以解释和批评。由于工商业发达的结果，现代各国大城市所出版的报纸，平时对于经济新闻问题的注重，事实上已不下于政治问题。依照报纸的版位来计算，经济新闻更常占当天报上新闻篇幅百分之十五至百分之二十；甚至许多消息还有机会刊载在第一版上，成为当天最重要的一类新闻。这一点当然足够说明经济新闻业经取得应有的地位，再不容我们加以忽视！这里先论一般物价行情。

物价行情的范围，本来所泛，照例从农产品起到工业制成品止，凡属商品都可以包括在内。不过普通习惯，却侧重于生活必需品的报道，例如粮食、鱼肉蔬菜、布匹、医药及其他百货等类日用品的价格。至于与生活联系比较浅的商品，像工业原料器材等，就比较不十分重视。自然这中间，一切还是决定于当地的生活习惯及物产情形，并非一个呆板不变的原则。譬如说，欧美人士的关心牛油面包价格，同亚洲人士的注意米价，即由于生活习惯的不同，所以反映在物价行情表上也不能不有一种差异。或者像产业区域报纸对于钢铁的市价，产棉及棉织工业区域报纸对于棉花布匹的市价，以及南洋各地报纸对于胶锡两业的市价，通常总要给予以特殊的地位，此举便含有极浓厚的地方色彩。换一句话说，这些物产纵非一般人的日常生活必需品，但为的与当地经济有着密切的关系，其价格的涨跌也照例会影响到一般人的生活，故必须列入物价行情表内，视为当日主要的经济新闻。

一般而言，物价行情表通常只刊载在日报上，而无法由经济一类刊物加以替代。这原因有二：第一，经济刊物多半具有专门的性质，照例以整个经济现象或其中的某一部门为目标；因此对于各业的价格情况反而不能像日报一样普遍顾到，反映出一种实用的意义。第二，物价行情所以适合社会的需要，即在于逐日连续不断发表，让读者大众随时有查阅的机会；而这一点，除了日报以外，也非其他出版物所能胜任。至于物价行情表本身的功用，实际上恰无异等于商品的价格向社会公开，间接可以避免消费者无形的损失。因为物价行情表所列举的，通常总有批发与零售两项价格，并且这又算是当天市场上所公认的市价；对于这个市价，大家简直用不着再来一番讨价及还价。至于价格公开的后果，除直接便利消费者，使零售商人无法自由提高市价外，同时复具有使各地物价互相接近的作用，不让批发商人从中操纵。譬如说，当甲地某种商品的价格高涨时，乙地的物资便会闻风乘机流入，不久两地的市价又会趋于平衡，便是一个明证。所以物价行情表不但是生活指数的根据，甚至还具有调剂市场价格的意义。

物价行情表的数目字，虽说出自记者的采访，其实供给资料的，却是每一行的商业团体，有其正式的来源；像各地的商会、各业公会等每天照例都有行情报告。这一方面为了交易上的方便，大家不得不按照市场供求情况定出一个“公价”；另一方面也由于要避免同业间竞争，彼此蒙受损失，才有此联合一致的行动。故从新闻的来源说，此项工作并无任何问题，记者只须分别商品的类门，向各业公会逐日采访一遍，全部消息即可收集起来。虽然，正如上面所述，单列举数目字读者大众还是不会满足；于是必须作再进一步的说明，把商品涨跌的原因解释个明白。原来物价行情的变动，最主要的因素在于供求问题上面，如果供过于求，价格必跌；反之，求过于供，价格又会随之高涨。要把握住这一点，事前便须了解整个市场的供求情形，也就等于说，先应研究产销双方是否相应，商品的来源有无问题，存货是否充足，以及每月平均的消费数量等等。等到明白了这些实际情况以后，对于物价的波动不独可能加以解释，甚至也不难下个预言。假如能够将物价涨跌的因素原原本本报道出来，读者大众自然逐渐会明白数字的价值。

如果说，物价行情的作用，在于警告消费者，使大家提高警觉性，知所趋避；那么有关工商百业的新闻，却具有更积极的目的。这类新闻关系若按照工商各业的性质及地域加以区分，平常虽多半只属零星断片式的报道，但有时也会作有系统的介绍。至于所牵涉的范围，当然不限于生产与消费的数量问题上面，差不多从原料、制造、管理到运销，甚至连生产技术有关的事项都有一起包括在内。换一句话说，每一业的应该如何促进及其能否适应社会的需要，显然全属于报道与检讨的对象。经济新闻的所以格外值得重视，即因为这些已不再限于经济一个部门，而同政治、社会及自然科学各方面，多少都有直接的联系。所以凡能辅助生产事业发展的，无论是原理或技术，概有加以倡导的必要；这一层，表面好像只为一行一业着想，其实，最后的目标，还是在于提高整个国民经济生活的水平！

虽然，现代经济的根本问题，又并非一味增加生产所能够解决得了的。这不单是为了社会消费量有其饱和点；更重要的，即任何商中的产量超过某种限度时，反会变成无利可图。所以表面上尽管有“产销协调”，“货通其流”各种说法，可是骨子里大家所关心的却只是一个利润，整个矛盾就在这里。由于生产的前提既在利润，利之所在，生产者便不惜从事竞争；终于产量愈来愈多，利润也随之愈来愈少，这是第一个阶段。到了利润减低至成本以下时，各人为本身的生存计，竞争必更形剧烈；结果生产过剩，销路停滞，许多小规模的工商业就首先遭受淘汰，所谓周期性经济恐慌遂告爆发。在经济恐慌期间的特征，即工厂倒闭，工人失业，百业停顿，整个社会充满一种萧条的气象，终至原有的全部经济建设，大半都遭受破坏；必须等到经济恐慌期过后，一切方才从头逐渐恢复起。许多人把这种盲目生产的过失，完全归罪于追求利润的经济制度；说是为利润而生产，不肯顾及社会的需要及社会的消费量，所以必然会产生这种后果。其实，为利润而生产，乃经济事业最重要的一个原则，无论任何经济制度总不能够提倡为亏本而生产，此其一。其次，只要生产合乎社会的需要，同时能够减低任何的成本，一定会有利润存在，也大可不必“因噎废食”，特地提出利润来加以反对。总之，生产问题的关键并不在于利润本身，而在于获得利润后应该如何分配的问题，才不至于再有盲目生产的现象。只要这一点予以合理的解决，则生产与消费间的全部矛盾，显然都不难迎刃而解！

为了要解决经济恐慌，也可以说为了要准备应付战争的实际需要；所以在第二次世界大战爆发前夕已经有“计划经济”这个名目出现。所谓计划经济，乃以国家为单位，尽量利用本国的物资自行生产，自行供应，谋自给自足的一种制度。这个制度自然有其学理的根据，至少，对于生产事业来一个通盘的筹划，总可能制止得住生产过剩的现象。不过从世界经济的观点看去，现代国家要在经济上在面闭关自守，完全与其他国家隔绝，做到自给自足的地步；这不是事实上不可能，便是由于困难太多，牺牲太大，除非万不得已，政治家辈从不敢考虑到付出这笔代价。因为每一个国家平日总有许多物资要依靠国外输入，中断不得；有了输入就必须有输出，使进出口相抵，才可以保持国际收支的平衡。这么一来，整个问题重新又牵涉到国际政治与国际贸易上面去。而且当各国都采取同一步骤时，计划经济本身所具有的自动性能，便成为彼此在贸易谈判或经济协定中的条件；再由于互相牵制的结果，不用说总要抵消掉一部分原有的作用。再加上实施计划经济，此中还有两道难关存在，一是本身生产力问题，另一是自然环境所赋予的资源问题。关于前者，要有大量的资金从事各种设备，并需要熟练的技术人才相配合；产业落后的国家对此，已非有比较长期间的艰苦奋斗，绝无成功的希望。说到后者，更遭受经济地理的严格支配，只有工业先进国还可以勉强发明一种代用品，像人造汽油、人造树胶等类，以供战时的需用；不过就所花费的金钱与精力论，这笔投资根本不合经济的原则，等于无端浪费了一大批人力物力。总之，计划经济阻碍了世界经济分工合作制度，用这个方式来促进国民经济的发展，纵解决得了盲目生产与经济恐慌；但暂时非降低了原有的国民经济生活水准，就简直无法从头经营起。这是关系一个国家的利害得失问题，已属于专家学者研究的范围！

三

说到金融市场消息，乃现代国家的温度表，从这里照例可以测量出每一个国家的经济状况是繁荣还是衰落。这类消息，通常包括两个部门：一为金融行情，另一为证券行情。所谓金融行情，系指每日有关银行业务的各种报告，诸如汇兑、利率、金银价格等类。现代银行业务，本来算是经济事业的神经中枢，一方面以储蓄及存款的方式，用低微利息吸收社会上巨额的游资；另一方面，以贷款及贴现的方式，让工商业融通资金，从中获取较高的利息。由于这一进一出之间，既构成银行业的利益，同时更反映出银行的特征，即事实上只完全依赖这种信用的周转，才能够使营业扩展到庞大无比的境地。试以每家银行的资本额与客户储存的款额相比较，便不难明白银行本身所有的资金是多么渺小；不是运用外来的资金，便根本不足以应付任何工商业的需要！

本来经济问题的重心，始终是说服不了资本。不过现代经济所反映的资本形态，并不是必须以金银硬币或通用货币来作代表；语所谓“信用即资本”，只要有了信用也就等于同样有了资本。信用的可以变成资本，这正是现代银行生存及发达的根据；举凡银行的主要业务，像存款、贷款、贴现、汇兑、押汇或信用票等等，都是一种以信用替代现金交易行为。因为在这种交易行为中，工商业家如果有信用，只须付出一定数额的利息代价，便能够从银行获得贷款，解决资金短绌的困惑，同时银行方面，复由于以信用来获取存款的缘故，事实上只算是一笔转账，根本无须直接动用货币即发挥了资本的性能。银行业与工商百业的关系既如此密切，于是不但银行业务的每日行情会影响到经济事业，例如利率的高低，银根的松紧，外汇的涨跌，概属测验市场情况的标准；甚至连许多银行每年度的营业报告书和资产负债表，更常是了解当地一般经济动态最可靠的根据。在表面上，银行的资产负债表固然只列举项目及数目字，并没有其他的说明；但如果将去年与今年的数目字加以比较，从存放款项下立刻可以推论出工商业的处境是繁荣还是萧条，以及经济前途有无危机等类。这些事实的所以重要，不但因为银行掌握了工商业的命脉，能够采取“信用膨胀”或“信用紧缩”的方式来决定工商业的命运；更重要的，即银行是一个在运用资金上最讲求安全的机构，从来不愿直接去冒一些风险。故当银行缩减放款的数额时，间接就无异给予社会一个经济情况不稳的信号！

至于证券行情，乃有关证券市场的行情报告。所谓证券市场，也即指证券交易所，系企业现代化后的产物，不独算是现代经济事业的骨干，同时更为各国政府发行公债，吸收游资填补财政赤字的场所。如果没有这个市场存在，许多大规模的企业固然无从创办起；甚至连各国的财政政策也会遭受根本打击，绝对不容易保持收支平衡的地步。本来社会游资需要寻求一条出路，不过这一方面既要有安全的保障，可以随时变换成现金；另一方面又希望能够获得比银行存款更高的利息。证券市场恰具备上述两个条件，因为第一：每日有划一的公关行情，依价人人可以自由买卖，结果保存证券就与保存现金无异。其次，尽管证券的价格时有涨跌，成为一般人投机的对象，但在经济正常的状况下，许多信用较著的公私证券却少有波动，用长期投资的眼光看去，所得的收益显然远在银行存款利率之上。由于社会有这种需要，游资遂不断向证券市场集中，终于演为现代式的资本市场！

证券本属一种书面有价值的文件，通常可分为公私两种。所谓公的证券，系指政府或公共团体所发行的公债、库券、地方债券等类；所谓私的证券，乃股份有限公司所发行的股票及其他票据等类。公债的意义，实际上即等于一种政府向民间公开的借贷；至于发行的方式虽有期间长短的分别，不过到期必须归还本息，却绝不容有失信的行为，否则政府的信用便会受到打击。公债所以也变成了投资的对象，理由有二：第一，通常公债的利率总比银行存款略高，并且发行之际又有一笔手续费，故一般银行多乐于承购。第二，数额既大，同时更可以当做银行的准备金及保证金，具有现金的同样作用；因此，当库存现金较多时，每家银行必然要视购销公债为最稳妥的投资方式。自然，私人方面也会购买公债的，不过数量上总不及银行业的大宗而已。

至于私的证券所含的商业气味，当然更见浓厚。私的证券，虽为私人组织的公司所发行，但实际上仅限于股份有限公司的股票一类。

原来现代国家对于股份有限公司的组织法，有极严密的法律明文规定，像会计营业等情形概受政府的查核监督，不容有舞弊或投机的行为。换一句话说，由于政府的保证，股份有限公司已属于一种法人的地位，不是纯粹私人的组织。复因为这类股票在证券市场上可以公开买卖，于是大多数股东就是社会大众；结果股份有限公司每年必须将其营业情况向股东，也即向社会公开报告一次，取得社会的信任。是故股份有限公司的内容，尤其资产负债所列举的事项，能够愈翔实，愈公开，便愈能得社会的信任；终至连带所发行的股票，也愈容易通销，而这家公司的资力也愈趋于雄厚。如果没有这个制度存在，可以让证券自由流通，那末现代式的许多工商业机构，简直就无从举办起。我们知道，单与个人资本或家庭资本，在现代庞大的经济事业中已感觉不够应付；任何一个百万富翁想单独经营一宗事业，假如不求助于证券市场，利用社会资本，最后也必有穷途的一日。因此，证券本身恰等于一种资本，其效用可以与“实物资本”及“货币资本”鼎足而三，成为现代经济组织的一个特色！

股份有限公司发行的证券，名称颇多，有普通股股票，优先股股票及公司债券等等。这类证券通常虽有一定的票面价额，例如一股原价五元或十元；可是证券市场上却另有当日的市价，并且起落不定，有时会高涨到一股达五十元或一百元，反之，也可能低跌到一股仅值五角或一元。这市价所根据的，即凭那一家公司的实际资产额和最近年度发给的股息多少来计算，照例不问股票的票面价额。譬如说股票原价五元，但本年度的股息每股却可分到二元，这么一来，股票的市价就会上涨十倍左右，因为以周息四厘的平均利率估计，每股的价值便应该升到五十元的标准。另一面，如果股息减低或停发，股票行业必然会随之下降，跌到票面原额以下。此外，还有公司的实际资产额、业务状况以及信誉等，也无不与市价的起落有关；用投资的眼光看去，这些因素只有比起股息更见重要。原来有些公司为求稳固基础计，往往故意将每年度大量盈余拨做公积金，减发股息数额；而有些公司却生怕对外信用发生动摇，纵遇亏蚀年份也不惜从公积金中提出一部分来垫付，反而故意将股息额提高。所以股息的高低，总不免有人工因素在内，不能当做决定股票行情的前提；同时也只有研究一家公司的营业状况及资产负债表实际情形后，才可能明白股票市价与股票实际价值二者间的关系。

从股票的性质说，最重要的就是所谓普通股股票。这类股票的持有人，才算是公司的正式股东，依照股份有限公司的组织法，凡是股东才有选举权和被选举权，听说小股股东当选董事的机会根本十分渺小。其次，在权利义务方面说，如果公司获利，分派股息，当然以普通股所得最多；惟万一不幸亏蚀，却也首先遭受损失，没有额外的保障。优先股的情形恰同普通股相反。优先股的权利，即每年有固定的股息可分，可以不同公司营业的盈亏。只有遇到获利过于丰厚时，有的公司才发给优先股一些额外的红利；惟不幸公司宣告破产时，则优先股的股票有先行偿还的规定。换一句话说，优先股在公司的地位，约等于一种长期的债权人，并非正式股东；对于董事既没有选举权及被选举权，因此无权过问公司的行政。至于公司债券的性质，系以公司资产作担保而发行的短期证券，不但利息有固定，同时票面也有支付的日期；到期公司必须付还本息，等于一种信用借款的票据。此外，关于股份有限公司尚有其他种类的有价证券，诸如提单、栈单以及贷款未到期的期票等类；仅一般习惯，这些票据多半直接向银行抵押或贴现，故理应归入银行业务范围以内。虽说证券交易所中有时也有这类性质相似的交易，惟其情形究竟不能与股票相提并论，这里只好从略。

证券市场的意义，从积极方面说，在于使证券变成资本，具有流通的作用；持有证券即等于持有现金，故证券市场又称作资本市场。证券市场的存在，对于政府及工商业都属同样需要；例如现代政府的举债及大企业公司的集股，可以说完全依靠证券的流通，方能向社会吸收巨量的游资。自然，另一方面，有了这种媒介物，同样也算是给了一般人一个小规模投资的捷径。这理由：第一，证券市场每日有一定行情，虽说涨跌不定，会引起一部分人的从事投机；但证券本身究竟还是可靠的东西，比起完全买空卖空的赌博方式，显有分别。第二，如果不以投机的心理来购买证券，那末人人必会挑选信用较著、规模较大的企业公司所发行的股票；结果除每年有固定的股息收入外，股票本身的价值也可能逐渐增高，不能算是冒险的行为。第三，每日既有市价可以自由买卖，需用时便不妨立刻售出换成现金，其意义恰又与储蓄相同。是故为便利社会大众的投资起见，在没有更良好的经济制度以前，证券市场自有其生存的根据。

虽然，证券市场一方面是投资的所在，另一方面却又是投机的所在。尽管有法律明文规定，但法律范围以内，许多人仍有方法逃避，照样可能选用其欺骗的手腕。不过这并不是单指投机式的买卖行为，因为证券市场的规模过于宏大，要从直接交易上加以操纵，便需要巨额的资金，决非普通商人的财力所能胜任。如果仅以小量资金从事投机，便无异等于一种赌博，所发生的效果必定有限。这里我们需要特别注意的，并不是普通的投机商人，最主要的还是股份有限公司的主持人。事实上，不但处理公司的资产权操在这批人手中，同时股息的发给也由他们来决定，单这两点就要直接会影响到股票市价的起落，所以特别值得重视。

本来现代经济的特征在于资本市场，从股份有限公司的组织到证券公司买卖，恰是促成庞大工商业发展的原动力。表面上，股份有限公司也采取民主制度的选举方式。一切决定于大多数的股东；不过事实上，此中却蕴藏着无数微妙的技术，通常拥有十分之一的资本股额，便已经足够控制得住这个公司。譬如说，一个实业家手头有五万元现金，准备创办一家公司，他征求得几个亲友的同意，大家再参加了三万元，以这个八万元作基础并正式进行注册。他另向证券市场上推销七万元的普通股股票和十五万元的优先股股票；优先股既没有选举权，结果恰是八万元股权便能指挥整个公司，这是第一个步骤。等到业务逐渐发达，再进一步以公司的资产作担保来发行二十万元公司债券；于是无形中公司的资本额就提高到五十万元，同时个人所造成的优越地位却尚未计算在内。虽然，这还算是现代工商业家利用社会游资的起点，并非终点。因为有了这一家公司的成就，工商业家个人的地位与信用便会随之增高；不但向银行周转流动资金容易，甚至要另行创办一宗规模更大的事业，再也不会感觉困难。接着，新公司的格式还是如法炮制，由工商业家本人及原来的公司发起，等正式成立后再向证券市场抛售各种股票。这样一家接着一家设立下去，事业的范围愈来愈扩展，而各公司间又属同一系统，彼此一脉相承，只须掌握住第一家公司的股权，即等于统治了这经济事业的整个集团。许多欧美实业家在经营事业的过程中，关于资金的运用往往有如变戏法一般，大有“取之不尽，用之不竭”的声势；可是等到逝世后，一查其遗产数目却常低微到令人不敢相信，为什么几十万元或百万元财富的人物，会在经济界上曾经显赫过那么多时日？总之，现代资本主义的秘密，主要点完全在这里，即以极少量的资金去创办一种事业，目的便在于造成运用游资的机会。当一旦能够利用游资使成为自己直接控制的资本时，则工商业家的全部事业不但可以日趋扩展，另一面，在这经营的过程中也必然会产生更巨额的利润！

以上所述，可以说是全属合法合理的行为，多少已经反映出现代工商业家聚焦财富的方式。如果这中间，工商业家再稍存自私的念头，从直接操纵股息到间接操纵股票市价，更在都足以使公众蒙受损失。所以经济新闻的责任，一方面既须防备投机者扰乱证券市场，另一方面复须注意工商业家有无利用职权从中取得的企图。因此，每日除报道证券行情外，尚有两项任务：第一，经常必须分析每家公司每年度的营业报告数及资产负债表；要从二者中研究出这家公司的组织是否健全，经营是否得法及有无投机冒险的因素在内等类。换一句话说，其资产的实际价值是否同股票的市价确相符合，万一发见此中可疑的成分，或股票上涨纯属人工制造时；使应尽量揭发，使股票持有人的利益得到一种保障。第二，证券市价的涨跌，除各公司本身的因素外，尚有市场上一般性的波动；这里就牵涉到政治、经济各种问题，非作全面的综合研究，便解释不清内中有所潜藏的因果关系。由于一般人的买卖证券虽说多少存有投机的心理，希望从价格的涨跌中获得利益；但大家最终的目的，显然还是安全第一，对于整个市场有无风险一层，照例只有格外关心。如果能够将市场的全面动态经常加以分析，单这一点就会受到读者大众的热烈欢迎。

四

至于经济政策，从本质上说，乃运用政治力量来保证本国国民经济的一种手段。这个政策本身所含的政治气味虽不免过于浓厚，不符合自然经济发展的原则；但每一个现代国家为了生存，为了提高人民经济生活的水准，却不得不加以采用，故始终仍不失为一宗必要的武器。正因为经济政策同政治相连，经济方面一有收获也就等于政治方面有了成就；于是现代政治的斗争中，不管是国际间的对外关系或者本国的内政问题，只要从经济政策上加以追究，其幕后的因果关系，显然并不难一目了然。经济政策所牵涉的范围既如此广泛，如果要批评其得失，便非具备有充分的经济学识和远大的政治眼光不可。这是经济新闻中最艰难最繁重的部门，单纯报道表现的现象，读者大众自然不会感到满足；可是要进一步逐点加以分析或批评，那又是谈何容易了！

经济政策最具体的反映，无疑的，在于每一个国家的进出口贸易政策上面。各国对外贸易政策的所以不同，当然又根据自经济情况的互异。例如工业先进国，依靠雄厚的资本及进步的生产技术，其制成品自然“价廉物美”，足以行销各地；因此要提倡自由贸易政策，希望在市场公开的前提下，占到一种绝对的优势。反过来说，工业落后国家却只能以保护关税政策为防御的武器，尽量提高进口税率，使国外输入的商品昂贵到成为一种奢侈品，再不能妨害及本国幼稚工业的发展。不过现代经济已具有国际性，各国间到处总需要互相倚赖，任何一个国家都无法孤立。关税政策的结果，必然只有引起其余各国的反感，从事于采取报复行动，终至关税壁垒高筑、所有的国家一齐受到影响。这时候，就会有许多国家为了经济上的需要，彼此间不得不采取一致的行动，例如订立关税互惠或者关税同盟一类性质的条约，以互通有无的方式，建立一条共同的战线，也即所谓经济集团。等到各个经济集团陆续出现以后，在集团与集团间又不免要发生更剧烈的斗争；结果除关税政策外另有一项武器，便是币制政策及由币制所牵连起的外汇问题。

在国际贸易上，关税政策本身仅具有防御本国市场的意义，如果要进一步突破别国所设置的关税壁垒，却非从币制的变动入手不可。原来一个国家的货币，一方面既通用于国内，另一方面复有对外的汇价；这对外汇价的涨跌，平常总决定于本国进出口贸易的入超与出超。

因为入超时需要向外国购进外币来偿付货款，所以对外汇价会随之低落；反之，在出超的情况下，为了储存有外币的缘故，对外汇价自必日趋上涨。固然最近二十年来，除美国以外，其他各国的对外汇率多半概由本国政府直接规定，加上复实行外汇统治，实早已没有自由外汇市场存在。惟汇率涨跌的根据仍是进出口贸易，例如一个国家尽管实行外汇统治，对于汇率加以硬性规定，但如果入超过多致对外收支无法平衡时，则消极的统治就远不及货币贬值来得有效。所谓货币贬值，即直接把金银对货币的比值提高，其间接作用也就等于把对外汇率减低。这么一来，一方面本国的商品在世界市场上，立刻显出价格便宜，易于推销，获得鼓励输出的效果；从另一方面说，汇率一变，外国商品的价格便无形中增高，无法在本国市场内推销，更与关税政策具有相同的功效。这个政策，从币制变动起，连带牵涉到外汇、进出口贸易等等，自成一个系统，算是现代最具威力的经济武器。以前日本的“吞并”政策，曾向各国市场倾销日货，震动了全世界；以及英国的废止金本位与英镑贬值两件事，先后解救了英镑的困难处境，都算是典型的例证。

不过无论是关税政策或币制政策，实行之际总不免要引起其他国家的反感，无形中又可能把原有的效用打消；因此各国复流行一种补贴政策，加以辅助。所谓补贴，即依据进出贸易的实际需要，由政府直接设法予以支持。例如一宗商品输出时，因为成本过昂，在国外市场上无法与人竞争，但政府无论如何必须争取外汇，藉以促进本国工商业的发展，于是除豁免出口税外，还被迫直接补贴以相当数额的现金，使这类商品能够在成本以下的价格出售。像年来英国汽车在美国市场上的售价，一直都低过原来的制造成本，便是一例。同样对于进出商品，有时也非单独运用关税或币制政策所能够生效。例如粮食缺乏的工业国，本身就需要从国外输入各种商品，这里既不可提高关税，使价格增加，直接影响到人民的生活；同时又不能不采取适当的防御步骤，否则国内的农民必跟着破产，使粮食问题更显出严重，致愈加需要倚赖外国。在这双重困难之下，也只有予农业生产者以一种补贴，减低其生产成本，使本国产品也照样可以通销于国内市场。目前世界各国政府所采取的经济政策，大半都是上述三者的混合运用，藉以维持国内的生产和争取国外的市场。

自然，经济政策所牵涉的范围，尚不止这几点。由于社会上各阶层的经济利益不同，彼此间经常处于对立的状态下，照例也不免时有争执发生；像工人与资本家，农民与地主等类。对于这类性质的冲突，各国虽有明文的法律规定，由国家加以仲裁；但所谓法律绝对不会是天秤式的，不是偏重了甲方就是偏重了乙方，极不容易做到双方齐感满意的地步。因此大家为了本身利益计，难免又要从经济性的斗争演变为政治性的斗争。一般而言，每一个国家的劳工政策及农业政策，无不针对此点而发，希望以法律方式来缓和这个争端，使经济纠纷可以局部解决，不至于再引起政治的纠纷。本来社会上各阶层间的关系，本身也极其错综复杂，并不是只有两条旗帜鲜明的阵线。例如农民的利益与工人的利益，表面上好像彼此不会有所冲突，可是其中所潜藏的矛盾，却同样不易清除。就农业政策的意义论，本在于提高农产品的数量及价格，由这里达到富裕农村经济，安定农民生活的目的。反过来说，劳工政策除保障工人的工作及工资以外，最重要的一件事，又恰在于设法减低生活指数，使农产品的价格下跌，藉以安定工人的生活。农产品价格的涨跌，对于工农双方都是利害切身，成为势所必争的对象。也许在理论上，二者可能兼顾；不过事实上，任何国家都不得不迁就现实环境，偏重一方面，分别仅在于成分上的轻重而已。这里就是工业国的经济政策与农业国的经济政策的分野界线。

此外，同劳工政策及农业政策连带有关的，还有一般性的劳工新闻与农业新闻，劳工新闻乃劳资争议所引起的各项事实，平时总以工会的活动为目标，但真正的象征却是罢工。罢工的性质本属一种经济斗争，可是这个斗争一经爆发，便自然而然要牵入政治的漩涡中去，不免总要变成了政治制度的一种斗争。现代经济与政治有其不可分割的联系存在，在劳工新闻中更可以得到明显的例证。所以在外，也包含有经济与政治两种意义。尤其中国的农民，一方面既要负担国家的全部赋税，另一方面复受官吏、地主，豪绅的重重压迫；因此，所谓农民问题，事实上自并非单纯的经济问题，影响所及，往往总要同政治互为因果。例如中国历史上各朝代的盛衰情况，前提无不在于农民的生活能否安定，便是一个有利的证明。

总之，经济新闻的范围，起自物价行情，终点在于经济政策，这中间所牵涉的大大小小事项，简直举不胜举；说是人生问题的总汇，事实上也并不算夸大。假定记者这一行职业应该专业化，那末最需要具备专门学识的，恐怕是经济新闻这个部门。

社会新闻

一

提起社会新闻，大家有意无意间总要想到抢劫、桃色案件，以及社会黑暗方面的各种事实。依照一般说法，凡有关罪恶的消息必然被称为社会新闻，好像社会新闻不可能含有任何道德的成分似的。其实，这不但是肤浅的见解，与事实不符；更重要的，以不名誉的事件来象征社会新闻，也等于一笔不分皂白的糊涂账，使社会新闻凭空蒙受不白之冤！因为社会新闻这个名称无罪，尤其社会两字更不应负担任何责任；既不可解释作不道德，实际上也非完全代表低级趣味。譬如说，社会科学或者社会问题，显然都属于最严肃性的事物，不是丝毫没有低级趣味的成分？

其实，社会新闻正同其他新闻一样，本身不过是一种社会现象，里面有常态的现象，也有病态的现象，既不是全好，可也不是全坏。至于抢劫、杀人、桃色纠纷等类事件，却只属社会新闻中的一种病态，我们绝不能为了病态，连带把常态的现象全部抹杀掉，这是第一点。再进一步说，社会新闻同时还有更积极的意义，即通常所报道的多半是一般性的社会问题，举凡人与人间的社会关系，及公众生活秩序等类，无不包括在内。换一句话说，除了政治、经济、文艺以外的现象，都是社会新闻，这是第二点。如果再从读者的反响来说，则社会新闻实最富有人情味，许多现象同我们的日常生活总直接有关，不但容易了解，并且还能够使大家特别感到亲切，无形中引起阅读的兴趣，这是第三点。

本来凡属新闻，必然有其社会性，不过在社会新闻中，这种性质却反映得格外显明。此中原因，即社会新闻的内容，照例关系到人类的集体生活，同时又都是我们体验得到的事物；至于个人的私生活与社会无关的，却一向不容混杂在内。虽说现代大众报纸并不遵守这个原则，大家为争取报份计，往往不惜铺张渲染，故意侵犯到个人的私生活，藉以满足读者的好奇心，但此层只能说是报业本身的畸形现象，还是不足以损害社会新闻的严肃意义。如果依照学理上来分析，社会新闻显然可以包括下述几个部门：

一、从社会秩序方面言，凡可能影响公众生活的一类消息，都包括在内。此中不问是出自人为的因素，像个人侵犯民事及刑事的法律条例，或遭受天灾的袭击，像水灾、火灾、时疫、饥荒、交通失事等意外事件。

二、从集体生活的范畴言，举凡各种类团体的活动以及私人性质的婚丧喜庆、过年过节等类社交往还，甚至连运动新闻，都可以归入这一类的范围内。

三、从社会问题方面言，像有关大众的社会福利问题、妇女问题、劳工问题等都是。虽然，劳工问题的性质比较复杂，中间既含有经济的意义，也含有政治的因素，惟这类新闻平时却多半限于报道工会活动及工人的福利情形，所以仍属于集体生活的性质。

至于社会新闻的主要特征，当然由于事件本身接近人类的本性，即所谓富有“人情味”这一点。正因为我们人类无法脱离社会单独过活，结果每一个人总希望能够多了解一些周围人群的境遇，不是以他人的悲欢离合事迹来作为自己的引鉴，便是求满足自己那种幸灾乐祸的心理。加之，社会新闻既不像政治新闻的严肃，也不似经济新闻的单调，通常老是带着轻松生动的气氛，有时简直是一种可遇不可求的故事，曲折离奇到特别适合一般人的胃口。譬如说，冒险、犯罪、杀人、桃色纠纷以及许多可悲可怖的天灾人祸，本身便具有极大的刺激性与吸引力，其能投合读者的所好，自属毫无疑问。并且这类新闻比起空中楼阁的传奇小说，还要出色，因为里面有主人翁的姓名、地址及事件发生的时间，故能够给予读者一种真实的感觉，不由人不相信。现代社会新闻的所以博得读者群的热烈欢迎，根本的原因也即在此。

社会新闻勃兴以来，一方面造成现代报业的繁荣，另一方面，对于平民教育，又算是一个有力的支柱，本有不可磨灭的功绩。可是事实上，许多人却在不断反对社会新闻，说是这类新闻的存在，不独无益，甚至对于社会反而有极大的坏影响。他们坚持的理由：第一，社会新闻史报道社会的病态现象，其中像抢劫、谋杀、桃色事件，总不免含有低级趣味的成分，再经过报纸的一番夸张渲染，恰无异等于直接予犯罪行为以一种鼓励，当然会影响到社会的风化。现代大众报纸的出发点，无非单纯为了利润，而产生利润的过程，即须尽量将新闻内容低级趣味化，先吸引住读者，然后才能够利用广大的销路来争取广告。在这种只图利润，不顾文化的作风下，社会新闻终于成了最方便的牟利工具，所以有不可饶恕的理由。第三，为要使社会新闻有声有色，经常轰动社会，大家便不得不刻意求工，尽情渲染，最后竟不惜侵犯到个人的私生活的范围里面去。例如揭发人家的隐私秘密，藉以博取读者的快意，往往不问事件本身与公众的利益有无关系，一律不留余地，便是一个证明。

自然，上面所指责这一些，名义上说社会新闻，实际上却是针对大众报纸而发。大众报纸的根本毛病，便是过分迎合读者的好奇心，无条件的把新闻故事中的主角描画一个非常的人物，让读者拍案叫奇，所以叙述一个拒捕的强盗，照例双手握着两支手枪，威风凛凛，弹无虚发，最后居然能够在警察重重包围之下，杀开一条血路，让他逃得无影无踪。一个流氓，或者一个恶棍，经过大众报纸的报道后，也同样可能都是英雄好汉，成为一般读者崇拜的对象。要说大众报纸□种行为是有心诲淫诲盗，那又不免过甚其辞，至少，在动机上从“生意经”着眼则有之，故意为恶，引导读者入于歧途，当然也不是事实。平心而论，这一切的后果，大众报纸虽不能辞其责，不过要把全部责任一概归罪到社会新闻身上，显又属张冠李戴，与事实不符！原来社会新闻的根据，乃社会的病态现象。社会上既有病态的事实存在，倘一味讳疾忌医，拼命加以掩饰，便无异等于粉饰太平，反而对于社会本身有害无益。关于第一层，也许各人的观点不同，从新闻记者的立场看去，凡属社会的病态现象，必须经过暴露以后，社会上一般大众才能够明白病源的所在，发生一种警惕的作用。如果一味掩瞒，不公布社会上的罪恶行为，则社会公论就无从产生制裁的力量，结果全部罪行更可能于鬼鬼祟祟中自由发展，为害社会只有更大。社会新闻的根本意义，恰在这一点上面，即不容人再作掩耳盗铃的勾当所以其功用也不该一笔加以抹杀！至于大众报纸用夸张的方式来报道这一类消息，那是大众报纸的作风直接发生道德的问题，却与社会新闻本身无关。

正因为社会新闻同我们日常生活的关系十分密切，人人看得懂，人人感觉得到，故报纸发表这类新闻时，感觉特别困难。经济新闻所依据的是呆板的数目字与事实，物价涨了我们不能说跌，当然比较单纯。政治事件的复杂固然不用说，但幕后的经过到底有几个人在场目睹？同时一般读者本身却又毫无政治的实际经验，经胡乱报道一番，错了一些，也可能事无对证，照样还是不相干。只有社会新闻与我们大家的日常生活相连，不但错了容易被人发觉，另一方面又须顾虑到社会道德，法律问题等等。因此，一个具有责任感的记者，当他报道一宗社会新闻时，内心方面往往要受到法律、道德、人情各种因素的交迫。本来为了社会应该照实报道，但法律中的诽谤法既规定得十分森严，同时人情上也得替别人设想一下。因为一个人要建立一良好的名誉何等艰难，自己一落笔就可能轻描淡写地把人家整个摧毁掉，如果万一不是事实，如何对得起人？所以没有这种存心去报道社会新闻，始终算是一种冒险的行为，倒不问新闻本身是否会触犯到诽谤法！

二

第一，从有关社会秩序的新闻来说，维持社会秩序的最高权力就是法律，所以法律新闻要在社会新闻中占一个十分重要的地位，复由于法律不外条文，执行法律规定的机构更见重要，于是法院和法院授权的警察局，一直是这类新闻的供应所。

为的人与人间经常有冲突与矛盾存在，除经济，政治的原因外，还有社会的传统观念及个人性情上的不同，这些都可能制造纠纷，结果是仲裁这类冲突遂属必要，才逐渐演变成现代的法律。同时有关法律的案件，直接受影响的，虽只是两造当事人，但间接却同样能够引起公众的注意，这因为一般人总希望明白那一场纠纷到底如何判决，藉作自己在人生过程中的参考。自然，这类新闻价值的大小，完全依据事件本身对于社会所发生的影响如何而定。譬如说，两造为了一些债务上的纠纷引起诉讼，这多半除两造本人及其亲友以外，大多数人便未必会加以关心。反过来说，一家银行倒闭，就立刻要惊动整个社会，如果清理困难，一大群债权人再向法院提出控诉，那不用说更是一条大新闻。法律新闻的价值，通常依照这种社会意义的大小来加以权衡的。

对一般读者言，法律新闻本身还有另一特色，即许多案件在开庭审问的过程中，往往显出有声有色，甚至可能是绝好的一篇故事。原来当审问案件之际，不独法官的问话，原告及被告的供词有趣，同样，双方律师的辩论、反驳，盘问都无不力求出奇制胜，语妙天下，富有戏剧的意味。现代报纸的注意法律新闻，这是一个主要的原因。

自然法律乃一专门问题，所牵涉的范围十分广泛，要加以简单分类，并非容易。不过普通同报纸关系比较密切的，却只有刑事与民事两部门；这二者的根据，就是刑法与民法。兹再分述如下：

甲，刑事新闻　所谓刑事新闻，系泛指触犯刑法所发生的一种犯罪行为，再经过法庭正式审问及判决的新闻。本来什么是刑法？这一点便不易直接下一个定义，甚至世界上每一个国家的解释，彼此都不会完全相同。因刑法本身有两种性质：一为现代一般国家习惯上所共同的原因，例如杀人、抢劫、扰乱治安、叛国通敌等类罪行。另一乃各国按照自己本国情形，用某项法律条文加以特别规定，故其对象各国并不一致。像禁酒一事，在美国当年未解除禁令以前，凡饮酒的人就算触犯刑法，可是一旦解禁，人人便可自由饮酒，不再算是违法，就是一个证明。不过话说回来，此类法令，多属暂时性质，只在某个时期内有效，既可随时颁布，也可随时取消，并没有固定的类型。例如军事戒严令，各种紧急法令，以及统制外汇一类的条例等等都是。惟刑法的性质尽管复杂，归纳其意义却仍不外三点：即指侵害个人，社会及国家的权益而言。所谓个人权益，通常包括个人的生命权、名誉权、自由权、财产权等项，固然在伤害他人的生命与毁坏他人的名誉之间，罪名有轻重之分、但却都属触犯刑法的行为。至于所谓社会的权益，包括妨碍公共秩序、公众安宁、社会风化等项，所谓国家的权益，则指领土、主权的完整，国家行政权及法令的遵守等项。各国对于这类规定虽微有宽严之分，不过始终都视为最基本的权益，不容他人侵犯，否则便以触犯刑法论处。

受理刑事案件的机构是法院，惟这类案件最初总要经过警察的调查与处理，所以每天警察局中办理的许多事务，多半就是刑事新闻。依照报纸的惯例，每宗刑事新闻先后可以发表两次：第一次，在出事以后，把当事人、在场目观者和警察局那里得到的资料，立刻扼要地报道事件的发生情形，等到这宗案件正式由法院受理时，又再将开庭审问的经过刊载一次。报道法庭审问的情况，这一层，自然不会有任何问题，因为刑事案件照例会妨碍到社会秩序，法院如何裁判，正是一般读者所关心的一个问题。反过来说，当法院未开庭前先行详细发表，这问题便比较复杂，而焦点的所在，不单是刑事本身，同样还要牵涉到报道新闻的方法。譬如说，大众报纸故意夸大事件的内容，随便添加情节，求其能够轰动社会，不管是否事实，这便算违背了新闻道德。原来未经法院开庭审问前，把所搜集的资料先行刊出，此举不独侵害了当事人的私生活，同时也要影响到法院的独立地位。现代报纸关于报道刑事新闻的争论，通常多半集中在这两点上面，前者乃新闻的道德问题，后者则属于司法权及法律上的技术问题。从第一点说，报纸不应以铺张的方式报道刑事新闻，一般学者的意见可说完全相同，认为此举只是大众报纸的“生意眼”，必然要给予社会一种不良的影响。从第二点说，见解比较分歧，彼此的立论并不一致。例如有一宗谋杀的案件发生，站在报纸的立场言，自然需要将全部经过情形向读者报告，同时报道得越详细也越能称职，这是报纸对社会应负的责任，不容任何人加以干涉。可是就法院的意愿说，当犯罪的证据未搜齐全正式审问以前，绝对不愿让有关的资料公布或泄露，给罪犯有所准备。原来自从法律事务成了专业化以后，律师们的辩护已为诉讼中胜负的主要问题，有不少雄辩律师，只要事先了解全部案情，便能“引经据典”，逐点反驳，终于可能以证据不足或不实，推翻了全案。法院的不愿让报纸先行披露详情，此点算是一个理由。其次，搜索犯罪证据一层，本属司法的权力，法院自然也不肯让报纸越俎代庖，多少要保持本身的尊严，又是另一个原因。所以现代各国的惯例，凡刑事案件未经法院公开审问以前，报纸对该案的报道，只能根据警察局所供给的资料，作客观的简略叙述，不能再进一步，自行分析案情的前因后果，直接发表意见或加上一些按语。为的在这种新闻中渗入了一些论断，间接就可能影响到一般读者，致造成一种社会公意，终于使法官判决该案时感觉到为难。所以遇到这类情形，报纸要刊登时便十分谨慎，否则法院便要直接宣布报社抵触法律的罪名。这是法院的司法权同报纸的舆论权彼此发生冲突的所在，到此孰是孰非，迄今尚乏妥善的解决方式。仅习惯上，报纸对于此点特别小心，凡足以影响法官的语调，照例要极力避免，而法院也非遇特别重大的案件，从不运用此种权力而已。

虽然，报道刑事新闻，各国法律及习惯上总会有一种限制，不过限制的宽严不等，于是反映在各国报纸上面，也不免显出差异。像美国的法律规定得较宽，所以美国报纸遇到刑事案件，往往可以自由发挥，结果各报记者与便衣警察同时出动，一齐在出事的地点附近活动。如果案情比较复杂的话更令人分辨不出，谁是记者，谁是便衣警察。其热闹的情形，不难想见。至于记者采访所得的资料，又复逐日刊载在报纸上，更把这宗案件闹得有声有色，变成了一般读者当天的谈话中心。英国法律的限制较严，凡是刑事案件，当法院未正式审问以前，一概不准将详细的案情公布。此举的作用已如上述，即一面在于便利法院的进行调查；另一方面，使法官的意见不至于受到报纸论调的影响。故英国报纸历来关于刑事新闻的报道，无形中有了许多拘束，不得不从写作的技巧上面下工夫，让法院无所借口。不过就在法律限制下，英国报纸所刊载的刑事新闻，通常仍能做到十分活泼生动，并不只单纯报道简略的事实。有时尽管案件的经过必须留待法院开庭审问的时候，报纸才可以根据审问情形，再行详细描述一番，但因写作技巧纯熟，已能克服这个缺陷。这两种不同的方式，实际上各有利弊：美国记者的举动，等于与便衣警察在举行竞赛，往往对搜集犯罪的证据上，可能给予法院一种帮助，俾得早日完成破案的工作。英国报纸为了顾忌太多，对于全部资料的处置，不免煞费苦心，结局□保障了法院的司法尊严，但法院在调查工作的过程中，却不容易得到记者的协助。

其实，刑事新闻的详情发表于法庭审问的以前或以后，所影响的并不止时间，更重要的，还在于直接决定了报道的态度。因为刑事案件一经法庭审问，则报纸只好依据法庭的实际情形加以记录，既不可能故意夸张，也无从节外生枝，至多，不过穿插一点“花絮”，把新闻陪衬得格外生动些，藉博读者一笑而已。从法律及新闻道德观点说，这多少算是比较安全的方式，不会发生任何不良的影响。反过来说，倘在法庭审问以前让报纸自由刊载，此中便没有一个标准，而一般报纸为求增加销数计，定要加重新闻的刺激性，也可能直接触犯了法律，或者与新闻道德相违背。当然单以新闻的时间性论，任何报纸显又不愿放弃掉现成的资料，去等待法庭审问之日方行发表。故在这二难之间，不是新闻去迁就法律，就是法律来迁就新闻；一定要双方兼顾，做到彼此毫无冲突的地步，却非易事。

理想的解决途径，最后还是在于记者处理新闻的态度问题。假如记者报道时能够严肃一些，多注意写作的技巧，不以报纸低级趣味的作风去迎合读者，则所谓报纸法律或影响社会道德等情，也并非不可避免。因为无论刑事新闻本身如何不道德，只要字里行间不含推波助澜之意，照理绝对没有人能够直接加以责备，说记者故意在诲淫诲盗！

三（原文如此）

乙、民事新闻 所谓民事新闻，乃记载一种依据民法向法院提出诉讼案件的新闻。民法的性质与刑法不同，其要点在于规定人民间权力及义务的互相关系，算是一种私法，计分写：债权、物权、亲属、继承等项。换一句话说，民法的作用，即不外以法律条文来规定人与人间的财产关系；而其主要的任务，也无非在于解决和保障由财产权所引起的任何问题。自从现代工商业发达以来，有关财务的纠纷日见增加，于是法律上又有商法的订立：像公司法、票权法、商标法等，都把权利与义务区分清楚，使工商百业有所依据。此外，还有破产法的颁布，各国的法院中照例都另设一破产法庭，专司破产时的债务纠纷。尽管这些法律的名称互异，性质不同，不过进一步分析，则所牵涉的仍只是财产一项问题。为求简便起见，我们不妨用民事新闻来包括上述这一切案件。

从民事案件的表面来说，可能比较平凡，至少，并没有刑事案件的声势及富有戏剧意味。但这类案件本身却有其特色，往往也会受到读者欢迎，故论价值，倒不下于刑事案件。再加上许多刑事案件经过判决后，连带还要进行民事诉讼，以便提出赔偿损失的要求。所以有不少刑事新闻，跟着又会发展为民事新闻的。

一般说来，民事案件要比刑事案件更形普遍，为的社会上最容易发生的纠纷，莫过于钱财问题，也就是所谓人与人间根本利害冲突的问题。报纸的发表这类新闻，通常依据两个原则：第一，案件本身对于社会的意义。如果胜诉或败诉影响不了社会，那只是一场极普通的民事官司，不值得注意。譬如房东与房客为了租屋契约引起诉讼，在平时的状态下，就绝对没有报道的必要，可是当一个城市正闹着严重房屋荒的时候，即又称为社会大众所关心的大事件。原来这一宗案件的发展，不是很可能使处境相似的大多数人感觉得不安全，便是感觉得有保障，因此诉讼进行的过程中，人人莫不表示特别关切，终于无形中就提高了新闻的价值。第二，决定于案件内幕的刺激性。因为这类新闻往往也有号召力，能够广泛地引起读者的注意，有时甚至比起刑事新闻更见出色。譬如说，离婚案件的轰动社会，大众报纸历来总刊登个不厌，即其明证。本来离婚纯属民事的性质，不外脱离亲属关系的一种；但由于男女之间并非事涉暧昧，未必愿意触及离婚问题；再加一上法庭便要把固中曲折的情节公开，自然会成为一般读者议论的资料。同样，百万富翁逝世后的遗产继承问题，也是新闻；假如其后人为了遗产诉讼，于是到底那一个人得到这笔遗产，岂不是含有极大的刺激性？依照这个标准，普通一个小商人宣告破产，新闻价值还比较有限，如果一个大商家突向破产法庭诉求，说他的产业已经不足以清偿债务时，那便是震动人心的一件大事。因为这不单是债务的数字问题，同时社会上被连累的范围，可能也比较广泛，当然会引起普遍的注意。

至于民事新闻的性质，虽不如刑事新闻那么严重，记载得一不小心，便有抵触法律的危险，可是为慎重计，仍须依据法庭审问时的实际情形，照样大意不得。万一报道中间发现错误，当事人依然可以引用诽谤法来状告报纸，要求赔偿名誉的损失，诽谤法本是刑法的一种，目的在于保护每一个人的名誉权，所不幸的，报纸乃一公开的出版物，只要诽谤罪名一旦成立，由于报纸本身的传布关系，处罚便往往不轻。后来总算英美法院对于报纸另加一条规定。如果报纸能够证明，当时刊载某一件事的确为了社会公众的利益，却可宣布无罪。不是有了这一着来救济，则凡新闻牵连到个人的名誉时，记者便非提心吊胆不可了。

总之，在法律新闻的范围以内，记者虽然必须具有充分的法律知识，才可能从容应付这许多障碍。也许有关民法及刑法的条文二者可以不必熟读，但民刑两法的诉讼法和法院组织法，却有彻底明了的必要。后由于法律新闻通常总以只记载法庭审问的情形为原则，于是诉讼法和法院组织法，也就成为记者起码的必备知识！

丙、意外事件新闻 法律新闻以外，同样也会影响到社会秩序的，就是意外事件新闻。所谓意外事件新闻，主要的当然是指“天灾”而言，惟其中不少仍关于“人祸”的不幸因素，仅以事出无心，故仍让人意外事件的项下。譬如说，火灾的起因，总由一家失火的事主而起，可以不必论，甚至连自然界的灾难，像水旱灾以及飓风、地震等，照样也可以用人工的方式来加以预防，藉以减少损失。所以任何意外事件，总是脱离不掉认为的因素，只要把人力做到，天灾的次数及范围，便不难逐渐缩减，甚至于消减。

意外新闻的受人注意，其原因有二：一是人类对自然界的恐惧心理。从原始时期起、人类看到自然界的威力大得出奇，无可解释，于是一直怀着一种忧虑恐怖及生命没有保障的情绪。就道了现代，人类这种心理没有根本的改变，故每遇意外事件发生时，大家老师感觉着讶异惊奇。这表面上固然在同情遭难者的境遇，但内心方面又何尝不私自庆幸，为的没有轮到自己，觉得快慰。另一便是幸灾乐祸的心理，对于人类野蛮性这留下来的一种。到此人类的天性是否残忍，这一层毋须讨论，不过一般人的喜欢看杀人、看火烧房屋、看撞车，哪一种热心程度绝不下于喜欢看打架或看新娘子，有时事实。把自己的兴趣建立在他人的受苦遭难上面，就算是凑热闹，此中仍不免潜伏有残忍的种子。正由于意外事件同时也就是不幸的事件，能够满足一般人的好奇及喜悦交际的心理，所以这一类的消息，也经常成为重要的社会新闻。

从性质上说，意外事件多半是当时非人力所能挽救的事变，例如出自大自然方面的水灾、旱灾、飓风、地震以及跟随而来的饥荒、时疫等类，照例总是震撼人心的大事。这中间，不独生命财产的损失、亟待救济。如果单论新闻的社会意义，这一型意外事件新闻恰是典型，即充满着人类的血与泪的记录，同时也比其他任何种类的新闻更具有严肃性。因为记载人与自然界斗争的事实，总比报道人与人间的互相残杀来得光荣许多。

除纯粹自然界所给予人类的灾难外，其次，自从工业革命以来，人口便不断集中在都市里，再加价同工具的发达，于是许多不幸事件也接踵而至。如轮船、火车、飞机的失事，尤其大都市里汽车的出事，更是天天必有的消息。例如火灾情形，同样也是都市里常见的现象，虽说现代的救火设备，已每日避免火灾的蔓延。总之，工商业越发达的社会，与之而来的以外事件也愈多，例如在美国，每年就有整千整万的人丧生于汽车轮下，就是一个证明。这里面人为的因素，显然多过于来自大自然的威胁，惟事变往往突然爆发，实现没有任何预兆，所以论性质就同自然界灾难相仿佛了。

四（原文如此）

第二，从人类生活情况言，除了经济、政治的问题外，也还有一种社会问题，这就是集体生活。为的人类不能离群独立生存，于是必然需要彼此互相依赖 ，尽管法律的力量可以维持社会的秩序，但人类并不能够完全在冷酷的法律条文下存活。社会上有多少人就不愿意完全引用法律，却希望人间会有一些温暖的友情，是人生显出更有意义，更有价值。要促进这个关系，集体生活便是人类不必受法律约束的唯一途径。所以各种类的社会问题及其活动，多少都含有这类的倾向，因此，也能够在报纸上占一个相当重要的地位。

甲、社会团体 社会团体的范围，十分广泛，从宗教、学术团体起，到同乡会、同学会，甚至单独为着消磨时间附带联络感情的俱乐部止，全部包括在内。假设每一个团体有其不同的目标机活动的方向，但在所属的圈子里却都能发生作用，间接又要影响到社会上面来。譬如说，宗教的力量究竟在哪里。我们单去研究教义，就绝对不够，必须注意教会的组织及其活动情形，才有逐渐了解的可能。教会的主要任务，本来在于宣传教义与推广信仰，可是从教会与教徒间的关系来说，其组织的严密，简直算是一种和现实生活有关的全面联系，这显然又应该归入集体生活的范畴中去。因为从古代起一直到近代，宗教始终占据着一个主导的地位，各宗教见得纠纷不必说，甚至一个教会内部的分裂，往往也要造成政治、军事、经济、社会各种争端。在现代社会中，宗教的声势虽远不如从前，可是如果我们进一步研究，仍可发现教会及其所附属的各种机构，的确已做到深入人民间的地步，够得上称做一个有力量的社会团体。以基督教为例，欧美各国报纸每在星期六这一天，总用很大的篇幅来刊登星期日早晨个教堂的礼拜节目。有些是教会的团体生活！

同教会相类似的大小团体，社会上自然多的很。也许组织不如教会那么坚强，规模没有教会那么庞大，但绝不能因为他是个小团体，便加以藐视。像俱乐部，照理不外等于一批人休息所的组织，然而英国的俱乐部便不同，原来就有些俱乐部掌握了政治，有些操纵了经济，有些甚至培植和发扬了文化与学术。至于法国的“沙龙”过去对于艺术的贡献，更为人人所共见，用不着再提。原来每一个人的生活中，最重要的一件事就是志同道合的伙伴，所以当一批兴趣相同的人们相遇时，必然会有一种结合。这结合反映在形式上面，恰是这个类社会团体，大家从团体中不但得到了安全感受及直接发挥了互动精神，同事又恰如一队士兵作战一样，由于有步伐一致的前提，所谓众志成城，无形中更能产生一种极大的力量。尽管这类团体的存在，对于社会有许多不利的地方，例如分出系统派别和互相争斗排挤的现象，结果变成少数人操纵多数人的事实，惟团体本身却属于社会的细胞组织，算是一个绝对不可忽视的单位。是故不问是国际性的团体，像扶轮社、笔会，或文化学术类的学会、协会以及联络感情的同学会、同乡会等，都各有各的社会地位和背景，往往一举一动，直接间接对社会多少总能发生影响，总能反映出一些人对集体生活的动态。

乙、社交与节日 在日常生活中，我们大家最容易接触到的，算是普通的社交应酬及过年过节的大日子。前者是社交新闻，后者乃节日新闻。从内容方面来分类，这类新闻都可能十分平凡，谈不到有什么特殊的意义，惟对于有关的人士言，却往往是一宗大事件。因此，其新闻价值的大小，也全视所牵涉的范围广狭而定，从亲友间的酬酌起，到婚丧喜庆、各种节日止，舞步全部如此。

社交新闻的特色，主要的在人，并不在于事件本身。换一句话说，社会上地位愈高的人，他的社交活动便愈发引人注意，例如名人的生活纵极平凡，报纸却往往不惜花费篇幅予以刊载，可为明证。其次，社交本身又是一种动作，牵连有许多人物，当然更易得到读者的欢迎。所以社交新闻的性质，实际上便是名人新闻，一切关键在于人的名气，一般大众报纸更近一步，对这类新闻总不厌求详的加以报道。譬如说，在一个较大规模的宴会中，通常不但要列举比较重要的来宾姓名，甚至连主妇及女友穿的服装、首饰、谈话都一一提及，简直好像在描画一个时装展览会。原来人类有一种心理，一方面希望自己在人前露脸，另一方面却也要知道他人出风头的原因和方法。大众报纸这种作风，正是争取读者的一类手段，凡姓名被刊载在报端的人，固然会高兴，成为这一家报纸的忠实读者，即其他的读者看了，同样也感觉有趣味，因为会多懂得写社交界的活动情形。自然，社交新闻本身还另有意义，即从宴会的名单中，读者间接可能了解这些名人间的互相关系。例如甲地的名人忽然跑到乙地来，假设只是观光毫无任务，但此中的蛛丝马迹，优质从他在各方面应酬的接触中，才逐渐体会得出。至于在宴会席上，一个名人如肯定直接针对着某一项问题发表演说，不用说，这新闻的意义一定更大。

节日新闻的性质，恰同社交新闻相反，确实属于一般大众的。过年过节的热闹场面，照例有“普天同庆”的景象，任何人都同样感到愉快，只要把人群聚集多的地方的情景描画出来，或者报道出最典型的一种节日气象，便算是当天的主要新闻。其次，节日又多半具有特殊的历史意义，尽管一年一度的旧事重提一边，但配适得恰当，也能够将此年此日的景物与以往互相比较，依旧会受到读者大众的欢迎。所以一遇到大小节日，报纸从不轻易放过，依照节日意义的大小，或用新闻，或用特写、社论，甚至或出专刊来纪念。比较大的节日，同时必是公共假期，连带就有举行纪念或庆祝的仪式，报道这类仪式，更属于报纸上不可缺少的资料。

除了公共节日外，世人间的婚丧喜庆，多少也有节日的意味。固然，这一层对于一般读者并无直接的意义可言，但喜欢看热闹乃人类最普遍的心理，又何况每一个人都有一批亲戚朋友，在其亲友们看来，当然算是一件大事。是故站在报纸的立场说，这类新闻既有了一批固定读者存在，便不得不斟酌情形，给予一个刊载的机会。

丙、运动 运动新闻，也称体育新闻，是二十世纪大众报纸的产物，论理是前后不过四十多年。虽然，依照各种新闻所占的篇幅来比较，运动新闻却算得后来居上，渐已成为报上篇幅较多的一栏。尤其所包括的范围十分广泛，从足球、篮球、网球、田径赛到游泳、拳赛、比剑、滑雪、溜冰、赛马等，凡含有运动性质的公开竞赛，都可以归入这个范围里面去。

运动新闻的重要性，计有几点：第一、运动乃关系一般人的健康，所以又称国民体育，是增进健康的唯一途径。第二、运动有属于一种团体生活，间接可以培养人类的德性及合作精神，像所谓运动家的风度，即指以最公平的方法从事竞争，彼此完全依靠真实本领，不得从中运用阴谋诡计的解释。至于败的人，一方面照例需向胜者道贺，表示钦佩，不容稍存芥蒂之心，另一方面，他自己后行努力练习，希望再度比赛时获得胜利。第三、一般人多视运动为正当的娱乐，同时公开竞赛之际，双方角逐胜负，更属一种富有刺激性的热闹场面，也能够满足大众的好奇心。是故在现代大城市中，每逢各种球类举行比赛时，往往万人空巷，其热烈情况，实非任何政治性的集会可相比拟。由于运动竞赛拥有大批的观众，于是这一类消息也有了固定的读者群。

因为不堪看比赛的人要重新阅读一遍，重温原来所得的印象，同样没有机会去看比赛的人，也希望明白个究竟，那一场比赛到底是谁胜谁负。运动新闻的能够受人欢迎，成为现代报纸不可缺少的一栏，原因就在这里。

运动新闻诞生自英国，最初所报道的是关于赛马的消息。严格说来，现代的赛马只算是一种赌博的变相，不能够称作运动，惟正因为是赌博，故赛马的胜负与下注观众有切身的利害关系，终于大家才更要知道比赛的结果。观赛马而兴的有足球、篮球、田径赛等，在后各种运动的风气始逐渐普遍，尽管中间有些仍不免掺杂着赌博的行为，但大多数人不久对运动的技艺已发生兴趣，渐同赌博无关。在社会这种鼓动下，运动比赛日渐流行，同事运动员间也发生两种不同的倾向：一种人即以运动竞赛为职业，像英国的职业足球队，美国的职业网球队，以及许多赛拳、赛马的职业人士。另一种人乃业余运动员，这批人自身另有职业，不靠运动比赛或表演的收入来维持生活，只以个人的兴趣去参加，完全属于业余的方式。依照运动技艺的水准来评价，则职业运动员的技艺较高，例如在英美各国，通常总是业余运动员有了优异的成绩以后，始与职业运动团体所聘请，正式成为职业运动员。

正由于运动范围的不断扩展，以及技术上的不断进步，终至不独一个出色的运动员要经过长期间的培养和训练，连报道运动新闻的记者，也需要有专门的知识，方可胜任。现代英美各国大报的体育记者便完全按照运动的部门来分类：计有足球、网球、赛拳、赛马记者等等，而且多数记者都是以前运动场上的健将。以内行专家的身份，尽量在报道里面解释竞赛中所牵涉的技术问题。

运动新闻的受人欢迎，多少却也因本身富有喜剧的意味，写的这中间有人物、有动作、有胜负，结果英雄式的运动员遂告诞生，成为一般读者崇拜的对象。一名运动健将在社会的地位及群众，也绝不会相较于电影明星一流人物，可写明证。有了读者群，当然运动新闻的地位愈趋于稳固。

五（原文序号如此）

第三、提到社会问题的新闻，实际上，也可以说是社会新闻中间最重要的一项。因为所谓社会问题，多少总牵涉社会大众，直接同大众本身的福利有关。虽这些事项，尽管表面上平淡无奇，丝毫没有刺激性，但就所影响的范围来说，却又往往具有更积极性的社会意义。

甲、社会福利问题 社会福利的范围相当广泛，从单纯的贫穷、老弱、疾病各种救济，到比较复杂的社会保险、医药免费和以工代赈止，就凡有关社会的福利事务，无不包括在内。通常可以分为公私两类：私人的救济，常属于个人的慈善性质，也属于当时性质，除了正式捐助慈善团体以外，这种举动只能算是私人的善意，对于社会仍缺乏一种有组织的意义。至于公的性质，则又有政府官方与社会公众团体之分。关于官方的，失业保险及救济等项，非运用国家的力量，便无法创办这么大规模的救济机构。所以现代国家每年的国库支出，应用在这方面的经费，往往十分可观。而且每个国家的政治是否上报道，只需注意其对于社会福利所采取的态度及所花费的数字，也不难明了。原来现代社会的福利事业，或多或少已成为每一个政府的义务，政府不但需要直接救济人民的疾病、贫穷、老弱，甚至连事业这件事，也应由政府负责维持。在人民与政府间，所谓权利义务二者早已规定得很明白：即人民能工作，有收入时，必须适量纳税，不容逃避责任，反过来说，不能工作变成事业时，这个死人生活的担子，政府也得予以负担。本来社会福利问题照理应该属于慈善的性质，可是从社会政策的观点看去，却恰又等于保险制度的变相。譬如说，我们平日的纳税好像保了一种团体的险，这里面政府既要保证我们做一个自由国家的国民，同时连带我们的工作与生活，也由此获得可靠的保证。因此，人民与国家间，除了政治的关系外，还有经济及社会的联系，特别是有了这种社会的联系以后，国家的存在，方显出具体，方具有社会的意义。

乙、妇女问题 按照人类的性别来区分，妇女本占着人口的半数，故从十九世纪以来，妇女的觉醒一直成为现代人类的一个大问题。妇女问题的提出，最初是女权运动，当时整个问题的重心，不外夺取政治上男女的平等，后来才是争取经济上男女的平等。一般人多以为，妇女获得参政权及各种职业后，问题便已告一段落，在男女之间不会再有纠纷，但事实上并不然，这至多之变更了一种方式，所谓妇女问题还是照旧存在。

欧美各国的妇女运动，一直也以政治和经济二者为目标。特别是第一次世界大战结束后的十年间，斗争情形格外激烈，终于总算各国妇女先后都获得胜利。目前像英美等国，不但政治上男女有同样的选举权，彼此完全平等，就是经济上的歧视，也已逐渐消除。苏联的对于妇女问题，更另有看法，连重工业部门都容许女性参加，可一说解决的十分彻底。虽然话说回来，妇女问题的特点，却并不因此便告消减。原来男女的性别不同，彼此的生活方式必然互异，过去妇女运动所争取的，不免过于侧重形式上与男子平等这一点上面，于是无形中处处模仿男子的作风，反而忽略掉女性自己的发展途径。譬如说，恋爱、婚姻这类问题，男女的观点就未必能够一致，而利害也未必完全相同。婚姻的不能自由，固然会摧残了个人的幸福，但随便可以结婚，随便可以离婚，也绝非一个健全社会所应有的现象。尤其关于日常生活方面，像家政、服务以及社交等等，妇女更有其独特的范围，但非另行划开不可。所以妇女问题，大而言之，本身不免总掺杂有政治、经济、社会种种因素，小而言之，也因男女生活方式与社会观点不同，所以报纸上必须特开妇女一栏，才可能包括妇女新闻的全部。

丙、劳工问题 在现代工业国家中，由于劳工人数的众多，这类新闻也经常占报纸上相当重要的篇幅。劳工新闻所反映的便是劳工问题，照例由劳资纠纷而起，从怠工到罢工，有种种不同的方式，而以罢工为其顶点。但罢工举动究竟是一种不得已的最后手段，并非常态现象，在普通情况下，直接将其归入社会新闻的范围里，其实也未尝不可。所以一般劳工新闻可以分为两类：一是随时报道有关工潮的消息，另一便是平日报道工会的活动情形。工会的组织，本在于为劳工界谋福利，具有集体生活、社会福利、经济、政治各种意义，故这类新闻比起普通的社会团体新闻更见重要，也是现代社会中一个值得重视的消息。

由于工会是一种团体的组织，凡是团体的消息，不外报道开会、议决案、发表宣言以及负责人员的动态等项。不过工会新闻，所以比较热闹的原因，写的现代各种工业都集中在大城市里，不但每一工厂有工会，甚至每一业后有联合的机构，于是才形成了一个极庞大的组织。英国工党的执政，与其说得力于工党的组织，倒不如说有了工会的支持以后，才能够获得政权。所以英美各国报纸，不但在开工期间内重视工业消息，就是平时也特开劳工新闻一栏，让一般读者明了个工会的活动情形。不过劳工界人士的个人消息，与工会没有发生直接关系的，则通常不归入这一类。

自然，社会新闻的范围十分广泛，除以上所提及的各点外，恐怕仍不免挂一漏万。不过假如我们能够把握得住社会意义这一点，由此类推，显又不难明白这一类新闻的范围。

文艺新闻

一

从新闻的性质说，本身便有许多种类，除了政治、经济、社会以外，凡与文化艺术有关的一类消息，显然也可以独立成为一个项目，名称不妨就叫做文艺新闻。虽说这个名词算是杜撰，在中文方面与缺乏历史的根据，不过其含义多少却等于法文 Feuilleton（情感小品文）的中译，同事这可以包括引文的 Feature（特写）。提到这类问题，远在抗战前好几年，国内文坛上曾经流行过所谓“报告文学”，论目标，其实也正同此相近。本书所以不采用“报告文学”一语，这一方面固然与求名词的统一，是文艺新闻得同政治新闻等并列，成为新闻的一部门，但另一方面，却也因文学乃一个专名，似不宜随便应用，所以非另起杜撰不可。原来所说“报告文学”只徒有文学的名称，不独不属于文学的部门，反而是新闻报道的变相。例如正面的答案就始终找寻不到，中间仅有人提起，“报告文学”与 Feuilleton 乃姊妹性质的文艺等类。这好像在说，“报告文学”是另有所指，并非 Feuilleton，但根据一般书籍所列举的例证，却把海涅（Heinrich Heine）等人当做“报告文学”的祖师，又不得不令人感到糊涂起来，到底“报告文学”究竟是指什么。因为海涅等人的作品，一向都被公认做典型的 Feuilleton，此其一。其次，Feuilleton 本身不是文学，从来也没有人把它算作文学，归入文艺的范围里面去。如果不提 Feuilleton，那么“报告文学”也许近于“特写”或“散文”，甚至于“诗”的一类，用什么名称都不相干，既以 Feuilleton 为例证，显然就不宜于再沿用什么文学这个名目了！

我们所以不用“报告文学”改称文艺新闻，却根据下述的几个理由：第一、此类文字本身始终以新闻为主题，关于报道的格调，并未越出报章杂志的范围。第二、无论是内容或形式，同纯文艺性的作品究竟有所分别，把它称作文学，当然过于夸大，容易引起一般人的误会。第三、就是依照“报告文学”的定义看去，最多也不过等于特写、旅行游记或杂感式的叙事文，有许多事物便都包括不了，反过来说，用文艺新闻这个名称，则有关文化艺术的几个现象可以全部加以概括，终于还能够使文艺新闻得与政治、经济、社会新闻等并称，同为新闻中的四大支柱。

解释文艺新闻，应该从两方面着手，一是内容上面，另一是形式上面。从内容说，可区分为下列几类：

一、文化类 例如艺术性的论说、批评、介绍及书评等。举凡有关宗教、哲学、社会科学、自然科学等类问题，无不包括在内。

二、艺术类 性质略似文艺批评，惟报道的成分多过于艺术的评价。这里包括对于戏剧、电影、音乐、绘画等的评论及介绍。

三、杂录类 范围最为广泛，从专栏、杂感小品文到旅行游记、长篇小说，甚至于娱乐、消遣、游戏性质的文字，都被包括在内。

像这一类内容，不管是採取副刊制度的旧式报纸，或用混合编辑格式，根本没有副刊名目存在的新型报纸，依照整个报纸的篇幅来计算，总占着一个十分重要的地位，而且也极容易辨别。如果报纸上没有文艺新闻的配合，以为只刊登政治、经济等类消息，那就是一种多么沉闷呆板的出版物！

从形式说，所谓文艺新闻，又是一项运用文字的方法，乃写作技巧和格调的问题。因为文艺新闻所注重的，并不是平铺直叙的叙述文，这中间必需含有委婉、细腻、轻松、生动各种因素，绝对不容许粗声粗气或拖泥带水地说话。这是一个新的格调，同时也是一个最适合报章杂志的文体，所以现代报纸中，已不限于副刊等栏采用。不但政治、社会新闻，甚至于连严肃到要板起脸孔来的社论，也同样可以应用文艺新闻的写法。

提起文艺新闻的历史，自然就是一部 Feuilleton 的历史。

Feuilleton诞生自法国，第一家采这新格调的报纸，是《巴黎雄辩报(Journal des Debats)》。当时雄辩报为要增加分类广告的关系，曾每日特别附刊一小张，除刊登小广告以外，还发表一些杂论式的小品文。主持这个附刊的编辑，是格门夫雷神父（Abbe de Geoffroy)。格氏发挥了惊人的才能，把这个极有限的篇幅处理得头头是道，刊载了许多戏剧评论、旅行游记、杂感小品文等类文字。这些文字不仅短小精悍，言之有物，同时文笔又十分生动流利，立刻受到读者大众的热烈欢迎。于是，他一方面替报纸的副刊奠定下一个基础，另一方面，又创造出一种新的写作方法，故后来大家一提到格氏，无不称他为“文艺新闻之父”（Peredn Feuilleton)，籍以表示敬意。不久这个附刊遂告取消，但原有的内容又立刻全部在雄辩报上正式出现，与其他新闻并列，取得了同等的地位。仅由于习惯的关系，领用一条黑线把这些文字与报纸的本文隔开而已，换一句话说，黑线以上的部分刊载的是报纸本文，黑线一下就是文艺新闻。这风气终于在欧陆各国一直流传下来，例如德国报界认识通常总以“黑线下”（Unter dem Strich）来替代Feuilleton的名称，可谓明证。

显然，文艺新闻的发达，却又开始于拿破仑时期。拿破仑本人，可以说是一个懂得运用新闻政策的独裁者，他为了要压迫言论，限制政治新闻的传布，于是特意来提倡文艺新闻，企图转移人民的视线。殊不知这一者的后果，竟与拿破仑的预期恰恰相反，这表面上毫无危险性的文艺新闻，在某一种环境下竟同样也成政治的武器，并且还会发挥更大的威力。原来人民大众对于政治现状不满，必须有一个发泄的地方，正面既不准批评，便希望能够来个旁敲侧击，把要说的话完全吐露出来。因此，虽有不能谈今的前提，但引古喻今、借题发挥、让字里行间表达出真意，谁也无法加以禁止。文艺新闻的功用，恰在这种间接方式。所以尽管是一篇极平常的小品文，只要讽刺得含蓄，留有余意，事实上就抵得过任何一种锋利无比的批评文章。换一句话说，在作者与读者间无形中已有默契存在，稍一示意，彼此便可心照不宣，简直毋须多费笔墨。当文艺新闻的效用达到这个境界时，不独本身成为报纸上不可缺少的部分，甚至于论声势，也非普通政治论文所能比拟。

从拿破仑以后，文艺新闻的领域开始逐渐扩展，尤其写作技巧的进步更速。以前所谓文艺新闻的格调，不过限于副刊上的杂感小品文一类；从受人欢迎，多少仍感气派不够大，不足以登大雅之堂。后来由于一般读者的嗜好，情形逐渐次改变过来，普通新闻不必说，终于连报纸的社论也会采取这种格调，使报纸文字顿添不少活泼的气象。

文艺新闻写作的方式法，与其他新闻不同，最明显的区别：第一，这种文字从不注重夸大铺张的叙述，或作标语口号式的叫喊；只是一种幽静的描写，把社会生活现象描画出来，根本不含丝毫激烈粗暴的情调。第二，侧重作者个人对于社会事物的观察、体验，把所得的印象加以叙述；不过这种印象又必须经过提炼的阶段，绝对不是一般表面的现象，更非粗制滥造。第三，多半是细微琐碎事件的举例，要从极小例证中来说明极大的问题，绝不直接带着教训的口吻，或板起脸孔说话。第四，内容丰富，文字简练，尽量删去一切不必要的字句，所以干净利落也成为文艺新闻的一种特色。因此，有人说，文艺新闻的写法另有一套工夫：例如有一篮鸡蛋，我们粗看去不免双双相似，并无分别，但经过仔细研究后，却要从这些好像相同的中间找寻出每一只的不同来。描写道如此细腻的地步，才符合文艺新闻写作的标准。故文艺新闻所叙述的，决不以单纯报道表面的现象为满足，必须进一步指破其中潜藏的因素，让深刻的意义自行显露。例如报纸上的“特写”，就是用这个手法，所以在“特写”与其他新闻间，也会有两种气象，便是这个原因。

不过文艺新闻本身并不是一种艺术，纵是一篇极成功的文艺新闻作品，依旧不能够直接归入艺术的范围去。这原因：第一，文艺新闻乃新闻记者的一种职业文体，含有极浓厚的新闻气息；同时其意义又与新闻事业的目标完全符合，即多半只有阅读一次的价值，并无永久性。第二，受时间的支配，这正同其他新闻一样，必须根据现实的生活，不能凭空作抽象的叙述，上下古今乱谈一阵。譬如说，谈时装总要顾及季节时令，剧评的对象是新上演的戏剧。书评也是介绍新出版的著作等类。第三，受空间的支配，因此内容上面照例会反映出地方色彩来。像旅行游记所表现的，固然是一地的风光；就是杂感文也是针对本国或本地的社会现象而发，绝非无病呻吟。也许恰由于这一点，读者才格外觉得亲切，而影响的力量也才会格外巨大。除这些条件以外，文艺新闻复受篇幅的严格限制，绝不容许有长篇大著出现，于是乎大家被迫只好运用最经济、最简省的字句，换一句话说，就是以极少量的文字来表现极多量的思想。虽说这也是一般文章写作的最高原则，不过其他文章还有伸缩的余地，不似文艺新闻这么呆板，这么缺乏发挥的自由。文艺新闻的不能够成为精品，大约这一层也算是一个主要的阻碍！

其实，文艺新闻正同普通的新闻一样，本身不但也含有言论的因素，甚至这因素比起其他新闻更见明显。原来文艺新闻的特色，在于作者个人的印象。所谓印象，当然是主观的见解和看法，故论格式，文艺新闻又可以说是一种批评多过于介绍的文字。自然，文艺新闻与辩论式的论著不同，至少，表面上却从不带丝毫攻击的痕迹；既非破口谩骂，也不作任何理论式的辩驳，只把社会现象中的某一点矛盾指出，让大家从常识上看去，就觉得可笑又复可怜！这一层，本来算是辩论术中最有效的武器，现在竟成为文艺新闻的一种技巧；由于常用滑稽或讽刺方式，于是简直毋须正面争辩，往往胜负已分。这中间比较更胜一筹恶，要算幽默。幽默乃人类应付复杂环境时所不可缺少的工具，也是一项智慧的产物；任何正面无法说明的事物或思想，只须出以幽默的方式，总可能迎刃而解。因为像滑稽的“笑”，讽刺的“笑”，效果仍是暂时的，大家多半一笑了之，缺乏比较深刻的意义；唯有幽默的“笑”，是笑中带笑的“苦笑”，性质完全不同。历来许多著名的文艺新闻作品，都懂得尽量应用幽默的笔调，把所描写的对象变成外拙笨可笑，结果才能够得到极大的成功！

二

文艺新闻的形式及格调，已约如前所述，兹再就内容上面逐项分析如下：

（一）文化类　从文艺新闻的立场看去，虽说含有文化学术意义的文章都可以归纳在这个范围内，但究竟并非纯粹研究的性质。一篇哲学或科学的论文，变成完全着重在学理上去阐述，结果只供专家学者一流人物的研讨，那就不问本身的价值如何，绝不合报纸的体裁。反过来说，以这样的一篇论文作根据，用通俗的文笔加以浅化后，让人人能够读得懂，感觉到兴趣，这才是文艺新闻。因为文艺新闻所注重的，既不是专家式的艰深学理，更不是专家式表达学理所用的文字；像这一类学理及文字的水准，对于一般读者大众言当然不免过高，所以非经过通俗化的程序，绝对得不到读者的欢迎。这通俗化的工作，事实上恰是现代文艺新闻的伟大贡献：一方面将文化学术大众化，使各种学术不至于只是少数人的专属品；另一方面，也能够使报纸配合了社会的需要，成为名实相符的社会教育机关。

说到内容方面，当然又是广泛无涯的，从宗教、哲学、到社会科学、自然科学、简直无所不包。只要具有文化的意义，任何事物都可以包括在内。不过这中间最大的困惑，不在于写作的对象，而在于写作的方法。譬如说，就是像你才的哲学或者爱因斯坦的相对论，倘处理得过当，照样也是理想的题材，可是难题恰发生在这里：第一，要将艰深的学理通俗化，必然需要花费一番深入浅出的工夫，作者本身非做到融会贯通的境地不可，这已是一宗不容易的工作。第二，凡属比较抽象一些的学理，多半不免枯燥乏味；要把这一项内容生动化，写成一篇引人入胜的文章，让读者觉得有兴趣，不用说更见艰难！所以这一类文字既非专家学者所擅长，也不是每一个记者都可以随便动笔；结果必须一方面具有专家的专门学术，另一方面再配合以文艺新闻的写作技巧，才有胜任的可能。自从十九世纪中叶以来，一说英美报纸已经常刊登不同文化学术性质的文稿；此举对于传播学术，灌输知识，确有了不小的贡献。假如没有这一栏，报纸本身的文化意义，恐怕必须重新估价了！

另一个方式，就是书评。书评算是近几十年来才在欧美报纸上流行，其历史较浅，但意义却大，目前已成为现代报纸所不可缺少的一部分。书评所着重的，本来在于批评书籍的内容，其性质有如文艺批评，不过同时又含有极浓厚的新闻意味，为的多半都以新书为对象，所以才能适合报纸的需要。依据欧美出版界的习惯，凡新书出版以前，总要先行赠送每家报社一本，并附信说明准备于某月某日出版，请予介绍等语。各报收到新书后，便由负责“书评”的编辑，预先写好了书评，恰在那一本书正式出版的一天刊出，同时在题目下面再另注一行“今日出版”。所以书评的作用，实际上就上一种新书介绍，本身自然含有新闻的意义在内。

书评的诞生及其长成，最根本的一点，还是出自社会的需要。现代欧美各国每年度出版的新书，种类极多，除了大规模的图书馆以外，私人绝对无法全部加以搜购，更不必说要加以遍读。因此，选购书籍成为一般读者的难题，书评恰是一个良好的顾问；只要事先阅读书评的决定取舍，读者就要方便许多。对于出版商的需要书评，理由更见明显，即可以利用报纸的力量来推广书评的销路。自然，书评并不是文艺批评，更不属于文学的范围，不但内容广泛，任何新书既在介绍之列，不限于文艺作品，更重要的，即书评本身也只有阅读一次的价值，完全符合文艺新闻的原则。

（二）艺术类 在现代报纸上，关于艺术的批评与介绍，也占一相当重要的地位；像戏剧、电影、音乐、绘画等，经常都是写作的对象。不过这类文字却并非站在纯粹艺术的观点出发，多少仍脱离不掉新闻的因素，所以不能看作是一种艺术。试以剧评为例，一般所根据的计有五点：第一，剧本；第二，作者；第三，导演；第四，演员；第五，观众。如果是纯粹艺术的批评，那么注重前四项已经足够；但文艺新闻站在另一个角度，反而特别重视最后的一项，戏剧演出的成功或失败，关键固然还在与观众的情绪，漠视了观众，无形中就等于使艺术失掉了生存的根基。另一方面，报纸的需要戏剧评论，决不以介绍的必要。依据报纸的惯例，每一本继续第一夜上演时，剧评记者必须连夜把观感所得赶快写成评论，刊载在次晨出版的日报上，因为必须趁观众对于戏剧的印象尚未模糊之际，给予一个“重温”的机会，让大家觉得看了剧评以后，愈加能够了解上演的情形。至于对其他的读者言，剧评本身自然只是一项新闻，正同书评一样，具有供给读者参考的功用。剧评的所以如有新闻性、同时也比较缺乏艺术的成分，原因也即在此。

其实，单说到艺术批评问题，原来战争论不绝，个人有个人的说法，究竟孰是孰非，也非数言可尽。譬如说，有的人主张，艺术批评本身就是一种艺术，可是又有人反对此说，以为谁授予批评家这种权力，可以随便宣告任何一种艺术品的死期，这无非等于凭空毁坏了艺术的创造性，所以我们得下的结论是：世间并没有艺术品评存在，所有的只是艺术的批评家而已。这种争论的愈加复杂，即艺术家中间还有许多类别，根本没有一个大家可以共同遵守的艺术规范，因此批评时的根据，也无非各是其是，各非其非，终于不容易达到一个公认的定论。现代艺术批评的趋势，多少已较前进步，艺术批评家的定义，约等于一种艺术的介绍人，只把艺术品的优点与缺点介绍给大众，藉以提高大众审美的观念，不再自命为艺术规则的立法人。如果根据这种观点，那末一班人欣赏艺术品是的情感反应，实际上应该要比艺术规则更见重要，而这一点恰算是文艺新闻所必需的前提，于是报纸上刊载艺术的批评文字，使仅以观众情绪的反应写出疑点，从不直接提出任何艺术规则，把题目拉到点评艺术的范围里面去。换一句话说，作者下笔之先必须观察大众的情绪，是否欣赏艺术品的优美，还是感觉其中间有某类缺点存在，把握住这种情绪所写成的文字，难点不是艺术品，但却能接近大众，完成文艺新闻的使命！至于有关的各类别，分复如次：

甲、戏剧评论 戏剧有歌剧与话剧两种。歌剧注重音乐及歌唱，从音乐歌唱中反映剧情。话剧则以对话动作为主，以对话动作来展现故事的情节。这二者的性质不同，批评的方式也不得不互异。一般说来，现代报纸上的剧评，由于首先需要顾到观众的缘故，艺术成分早已冲淡了不少。当十九世纪时期，剧评的性质还较今日严重，撰写剧评的记者，多半不是有经验的剧作家，便是正式的演员。以这类专门人才来担任评论的结果，自然不免把水平提得过高，要用所讲艺术的规则来估量和批评每一剧本的成功与失败，只是论点流于公式化。现代的剧评，早已避免掉这种公式化的缺点，多半只以个人的印象写出观点，不再空谈艺术规则。诚然，在现代报纸倾向于通俗与趣味的风气下，剧评同样不能例外，多少已不免过分重视娱乐性与刺激性，致削弱了教育大众的任务！

撰写戏剧评论的困难，由于第一、受时间的拘束。尽管每一剧本上演时会招待记者参观，可是正式写剧评，却非在第一夜上演完毕了解了观众的情绪以后不可。从戏院闭幕到报纸截稿，通常只有一二小时时间，非有熟练的写作技巧，便根本不足以胜任。第二、需要懂得艺术原理，尤其是有关戏剧演出的各项知识概须具备，可是另一方面，又不容许直接变成专家。因为一部流行的戏剧，从纯粹艺术的观点来看待，本身可能有缺点，但上演之际如果受到观众的热烈欢迎，这情形就当别论，不可只顾艺术致离开观众，第三、戏剧评论记者除艺术修养以外，更重要的，确实人生多方面的实际经验。没有这类经验作基础，评论的内容便不能接近大众，于是也就无从提高观众欣赏戏剧的水平。

一般惯例，同剧评有关的，尚有对于戏剧界艺术的报道。这些报道，像剧人生活、剧场内幕等类的猜想，都算是有趣味的新闻，同样会得到读者的欢迎。所以剧坛动态也能够包括在剧评里面，成为现代报纸不可缺少的部分。

乙、电影评论　在性质上，电影评论与戏剧评论相近，主要的对象都是观众，但这二者间究竟意义有所不同：第一，电影的内容比起戏剧要通俗许多，同时票价便宜，每天经常可以放映几场，故观众的范围远较戏剧为广泛。依照艺术各部门的影响来说，也只有电影才够得上称为真正的大众娱乐品。第二，再就地域来说，戏剧的上演通常只限于较大的城市，至于中小城市里根本不会有剧院的踪迹，反之，电影院却到处林立，甚至连小城市也没有例外。在这种情景下，许多地方性的报纸便没有机会发表剧评，同时却不得不把电影评论当作艺术批评的主要部门。第三，电影乃一新兴的艺术，或说算是戏剧的旁支，可是放映时看不出舞台的场景，不会给予观众一种舞台的感觉，所以说起来要比戏剧更接近于现实生活，同时也能够发生更大的效果。

电影的特色既在于通俗，通俗到同现代人的日常生活打成一片，结果电影评论所须注意的，虽然不止观众的情绪，更重要的，还是电影对于社会的影响。固然现代社会生活的黑暗一面，似乎不说全由不良的影片而负责，不过电影的传布及传染力量，能够把任何一种生活习惯带到全世界的每一个角落里去，却又是一宗事实。因此，电影评论不仅不可站在纯粹艺术的观点，甚至还应该比剧评含着更少的技术意味！

从写作方面言，电影评论的时间比较充裕，通常影片的首轮放映，都在当天下午，所以不必匆忙撰写，这是第一点。其实，像好莱坞的影片更照例经常大量供给资料、从影片股市到电影明星的私生活，无不色色齐全，也不会发生资料恐慌。至于电影一类消息的所以能够受到读者欢迎，当然同现代电影业的发达有着极密切的关系。

丙、音乐评论 撰写音乐评论，事实上要比剧评困难得多。由于音乐乃用音调及节奏来表达的艺术，本身既没有形象，也没有故事和动作，像这种无形无迹的事物，一般听众所能感受到的，只是诠释心灵的领略，所以根本缺乏实质的根据。因此，音乐的是否优美，前提完全决定于能否激起听众这种情绪，演奏者的丰富情感及熟练技艺，往往更是成功与失败的关键。不管任何世界名作家的作品，就是莫扎特或是贝多芬的名曲，如果在普通音乐家手里演奏起来，也未必会与人一个深刻的印象，反之，由名音乐家来指挥，把他个人的情感再灌注入音乐中，听众又必立刻受到感动。可见音乐本身是由两种因素组成的，一为乐谱，另一为演奏者的情感与技艺。

诚然，批评音乐的不容易，另外还有一个因素：一切最后必须依据听众的反应。听众程度的参差不齐，到底哪一种音乐才会为大众所接受，这很难有个标准。例如孔子的闻“韶”，钟子期的知“音”，以及卓文君演绎司马相如的《凤求凰》曲，都是等于把音乐当作言语看待，算是最高的一级。可是社会上此类人物究竟有限，大部分人的音乐素养，通常连节奏的高低抑扬也分辨不清，怎能够谈得上理解音乐中所造成的意境！是故时下流行的歌曲，尽管缺乏意义，不是以同古典音乐相比拟，但音调通俗，一般人容易明白，说他是“靡靡之音”当时流行一时的根据。一个音乐评论记者，绝不可藐视这种事实而专读学理，否则自己先与听众脱节，纵有任何良好的见解，都是无助于事实的。

丁、其他 此外还有绘画、雕刻、建筑等，报纸上也时常刊载这一类评论文字。虽说静的艺术更见专门，多数非众人轻易所能了解，不过报纸的读者包括社会上各群体，只要社会上有一部分读者关心的问题，报纸就不能够随便加以割爱。好在爱好这些艺术品的人们，并非社会上大多数人，于是撰写评论之类，便不必同剧评或电影评论那样，必须完全看重大众，有时为了大众甚至要牺牲一些艺术性不可。自然，反过来说，同样也不可选用专家格调，致变成了解释艺术批评。

总之，在文艺新闻中，要找出解释艺术性的评论，这类例证可以说犹如凤毛麟角，极难得遇到。因为不但艺术品本身有永久的价值，不受时间与空间的限制，千百年前的人与千百年后的人，都可以用同一的情感去欣赏；就是说艺术批评也含有相类似的意义，即朝向永久存在的目标去努力。文艺新闻却相反，始终仅以读者大众为前提：读者大众不能脱离社会与时代，所以这类评论，至多也只能够成为某一个时代的记忆，并无永久的意义。

三（原文如此）

（三）杂录类 这里包括专栏、情感小品文、旅行游记、唱片小说以及各种游戏消遣性质的特写。这类文字，无论在内容或格调上面说，都算是文艺新闻的类型，因为着重于发挥个人的所见与所感。其中有一专栏格外出色，而这已成为现代一般读者最爱去读的报纸文字！

甲、专栏 依照英美等国新闻界的风气，近年来差不多每家报纸都在社论一般上面另开一栏，称为专栏，同时由一个记者负责撰写，叫做专栏记者（Columnist）。专栏本身不但是报纸上最具吸引力的一栏，另一方面、也是记者个人最为容易达到成功的途径。虽说专栏记者所需要具备的条件较多，例如广泛的学识、经验以及优美的文笔等类，缺一不可，但专栏的存在却另有特色，重点并不全在写作的技巧。这原因：第一、工业化后的现代社会、人与人间的友谊已远不如从前，尤其在都市里生活的人们，大家平日情感受到孤独、需要朋友、需要一种类友谊的温情。本来报纸乃大众的读物，理应刻意弥补这个缺陷，但可惜现代报纸的社论及新闻多是采取不署名的格式，只代表整个报纸并非某一个人在说话。当一般读者都希望能够同记者个人保持接触，发生友谊的时候，专栏的出现恰适应了读者要求。原来专栏的惯例，任由记者个人署名，而语气又是直接的，自称做“我”，称读者做“你”或“你们”，好像老朋友在见面谈天一样。以朋友看待读者，这正是专栏成功的秘密。第二、一般而言，新闻或社会通常避免不了长篇大论的性质，现代读者大家都是忙人，所以无论在时间上或心理上读者特别欢迎短篇的文字。这是专栏的特色，即每日刊载的，至多不过二千字左右，中间又分成无数小题目，故每一段本身只有三五百字而已。在读者的立场说，自是再理想不过的文章。第三、专栏也没有固定的内容和格式，可长可短，有新闻也有评论，不但同当天的新闻可以配合，甚至经常还供应许多内幕消息，可作为报纸的补充资料。换一句话说，凡是新闻所引起的疑虑，往往可能从专栏里获得满意的答案，也是专栏成功的另一个原因。总之，专栏的成为现代报纸中主要的部分，完全在于言论类新闻有严格的划分以后，报纸本身显出一个漏洞，这是说，有些事件如果当作新闻来报道，则实际上非含有言论的因素，就无法解释得明白，但如果写成社论，则有缺乏应有的重要性。在这两类之间，专栏恰可全部加以包括，使任何性质的事件都可以容纳，不至于再有新闻技术的困境。

专栏流行于英美各国新闻界，前后不过三十多年的历史，算是报纸上后起的一栏。虽然，专栏本身却又不是二十世纪的一项发明，按美国报界人士的说法，当十八世纪初期时代，美国报纸便刊载过类似专栏的文字。再引述一位英国专栏记者的解释，圣经上所记载的许多故事，都早具有专栏一样的格调，所以追溯渊源，圣经还是专栏的鼻祖。在我国，即不提“战国策”一类的古书，单像笔记中的“惯说新语”，也具有现代专栏的作风。这里面不但有故事，有评论，而且文字十分简洁、生动、流利，凡专栏具有的特点，几乎也无不齐全。所以专栏只能是旧的花样翻新，绝不是一类新的格调成文体。

专栏的种类，约可分为三型：（一）战略性的专栏。这类的内容，多半论列政治及学术等类问题，性质类是社论。（二）杂录式专栏。涉及一些社会问题，往往包罗万象，无所不谈。（三）幽默式专栏。注重讽刺与趣味，经常从社会小矛盾中揭破大事件的面目。不过这分类法仍不算正确，因为专栏的对象是无从直接加以规定的，例如有些报纸就把社交、戏剧、运动、妇女问题等类也另开一个专栏。故为其从表面上去区分，倒不如直接确定专栏只是一种写作的格式，属于文艺新闻的氛围，反而比较容易了解。换一句话说，任何事物都是专栏的对象，即可以用专栏的方式加以表述，只前提必须是一个问题，多少与当天的新闻能够发生联系而已。

正由于专栏对于文艺新闻中间的一种，故含有极深厚的主观色彩，不但用第一人称，同时语气也不能模棱两可，必须直截了当，干净利落。因此，专栏同戏剧一样，也不得不以动作为骨干，终于才能够让所描写的事物活现于字里行间！此外说到篇幅的限制，专栏比起其他新闻显然更见风格，特别是在写作的技巧，所以在一位优秀的专栏记者笔下，随时常能够写出典型的文艺新闻来。

乙、情感小品文 这类文字没有固定的格式，算是报纸上更自由的一类问题。并且不但形式，连内容也可以照样不拘，只要个人对于社会现象或人生问题有一些感想，都可以畅所欲言。另一方面，因表达出来的意愿，还不在于正面所写的题目，更重要的，往往在于借题发挥，利用第一个资料使人遐想到另一个问题。例如提起“秋风秋雨”，表面上尽管是说气候，实际上却借此此警喻认识凄凉的情景。或者写春天的景物，用意也在象征快乐或希望等类，绝不止说春天这一个季节。此外，还有引古喻今，及寓言故事各种方式，借用前人的经验来陪衬出当前的境遇，所以情感小品文总是话中有话，乃最耐人寻味的一种文体！

在格式上，情感小品文属于戏文体的短篇文字，通常整篇约几百字至一二千字，这一方面既便利于写作，像日记、书信、随笔等都可以使用这种格式，另一方面，也极适合报纸的篇幅。原来这类文字有好几类优点：第一、写作时有充分的自由，可以欲言则言，欲止则止，不受拘束。第二、题材容易寻觅，也容易处理，而且多半又是现实生活的反映，同新闻的意义绝无格格不入的流弊。第三、文笔简洁、流利、符合现代读者的需要。第四、所写成的意境，多半又属于幽静安闲的一类，根本不带粗暴的气象，而第一点，有正式文艺新闻写作最重要的原则。

说到这类小品文，英文名称为 Sketch，本含有粗略的写景或叙事之意，发表在文艺范围内算是一种散文体，但有时也会含有一些诗的成分，甚至大家还把它当做散文诗看待，故一直为一般文艺作家所钟爱。在报纸上应用时，则所含的文艺成分自然减少，不过原来具有的

“娇小玲珑”优点，却一直并未丢失。通常寥寥数语，变能道破许多人生哲理的，就是这一类文字。

丙、旅行游记 在现代报纸上，旅行游记始终也是读者大众比较欢迎的一类。它既不同于一般新闻报道，只针对某一件事物，同时也不是单纯发表评论或感想，却是四面八方把一切事物归纳起来的一种问题，旅行游记所注重的，乃个人在旅程中所得到的全部印象，从宗教、哲学、经济、政治到风俗人情、生活所感，凡是社会现象，全部皆可包括在内。表面上，这自然不免是个难题，又无从入手之感，但如果借用画家的写生手法，将紊乱的现象加以挑选、整理，然后一宗一宗地叙述出来，其实也不难给予读者一个系统的印象。本来一本成功的旅行游记，本身就应该像一幅图画，将所有的景物完全排列在读者眼前，让读者随时好像亲现其境，做了一次旅行似的。假如说，文字中必须含有绘画性的，恐怕第一个就算到旅行游记！

旅行游记的性质，与普通新闻不同：第一，旅行游记所描画的对象，乃一个地方的整体，就是提起其中的某一个人或某一件事，也限于能够像微整体的（原文如此）为原则，绝不容许超越出这个范围。第二、一条新闻所叙述的，不是既成事实，便是在发生中的事件，这都属于一种“动”的状态，只有旅行游记却在“静”的状态去描写当地所见所闻的一切事物，采用画家的手法报道出来。第三、由于旅行游记着重介绍印象，愈是便不得不特别提出问题，直接使印象更加具体化。自然，有了问题以后，定必须要自行解答，所以议论与感想遂无可避免。第四、旅行游记的重点，本来在于个人的印象与观感，说到印象与观感，就不免因人而异，正合俗话所言“见仁见智”，彼此绝不会完全相同。无疑旅行游记一直总是新颖的，每一篇都有每一片的特点，故能够得到读者大众的好评。

丁、长篇小说 论长篇小说，本来必须归入文学的范围里面去，不应刊载在报纸上，至少，本身不符合报纸的新闻性，就是发表了也同其他新闻无法配合，反而会使报纸陡然牺牲篇幅。但事实上并不然，长篇小说的连续刊载却另具有一种力量，能够吸引读者，增加报份，于是也成为现代报纸上不可缺少的一类。

不过，报纸上的长篇小说，与纯文艺性的长篇小说间究竟又有所不同，许多文艺作品尽管是世界名著，但却未必能够符合报纸的刊载。原来报纸的刊登小说，通常是以长篇每日连载为原则，但平均一篇只可登载两个月，一年约共需六篇，过长或过短，都不大相宜。同时报纸小说又有其独特的作风：第一，情节变化常是短距离的，而布局更需要采取分段的格式，因为报纸天天要出版，分段的作用，即等于把每段变成一个独立的故事，才可能按日发表。而且每段最后一节更尝试一个顶点，语气恰同章回小说所说的“欲知后事如何，且看下回分解”一类，才会引诱得读者非看第二天的报纸不可。懂此中情节的变化又不可过于离奇，必须想到一般读者的记忆力，为的读者多半有不愿翻阅书报的习惯，所以情节的容易记忆，遂为这一型小说的前提。第二，不但文字要通俗，题材也同样要通俗，因此，一般总取材于写时代有关的社会问题，因为用这种现实素材不但适合报纸的性质，同时读者也容易了解。第三，由于要争取广大的读者群，当这型小说提及政治活社会问题时，照例采取中立的态度，从不明显地做左右袒，此举即在于避免刺激任何一部分读者，致影响到报纸的普及意义。

自从报纸刊登长篇小说以来，事实上，这类小说已替报纸吸引了不少长期读者，许多人都是为了小说才去看那一家的报纸，这就是小说可以生存在报纸上的根源。固有一部分欧美人士甚至主张，报纸上的长篇小说应该独立起来，用自己的名称，不必属于文学的部门。自然也有人加以反对。我们毋须计较这个争论，不过现代不少文艺名著也产生自报纸的长篇小说中，倒是一宗意外的收获。

戊、消遣性质文字　报纸上有个游戏和消遣性质的文字，可以分为两类：以为调和一般新闻、社论等硬性文字所造成的紧张气氛，用来调和读者的情绪的，例如社会新闻的一部分、文艺新闻的大部分、图片、漫画以及图书、时装等特写，都属于这一类。另一种，乃因为报纸要适应现代人的生活实际情形、抑或已经编成了一种“忙时”的读物，可是社会上却又不少人，终生不阅读书籍，只有整天在看报，同时还有许多种当工作余暇，也经常把报纸当做良伴，于是迫得报纸不能不另添一些资料，以供这批读者闲时尽量消磨时间。正由于报纸上的一般内容都没有具备久读不厌的事件，故必须特别准备一种消遣性质的游戏文字，好让读者每天拿着报纸也可以呆坐几个小时，不会感到苦闷。这类消遣性的文字，通常有下列几种：

子、谜语　谜语是一种消遣时间的游戏，在欧美报纸上，多半是采取字谜（Crossword）及解答问题的方式。这字谜描画的如我国的谜语及灯谜相似，一般读者要猜得正确的答案，非搅出许多脑汁及花费不少时间不可。报纸中照例聘有专家，负责研究谜语，以供报纸每日使用。有些报纸为推广销路起见，也有备些奖品来征求答案，不过一般习惯却只是一种没有奖品的游戏。

丑、桥牌　在欧美社会中，最普遍的游戏恐怕要算桥牌（Bridge），桥牌的变化极多，中间载有许多巧妙的秘诀，虽先后有过无数专书的研究，由于嗜好桥牌既成为社会的风气，于是刊载论讨桥牌的文字，自然同样会受到读者的欢迎。依照欧美报纸的习惯，刊登桥牌常识每日一篇，用图解及文字来做详细说明，反复论述其中的得失。写的桥牌经常还进行锦标比赛，于是更格外能够引起一般读者的内心。

寅、棋艺　欧美所流行的象棋，便与我国不同，但论性质彼此乃属大同小异，所以社会上也有一部分人嗜好象棋，恰同我国民间相似。同事后由于棋谱的流行以及研究棋艺的热心，造成一种风气，所以讨论棋艺问题也同样拥有一部分读者。也许象棋在欧美的普遍程度可能不及桥牌，不过读者群中乐于此道者，却大有人在，用来消磨时间、显然再适当不过。

文艺新闻的性质及范围，已约如上述，它的能够在现代报纸篇幅中占一个重要的地位，实因本身具有许多优点足以使报纸生色。这层简直用不着在下解释。难说文艺新闻的最高成就依然不是艺术品，至少在“为艺术而艺术”的论者眼中，始终乃缺乏一种永久存在的价值，但其功用却已无人能够加以否认。特别是美化报纸的内容和文字一层，所给予社会的巨大影响，甚至许多艺术品的成就，还没有过这么良好的成绩！

附录

附录一：《总汇新报》与冯列山（上）

主持马来亚和新加坡笔政诸公，我认识的不算太少，但其中有几位却不是在当地认识而是在回国后才熟悉的。比如，1928 年在马来亚吉隆坡任《益群日报》总编辑兼该报文艺副刊《枯岛》编辑的许杰先生，到了 1958 年因与我同在国内开会才认识，以后一道参加过学习和劳动，其中曾有半年左右住在农村里的一间小屋中。他只到过我家几次，为人热情而又风趣。近几年来，我们工作都很忙，偶尔在开会时见到，则握手言笑，似有说不完的话。我和许先生交谈中，只知道他短时期内在南洋居住过，却不知道他在吉隆坡担任过报纸总编辑。还有一位是冯列山先生，他在担任新加坡《总汇新报》总编辑期间，我正在星洲日报社负责《星洲十年》编纂的工作，但并不认识他。1940 年南洋学会成立后，冯先生一直到战后才参加（据该会会员录记载，他是在 1951 年参加的，那时我早已不在新加坡了），战前我们见过面是肯定的，但未交谈过。后来我们都回重庆，见面的次数就多了。我记得那时的冯先生温文尔雅，风华正茂，他的夫人文淑娴静，谈吐不凡。贤伉俪形影相随，给我的印象很深。抗日战争胜利后，我们在上海似也晤面过，但具体时间地点已记忆不起了。1952 年，我收到许云樵先生寄给我的《南洋年鉴》第二版一大册，在其特约撰述人中见到冯先生的大名，才知道他已重返星洲了。

要谈冯别山先生，就得先回顾一下《总汇新报》。该报原名《总汇日报》，后称《总汇报》，是星洲继《叻报》后历史最久的华文报纸之一，创刊于 1906 年，是在《图南日报》的基础上发展起来的。《图南日报》——一般认为是南洋第一份鼓吹民主革命的报纸，也是星洲革命源，华文报纸的先驱。创办人陈楚楠和张永福，一为闽籍，一为粤籍，都是支持孙中山先生的革命主张的。中山先生在星洲曾下榻于张氏的晚晴园。此事我将在另一篇中谈到，这里不多讲了。《图南日报》是坚决反清的，在出版后第二年（1905 年）随报附赠的日历牌上，于报名上端印有“忍豪杰还我山河”，在报名下端印百对联，右联为“文字收功日，全球革命潮”，左联为“国开新世局，书檄布东南”，其年份写作“暂理皇权常位满清光绪三十一年岁次乙巳”。这真是别开生面的妙语（见郑文辉：《新加坡华文报业史》）。

1906 年初，《图南日报》因免费赠送过多，资金亏损殆尽，乃以该报的机器字粒等设备作价一万元由许子麟、沈联芳等另筹流动资本一万元，创办《总汇日报》。不久该报内部的革命派与保皇派发生争执，决定抽签拆伙，结果保皇派陈云秋、朱永福仅获五千元退股。此后就由康门子弟徐勤、欧渠甲、伍宪子等先后南来主持该报笔政，拥护康有为维新变法的主张，制造保皇舆论。越年，陈楚楠、张永福、许子麟、沈联芳联合林义顺、陈先进、邓子瑜等人，得孙中山先生的支持，创办《中兴日报》，与《总汇报》的保皇派发生激烈笔战，甚至互相谩骂。《中兴报》骂《总汇报》为“汉贼”，“认敌作父”，《总汇报》则骂《中兴日报》为“叛逆”、“流氓”。当时这两报由于激烈论战而吸引了不少读者，这反过来也使星洲华侨对革命有了进一步认识。但《中兴日报》资金不足，尽管销数增加，却呈现周转不灵，终于在 1910 年停刊。

《总汇报》倒能勉强维持下去，对刊登广告也作了一些革新。辛亥革命成功后，保皇派敛迹，该报的销途有所转变，并靠广告收入维持下去，到 1927 年乃改称《总汇新报》，其后该报数度易主，至 1938 年无法继续出版，乃决定收盘，由粤侨严瑞棠商请胡文虎先生领导组织广东报业公司，于次年二月全盘顶受，继续出版，迁社址子罗敏申路一百零八号，以胡氏的大公子胡蛟为社长，严瑞棠为经理，聘到冯列山为总编辑。在他们的努力下，该报更新设备，大事改革，日出专版四大张，晚版一大张，除中外电讯、国际新闻、祖国新闻、本坡新闻、南洋各地新闻外，还派遣驻两粤内地通讯记者，撰写报道，以应粤侨的要求，副刊也有特色，故销数较前增加。不久该报又恢复原名《总汇报》。嗣因日军入侵，乃告停刊。1945 年新加坡光复后，《星洲日报》

一度与《总汇报》联合出版，次年又分为早晚版出版，至 1946 年《总汇报》终于停刊。

（姚楠 报人回忆录《联合早报》1983 年 4 月 16 日 第 8 版）

附录二：《总汇新报》与冯列山（下）

从上面的简单介绍，可知《总汇报》从1906年创刊至1946年停刊，经历四十余年漫长而曲折的历史过程。冯列山先生是在胡文虎氏的报业公司接办《总汇新报》后南来主持笔政并筹划改革的。从朋友们提供给我的资料得知，在新加坡华文报纸（也可以说东南亚华文各报）总编辑中，毕业于大学新闻系本科的，首推冯先生为第一人。他原籍福建，1907年生，1929年毕业于上海复旦大学，1932年至德国深造，1935年在德国慕尼黑大学得新闻学博士学位。在留欧前后五年内，他为当时商务印书馆编辑出版的著名期刊《东方杂志》撰稿。1937年，中国抗日战争发生，冯先生从伦敦回到上海，在申报社任职，经常撰写社论。上海被日军侵占后，《申报》迁港，于1938年正式出版，由冯先生任该报主笔。其时香港《星岛日报》正在筹备中，冯先生应邀参加筹备工作，并于该报出版后主持笔政。1939年，《总汇新报》纳入胡氏报业系统，由于该报设备陈旧，内容枯燥，不能适应形势发展要求，冯先生乃受聘前来主持改革工作，越年果有较大改进，读者反应良好。同年，星洲另一份历史较久的《新国民日报》亦因经营不善，无力继续出版，经董事部议决，与《南洋商报》合并，组成南洋报业公司。自此以后，星洲华文大报基本上是这两大报业机构的天下。但不久日军大举南侵，1942年2月，新加坡沦陷，新闻事业情况大变。星洲光复后，华文报业又基本上恢复战前局面，持续达三十余年之久，直到最近才由新加坡新闻与出版有限公司集团再开创新局面，将这两大报合并，出版《南洋/星洲联合早报》和《南洋星洲联合晚报》，汇集并充分发挥原有两大报的人力物力资源，为读者提供更好的服务。这是划时代的创举。

我于1942年回到重庆时，冯先生也已取道滇缅公路回国。那年，张礼千先生兼任复旦大学历史系教授，通过张先生的介绍，我才知道冯先生也在该校任教，担任新闻系教授。但在1943年，他转任当时迁设成都的燕京大学新闻系教授在四川大学兼授新闻学课程。

冯夫人葛青凡女士，原籍浙江杭州，笔名芝青，曾就读于上海复旦大学并在日本明治大学深造，抗日战争爆发后回国。

1943年（昭和十八年）日本出版的《南方年鼈“经济”篇》中曾提到她的名字，在新加坡华侨银行经济调查室编辑出版的《华侨经济季刊》中，她也发表过文章01943年，她还曾在原中央大学师范学院中文系任教，后以全家迁至成都，才离开该校。

中国抗日战争结束后，内迁各校纷纷复员，战时迁设福建建阳的暨南大学也复员回沪，并创办新闻系，冯先生受聘主持该系两年后，全家重返星洲。目前，暨南大学设在广州，它在上海虹口体育场附近的校舍，于新中国成立后改归华东革命大学外文专修学校（即今上海外语学院前身）。接管事有凑巧，1950年至1952年，我曾在该校任东南亚语文系主任。马先生重返星洲后，继续从事新闻出版工作，初在南洋商报出版印刷部门任职，不久调任商席，继又担任主席兼总编辑，直到1972年退休。其夫人曾在新加坡政府创办的师资训练学院任讲师，亦即新加坡教育学院的前身，至1970年退休。著作有《中国诗词史》《岳飞》《郑成功传》《诸葛亮传》《五雄主传》《武则天传》等，并撰写《中国行》与《日本行》，分别于1972年与1974年出版，在文史研究方面颇有影响。

像冯先生这样一位老报人，在星洲报业史上应有一定的地位。近年来他虽未与我通信，但知他和夫人依然健在。祝愿他们健康长寿，并希望冯先生能把过去办报和教学的经验，写些回忆文，供后人借鉴，并为东南亚文化研究起推动作用。

（姚楠 报人回忆录《联合早报》1983年4月17日 第六版）

附录三：老报人冯列山抹不去的阴影

大约在七八年前，我和摄影同事陈川成到一位已经退休很久的老报人冯列山的家里，我兴致勃勃地想要为这位老报人写一篇介绍，刊登在早报副刊的《根》版。老报人的来头不小，他曾经留学外国，攻读新闻系，可说是科班出身。

战前老报人曾以《总汇报》主编的身份，受邀到中正中学演讲，鼓励华侨支援抗战，并以精神、军事和政治三大因素分析抗战必胜，光明在前方招手。光复后，老报人在《南洋商报》担任要职，也担任新闻训练班的导师。上个世纪 70 年代，一场风暴吹袭该报，几位主要负责人失去了自由，老报人被委任为第一号“掌报人”。

过了一段日子，老报人以年纪大而退休，后来就没有听到他的消息了。当我登门拜访时，也许由于高龄，他的思路已经凌乱，跟我所了解的资料很有出入，可是他念念不忘他领导报社的时候的白色恐怖气氛，重复又重复地向我叙述，善意地劝告我必须小心，以免遭殃。

我很清楚 70 年代的情况，可是 90 年代的环境已经不同了，不至于无端端地祸从天降，尽管我费尽唇舌也无法令老报人相信时代已经不同，可怜的他仍旧被 70 年代的阴霾笼罩着。告辞时，老报人仍旧叮嘱我写稿要小心，做事要小心，一片长者慈祥关怀之情，令人感激又心酸。

前几年，老报人安息了，他的脑海里的阴影总算消失了，可是去年有人发现他的藏书落户在邻国，报章又出现他的名字。我很同情他，虽然晚年的物质生活不错，有女佣照顾他，儿子也常常来探望他，可是 70 年代的阴影却挥之不去，使他无法真正享受身心快乐的晚年生活。

（见《联合早报》2001 年 3 月 31 日，转自区如柏著《百年老字号》，新加坡青年书局 2009 年，第 122—123 页）

附录四：老报人冯列山逝世

我国老报人冯列山博士前日下午逝世，享年91岁。冯列山生于1907年，祖籍福建省福安县，早年毕业于上海复旦大学，后留学德究新闻学，考获新闻学博士。

在德国期间，他担任上《申报》驻欧洲特派记者。回返中国后，先后担任上海《申报》及香港《星岛日报》主笔。

1939年，冯列山南来新加坡。1942年日本南侵时，他沿着滇缅公路到四川成都。四川省是中国抗战时期的大后方，冯列山在迁徙到成都的复旦大学和燕京大学任教。

他于1949年再度南来，担任《南洋商报》的社论委员。1963年至1964年，《南洋商报》主办新闻工作者训练班，冯列山兼任训练班讲师。

1971年5月2日，政府援引内部安全法令逮捕当时任《南洋商报》总经理的李茂成、总编辑仝道章、主笔李星可和公共关系经理郭隆生。这4名《南洋商报》的主要人物被捕后，冯列山出任代总编辑兼编辑委员会主席及主笔。他在1972年5月1日退休，由陈振夏接任代总编辑。

冯列山的妻子葛芝青是师资训练学院讲师，也是一名作家，她在1988年去世。列山夫妇育有3个儿子，长子冯以东，次子冯以庄及幼子冯以明，他共有6名孙女。

冯列山的遗体停柩在新民通道殡仪馆，将在明天下午4时30分出殡，先到天主教堂举行告别仪式，然后到阿裕尼路翡珑山火化场火化。停柩处：Fireprice Parlour，Blk 37 Sin Ming Drive，# 01 — 567，Singapore，电话55249350。

（《联合早报》1998年8月14日）

讣告

先严

冯列山博士

恸于1998年八月十二日夕五时四十九分逝世，享寿九十一岁。儿孙等随侍，亲视含殓，即日成服。将于八月十五日下午4时30分出殡。

孝男：以东　　　孝媳：卢娥士

以庄

以明　　　　　张慕贞

孙女：辰玉　　　孙女：婉玲

田玉　　　　　婉心

文玉　　　　　婉怡

同泣启

（《联合早报》1998年8月14日）

附录五：冯列山作品一览表

序号	题名	刊名	发表时间 \ 刊号
1	奥国政变与欧洲前途（上）	申报	1933.10.29
2	奥国政变与欧洲前途（下）	申报	1933.10.31
3	德国国会新选举的前夜	申报	1933.12.11
4	德国新国会选举结果	申报	1933.12.12
5	世界大战恐慌向瑞士袭来	申报	1934.01.11
6	法国的外交政策与希特勒的前途（德国通信）	申报月刊	1934 年第 3 卷第 9 号
7	德国的农村生活（德国通信）	申报月刊	1934 年第 3 卷第 12 号
8	德国往那（应为“哪”，但原文如此）里去？欧洲又往那里去？	时事类编	1934 年第 2 卷第 6 期
9	德国新闻纸的研究（德国通讯）	东方杂志	1935 年第 32 卷第 22 号
10	美国新闻事业的研究（德国通讯）	东方杂志	1935 年第 32 卷第 11 号
11	英国的报纸概观（德国通讯）	东方杂志	1935 年第 32 卷第 8 号
12	法国新闻事业的现状	东方杂志	1935 年第 32 卷第 13 号
13	斯文赫定访问记	申报周刊	1936 年第 1 卷第 2 期
14	英埃军事同盟条约成立（上）	申报	1936.09.26
15	英埃军事同盟条约成立（下）	申报	1936.09.29
16	英国扩充军备的种种困难	申报周刊	1936 年第 1 卷第 48 期
17	旅欧随笔（一）	申报	1936.12.26
18	德日订结反共同盟	申报	1936.12.28
19	旅欧随笔（二）	申报	1936.12.28

续表

序号	题名	刊名	发表时间\刊号
20	旅欧随笔（三）	申报	1936.12.29
21	德日协约签订以后	申报	1936.12.29
22	旅欧随笔（四）	申报	1936.12.30
23	英意在地中海上的角逐（英国通讯）	东方杂志	1936年第33卷第22号
24	旅欧杂讯（五）	申报	1937.01.14
25	旅欧随笔（六）	申报	1937.01.30
26	旅欧随笔（七）	申报	1937.03.04
27	旅欧随笔（八）	申报	1937.03.08
28	旅欧随笔（九）	申报	1937.03.19
29	英国人对西班牙事变的态度（上）	申报	1937.06.04
30	英国人对西班牙事变的态度（下）	申报	1937.06.05
31	“人性”解	申报	1937.06.17
32	惠勃尔登网球大会（一）	申报	1937.07.13
33	惠勃尔登网球大会（二）	申报	1937.07.14
34	惠勃尔登网球大会（三）	申报	1937.07.15
35	惠勃尔登网球大会（四）	申报	1937.07.17
36	惠勃尔登网球大会（五）	申报	1937.07.18
37	惠勃尔登网球大会（六）	申报	1937.07.19
38	惠勃尔登网球大会（七）	申报	1937.07.20
39	惠勃尔登网球大会（八）	申报	1937.07.21
40	惠勃尔登网球大会（九）	申报	1937.07.22
41	惠勃尔登网球大会（十）	申报	1937.07.23
42	惠勃尔登网球大会（十一）	申报	1937.07.24
43	惠勃尔登网球大会（十二）	申报	1937.07.25
44	惠勃尔登网球大会（十三）	申报	1937.07.26
45	惠勃尔登网球大会（十四）	申报	1937.07.27

续表

序号	题名	刊名	发表时间\刊号
46	到底谁的空军精锐 ——西班牙内战中试验的结果	申报	1937.08.04
47	旅欧随笔——希特勒是否也要结婚?\冤家路窄	申报	1937.08.06
48	第二次世界大战快要爆发么（上） ——导火线就是西班牙事变?	申报	1937.09.06
49	第二次世界大战快要爆发么（下） ——德国可要利用这千载一时的良机?	申报	1937.09.07
50	是大家的事情	申报	1937.11.14
51	列山随笔——另外一种随笔\华桥吴耀如	申报	1937.11.16
52	德国与我们	申报	1937.11.18
53	列山随笔——爱国捐款的来源\柏林与中国	申报	1937.11.18
54	列山随笔——英国人态度的渐变	申报	1937.11.18
55	列山随笔——苏俄与犹太人\做新闻记者难	申报	1937.11.22
56	列山随笔——关于吸烟问题	申报	1937.11.23
57	列山随笔——事实同报纸上的记载	申报	1937.11.24
58	列山随笔 ——英国的报纸与德国的报纸	申报	1937.11.26
59	列山随笔——在轮船上\船长先生	申报	1937.11.28
60	列山随笔——仆欧与东家\小胖子同他的中国太太	申报	1937.12.01
61	沙赫德博士及其辞职问题（上）	申报	1937.12.02
62	沙赫德博士及其辞职问题（下）	申报	1937.12.03

续表

序号	题名	刊名	发表时间\刊号
63	列山随笔——一段莱茵河的故事\老记者不谈合作主义	申报	1937.12.04
64	英国人的离婚运动（英国通讯》[1]	东方杂志	1937年第34卷第16—17号
65	许承基在欧洲	勤奋体育月报	1937年第4卷第10期
66	最近国际形势的分析	申报	1938.03.01
67	欧洲人眼中的中国——一个特别的国度（一）	申报	1938.03.02
68	欧洲人眼中的中国——一个特别的国度（二）	申报	1938.03.03
69	欧洲人眼中的中国——支那人（一）	申报	1938.03.04
70	欧洲人眼中的中国——支那人（二）	申报	1938.03.05
71	欧洲人眼中的中国——在欧洲的中国人（一）	申报	1938.03.06
72	欧洲人眼中的中国——在欧洲的中国人（二）	申报	1938.03.07
73	欧洲人眼中的中国——从电影说到博物院（一）	申报	1938.03.09
74	欧洲人眼中的中国——从电影说到博物院（二）	申报	1938.03.10
75	欧洲人眼中的中国——欧洲报纸与中国（一）	申报	1938.03.12
76	欧洲人眼中的中国——欧洲报纸与中国（二）	申报	1938.03.13

续表

序号	题名	刊名	发表时间\刊号
77	希特勒——是英雄还是魔王（上）	申报	1938.03.14
78	希特勒——是英雄还是魔王（中）	申报	1938.03.15
79	希特勒——是英雄还是魔王（下）	申报	1938.03.17
80	第二次欧战的火药库——捷克（一）	申报	1938.03.18
81	第二次欧战的火药库——捷克（二）	申报	1938.03.21
82	第二次欧战的火药库——捷克（三）	申报	1938.03.22
83	第二次欧战的火药库——捷克（四）	申报	1938.03.23
84	德国国防军失势的解剖	申报	1938.03.24
85	回忆维也纳（一） ——德国人与奥国人	申报	1938.03.29
86	回忆维也纳（二） ——陶尔斐斯的死	申报	1938.03.31
87	回忆维也纳（三） ——舒斯尼格的命运	申报	1938.04.05
88	回忆维也纳（四） ——红色的维也纳	申报	1938.04.09
89	回忆维也纳（五） ——棕色的维也纳	申报	1938.04.10
90	列山随笔（一）——口头报纸	申报	1938.04.12
91	列山随笔（二）——战事新闻	申报	1938.04.13
92	列山随笔（三）——国际宣传问题	申报	1938.04.16
93	列山随笔（四）——中国的外交家	申报	1938.04.29
94	马奇诺防线——与法国的国防政策	申报	1938.05.02
95	列山随笔（五）——日本的军用数学	申报	1938.05.03
96	列山随笔（六）——所答非所问	申报	1938.05.06
97	法国政局与西班牙问题（上）	申报	1938.05.16
98	法国政局与西班牙问题（下）	申报	1938.05.17

续表

序号	题名	刊名	发表时间 \ 刊号
99	德意轴心的离合（上）	申报	1938.05.19
100	德意轴心的离合（下）	申报	1938.05.20
101	旅行通讯（一） ——广九路上	申报	1938.06.20
102	旅行通讯（二） ——敌机狂炸下的广州	申报	1938.06.21
103	旅行通讯（三） ——由轰炸说到防空	申报	1938.06.23
104	欧洲危机与英德的冲突	抗建半月刊	1939 年第 2 期
105	编辑口头报纸不能离题太远	流声机	1938 年第 3 期
106	新闻学之理论与实用	时代生活	1943 年创刊号
107	新闻的意义	民主论坛	1947 年第 1 卷第 2 期
108	什么是新闻学？	报学杂志	1948 年第 1 卷第 5 期
109	新闻读法	大公报	1948 年 9 月 2 日
110	新闻的意义	新闻学研究	1950 年
111	南洋商报丛书《新闻讲话》		1951 年
112	报纸与舆论	南洋商报	1965 年 1 月 1 日元旦特刊

后 记

《冯列山新闻文集》终于要杀青出版了，我们心中充满了欣喜和忧虑。欣喜的是，经过近一年多的辛勤努力的付出，任务终于接近尾声。虽然时间紧，任务重，我们肩负使命，沉下心，静下气，本着“板凳须坐十年冷”的精神，钩沉探幽，搜集散佚在各个报刊中的资料，时时收获意外的惊喜！如今，即将完成，我们心中充满了期待！为扎根新闻史学以及华文华侨史领域的研究者奉献一本扎实详尽的史料集。欣喜的同时，我们也充满了忧虑。因为在编辑整理中，我们遇到了诸多的困难，如零散资料的搜集、数据资料的选择录入，原文从繁体到简体的转换、艰辛的校对等，我们迎难而上，逐步克服，努力完成。由于这些困难的存在，也由于我们能力、水平有限，我们虽然竭尽所能，但错误和遗漏在所难免，希望研究者和读者谅解。特别是由于时间和经费的限制，我们未能前往新加坡搜集冯列山先生在海外的史料，甚为遗憾！希望将来有能力和时间弥补这一缺陷。

暨南大学新闻与传播学院的邓绍根副教授带领他指导的2012级三名新闻学硕士研究生负责《冯列山新闻文集》史料的搜集和编辑整理工作。他们分别是2012级新闻学科学学位硕士研究生伍中梅、2012级新闻与传播专业硕士研究生陈玲玲和张琛平，对于他们既是一个很好的研究锻炼，又是一种全新的尝试，尤其对于后两者更是最好的毕业纪念礼物。

在编辑出版的过程中，我们得到了许多师友的热情帮助。如在新加坡访学的曹寅博士以及台湾政治大学图书馆的工作人员，正是他们的帮助使得我们能够借阅到冯列山先生的新闻学著作《新闻讲话》，谨此深表谢意！感谢暨南大学新闻与传播学院的领导，批准经费资助该文集的出版。特别感谢世界知识出版社的罗养毅编审及其同事为该书出版所付出的艰辛劳动。

编　者
2014 年 3 月于暨南园